# VALUATION
## GUIA FUNDAMENTAL E MODELAGEM EM EXCEL®

O GEN | Grupo Editorial Nacional – maior plataforma editorial brasileira no segmento científico, técnico e profissional – publica conteúdos nas áreas de ciências sociais aplicadas, exatas, humanas, jurídicas e da saúde, além de prover serviços direcionados à educação continuada e à preparação para concursos.

As editoras que integram o GEN, das mais respeitadas no mercado editorial, construíram catálogos inigualáveis, com obras decisivas para a formação acadêmica e o aperfeiçoamento de várias gerações de profissionais e estudantes, tendo se tornado sinônimo de qualidade e seriedade.

A missão do GEN e dos núcleos de conteúdo que o compõem é prover a melhor informação científica e distribuí-la de maneira flexível e conveniente, a preços justos, gerando benefícios e servindo a autores, docentes, livreiros, funcionários, colaboradores e acionistas.

Nosso comportamento ético incondicional e nossa responsabilidade social e ambiental são reforçados pela natureza educacional de nossa atividade e dão sustentabilidade ao crescimento contínuo e à rentabilidade do grupo.

RICARDO GOULART **SERRA**
MICHAEL **WICKERT**

MÚLTIPLOS

FLUXO DE CAIXA

CRESCIMENTO

WACC

# VALUATION

## GUIA FUNDAMENTAL E MODELAGEM EM EXCEL®

FIRM VALUE     CAPM     PROJEÇÃO     RISCO

**COM EXEMPLOS,
EXERCÍCIOS E
PLANILHAS**

- Os autores deste livro e a editora empenharam seus melhores esforços para assegurar que as informações e os procedimentos apresentados no texto estejam em acordo com os padrões aceitos à época da publicação, *e todos os dados foram atualizados pelos autores até a data de fechamento do livro*. Entretanto, tendo em conta a evolução das ciências, as atualizações legislativas, as mudanças regulamentares governamentais e o constante fluxo de novas informações sobre os temas que constam do livro, recomendamos enfaticamente que os leitores consultem sempre outras fontes fidedignas, de modo a se certificarem de que as informações contidas no texto estão corretas e de que não houve alterações nas recomendações ou na legislação regulamentadora.

- Data do fechamento do livro: 01/07/2019

- Os autores e a editora se empenharam para citar adequadamente e dar o devido crédito a todos os detentores de direitos autorais de qualquer material utilizado neste livro, dispondo-se a possíveis acertos posteriores caso, inadvertida e involuntariamente, a identificação de algum deles tenha sido omitida.

- **Atendimento ao cliente: (11) 5080-0751 | faleconosco@grupogen.com.br**

- Direitos exclusivos para a língua portuguesa
  Copyright © 2019, 2022 (7ª impressão) by
  **Editora Atlas Ltda.**
  *Uma editora integrante do GEN | Grupo Editorial Nacional*

- Travessa do Ouvidor, 11
  Rio de Janeiro – RJ – 20040-040
  www.grupogen.com.br

- Reservados todos os direitos. É proibida a duplicação ou reprodução deste volume, no todo ou em parte, em quaisquer formas ou por quaisquer meios (eletrônico, mecânico, gravação, fotocópia, distribuição pela Internet ou outros), sem permissão, por escrito, da Editora Atlas Ltda.

- Designer de capa: Caio Cardoso
- Editoração Eletrônica: Formato Editoração e Serviços

- Ficha catalográfica

S497v

Serra, Ricardo Goulart
Valuation: guia fundamental e modelagem em Excel® / Ricardo Goulart Serra, Michael Wickert. – 1. ed. – [7. Reimpr.]. – São Paulo: Atlas, 2022.

ISBN 978-85-970-2172-1

1. Administração financeira. 2. Administração financeira – Programas de computador. 3. Excel – Programa de computador. 4. Empresas – Avaliação. I. Wickert, Michael. II. Título.

19-56173
CDD: 513.2
CDU: 51.7

Meri Gleice Rodrigues de Souza – Bibliotecária CRB-7/6439

## Ricardo Goulart Serra

Engenheiro de Produção pela POLI/USP (1994), MBA em Finanças pelo IBMEC-SP (1996), Doutor em Administração, com ênfase em finanças, pela FEA/USP (2011) e Pós-doutor em Contabilidade e Atuária, com ênfase em métodos quantitativos, pela FEA/USP (2016).

Professor de finanças na FECAP e Insper. Ex-professor da FEA/USP. Professor visitante da FIA, Fipecafi e Saint Paul Escola de Negócios.

Autor de artigos publicados em congressos e revistas no Brasil e no exterior.

Trabalhou em instituições financeiras (Santander e Indosuez Capital) nas áreas de análise de investimentos e assessoria financeira, inclusive em fusões e aquisições; e em empresas (Net e Even) na área de planejamento financeiro e desenvolvimento organizacional.

## Michael Wickert

Administrador de Empresas pela EAESP – Fundação Getulio Vargas (1995) e MBA com ênfase em finanças pela University of Chicago – Booth School of Business (2007).

Sócio na FAMA Investimentos. Anteriormente, atuou como *Portfolio Manager* e corresponsável pela área de *equities* da Kinea Investimentos.

Trabalhou em instituições financeiras (Santander, Credit Suisse e Indosuez Capital) e fundos de investimento (Stark Investments e FRAM Capital) nas áreas de gestão de recursos, análise de investimentos, e assessoria financeira (*corporate finance*, fusões e aquisições, e *project finance*).

# Recursos Didáticos

 Assista ao vídeo do autor sobre esta Parte.  O autor apresenta em vídeo o conteúdo de cada parte.

*Slides* com o conteúdo dos vídeos do autor estão disponíveis em PDF para *download*.

Planilha com valores usada no vídeo do autor está disponível para *download*.

# Material Suplementar

Este livro conta com os seguintes materiais suplementares:

- Slides (restrito a docentes).
- Planilha com resolução dos exercícios (restrito a docentes).
- Planilha com as tabelas do livro (restrito a docentes).
- Planilha do Capítulo 12 – Estudo de Caso Teórico: Centi S.A.
- Planilha do Modelo Final.

- O acesso ao material suplementar é gratuito. Basta que o leitor se cadastre e faça seu *login* em nosso *site* (www.grupogen.com.br), clicando em GEN-IO, no *menu* superior do lado direito.
- *O acesso ao material suplementar online fica disponível até seis meses após a edição do livro ser retirada do mercado.*
- Caso haja alguma mudança no sistema ou dificuldade de acesso, entre em contato conosco (gendigital@grupogen.com.br).

GEN-IO (GEN | Informação Online) é o ambiente virtual de aprendizagem do GEN | Grupo Editorial Nacional

# Apresentação

Ao longo das últimas duas décadas e meia, tivemos a oportunidade de vivenciar a popularização do uso de ferramentas de avaliação de empresas no Brasil. Com o crescimento econômico do país e o desenvolvimento do mercado de capitais, observamos, nesse período, uma enorme sofisticação e profissionalização das empresas que atuam no país. Anúncios de operações como fusões e aquisições, que anteriormente eram eventos ocasionais, passaram a ser frequentes nas páginas dos jornais de negócios.

Nesse contexto, discussões sobre como avaliar empresas e suas decisões decorrentes passaram a figurar no cotidiano dos executivos e investidores brasileiros. Portanto, o bom domínio das ferramentas de suporte a esse tipo de avaliação ganhou importância na formação de profissionais de todos os setores e funções. Seja na negociação de compra ou venda de empresas, nas discussões sobre o planejamento estratégico de companhias ou na compra de ações em uma oferta pública na bolsa de valores, o exercício de avaliação de um negócio nos prepara para uma melhor tomada de decisão.

Avaliar uma empresa não é um processo simples e linear, com resultado preciso e indiscutível. Essa é uma tarefa complexa, dinâmica e subjetiva, como a realidade na qual as companhias estão inseridas. Diferentemente de uma ciência básica, que busca refletir a realidade com precisão, trata-se de uma ciência aplicada, que busca ser uma ferramenta para a tomada de decisão – não única, mas em conjunto com outras. Dessa forma, acreditamos que o uso disciplinado de técnicas de avaliação de empresas amplia significativamente o entendimento das incertezas, riscos e retornos envolvidos nos negócios, contribuindo na tomada de uma decisão mais consciente e estruturada. Em nossa experiência, um processo bem fundamentado acaba sendo mais importante que o resultado específico obtido.

Buscamos, ao longo deste livro, dividir com o leitor um conjunto sólido de técnicas que recorrentemente utilizamos para a avaliação de empresas. Adicionalmente, refletimos ao longo da descrição dessas técnicas, diversos aspectos práticos referentes à sua implementação, às suas limitações e às peculiaridades do mercado brasileiro, foco de nossa atuação. Exemplificamos esses aspectos com exemplos práticos aplicados a casos reais específicos que podem ilustrar aos leitores a dinâmica de uma avaliação real.

Complementamos a discussão conceitual e os exemplos práticos com a elaboração de um modelo de avaliação de empresas por fluxo de caixa descontado (utilizando a abordagem ou ponto de vista dos investidores, operação ou firma – *free cash flow to firm*) no Excel®, a partir de uma planilha em branco, ou seja, começando literalmente do "zero" e passando por todos os passos de sua montagem. Notamos uma carência de livros que auxiliem os praticantes de avaliação de empresas, principalmente aqueles que estejam no início de suas carreiras, a montar um modelo de avaliação de empresas. Essa é uma demanda por parte de:

(a) estudantes que querem aprofundar-se no tema, que estejam participando de *challenges* ou *awards* promovidos por bancos de investimentos e consultorias ou que estejam em fase de entrevistas, (b) profissionais recém-ingressados na carreira em áreas que demandem competências de modelagem e (c) estudiosos e amantes da disciplina e da arte de avaliar empresas. Ressalva-se que (i) este modelo desenvolvido tem finalidade exclusivamente didática e (ii) os comandos e funções utilizadas na modelagem estão disponíveis em atualizações do Excel® até a data em que este livro foi escrito (abril de 2019); podendo estar sujeitos a alterações ou mesmo não estarem disponíveis em atualizações posteriores a esta data.

Acreditamos que esse material deva ser particularmente interessante para todas as pessoas direta ou indiretamente envolvidas com processos de avaliação de empresas, como executivos de bancos de investimento, fusões e aquisições, finanças corporativas, analistas de investimento, gestores, consultores, executivos de planejamento estratégico, investidores e estudantes. Esperamos que o domínio e a prática das técnicas detalhadas neste livro contribuam para que os leitores possam conduzir de forma efetiva suas avaliações e melhorar seus processos de decisão.

30 de abril de 2019.

*Ricardo e Michael*

# Sumário

| | | |
|---|---|---:|
| **1** | **INTRODUÇÃO** | **1** |
| | Classificação Geral | 1 |
| | Valor Contábil | 2 |
| | Avaliação Relativa | 3 |
| | Fluxo de Caixa Descontado | 4 |
| | Outros | 6 |
| | Modelagem | 7 |
| | Capítulos do Livro | 8 |

## PARTE I
## GUIA FUNDAMENTAL

| | | |
|---|---|---:|
| **2** | **RISCO × RETORNO** | **11** |
| | Necessidade | 11 |
| | Medida de Risco – Desvio-padrão | 12 |
| | Medida de Risco – Beta | 15 |
| | Modelo de Precificação de Títulos com Risco (CAPM) | 16 |
| | Aplicação | 17 |
| | Exemplo de Beta | 19 |
| | Parâmetros para o Cálculo do Beta | 19 |
| | Alavancagem e Desalavancagem do Beta | 20 |
| **3** | **MODELO DE DIVIDENDOS DESCONTADOS** | **25** |
| | Perpetuidades | 25 |
| | Perpetuidades Defasadas | 28 |
| | Aplicação | 29 |
| | Horizonte de Projeção | 32 |
| **4** | **FLUXO DE CAIXA PARA OS INVESTIDORES** | **33** |
| | Roteiro do Fluxo de Caixa para os Investidores | 33 |

Capital de Giro Líquido.................................................................................... 36
Aplicação do Fluxo de Caixa para os Investidores ..................................... 40

## 5   CUSTO DE CAPITAL DOS INVESTIDORES...................................... 47

Custo de Capital dos Credores ..................................................................... 48
Custo de Capital dos Investidores................................................................ 50

## 6   PREMISSAS DE CUSTO DE CAPITAL ........................................... 55

Taxa Livre de Risco (rf)................................................................................. 55
Prêmio-país (pp) ............................................................................................ 56
Prêmio de mercado (pm) ............................................................................. 57
Outros prêmios.............................................................................................. 58
Adequação Fluxo × Taxa.............................................................................. 61

## 7   *FIRM VALUE* × *EQUITY VALUE*................................................... 67

Terminologia.................................................................................................. 67
Equação geral: *Firm Value* = Dívida Líquida + *Equity Value*.................. 68
Aplicação........................................................................................................ 69
Passos para o *Valuation* ............................................................................... 70

## 8   ESTRUTURA DE CAPITAL .............................................................. 77

Mundo "sem Atrito".................................................................................... 80
Primeiro Atrito: Imposto de Renda............................................................ 81
Segundo Atrito: aumento na probabilidade de *default* ........................... 82
Comparação.................................................................................................... 83
Na prática ....................................................................................................... 84
Custos Indiretos de Falência........................................................................ 85
*Adjusted Present Value* (APV) ..................................................................... 85
Outras Teorias ............................................................................................... 88

## 9   TAXA DE CRESCIMENTO ............................................................... 89

Crescimento Real........................................................................................... 89
Aposta............................................................................................................. 91
Problema a Ser Evitado ................................................................................ 92
Adequando o Fluxo de Caixa ao Crescimento........................................... 93
Conclusões Preliminares............................................................................... 95
Efeito da Inflação .......................................................................................... 97
Expandindo a Conclusão .............................................................................. 98
Na Prática....................................................................................................... 100
Aprofundamento........................................................................................... 104

## SUMÁRIO · xiii

**10 FLUXO DE CAIXA PARA OS ACIONISTAS** .................................................... **115**

Fluxo de Caixa para os Acionistas ............................................................... 116

Coerência das Premissas .............................................................................. 117

Aprofundamento sobre a premissa da estrutura de capital ........................ 125

*Trapped cash* .............................................................................................. 130

**11 AVALIAÇÃO POR MÚLTIPLOS** ........................................................... **135**

Parâmetros ................................................................................................... 136

Múltiplos ..................................................................................................... 136

Múltiplos Importados .................................................................................. 138

Aplicação ..................................................................................................... 142

Múltiplos de Transações Precedentes .......................................................... 144

Seleção de Empresas Comparáveis .............................................................. 145

Ajustes por Particularidades ........................................................................ 146

*Fully Diluted Shares Outstanding* .............................................................. 148

PEG .............................................................................................................. 151

Regressão Multivariada ............................................................................... 155

Prós e Contras de Avaliação por Múltiplos e Avaliação por Fluxo de Caixa
Descontado ................................................................................................ 156

**12 ESTUDO DE CASO TEÓRICO: CENTI S.A.** ........................................ **159**

(i) Custo de Capital ..................................................................................... 159

(ii) Fluxo de Caixa ...................................................................................... 161

Solução ........................................................................................................ 164

**13 ESTUDO DE CASO REAL** ................................................................... **175**

Estudo de Caso: Raia S.A. ........................................................................... 175

Informações Financeiras .............................................................................. 176

Informações para o Custo de Capital .......................................................... 179

Cálculo do Custo de Capital ........................................................................ 179

Projeção do EBITDA .................................................................................. 179

Projeção dos Investimentos ......................................................................... 181

Cálculo da Perpetuidade .............................................................................. 182

Cálculo do Valor ......................................................................................... 183

Estudo de Caso: BRF – Brasil Foods S.A. ................................................... 187

Informações Financeiras .............................................................................. 188

Informações para o Custo de Capital .......................................................... 193

Cálculo do Custo de Capital ........................................................................ 193

Projeção do EBITDA .................................................................................. 193

Impostos ...................................................................................................... 195

Projeção dos Investimentos Líquidos (capital de giro líquido, depreciação e CAPEX) ........ 196

Capital de Giro Líquido ........ 196

Ativo Operacional Fixo ........ 197

Depreciação ........ 197

CAPEX ........ 197

Cálculo da Perpetuidade ........ 197

Cálculo do Valor ........ 198

Estudo de Caso: AmBev S.A. ........ 202

Informações Financeiras ........ 203

Informações para o Custo de Capital ........ 205

Cálculo do Custo de Capital ........ 205

Projeção do EBITDA ........ 205

Projeção dos Investimentos ........ 206

Cálculo da Perpetuidade ........ 208

Cálculo do Valor ........ 208

Estudo de Caso: Grupo Carrefour Brasil ........ 213

Informações Financeiras ........ 213

Informações para o Custo de Capital ........ 215

Cálculo do Custo de Capital ........ 215

Projeção do EBITDA ........ 215

Projeção dos Investimentos ........ 216

Cálculo da Perpetuidade ........ 218

Cálculo do Valor ........ 219

**14 LISTA DE EXERCÍCIOS ........ 223**

Capítulo 1 ........ 223

Capítulo 2 ........ 223

Capítulo 3 ........ 224

Capítulo 4 ........ 225

Capítulo 5 ........ 227

Capítulo 6 ........ 227

Capítulo 7 ........ 228

Capítulo 8 ........ 231

Capítulo 9 ........ 233

Capítulo 10 ........ 234

Capítulo 11 ........ 235

Capítulo 12 ........ 237

Capítulo 13 ........ 243

# PARTE II
# MODELAGEM EM EXCEL®

**15 A EMPRESA** ......... 253
Informações Gerais ......... 253
Demonstrações Financeiras ......... 253
Outras Informações ......... 255

**16 MODELAGEM: ETAPA 1** ......... 259
Etapa 1 ......... 259
Preparação Inicial – Criação da Pasta Base ......... 260
Criação da Pasta DRE ......... 261
Criação da Pasta BAL ......... 262
Criação da Pasta MacroEco ......... 263
Criação da Pasta Projeto ......... 264
Criação da Pasta Beta ......... 272
Criação da Pasta WACC ......... 273
Criação da Pasta FC ......... 275
Criação da Pasta Ajustes ......... 279
Criação da Pasta MA ......... 280

**17 MODELAGEM: ETAPA 2** ......... 283
Etapa 2 ......... 283
Despesas Gerais e Administrativas ......... 283
CAPEX ......... 286
WACC ......... 289

**18 MODELAGEM: ETAPA 3** ......... 293
Etapa 3 ......... 293
Projeção da Receita Líquida ......... 293
Completando as Demonstrações Financeiras ......... 295

**19 MODELAGEM: ETAPA 4** ......... 297
Etapa 4 ......... 297
Modelagem da Dívida ......... 297
Modelagem do Crédito Fiscal ......... 302

**ANEXO: COMANDOS DO EXCEL®** ......... 305
Alinhamento de Texto ......... 305
Comando Tabela ......... 305
Criando Lista ......... 307

Formatando Ano Projetado ........................................................................... 307

Formatando Borda da Célula ......................................................................... 308

Formatando Fundo das Células .................................................................... 308

Formatando Largura da Coluna.................................................................... 308

Formatando Página para Impressão ............................................................. 308

Formatando Número...................................................................................... 309

Gráfico de Dispersão ..................................................................................... 310

Mesclando Células ......................................................................................... 312

Nomeando uma Célula ou Faixa de Células................................................ 312

Nomeando uma Pasta.................................................................................... 312

*Bibliografia*.......................................................................................................... 313

# Introdução

Existe grande interesse em avaliar empresas, sendo fundamental para os profissionais que trabalham em gestão de recursos, *equity capital markets*, fusões e aquisições, *project finance*, privatizações, relação com investidores, planejamento financeiro e planejamento estratégico. Também é importante para as pessoas físicas que administram seu próprio dinheiro investindo parte dele em ações ou crédito. O objetivo deste livro é guiar os interessados pelos diversos aspectos do complexo processo de avaliação de empresas, inclusive modelagem.

Destacamos que, embora existam métodos, modelos e técnicas (vamos nos referir a esse conjunto como técnicas) bem estruturados e teoricamente embasados, avaliar empresas é, em grande parte, uma arte, não apenas uma técnica. O livro está focado na parte técnica. A educação na parte da arte obtém-se com a experiência desenvolvida ao longo de seus anos de prática.

## Classificação Geral

Pode-se inferir o valor de uma empresa por diversas técnicas, que dividiremos em quatro grupos: (i) valor contábil; (ii) avaliação relativa; (iii) fluxo de caixa descontado e (iv) outras (Quadro 1.1).

Quadro 1.1 – Técnicas de avaliação de empresas

| Valor Contábil |
| :---: |
| Valor Contábil |
| Valor Contábil Ajustado |

| Avaliação Relativa |
| :---: |
| Múltiplos de Mercado |
| Múltiplos de Transações |

| Fluxo de Caixa Descontado |
| :---: |
| Fluxo de Caixa para os Acionistas |
| Modelo de Dividendos Descontados |
| Fluxo de Caixa para os Investidores |
| Fluxo de Lucro Residual (EVA®, por exemplo) |
| *Adjusted Present Value* (APV) |

| Outras |
| :---: |
| Valor de Mercado |
| Opções Reais |

No livro, abordaremos, em detalhes, o Fluxo de Caixa para os Acionistas, o Fluxo de Caixa para os Investidores e a Avaliação Relativa. Essas são as técnicas mais comumente utilizadas. Os demais grupos serão brevemente comentados apenas nesta introdução (exceto o APV, que será revisitado no decorrer do livro). Vamos a elas.

## Valor Contábil

*Valor Contábil*

Sabe-se que a contabilidade não tem como finalidade apurar o valor econômico das empresas ou do seu patrimônio líquido. Portanto, o valor contábil difere do valor econômico.

Mas, por que algo que tem um valor contábil de R$ 100 não vale R$ 100?

Para responder a essa questão deveríamos conversar sobre critérios de contabilização de ativos intangíveis (p. ex.: marcas, patentes, contratos e pessoas) e derivativos, entre outros. Esse não é nosso objetivo. Nosso objetivo é uma discussão mais econômica, mas que também sirva para justificar a diferença entre o valor contábil e o valor econômico dos ativos.

Para levar a discussão para essa abordagem econômica, vamos refazer a pergunta: por que algo em que foi investido R$ 100 pode valer mais ou menos do que os mesmos R$ 100, ou seja, por que o valor econômico não é igual ao capital investido?

Antes de responder à pergunta, observe que o nosso foco agora é: (i) a diferença entre o valor econômico e o capital investido e não mais (ii) a diferença entre o valor econômico e o valor contábil. Ou seja, trocamos a comparação com o valor contábil pela comparação com o capital investido. Nem sempre valor contábil e capital investido são iguais.

Agora sim, respondendo à pergunta, vamos considerar que uma empresa seja um único projeto: uma fábrica de parafusos com apenas uma planta.

Nossa fábrica de parafusos (ou nosso projeto) terá valor presente líquido (VPL) igual a zero caso o retorno sobre o capital investido seja igual ao custo do capital, ou seja, caso o projeto renda 10% e o custo do capital investido no projeto seja os mesmos 10%. Nessa situação, o valor econômico da nossa fábrica (ou do nosso projeto) será igual ao capital investido; mas, caso o retorno sobre o capital investido seja superior ao custo desse mesmo capital, ou seja, a fábrica renda 12% e o capital custe 10%, a fábrica valerá mais do que o capital investido. Analogamente, caso o retorno sobre o capital investido seja inferior ao custo do capital, ou seja, a fábrica renda 8% e o capital custe 10%, a fábrica valerá menos do que o capital investido.

Portanto, uma empresa pode valer (i) mais do que o capital investido caso o retorno sobre o capital investido exceda o custo do capital; (ii) o mesmo que o capital investido caso o retorno sobre o capital investido seja igual ao custo do capital e (iii) menos do que o capital investido caso o retorno sobre o capital investido seja inferior ao custo do capital.

Continuando de forma simplificada, vamos acrescentar mais alguns números além do capital investido de R$ 100 e do custo do capital de 10%. Imagine que o seu negócio tenha uma renda de R$ 12 todo ano e para sempre. O retorno do seu negócio é 12% (12 / 100 = 12%). Um investidor, querendo um retorno igual ao custo do capital de 10%, poderá pagar até R$ 120 pelo seu negócio, pois a renda de R$ 12 lhe proporcionará um retorno de 10% sobre o preço pago (12 / 120 = 10%), assim, o seu negócio poderá valer até R$ 120 e não os R$ 100 originalmente investidos.

Caso a renda fosse de R$ 10 todo ano e para sempre, o retorno sobre o capital investido seria 10% (10 / 100), o que faria com que alguém pagasse os mesmos R$ 100 por ele para ter 10% de retorno (10 / 100 = 10%).

Analogamente, caso a renda fosse de R$ 8 (também todo ano e para sempre), o retorno sobre o capital investido seria de 8% (8 / 100), e alguém lhe ofereceria no máximo R$ 80 pelo seu negócio, pois pagando até R$ 80 garantiria no mínimo 10% de retorno (8 / 80 = 10%), que é o custo do capital.

Quando o valor econômico pode ser mais próximo ao capital investido?

Os negócios que têm mais dificuldade de ter retorno acima do custo do capital devem ter valores econômicos mais próximos ao capital investido. Por outro lado, os negócios que têm mais facilidade de ter retorno acima do custo do capital devem ter valor econômico acima do capital investido.

Pode-se esperar que as empresas de utilidades públicas (p. ex.: energia, água e gás) tenham um valor econômico mais próximo ao capital investido. Isso porque, por serem monopólios geográficos, têm suas tarifas estabelecidas por agências reguladoras que têm como uma de suas finalidades impedir que as empresas concessionárias tenham um retorno acima ou abaixo do custo do capital. Parte importante do trabalho das agências reguladoras é estabelecer claramente regras para a definição do capital investido (o chamado *regulatory asset base* – RAB ou base de ativo regulatório) e do custo do capital, que são determinantes na definição da tarifa cobrada e do retorno do concessionário.

Chama-se a atenção, novamente, para a diferença entre o capital investido e o valor contábil, assim, caso o valor contábil dos ativos operacionais líquidos de uma empresa de utilidade pública fosse R$ 80 e seu valor de reposição fosse R$ 100, valor esse pago por um concessionário, se a realidade seguisse a lógica e não houvesse restrição de capital no mundo, o valor econômico dessa empresa deveria ser R$ 100, diferente do valor contábil e igual ao capital investido. No entanto, essa empresa poderá não ser negociada por R$ 80 (valor contábil) nem por R$ 100 (capital investido).

### Valor Contábil Ajustado

Em algumas situações, que podem incluir certas demandas legais ou regulatórias, pode ser adequado atribuir a uma empresa um valor igual ao chamado valor contábil ajustado. Trata-se de um valor apoiado no valor contábil, mas considerando alguns ajustes, por exemplo:

1. Ajusta-se o valor de estoque para o valor de reposição dos itens em estoque.
2. Ajusta-se o valor dos recebíveis pelo valor de venda da carteira de recebíveis, ou pelo valor presente do fluxo de caixa gerado pelos recebíveis descontados pela taxa que reflita o risco desse fluxo de caixa.
3. Ajusta-se o valor das dívidas (empréstimos, financiamentos, debêntures e notas promissórias, entre outras) pelo valor de liquidação dessas dívidas ou pelo valor presente do fluxo de caixa gerado pelas dívidas descontados pela taxa que reflita o risco dessas dívidas.

Em algumas situações, esses ajustes podem ser padronizados ou seguir determinadas regras.

## Avaliação Relativa

O livro tem um capítulo especialmente dedicado a esta técnica.

Vamos aqui falar minimamente sobre avaliação relativa. Imagine que queiramos precificar o nosso apartamento que tem 120 m² e que, para isso, tenhamos reunido, em uma lista, o preço de alguns apartamentos similares ao nosso em termos de localização, idade, tamanho e outras características que julguemos determinantes para o preço dos apartamentos.

Seguiríamos os seguintes passos: (1) calcular o valor por m² dos apartamentos em nossa lista, (2) calcular a média do valor por m² (poderia ser média simples, média ponderada ou mediana), (3) multiplicar a metragem do nosso apartamento pelo valor médio por m² e pronto.

A avaliação por múltiplos segue esse mesmo raciocínio. Apenas, em lugar de usar m² como parâmetro de avaliação, utiliza-se algum parâmetro corporativo, por exemplo, lucro líquido. Assim, para calcularmos o valor da nossa empresa a partir de uma lista de empresas similares à nossa contendo o lucro líquido e o valor de mercado de cada uma delas, seguiríamos os mesmos passos: (1) calcularíamos o valor por lucro líquido de cada uma delas, (2) calcularíamos o valor médio por lucro líquido, (3) multiplicaríamos nosso lucro líquido pelo valor médio por lucro líquido para encontrarmos o valor das ações da nossa empresa e pronto.

Percebe-se desde já que se trata de uma regra de 3. Supondo apenas um apartamento similar ao nosso na nossa lista (apartamento com 100 m$^2$ a um preço de R$ 700 mil), seria análogo a pensar da seguinte forma: um apartamento com 100 m$^2$ vale R$ 700 mil, o nosso com 120 m$^2$ vale X, sendo X igual a R$ 840 mil (verifique que o valor "médio" por m$^2$ da nossa lista seria R$ 7.000, o que resultaria em um valor de R$ 840.000 para os nossos 120 m$^2$). Não obstante tratar-se de uma regra de 3, essa técnica é bastante utilizada e importante.

Observe que o preço encontrado para o nosso apartamento depende dos apartamentos colocados na nossa lista. Por isso o nome dado à técnica é de avaliação relativa, pois o preço encontrado é relativo aos apartamentos reunidos na lista inicial. Fossem outros os apartamentos reunidos na nossa lista, o preço encontrado para o nosso apartamento poderia ser diferente. Percebe-se que a seleção do universo de comparação tem um papel crítico na boa definição do valor.

Ao índice valor por m$^2$ dá-se o nome de múltiplo, sendo os mais comuns: (i) valor por lucro líquido, (ii) valor por patrimônio líquido e (iii) valor por EBITDA. Esses múltiplos serão mais bem definidos quando tratarmos dessa técnica.

## Fluxo de Caixa Descontado

O livro tem vários capítulos dedicados a este grupo de técnicas.

### Fluxo de Caixa para os Acionistas e Fluxo de Caixa para os Investidores

O conceito central por trás dessa técnica é o de que algo tem valor proporcional ao seu potencial de gerar caixa. Assim, o valor de um ativo seria uma consequência dessa potencialidade de geração de caixa e poderia ser inferido trazendo o fluxo de caixa potencial a valor presente por uma taxa de desconto ajustada pelo risco atribuído ao mesmo fluxo de caixa.

Pense em um terreno. Em termos de área, ele é igual independentemente de sua localização ou utilização. Mas o preço é diferente. Isso porque o potencial de geração de caixa é diferente dependendo da localização ou da utilização. Portanto, o terreno teria valor diferente para as diferentes utilizações: (i) estacionamento, (ii) empreendimento residencial ou (iii) empreendimento comercial e/ou localizações: (a) região central ou (b) região periférica.

Pense agora no ouro, um metal que as pessoas atribuem valor. Quanto vale uma reserva de ouro na lua, uma vez que ela não tem potencial de geração de caixa?

Nota-se que, para aplicação dessa técnica, é necessário calcular o fluxo de caixa e a taxa de desconto ajustada pelo risco associados ao que se pretende avaliar.

No que diz respeito ao fluxo de caixa, a técnica orienta sobre o quê deve ser considerado para o cálculo do fluxo de caixa, mas não norteia a formulação de premissas. Queremos dizer com isso que ela orienta, por exemplo, que o resultado operacional entra no cálculo do fluxo de caixa, mas não orienta em como projetar esse resultado operacional, ou seja, nas premissas de quantidade vendida, preço de venda ou custo operacional – a formulação das premissas, embora possa ter um componente técnico, faz parte da arte do *valuation*. O mesmo vale para a taxa de desconto.

O que deve ser considerado para o cálculo do fluxo de caixa depende do ponto de vista da análise, dos quais vamos destacar, inicialmente, dois. Para entender esses dois pontos de vista, pense que para montar um negócio é preciso investir determinado montante de capital, que será levantado com credores e acionistas, os investidores. Assim, podemos pensar (i) apenas nos acionistas, o que seria o primeiro ponto de vista (Fluxo de Caixa para os Acionistas), ou (ii) nos investidores como um todo (credores e acionistas), o que seria o segundo ponto de vista (Fluxo de Caixa para os Investidores).

O Fluxo de Caixa para os Investidores é o mesmo fluxo de caixa do negócio, pois sendo o negócio financiado pelos investidores (credores e acionistas), ambos os fluxos de caixa são iguais (Figura 1.1): fluxo de caixa para os investidores ou fluxo de caixa do negócio, também chamado de fluxo de caixa operacional. Assim, o segundo ponto de vista (investidores) orienta a olhar para o negócio como um todo e o primeiro ponto de vista (acionistas) orienta a olhar apenas para a parcela do acionista no negócio.

| Ativo | Passivo |
|---|---|
| Negócio | Credores |
| | Acionistas |

Figura 1.1 – Visão do negócio.

## Fluxo de Lucro Residual

Um terceiro ponto de vista orienta a olhar para o fluxo da adição de valor. É o Fluxo de Lucro Residual. O lucro residual ou lucro econômico (*residual income* ou *economic profit*) pode ser calculado subtraindo-se da renda o custo do capital, ambos em valores monetários. Esse valor representa a agregação (destruição) de valor. Quando o lucro residual é positivo, a empresa agrega valor. Quando o lucro residual é negativo, a empresa destrói valor. Quando o lucro residual é zero, a empresa não agrega nem destrói valor.

Para discuti-lo brevemente, vamos retomar a discussão da diferença entre o valor econômico e o capital investido. Vimos, naquela seção, que uma empresa pode (i) valer mais do que o capital investido caso ela tenha um retorno sobre o capital investido superior ao custo do capital; (ii) valer o mesmo que o capital investido caso ela tenha um retorno igual ao custo do capital e (iii) valer menos do que o capital investido caso ela tenha um retorno inferior ao custo do capital.

Nossos exemplos consideravam um capital investido de R$ 100 e um custo do capital de 10%. Os cenários eram a empresa ter uma renda de (i) R$ 12, o que representava um retorno sobre o capital investido de 12%, situação em que a empresa valeria mais do que o capital investido (R$ 120); (ii) R$ 10, o que representava um retorno de 10% e a empresa valeria o mesmo que o capital investido (R$ 100) e (iii) R$ 8, retorno de 8% e valor inferior ao capital investido (R$ 80).

Observe que, para todos os casos, o capital investido é R$ 100 e o custo do capital é 10%, o que representa um custo do capital, em valor monetário, de R$ 10.

No primeiro cenário, a renda é de R$ 12 (ao ano e para sempre), o que representaria um lucro residual de R$ 2 (R$ 12 – R$ 10), também ao ano e para sempre, portanto, o Fluxo de Lucro Residual seria de R$ 2 ao ano e para sempre. A um custo de 10%, esse fluxo vale R$ 20 (o conceito de perpetuidades é apresentado no Capítulo 3). Esse valor de R$ 20 representa o valor presente de toda a futura agregação de valor da empresa. Portanto, para calcular o valor da empresa bastaria somar ao capital investido o valor presente da futura agregação de valor, nesse cenário, R$ 100 + R$ 20, totalizando R$ 120.

No segundo cenário, podemos observar que para a renda de R$ 10 (ao ano e para sempre), o lucro residual é zero (renda menos custo, ambos iguais a R$ 10) e o valor presente de toda a futura agregação de valor é igualmente zero, portanto, a empresa vale o próprio capital investido (R$ 100).

No terceiro cenário, a renda de R$ 8 gera uma destruição de R$ 2 (lucro residual é negativo em R$ 2) ao ano e para sempre, que tem um valor presente de –R$ 20. Portanto, somando essa destruição de valor ao capital investido (R$ 100) obtém-se o valor da empresa de R$ 80.

Logo, segundo essa técnica, o valor da empresa é o capital investido somado ao valor presente da futura agregação de valor da empresa.

Essa técnica, embora pouco utilizada entre os profissionais, sendo mais utilizada em artigos acadêmicos, é bem interessante. Consideramos que a comparação entre o valor econômico calculado por qualquer técnica deva ser contraposto ao capital investido (na ausência deste, ao valor contábil). A diferença entre esses dois valores (valor econômico e capital investido) é o valor presente de toda a futura agregação de valor da empresa, embutido no valor econômico. Sabendo que, para negócios em ambientes competitivos, é difícil obter retorno de capital em excesso ao custo do capital por longos períodos, conclui-se que é igualmente difícil ter um alto valor para a agregação futura de valor da empresa. Sendo assim, é bom termos um olhar crítico para essa parcela de valor, que está explícita nessa técnica. As outras duas técnicas de fluxo de caixa descontado (ponto de vista do acionista: Fluxo de Caixa para os Acionistas e ponto de vista dos investidores: Fluxo de Caixa para os Investidores) não são explícitas na decomposição do valor em (i) capital investido e (ii) futura agregação de valor da empresa e, portanto, requerem cuidados adicionais, para os quais chamaremos a atenção no Capítulo 9.

## Adjusted Present Value (APV)

Não comentaremos a técnica chamada APV neste momento, deixando para comentá-la quando discutirmos a influência da estrutura de capital no valor da empresa. Basicamente, procura-se, com essa técnica, apurar isoladamente o valor do benefício fiscal advindo da despesa financeira para incorporá-lo ao valor econômico base (sem o valor do benefício fiscal), sendo esses valores normalmente calculados por meio de fluxos projetados.

## Outros

### Valor de Mercado

O valor de mercado da empresa é o valor econômico que os agentes de mercado estão atribuindo a empresa. É uma importante referência de valor disponível para as empresas listadas. Essa avaliação é tanto melhor quanto mais desenvolvido for o mercado para as ações dessa companhia em termos de liquidez, cobertura dos analistas e governança corporativa.

### Opções Reais

Para explicar mínima e simplificadamente o conceito por trás da técnica opções reais, vamos, a princípio, remeter às opções financeiras.

Suponha que você tenha uma opção de comprar ações da Vale por R$ 50 daqui a um mês (ou ao longo deste um mês) – uma opção financeira. O que caracteriza uma opção é a opcionalidade e não a obrigatoriedade de comprar as ações da Vale. Assim, a efetiva utilização da opção no final de um mês (chamado exercício da opção) depende do preço da Vale daqui a um mês. São basicamente dois cenários de preços no vencimento da opção: (1) a ação estará abaixo de R$ 50, por exemplo, R$ 45, quando você não exercerá o seu direito de comprar as ações por R$ 50, pois poderá comprá-las no mercado por um preço mais baixo (R$ 45), quando a opção não valerá nada, e (2) a ação estará acima de R$ 50, por exemplo, R$ 55, quando você exercerá a sua opção e comprará por R$ 50 algo que estará valendo mais (R$ 55), quando a opção terá valor.

Dessa forma, hoje (há um mês do exercício), você enxergará (1) um cenário (ou conjunto de cenários) em que a opção não será exercida e, portanto, não gerará valor, e (2) um cenário (ou conjunto de cenários) em que a opção será exercida e, portanto, gerará valor. Caso consigamos, por meio de técnicas de modelagem de opções, atribuir probabilidade e valor a cada cenário, seremos capazes de calcular o valor dessa opção hoje.

A opção real fundamenta-se nessa mesma ideia. Suponha que você esteja avaliando a Petrobras e precise atribuir um valor às reservas do pré-sal. Vamos imaginar, simplificadamente, para usar os mesmos números do parágrafo acima, que para o pré-sal ser viável o barril do petróleo tenha que ser vendido a US$ 50 (preço de exercício da opção). Caso o barril do petróleo estivesse hoje à US$ 40, a Petrobras não exploraria o pré-sal, pois o mesmo seria inviável. Em não explorando o pré-sal, ele não geraria fluxo de caixa e, portanto, valeria zero. Esse seria o valor que se encontraria para o pré-sal utilizando-se avaliação por fluxo de caixa descontado tradicional.

Como a decisão de explorar o pré-sal não precisa ser tomada hoje, pode-se lançar mão da técnica de avaliação por opções reais. Daqui a um determinado período de tempo (para não usarmos um mês como na opção de compra da Vale) o barril do petróleo pode estar US$ 45 e a Petrobras continuaria não explorando o pré-sal (não exerceria a opção) e, portanto, o pré-sal continuaria valendo zero. Mas daqui a um determinado período de tempo o barril do petróleo pode estar US$ 55, quando a Petrobras tomaria a decisão de explorá-lo e, portanto, o pré-sal teria valor. Assim, se existe a probabilidade de o pré-sal ter valor no futuro, ele tem valor hoje – e este valor, que não seria capturado por técnicas tradicionais, poderia ser capturado pela técnica opções reais.

Para seu cálculo, bastante complexo, teriam que ser estimados vários parâmetros como os cenários de preços do barril do petróleo no futuro e as probabilidades associadas a esses cenários. A sua operacionalização pode se dar por ferramentas como árvore de decisões ou outra técnica de precificação de opções.

Note que essa técnica pode ser mais diretamente aplicada a projetos e menos diretamente aplicada a empresas. Mas, como uma empresa é a soma de projetos, a técnica pode auxiliar na avaliação de empresas, como nesse exemplo da avaliação da Petrobras, que detém direitos sobre bacias de pré-sal. Também teria aplicação em avaliação de empresas de extração mineral e até em precificação de projetos imobiliários que envolvam permuta, que seriam mais bem avaliados por essa técnica do que por fluxo de caixa descontado. Sem falar em avaliação de projetos que possam ser expandidos, postergados, contraídos, antecipados, faseados etc.

## Modelagem

Além dos fundamentos de avaliação de empresas, também aprenderemos a montar um modelo de avaliação de empresas a partir do "zero", abrindo uma planilha em branco no Excel® e construindo juntos todos os seus componentes. A tarefa fica mais simples se dividida em etapas. Serão quatro etapas, referentes aos últimos capítulos do livro. Na primeira etapa, projetaremos, de maneira mais simplificada, a parte operacional da empresa. Na segunda etapa, criaremos alternativas para a projeção das despesas gerais e administrativas e para o investimento em ativos fixos. Na terceira etapa, melhoraremos o racional da projeção da receita líquida e projetaremos a parte financeira das demonstrações financeiras. Na quarta e última etapa, modelaremos o endividamento e o crédito fiscal da empresa. Ressalva-se que este modelo de avaliação desenvolvido tem finalidade exclusivamente didática.

## Capítulos do Livro

Além deste Capítulo 1 – Introdução, o livro está dividido em duas partes e seus respectivos capítulos.

*Parte I – Guia Fundamental*
Os Capítulos 2 – Risco × Retorno, 3 – Modelo de Dividendos Descontados, 4 – Fluxo de Caixa para os Investidores, 5 – Custo de Capital dos Investidores, 7 – *Firm Value × Equity Value* e 10 – Fluxo de Caixa para os Acionistas tratam das técnicas de Fluxo de Caixa para os Investidores e Fluxo de Caixa para os Acionistas.

Os Capítulos 8 – Estrutura de Capital e 9 – Taxa de Crescimento tratam de dois pontos em avaliação de empresas que podem ser usados inadvertidamente para alterar, de modo significativo, o valor de uma empresa. Portanto, são pontos de discussão importantes.

O Capítulo 6 – Premissas de Custo de Capital discorre a respeito dos parâmetros comumente utilizados como premissas no cálculo do custo do capital.

O Capítulo 11 – Avaliação por Múltiplos aborda a técnica de avaliação relativa.

O Capítulo 12 – Estudo de Caso Teórico: Centi S.A. apresenta um estudo de caso teórico e uma potencial solução.

O Capítulo 13 – Estudo de Caso Real apresenta quatro casos: Raia, Brasil Foods, a parte operacional da AmBev e Grupo Carrefour Brasil; e uma potencial solução para cada um deles.

O Capítulo 14 – Lista de Exercícios apresenta uma lista com pouco mais de 100 exercícios relativos aos treze primeiros capítulos do livro.

*Parte II – Modelagem em Excel®*
O Capítulo 15 – A Empresa apresenta as demonstrações financeiras e demais informações da empresa a ser avaliada.

Os Capítulos 16 a 19 são dedicados à elaboração do modelo de avaliação de empresas, por fluxo de caixa descontado (pela visão dos investidores ou firma), a partir de uma primeira versão do modelo com as lógicas de projeção simplificadas e projeção apenas da parte operacional até a quarta e última versão com lógicas mais elaboradas e projeção das demonstrações financeiras completas (inclusive da parte financeira da empresa).

O Apêndice mostra o funcionamento de alguns comandos e procedimentos no Excel® bastante úteis para montagem de modelos e projeções financeiras.

Parte I

# Guia Fundamental

 Assista ao vídeo do autor sobre esta Parte.

# 2. Risco × Retorno

Para avaliar empresas pela técnica de fluxo de caixa descontado é necessário estimar dois componentes críticos: (i) o fluxo de caixa e (ii) a taxa de desconto.

Este capítulo trata da estimação da taxa de desconto, mais especificamente aquela utilizada para a técnica Fluxo de Caixa para os Acionistas. Isso porque o modelo que veremos é mais utilizado na estimação do custo de capital dos acionistas, embora não se restrinja a essa aplicação. Para estimar a taxa de desconto empregada na técnica Fluxo de Caixa para os Investidores teremos que evoluir a partir das conclusões deste capítulo, o que faremos no Capítulo 5, quando veremos que também será necessário estimar o custo de capital dos credores para combiná-lo com o custo de capital dos acionistas.

## Necessidade

Imagine que tenhamos um fluxo de caixa de R$ 100 daqui a um ano. Para calcular o valor (preço) desse fluxo de caixa precisamos de uma taxa de desconto (Figura 2.1). Sabemos que quanto maior o risco do fluxo de caixa, maior a taxa de desconto a ser utilizada. Assim, (i) caso a taxa de desconto a ser utilizada seja 10% a.a., o preço do fluxo de caixa será 91, e (ii) caso a taxa de desconto a ser utilizada seja 15% a.a., o preço do fluxo de caixa será 87.

Figura 2.1 – Preço de um fluxo de caixa, em que $FC_1$ é o fluxo de caixa no período 1 e i é a taxa de desconto.

Nota-se que a taxa de desconto depende do risco, ou seja, deve ser calculada em função do risco. Portanto, nossa necessidade é de um modelo que estabeleça uma relação entre o retorno requerido e uma medida objetiva de risco do fluxo de caixa em questão. Na prática, alimentamos o modelo com o risco do fluxo de caixa e obtemos a taxa de desconto ajustada pelo risco que deve ser utilizada para precificar esse fluxo de caixa (que chamaremos de título).

O modelo mais comumente utilizado é o chamado modelo de precificação de títulos com risco (em inglês, *capital asset pricing model* – CAPM). Esse modelo pressupõe que o investidor exige uma taxa de desconto mínima para os títulos sem risco, a chamada taxa livre de risco ou rf (*risk free rate*), e que a taxa de desconto aumenta linearmente com o aumento do risco (Figura 2.2).

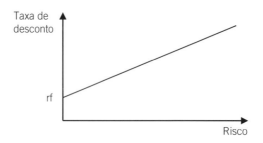

Figura 2.2 – Modelo de precificação de títulos com risco, em que rf é a taxa livre de risco (*risk free rate*).

A equação de uma reta é expressa por Y = a + bX. No nosso caso, Y é a taxa de desconto a ser utilizada para descontar o fluxo de caixa a valor presente, a é o intercepto (rf), b é a inclinação da reta e X é o risco do título. Até aqui, nossa taxa de desconto seria dada pela Equação 2.1:

$$\text{Taxa de desconto} = rf + b \times risco \qquad \text{Equação 2.1}$$

## Medida de Risco – Desvio-padrão

Colocando nosso problema em termos práticos, supondo que tenhamos que calcular o preço da ação da Vale, precisamos do risco do fluxo de caixa das ações da Vale.

Portanto, para operacionalizarmos o modelo, é preciso conceituar risco para posteriormente mensurá-lo.

Em Finanças Corporativas, que é a base teórica para as técnicas de Fluxo de Caixa Descontado, risco é imprevisibilidade de retornos.

O primeiro candidato à medida de risco é o desvio-padrão de uma série histórica de retornos da ação. O desvio-padrão, nesse caso, é uma medida da dispersão da série de retornos ou do quanto os retornos podem estar afastados da média, ou seja, o risco de não ser a média – sua imprevisibilidade. É comum considerar que a série de retornos segue uma distribuição normal (Figura 2.3) ou alguma distribuição próxima à normal.

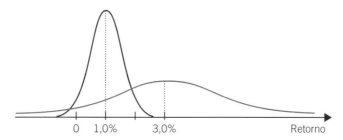

Figura 2.3 – Distribuição de duas séries de retornos, considerando que estas seguem a distribuição normal: (i) uma série de retornos com média 1,0% e pequena dispersão e (ii) outra série de retornos com média 3,0% e grande dispersão.

Com base em séries históricas do preço das ações (Tabela 2.1) pode-se calcular o desvio-padrão das séries históricas de retornos das ações. Os números da Tabela 2.1 indicam, para o período analisado, desvios-padrão dos retornos mensais de 11,5%, 8,2% e 8,1% para

PETR4, VALE3 e NATU3, respectivamente. Considerando o desvio-padrão dos retornos mensais como medida de risco, esses resultados indicam que as ações da VALE3 e da NATU3 têm riscos semelhantes e as ações da PETR4 têm risco maior (para conclusão formal seria necessário realizar testes estatísticos). Ressalvamos que a série histórica de preços utilizada para esses cálculos deve estar ajustada pelos proventos.

Tabela 2.1 – Séries históricas de preços e retornos diários da PETR4, VALE3 e NATU3

| | PETR4 | | VALE3 | | NATU3 | |
|---|---|---|---|---|---|---|
| | Preço | Retorno | Preço | Retorno | Preço | Retorno |
| 30/06/2018 | 16,04 | –15,5% | 48,34 | –4,5% | 30,50 | –9,5% |
| 31/05/2018 | 18,98 | –17,2% | 50,63 | 4,0% | 33,72 | 4,7% |
| 30/04/2018 | 22,92 | 7,3% | 48,67 | 15,3% | 32,21 | 0,7% |
| 31/03/2018 | 21,37 | –0,2% | 42,21 | –5,2% | 32,00 | –5,9% |
| 28/02/2018 | 21,42 | 9,0% | 44,54 | 8,7% | 34,00 | –1,7% |
| . . . | . . . | . . . | . . . | . . . | . . . | . . . |
| 31/10/2017 | 16,74 | 9,6% | 31,40 | 0,7% | 30,50 | –0,7% |
| 30/09/2017 | 15,27 | 12,1% | 31,18 | –9,1% | 30,72 | 5,7% |
| 31/08/2017 | 13,62 | 2,7% | 34,32 | 12,1% | 29,05 | 17,8% |
| 31/07/2017 | 13,26 | 7,4% | 30,62 | 7,9% | 24,67 | –2,5% |
| 30/06/2017 | 12,35 | | 28,37 | | 25,31 | |

**Fonte:** Elaborada pelos autores a partir de informações da Economática®.

Dado que o desvio-padrão é um candidato à medida de risco, queremos saber se ele é uma boa medida de risco para a nossa finalidade.

Para tanto, imagine que um acionista tenha R$ 100 investidos em duas ações: R$ 50 na ação A e R$ 50 na ação B, e que essas ações tiveram, nos últimos cinco anos, um retorno histórico anual médio de 8,0% e 15,0%, respectivamente, e que o desvio-padrão nesse período de tempo seja 4,1% e 6,1%, respectivamente (Tabela 2.2).

Tabela 2.2 – Retornos históricos anuais das ações A e B

| | AÇÃO A | | AÇÃO B | |
|---|---|---|---|---|
| | Preço | Retorno | Preço | Retorno |
| Ano 5 | 30,63 | 13,0% | 30,44 | 16,0% |
| Ano 4 | 27,11 | 8,0% | 26,24 | 24,0% |
| Ano 3 | 25,10 | 2,0% | 21,16 | 7,0% |
| Ano 2 | 24,61 | 7,0% | 19,78 | 13,0% |
| Ano 1 | 23,00 | 10,0% | 17,50 | 15,0% |
| Retorno Médio | | 8,0% | | 15,0% |
| Desvio-padrão | | 4,1% | | 6,1% |

Quais seriam o retorno médio e o desvio-padrão da carteira desse acionista? Para o retorno médio, pensaríamos que os 50% que estavam investidos na ação A tiveram 8,0% de retorno, que os 50% que estavam investidos na ação B tiveram 15,0% de retorno e que a carteira teria tido um retorno médio ponderado de 11,5% (50% × 8,0% + 50% × 15,0%). Se pensarmos de forma análoga para o desvio-padrão, concluiríamos que o desvio-padrão da carteira teria sido de 5,1% (50% × 4,1% + 50% × 6,1%).

Mas, esses números estariam certos? Para conferir, podemos verificar qual é o retorno anual da carteira para os anos 1 a 5 e, posteriormente, calcular a média e o desvio-padrão dessa série anual de retornos da carteira. Teríamos verificado que o retorno médio foi 11,5%, como achávamos, mas o desvio-padrão foi de 4,5% (Tabela 2.3), diferente do que achávamos!

Tabela 2.3 – Retornos históricos anuais das ações A e B e da carteira formada por 50% de ações A e 50% de ações B

| | AÇÃO A | | AÇÃO B | | CARTEIRA |
|---|---|---|---|---|---|
| | Preço | Retorno | Preço | Retorno | Retorno |
| Ano 1 | 30,63 | 13,0% | 30,44 | 16,0% | 14,5% |
| Ano 2 | 27,11 | 8,0% | 26,24 | 24,0% | 16,0% |
| Ano 3 | 25,10 | 2,0% | 21,16 | 7,0% | 4,5% |
| Ano 4 | 24,61 | 7,0% | 19,78 | 13,0% | 10,0% |
| Ano 5 | 23,00 | 10,0% | 17,50 | 15,0% | 12,5% |
| Retorno Médio | | 8,0% | | 15,0% | 11,5% |
| Desvio-padrão | | 4,1% | | 6,1% | 4,5% |

Portanto, percebe-se que parte do risco foi eliminada ao construir a carteira, ou seja, em vez de o desvio-padrão da carteira ser de 5,1%, ele é de 4,5%, que representa 88% do desvio-padrão que seria calculado por meio da média ponderada dos desvios-padrão (4,5% ÷ 5,1%). É esse resultado que dá origem ao ditado popular: "não coloque todos os ovos na mesma cesta". Ao formar uma carteira, o acionista potencialmente elimina risco.

A eliminação de risco é possível porque as ações não reagem igualmente aos estímulos externos. Assim, ante os estímulos externos diários, pode acontecer de (i) algumas ações subirem e outras caírem, (ii) todas subirem, mas com intensidades individuais diferentes, ou (iii) todas caírem, mas com intensidades individuais diferentes. Como os retornos das ações não andam exatamente juntos, a imprevisibilidade dos retornos da carteira é menor do que a imprevisibilidade média ponderada pelo peso de cada ação na carteira.

Suponha simplificadamente que você tenha ações de uma empresa de embalagem e de uma empresa de polipropileno (matéria-prima para a fabricação de embalagem). Se o preço do polipropileno subir, (i) o preço da ação da empresa de polipropileno subirá e (ii) o preço da ação da empresa de embalagem cairá. Ambas apresentarão variação de preço e, portanto, desvio-padrão ou risco; mas a sua carteira terá uma pequena oscilação de preço, com desvio-padrão e risco baixos. Ou seja, parte do risco teria sido eliminada pela diversificação.

Como ao formar carteiras elimina-se risco e como não existem custos impeditivos para formar carteiras, é esperado que os investidores, por serem racionais, tenham carteiras. Assim, as perguntas que se fazem são: a contribuição de risco da ação A para uma carteira é o seu desvio-padrão? Tendo em vista que o investidor detém uma carteira, o risco percebido por ele com relação à ação A é o desvio-padrão da ação A? O mesmo se perguntaria com relação às ações B, C, D etc. A resposta é não, porque há eliminação de risco ao se construírem carteiras. Se parte do risco medido pelo desvio-padrão é eliminável sem custo impeditivo, a próxima pergunta é: existindo o potencial de diversificação, o investidor poderia cobrar por um risco que ele não corre obrigatoriamente? Como a resposta também é não, o desvio-padrão não é uma boa medida de risco para precificação de títulos. Ele mede o risco total, que é formado por (i) uma parcela de risco que não é eliminável (chamado de risco não diversificável ou risco de mercado) e (ii) outra parcela de risco que pode ser eliminada (chamado de risco diversificável ou risco único). E o investidor deve ser remunerado apenas pela parcela de risco não diversificável. Essa parcela de risco é medida pelo beta ($\beta$).

## Medida de Risco – Beta

Imagine três ações. A primeira ação (ação 1) teve, historicamente, retorno igual ao dobro do retorno do mercado (medido por algum índice de mercado acionário), assim, quando o mercado rendeu 1%, ela rendeu 2%, quando o mercado rendeu 2%, ela rendeu 4%, e assim por diante. A segunda ação (ação 2) teve, historicamente, retorno igual à metade do retorno do mercado, assim, quando o mercado rendeu 1%, ela rendeu 0,5%, quando o mercado rendeu 2%, ela rendeu 1%, e assim por diante. A terceira ação (ação 3) teve, historicamente, retorno igual ao retorno do mercado (Figura 2.4).

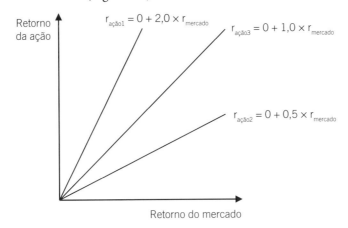

Figura 2.4 – Retorno das ações 1, 2 e 3 comparativamente ao retorno do mercado.

Com base nessas informações e sabendo que esse comportamento é sustentado, ou seja, não é esporádico ou pontual, qual dos investimentos tem mais risco, a ação 1 ou o mercado?

Como o comportamento foi sustentado, pode-se pensar que o maior retorno histórico da ação 1 tenha sido uma compensação pelo seu maior risco, assim, a ação 1 tem mais risco.

Vamos imaginar o contrário, que o mercado tenha mais risco. Isso significaria que o mercado rendeu menos que a ação 1 e tem mais risco. A questão que se coloca seria: você preferiria (i) investir na ação 1 tendo expectativa de retorno futuro maior e risco menor ou (ii) investir no mercado tendo expectativa de retorno futuro menor e risco maior? Antes de responder, é sempre bom fazer a ressalva de que parâmetros históricos não são garantia de parâmetros futuros; não obstante isso, estamos supondo que o maior retorno histórico é um indicador de uma expectativa de maior retorno futuro e vice-versa. Agora, respondendo à pergunta, logicamente a preferência seria por investir na ação 1, que teria menor risco e maior retorno. Consequentemente, os investidores, de maneira geral, trocariam suas posições no mercado por posições na ação 1. Essa troca faria com que a ação 1 tivesse grande demanda (investidores comprando ação 1) e, consequentemente, que seu preço subisse. A subida no preço da ação 1 faria com que o seu retorno esperado para o futuro caísse. O inverso aconteceria com o mercado, que teria grande oferta (investidores vendendo mercado), queda de preço e elevação de retorno esperado para o futuro. Esse ajuste de preço e retorno faria com que (i) a ação 1 passasse a ter baixo retorno esperado para o futuro, o que seria compatível com o baixo risco e (ii) o mercado passasse a ter alto retorno esperado para o futuro, o que seria compatível com o alto risco. Portanto, o mercado ter mais risco do que a ação 1 indicaria que a situação atual seria de desequilíbrio e insustentável. Como informamos que esse comportamento é sustentado e não casual, realmente a ação 1 tem mais risco do que o mercado.

Se perguntássemos qual dos investimentos tem mais risco, a ação 2 ou o mercado, a resposta seria o mercado. E poderíamos concluir que o mercado e a ação 3 têm o mesmo risco.

A hierarquia entre as ações, do maior risco para o menor risco, seria: ação 1, ação 3 e ação 2, que seria a mesma hierarquia dos coeficientes "b" das retas dos retornos de cada ação: 2,0, 1,0 e 0,5, respectivamente (Figura 2.4). Esse coeficiente é a medida de risco chamada de beta. Observe que o risco do mercado, que é o mesmo risco da ação 3, seria, portanto, 1,0, por construção. E os riscos dos demais títulos com risco seriam medidas relativas em relação ao risco do mercado. Títulos com risco maior do que o mercado têm betas maiores do que 1,0 e títulos com risco menor do que o mercado têm betas menores do que 1,0.

Para calcular o beta de uma ação, portanto, precisamos da série histórica de retornos do mercado e da série histórica de retornos da ação (calculada a partir de uma série histórica de preços ajustada pelos proventos, conforme anteriormente comentado). Em seguida, estima-se a reta de regressão com o retorno do mercado e o retorno da ação. O coeficiente "b" da reta de regressão, que mede a inclinação da reta, é o beta da ação (Figura 2.5). Veja, mais à frente, comentário a respeito de usar, para calcular o beta, os retornos em excesso em vez de os retornos integrais.

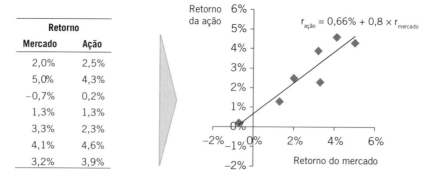

Figura 2.5 – Cálculo do beta de uma ação. A partir de uma série histórica do retorno do mercado e de uma série histórica do retorno da ação, estima-se a reta de regressão $r_{ação} = a + b \times r_{mercado}$; em que $r_{ação}$ é o retorno da ação, $r_{mercado}$ é o retorno do mercado e b é o beta da ação. O intercepto a (alpha) não será comentado, sendo bastante útil em administração de recursos. Neste exemplo, o beta da ação em questão é 0,8.

## Modelo de Precificação de Títulos com Risco (CAPM)

Tendo em vista que o beta é a medida de risco para fins de definição da taxa de desconto e precificação de títulos, podemos avançar na formalização do CAPM, que estava expresso, provisoriamente, na Equação 2.1.

Já havíamos concluído que, conforme o investidor enxerga mais risco em um título, ele exige um retorno ou uma taxa de desconto maior (Figura 2.2). A diferença entre o retorno exigido e a taxa livre de risco é o prêmio exigido pelo risco (Figura 2.6). Esse prêmio é diretamente proporcional ao risco corrido. Para risco igual 1, que é o risco do mercado (por construção), o prêmio exigido é a diferença entre o retorno do mercado (rm) e a taxa livre de risco (rf) e é chamado de prêmio de mercado (pm). Para riscos maiores do que 1, o prêmio é proporcionalmente maior do que o pm, e para riscos menores do que 1, o prêmio é proporcionalmente menor do que o pm.

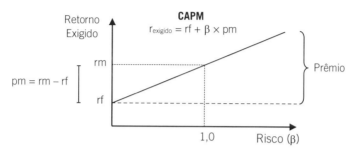

Figura 2.6 – Modelo de Precificação de Títulos com Risco, que pode ser expresso por $r_{exigido} = rf + \beta \times (rm - rf)$ ou simplesmente $r_{exigido} = rf + \beta \times pm$, em que $r_{exigido}$ é o retorno exigido pelo investidor para investir em um determinado título, rf é a taxa livre de risco, ß é o beta associado ao risco do título em questão, rm é o retorno do mercado e pm é o prêmio de mercado (rm – rf).

Portanto, o CAPM pode ser formalizado na Equação 2.2.

$$\text{Retorno exigido} = rf + \beta \times pm \qquad \text{Equação 2.2}$$

Em que retorno exigido é o retorno que o investidor exige para investir em um determinado título com risco, rf é a taxa livre de risco, β é o risco do título em questão e pm é o prêmio de mercado. As premissas para rf e pm serão discutidas no Capítulo 6.

Analisando cada uma das parcelas do retorno exigido verifica-se que (i) a parcela rf é o retorno que o investidor tem direito pela postergação do consumo (simples passagem do tempo), ou seja, mesmo sem correr risco nenhum, ele já faz jus a receber rf, e (ii) a parcela β × pm diz respeito ao prêmio que deve ser adicionado ao rf pelo risco corrido, que pode ser interpretado como quantidade de risco (β) multiplicada pelo "preço" do risco (pm). O prêmio de mercado indica a aversão média ao risco de mercado.

## Aplicação

A aplicação do CAPM, em avaliação de empresas, é no cálculo do valor presente de um fluxo de caixa para os acionistas. Por exemplo, queremos calcular o preço de dois títulos (ações A e B), ambos com um único fluxo de caixa de R$ 100 daqui um ano.

O primeiro passo é formular o CAPM genericamente (Figura 2.7). Para essa formulação genérica precisamos de premissas para rf e pm (que serão vistas no Capítulo 6). Suponhamos rf de 7,0% e pm de 5,0%. Sendo assim, o CAPM genérico, quer dizer, aplicável a todos os títulos com risco, seria expresso conforme a Equação 2.3.

$$\text{Retorno exigido} = 7{,}0\% + \beta \times 5{,}0\% \qquad \text{Equação 2.3}$$

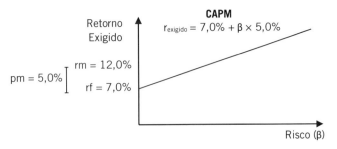

Figura 2.7 – Formulação genérica do CAPM considerando taxa livre de risco rf = 7,0% e prêmio de mercado pm = 5,0%. Assim, o retorno exigido é calculado por $r_{exigido} = 7,0\% + \beta \times 5,0\%$.

O segundo passo é calcular o beta da ação A e o beta da ação B (ou obter diretamente de sistemas de informação, como Economática® ou Bloomberg®). Para tanto, são necessários históricos de retorno da ação A, da ação B e do mercado. O cálculo do beta da ação A é feito regredindo o retorno do mercado *versus* o retorno da ação A e o cálculo do beta da ação B é feito regredindo o retorno do mercado *versus* o retorno da ação B. A ação A tem beta de 0,6 e a ação B tem beta de 1,6 (Figura 2.8).

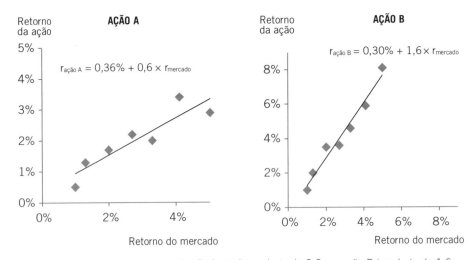

Figura 2.8 – Cálculo do beta das ações A e B. Ação A tem beta de 0,6 e a ação B tem beta de 1,6.

O terceiro passo é calcular o retorno exigido a partir da formulação geral do CAPM (Equação 2.3) aplicando o beta de cada uma das ações. Assim, para a ação A, o retorno exigido é 10,0% (7,0% + 0,6 × 5,0%) e, para a ação B, o retorno exigido é 15,0% (7,0% + 1,6 × 5,0%). Portanto, a precificação do fluxo de caixa de R$ 100 daqui a um ano seria, para a ação A, R$ 91, e para a ação B, R$ 87 (Figura 2.1).

Uma discussão que se pode fazer com relação ao apresentado nas Figuras 2.5 e 2.8 é se não seria mais adequado trabalhar com os retornos em excesso à taxa livre de risco (rm – rf e $r_{ação}$ – rf) em vez dos retornos integrais (rm e $r_{ação}$). Além disso, também se poderia questionar se a taxa livre de risco é, de fato, constante ao longo do tempo. As Figuras 2.5 e 2.8 são baseadas na prática usual de mercado como pode ser observado na Figura 2.9.

## Exemplo de Beta

O Bloomberg® é um sistema de informações a que se pode recorrer para obtenção do beta. A Figura 2.9 apresenta um *print* da tela do Bloomberg® para o cálculo do beta da VALE5 (em 30 de julho de 2018).

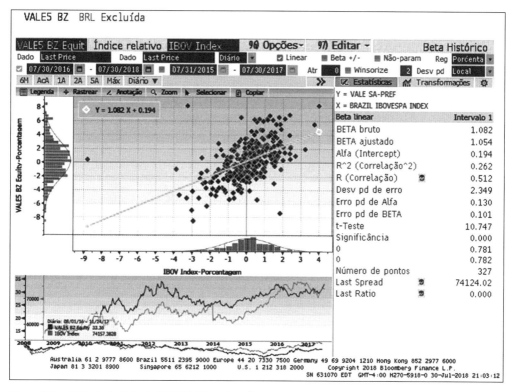

Figura 2.9 – Cálculo do beta da VALE5. Bloomberg®.

## Parâmetros para o Cálculo do Beta

Para se calcular o beta é necessário definir três parâmetros: (i) índice de mercado – qual índice melhor representa o mercado: índice global ou índice local?; (ii) histórico de retornos – quanto tempo para trás devemos ir para obter o histórico dos retornos: dois, três ou cinco anos?; e (iii) periodicidade dos retornos – qual retorno deve ser utilizado: diário, semanal ou anual? A seguir, exploraremos essas questões.

Se o cálculo for feito no Bloomberg®, essas informações devem ser inseridas (i) na primeira linha do cabeçalho onde se lê "Índice relativo" e está informado "IBOV Index" (ou seja, nesse caso, utilizou-se como mercado o Ibovespa), (ii) na terceira linha do cabeçalho onde se lê "07/30/2016" e "07/30/2018" (ou seja, nesse caso, utilizou-se um histórico de retornos de dois anos) e (iii) na segunda linha do cabeçalho onde se lê "Diário" (ou seja, nesse caso, utilizou-se periodicidade diária).

(i) quanto ao índice que melhor represente o mercado, são duas discussões: (1) usar o índice global ou local e (2) qual índice global ou qual índice local deve ser usado. (1) Alguns livros americanos indicam que se deve usar o índice global, tendo em vista que o investidor é globalizado. A prática brasileira é usar o índice local, ao que pode ser atribuída uma visão regional. (2) No que diz respeito à segunda discussão, a prática brasileira é usar o Ibovespa. A crítica é que o Ibovespa é um índice que não reflete adequadamente a economia brasileira, uma vez que (a) diversas empresas grandes não são listadas ou têm baixo *free float* e, consequentemente, setores inteiros da economia acabam sendo sub-representados pelo Ibovespa e (b) o critério de alocação das ações no índice é a liquidez e não o tamanho.

(ii) quanto ao histórico dos retornos, a discussão costuma girar entre dois e cinco anos. Alguns livros americanos indicam cinco anos. O *default* do Bloomberg® é dois anos. Observe que quanto maior o histórico de retorno, maior a chance de a empresa ter mudado o seu perfil de risco, não sendo conveniente usar históricos muito longos, existindo bons argumentos para não ultrapassar três anos.

(iii) quanto à periodicidade dos retornos, a discussão costuma girar entre diário, semanal ou mensal. Alguns livros americanos indicam periodicidade mensal, o que totaliza 60 observações considerando a indicação de cinco anos de histórico. Alguns autores indicam a periodicidade diária por produzir betas com menor erro de estimação. No entanto, betas de ações com baixa liquidez calculados com periodicidade diária são enviesados para baixo. Embora existam ajustes para corrigir esse viés, como recomendação indicamos: (i) não calcule beta de ações ilíquidas (o que parece ser seguido pelo mercado), pois essa pode não ser uma boa medida de risco; e (ii) para as demais ações opte por periodicidade diária.

## Alavancagem e Desalavancagem do Beta

Se para estimar o beta de um título precisamos de uma série histórica de retornos, como estimar o beta de uma empresa que não é listada ou é ilíquida?

É comum, nesses casos, usar o beta de uma ou mais empresas do mesmo setor, após ajuste. Para exemplificar esse procedimento, vamos supor que precisemos do beta de uma empresa de siderurgia que não seja listada, a SIDER, e para tanto, vamos partir do beta da USIM3 (Usiminas, empresa do mesmo setor da SIDER).

Poderíamos usar, para a SIDER, exatamente o mesmo beta da USIM3 se ambas as empresas tivessem o mesmo risco. Logo, precisamos saber quais são os fatores determinantes do beta para verificarmos se esses fatores são iguais para as duas empresas. Se forem iguais em ambas as empresas, poderemos usar exatamente o mesmo beta da USIM3 na SIDER, caso contrário, será necessário fazer ajustes.

Como risco é imprevisibilidade de retorno, verificaremos quais fatores impactam a previsibilidade do lucro líquido de uma empresa (vamos investigar imprevisibilidade de retorno olhando para imprevisibilidade de lucro líquido apenas por uma questão didática).

O lucro líquido de uma empresa é impactado pelas vendas, pela estrutura de custos operacionais (custos fixos e custos variáveis), pela estrutura de capital (custo financeiro) e impostos. Os fatores determinantes do beta estão relacionados com os três primeiros.

1º Fator Determinante – tipo de negócio: está ligado à essencialidade do produto ou serviço da empresa. Quando esses são mais essenciais, espera-se menos volatilidade nas vendas (menor elasticidade), tornando a empresa menos arriscada. Quando esses são menos essenciais, espera-se mais volatilidade nas vendas (maior elasticidade) tornando a empresa mais arriscada. É comum supor que empresas de um mesmo setor compartilhem esse fator determinante e sejam iguais do ponto de vista de risco. Portanto, seria usual considerar que a SIDER e a USIM3 têm esse fator determinante igual. É interessante ressalvar que essa suposição se enfraquece quando pensamos em empresas de países diferentes ou, eventualmente, de tamanhos diferentes.

2º Fator Determinante – alavancagem operacional: está ligado à estrutura de custos operacionais da empresa, ou seja, à divisão do custo operacional em custo fixo e custo variável. Sabe-se que, ao fixar custo, aumenta-se a imprevisibilidade do lucro líquido da empresa e, portanto, seu risco. Portanto, empresas com maior parcela de custo fixo na sua estrutura de custos operacionais têm maior risco. Novamente, é comum supor que empresas do mesmo setor compartilhem esse fator determinante, portanto, seria usual considerar que a SIDER e a USIM3 têm esse fator determinante igual. Também vale a ressalva de que essa suposição se enfraquece em algumas situações, por exemplo, para empresas de países diferentes ou, eventualmente, de tamanhos (escalas) diferentes.

3º Fator Determinante – alavancagem financeira: está ligado à estrutura de capital da empresa, ou seja, à divisão entre a parcela do capital que é financiada pelos credores e a parcela do capital que é financiada pelos acionistas. Quanto maior a parcela financiada pelos credores, ou seja, quanto mais dívida, maior a despesa financeira. A despesa financeira, por sua vez, é um custo fixo do ponto de vista das vendas, ou seja, alterações nas vendas não impactam a despesa financeira. Portanto, empresas com mais dívida têm mais despesa financeira (custo fixo) e, consequentemente, risco financeiro maior. Nesse ponto, como dificilmente a SIDER e a USIM3 teriam a mesma proporção de dívida no capital total, faz-se necessário um ajuste no beta, pois as empresas têm riscos financeiros diferentes.

Portanto, é comum considerar que empresas do mesmo setor tenham os mesmos fatores determinantes 1 e 2 e tenham fator determinante 3 diferente. Observe que os fatores determinantes 1 e 2 estão ligados a operação (no caso, siderurgia) e o fator determinante 3 está ligado a como financiar a operação. Supondo que a parte operacional é comum em empresas do mesmo setor, realmente, poder-se-ia pensar que os dois primeiros fatores determinantes são comuns entre empresas do mesmo setor (com ressalvas). O que mudaria entre empresas do mesmo setor é a forma como cada empresa decidiu financiar a sua operação e, portanto, o risco financeiro.

Para usarmos o beta da USIM3 na SIDER, precisamos:

(i) estimar o beta da USIM3 e conhecer, para a USIM3, a proporção de dívida no capital total.

O beta da USIM3, em 30 de julho de 2018, segundo o Bloomberg®, era 1,727 (parâmetros utilizados: (i) índice – Ibovespa; (ii) histórico de retornos – dois anos e (iii) periodicidade do retorno diária). Esse beta considera as características da USIM3, portanto, mede os fatores determinantes 1, 2 e 3 da USIM3 e é chamado de beta alavancado ou *levered beta*.

Para definir a proporção de dívida no capital total, temos que olhar quanto do capital total, que é o capital necessário para financiar o negócio, é dívida. Costuma-se chamar de D (*debt*) o montante do capital total que é financiado pelos credores e de E (*equity*) o montante do capital total que é financiado pelos acionistas. Consequentemente, D/(D + E) é a parcela de dívida no capital total. Considere, para a USIM3, D/(D + E) = 30%.

(ii) desalavancar o beta da USIM3.

Isto significa eliminar do beta alavancado da USIM3 (o 1,727 obtido no item (i) acima) o fator determinante 3, que se refere ao risco financeiro, e não é compartilhado entre SIDER e USIM3. Dessa forma, o beta resultante será um beta desalavancado (ou *unlevered beta*), que mede os fatores determinantes 1 e 2, que são ligados aos riscos operacionais, e costuma-se considerar que são iguais em empresas do mesmo setor.

A relação comumente utilizada pelo mercado entre o beta alavancado e o beta desalavancado é expressa na Equação 2.4.

$$\beta_{alav} = \beta_{desalav} \times \left[ 1 + \frac{D}{E} \times (1-t) \right]$$

Equação 2.4

Em que $\beta_{alav}$ é o beta alavancado, $\beta_{desalav}$ é o beta desalavancado, D é o montante de dívida no capital total, E é o montante de *equity* no capital total e t é a alíquota de imposto de renda.

Reorganizando a Equação 2.4 e aplicando ao nosso exemplo, considerando, além dos números já obtidos, que t seja 34%, temos:

$$\beta_{desalav} = \frac{\beta_{alav}}{\left[ 1 + \frac{D}{E} \times (1-t) \right]} = \frac{1,727}{\left[ 1 + \frac{30}{70} \times (1-34\%) \right]} = 1,346$$

Atente para o fato de que a Equação 2.4 pede D/E e temos D/(D + E) (obtivemos no item (i), para a USIM3, D/(D + E) = 30%). Se D/(D + E) é 30%, então E/(D + E), que é o complemento para o 100% do capital total, é 70%, logo, D/E = 30%/70% ou, simplesmente, 30/70, conforme aplicado na solução acima.

(iii) realavancar o beta desalavancado obtido no item (ii).

Isso significa adicionar, ao beta desalavancado (o 1,346 obtido no item (ii)), o risco financeiro específico da SIDER. Para tanto, precisamos conhecer a proporção de dívida no capital total da SIDER. Considere que a SIDER tenha D/(D + E) = 40%. Portanto, a SIDER tem mais dívida do que a USIM3, o que implica o beta alavancado da SIDER ser maior do que o beta alavancado da USIM3, uma vez que mais dívida implica mais risco financeiro e considera-se que ambas as empresas têm o mesmo risco operacional.

Aplicando a Equação 2.4, temos:

$$\beta_{alav} = \beta_{desalav} \times \left[ 1 + \frac{D}{E} \times (1-t) \right] = 1,346 \times \left[ 1 + \frac{40}{60} \times (1-34\%) \right] = 1,938$$

Logo, o beta a ser utilizado para a SIDER é 1,938.

Gostaríamos de finalizar a discussão de alavancagem e desalavancagem do beta com algumas observações:

1. É comum, para obter o beta de uma empresa, partir do beta de algumas empresas e não de apenas uma, como fizemos acima. Assim, se quisermos o beta da Telemig (uma empresa de telecomunicações móvel com poucas comparáveis no mercado brasileiro), partiríamos do beta de várias empresas do setor de telecomunicação móvel, brasileiras e estrangeiras (Tabela 2.4). Desalavancaríamos cada beta (utilizando a estrutura de capital e alíquota de imposto de cada empresa) e calcularíamos a média (ou mediana) dos betas desalavancados. Posteriormente, realavancaríamos o beta médio (ou mediano) com a estrutura de capital e alíquota de imposto da Telemig.

Usando a média, pretende-se ter um menor erro de estimação do beta – o erro é maior quando se usa uma única observação (empresa).

Observe que o beta desalavancado médio (ou mediano), que mede os fatores determinantes 1 e 2, ligados à operação, pode ser interpretado como representante do risco operacional de uma empresa de telecomunicação móvel. Portanto, uma empresa do setor de telecomunicação móvel correria, no mínimo, este risco, ao qual deve ser somado o risco financeiro da própria empresa relativo à forma como ela financiou a sua operação. A soma desses dois riscos, operacional e financeiro, comporia o risco total (Figura 2.10).

Tabela 2.4 – Obtenção do beta da Telemig a partir do beta de empresas de telecomunicação móvel

|  | Beta Alavancado | D/(D+E) | Beta Desalavancado |
|---|---|---|---|
| Cosmote | 0,63 | 21,1% | 0,53 |
| Mobistar | 0,64 | –0,3% | 0,64 |
| Tele2 | 0,78 | 9,3% | 0,73 |
| Vodafone | 0,98 | 16,2% | 0,86 |
| Millicom | 1,67 | 4,9% | 1,61 |
| MTN Group | 1,03 | 16,0% | 0,92 |
| Orascom | 0,91 | 25,0% | 0,71 |
| Turkcell | 1,38 | –27,0% | 1,62 |
| Mobinil | 0,88 | 24,8% | 0,70 |
| America Movil | 1,47 | 6,9% | 1,39 |
| TIM Participações | 0,97 | 7,1% | 0,93 |
| Vivo | 1,03 | 13,1% | 0,94 |
| Sprint Nextel Corp | 1,28 | 52,1% | 0,77 |
| Leap Wireless | 1,43 | 29,0% | 1,15 |
| **Média** |  | **14,2%** | **0,96** |

| Beta Realavancado | |
|---|---|
| Beta Desalavancado Médio | 0,96 |
| D/(D + E) Telemig | 35% |
| Alíquota de Imposto | 34% |
| **Beta Alavancado Telemig** | **1,31** |

Fonte: Adaptada pelos autores a partir do laudo de avaliação da Telemig elaborado pelo Goldman, Sachs & Co em 7 de abril de 2008

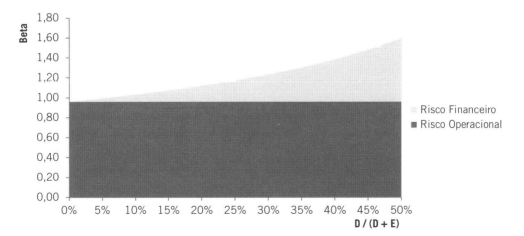

Figura 2.10 – Risco operacional e risco financeiro, medido pelo beta.

2. A mediana, por tratar os *outliers* automaticamente, pode ser preferível à média.

3. Também podemos estimar o beta por meio de (i) uma técnica chamada beta contábil ou (ii) modelos de regressão multivariadas, tendo o beta como variável dependente e índices financeiros como variáveis explicativas. Ambas as técnicas são aplicáveis tanto para ações de empresas listadas, com ou sem liquidez, como para ações de empresas não listadas.

4. A alavancagem e desalavancagem do beta também podem ser aplicadas para o caso de querermos saber qual seria o beta da ação de uma empresa caso ela optasse por uma alavancagem diferente. Voltando aos números da USIM3, sabemos que o seu beta é 1,727 para uma alavancagem (D/(D + E)) de 30%, mas qual seria o seu beta caso ela optasse por uma alavancagem maior, de 40%? Para estimar o beta nesse novo cenário de alavancagem, teríamos que desalavancar o beta da USIM3 pelos 30% (que já fizemos e resultou em 1,346) e realavancar esse resultado considerando a alavancagem de 40% (que já fizemos e resultou em 1,938).

5. No nosso exemplo, a SIDER é uma empresa não listada e, portanto, sem liquidez. Assim, o beta realavancado a partir do beta desalavancado da USIM3 não reflete o risco da falta de liquidez, não representando todo o risco da SIDER. Portanto, seria aconselhável adicionar à formulação geral do CAPM (rf + β × pm) um prêmio pela falta de negociabilidade.

# 3
# Modelo de Dividendos Descontados

Como discutido anteriormente, o valor de um título é consequência da sua capacidade de gerar caixa. O fluxo de caixa gerado pelas ações, que é uma classe de títulos, são os seus dividendos (que mais genericamente incluiriam distribuições de capital e outros proventos). Como é esperado que as empresas sejam organizações que se perpetuam no tempo, considera-se que o fluxo de caixa das empresas seja para sempre (com algumas exceções). Os fluxos de caixa para sempre são chamados de perpetuidades.

Para calcular o valor de uma ação, portanto, basta trazer a valor presente o seu fluxo de dividendos por uma taxa de desconto ajustada pelo seu risco. A taxa de desconto pode ser calculada por meio do CAPM (Equação 2.2).

O roteiro mais elaborado para a definição dos "dividendos" será apresentado no Capítulo 10. No presente capítulo, projetaremos os dividendos de forma bem simplificada. Nosso objetivo com este capítulo é rever os cálculos de perpetuidade em conjunto com a aplicação do CAPM.

## Perpetuidades

Para trazer uma perpetuidade a valor presente basta trazer cada fluxo de caixa dessa perpetuidade a valor presente e somar todos os valores presentes (Figura 3.1).

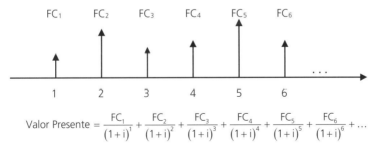

Figura 3.1 – Valor presente de uma perpetuidade – caso genérico. Em que $FC_j$ é o fluxo de caixa do período j e i é a taxa de desconto. No caso do Modelo de Dividendos Descontados, os Fluxos de Caixa (FCs) são os dividendos.

Porém, existem dois casos particulares de perpetuidades para os quais podemos calcular o valor presente de forma simplificada. São eles: (i) fluxos de caixa constantes e (ii) fluxos de caixa que crescem a uma taxa "g" constante (Figura 3.2). Nesses casos, em vez de calcular o valor presente de cada fluxo de caixa para depois somá-los, pode-se utilizar uma fórmula simplificada que produz o mesmo valor. A Equação 3.1 pode ser usada para perpetuidades sem crescimento (fluxos de caixa constantes) e a Equação 3.2 pode ser usada para perpetuidades com crescimento (fluxos de caixa que crescem a uma taxa "g" constante) desde que a taxa de crescimento "g" seja menor do que a taxa de desconto "i".

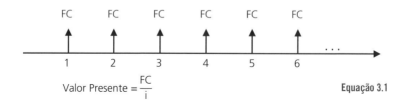

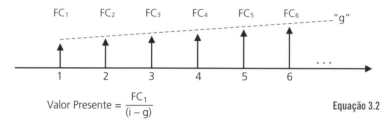

Figura 3.2 – Casos particulares de perpetuidade. O painel 1 apresenta uma perpetuidade sem crescimento e o painel 2 apresenta uma perpetuidade com crescimento a uma taxa "g" constante.

*Exemplo 1*: vamos calcular o preço das ações de uma empresa que pagará R$ 100 de dividendos todos os anos e para sempre, sendo o beta das ações da empresa igual a 0,6. Considere que os parâmetros gerais para o CAPM são rf = 7,0% e pm = 5,0%.

Por se tratar de uma perpetuidade sem crescimento, utilizaremos a Equação 3.1. Antes, porém, devemos calcular a taxa de desconto por meio da Equação 2.2 e dos parâmetros fornecidos. Assim, a taxa de desconto é 10,0% (i = rf + β × pm = 7,0% + 0,6 × 5,0%) e o valor das ações da empresa é R$ 1.000 $\left( \frac{FC}{i} = \frac{100}{10\%} \right)$.

O mesmo valor seria obtido se trouxéssemos a valor presente cada um dos fluxos de caixa individualmente (Tabela 3.1).

Pode-se verificar, na Tabela 3.1, que o valor presente de um fluxo de caixa individual fica muito baixo a partir de determinado ano, contribuindo muito pouco para o valor total. Assim, os primeiros anos contribuem com uma maior parcela do valor total. Por exemplo, se somarmos o valor presente dos fluxos de caixa dos três primeiros anos obtemos R$ 248,7, o que representa 24,9% do valor total (248,7 / 1.000). A Tabela 3.2 mostra, para determinados anos, a somatória parcial dos valores presentes dos fluxos de caixa até aquele ano e o quanto essa somatória parcial representa do valor total.

Tabela 3.1 – Valor presente de uma perpetuidade sem crescimento com fluxo de caixa anual de R$ 100 calculado a uma taxa de desconto de 10%. Na tabela, apresentamos a perpetuidade parcialmente. A tabela apresenta o ano do fluxo de caixa, o fluxo de caixa (FC) de R$ 100 todos os anos e o valor presente individual de cada um dos fluxos de caixa (VP (FC))

| Ano | FC | VP (FC) | Ano | FC | VP (FC) | Ano | FC | VP (FC) |
|---|---|---|---|---|---|---|---|---|
| 1 | 100,0 | 90,909 | 51 | 100,0 | 0,774 | 101 | 100,0 | 0,007 |
| 2 | 100,0 | 82,645 | 52 | 100,0 | 0,704 | 102 | 100,0 | 0,006 |
| 3 | 100,0 | 75,131 | 53 | 100,0 | 0,640 | 103 | 100,0 | 0,005 |
| ... | | | ... | | | ... | | |
| 48 | 100,0 | 1,031 | 98 | 100,0 | 0,009 | 148 | 100,0 | 0,000 |
| 49 | 100,0 | 0,937 | 99 | 100,0 | 0,008 | 149 | 100,0 | 0,000 |
| 50 | 100,0 | 0,852 | 100 | 100,0 | 0,007 | 150 | 100,0 | 0,000 |
| | | | | | | | Soma | 1.000,0 |

Tabela 3.2 – Composição do valor de uma perpetuidade sem crescimento com fluxo de caixa anual de R$ 100 calculado a uma taxa de desconto de 10%. Na tabela, apresentamos a perpetuidade parcialmente. A tabela apresenta o ano, a somatória dos valores presentes dos fluxos de caixa até aquele ano (VP (FC) Acum.) e o quanto essa somatória representa do valor total da perpetuidade (% Total). Lembre-se de que a nossa perpetuidade vale R$ 1.000

| Ano | VP (FC) Acum. | % Total | Ano | VP (FC) Acum. | % Total | Ano | VP (FC) Acum. | % Total |
|---|---|---|---|---|---|---|---|---|
| 1 | 90,9 | 9,1% | 26 | 916,1 | 91,6% | 51 | 992,3 | 99,2% |
| 2 | 173,6 | 17,4% | 27 | 923,7 | 92,4% | 52 | 993,0 | 99,3% |
| 3 | 248,7 | 24,9% | 28 | 930,7 | 93,1% | 53 | 993,6 | 99,4% |
| ... | | | ... | | | ... | | |
| 23 | 888,3 | 88,8% | 48 | 989,7 | 99,0% | 73 | 999,0 | 99,9% |
| 24 | 898,5 | 89,8% | 49 | 990,6 | 99,1% | 74 | 999,1 | 99,9% |
| 25 | 907,7 | 90,8% | 50 | 991,5 | 99,2% | 75 | 999,2 | 99,9% |

É importante notar que podemos representar nossa perpetuidade sem crescimento de fluxo de caixa anual de R$ 100 de duas maneiras: (i) ou por meio do fluxo todo (painel 1 da Figura 3.3) ou (ii) por meio de um único valor que represente o valor da perpetuidade em uma única data (painel 2 da Figura 3.3).

Painel 1 – Representação da perpetuidade por meio de todos os fluxos de caixa

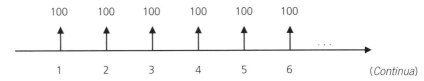

(Continua)

Figura 3.3 – Representação de uma perpetuidade sem crescimento de fluxo de caixa anual de R$ 100 e taxa de desconto de 10%. O painel 1 apresenta a representação por meio de todos os fluxos de caixa e o painel 2 apresenta a representação por meio de um único valor (valor presente da perpetuidade) em uma única data

Painel 2 – Representação da perpetuidade por meio de seu valor presente

Figura 3.3 – (*Continuação*)

*Exemplo 2*: vamos calcular o preço das ações de uma empresa que pagará R$ 102 de dividendos no ano 1 e que cresce a 2% a.a. para sempre, sendo o beta das ações da empresa igual a 1,4. Considere que os parâmetros gerais para o CAPM são rf = 7,0% e pm = 5,0%.

Por se tratar de uma perpetuidade com crescimento constante, utilizaremos a Equação 3.2. Antes, porém, devemos calcular a taxa de desconto por meio da Equação 2.2 e dos parâmetros fornecidos. Assim, a taxa de desconto é 14,0% (i = rf + β × pm = 7,0% + 1,4 × 5,0%) e o valor das ações da empresa é R$ 850 $\left(\frac{FC_1}{(i-g)} = \frac{102}{(14\% - 2\%)}\right)$.

O mesmo valor seria obtido se trouxéssemos a valor presente cada um dos fluxos de caixa individualmente (Tabela 3.3).

Tabela 3.3 – Valor presente de uma perpetuidade com crescimento, com o primeiro fluxo de caixa de R$ 102 crescendo a 2% a.a. calculado a uma taxa de desconto de 14%. Na tabela, apresentamos a perpetuidade parcialmente. A tabela apresenta o ano do fluxo de caixa, o fluxo de caixa (FC) de R$ 102 no ano 1 e crescendo a 2% a.a. e o valor presente de cada um dos fluxos de caixa (VP (FC)) (elaborada pelos autores)

| Ano | FC | VP (FC) | Ano | FC | VP (FC) | Ano | FC | VP (FC) |
|---|---|---|---|---|---|---|---|---|
| 1 | 102,0 | 89,474 | 51 | 274,5 | 0,344 | 101 | 739,0 | 0,001 |
| 2 | 104,0 | 80,055 | 52 | 280,0 | 0,308 | 102 | 753,7 | 0,001 |
| 3 | 106,1 | 71,629 | 53 | 285,6 | 0,275 | 103 | 768,8 | 0,001 |
| ... | | | ... | | | ... | | |
| 48 | 258,7 | 0,480 | 98 | 696,3 | 0,002 | 148 | 1.874,2 | 0,000 |
| 49 | 263,9 | 0,430 | 99 | 710,3 | 0,002 | 149 | 1.911,7 | 0,000 |
| 50 | 269,2 | 0,384 | 100 | 724,5 | 0,001 | 150 | 1.950,0 | 0,000 |

| | | |
|---|---|---|
| | Soma | 850,0 |

## Perpetuidades Defasadas

A utilização de perpetuidades sem crescimento ou com crescimento constante e moderado (g < i) desde o ano 1 tem aplicação limitada na avaliação de empresas no Brasil porque são raros os fluxos de caixa (empresas) que não crescem ou que crescem moderadamente desde o ano 1. A realidade é de crescimento mais acelerado nos primeiros anos até a estabilização desse crescimento em determinado ponto no futuro. Portanto, a aplicação da perpetuidade dá-se por meio de perpetuidades defasadas, ou seja, que comecem em algum ponto no futuro.

Queremos chamar a atenção para um problema que pode acontecer quando lidamos com perpetuidades defasadas. Para enxergar esse problema, perguntamos: qual dos dois fluxos de caixa apresentados na Figura 3.4 você prefere? Note que ambos são perpetuidades sem crescimento de R$ 100 a uma taxa de 10%, e a diferença entre eles é que o primeiro começa já no ano 1 (painel 1) e o segundo começa apenas no ano 4 (painel 2).

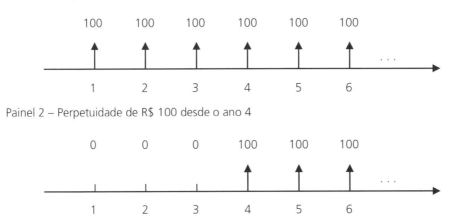

Figura 3.4 – Perpetuidades sem crescimento de R$ 100 a 10%.

Como a primeira perpetuidade tem tudo o que a segunda tem e mais os três primeiros anos de fluxo de caixa, a preferência é por ela.

Porém, se simplesmente calcularmos o valor de cada uma delas segundo a Equação 3.1 concluiremos que ambas valem R$ 1.000 $\left(\dfrac{FC}{i} = \dfrac{100}{10\%}\right)$. E se isso for verdade, devemos ser indiferentes quanto a preferirmos a primeira ou a segunda perpetuidade. O problema é que, ao aplicar a fórmula da perpetuidade, o "valor presente" calculado "cai" um ano antes do primeiro fluxo de caixa da perpetuidade. Assim, para a primeira perpetuidade, cujo primeiro fluxo de caixa está no ano 1, o valor de R$ 1.000 está no ano 0, e para a segunda perpetuidade, cujo primeiro fluxo de caixa está no ano 4, o valor de R$ 1.000 está no ano 3. E como preferimos R$ 1.000 hoje a R$ 1.000 daqui a três anos, a preferência realmente é pela primeira perpetuidade. Portanto, atenção quanto à data em que o valor da perpetuidade está para não precificar a segunda perpetuidade (painel 2 da Figura 3.4) em R$ 1.000 na data 0.

## Aplicação

*Exemplo 3*: vamos calcular o preço das ações de uma empresa que pagará R$ 100 de dividendos no ano 1, R$ 115 de dividendos no ano 2 e R$ 122 de dividendos no ano 3 e que depois crescerá a 4% a.a., sabendo que as ações da empresa têm um beta de 1,6. Considere que os parâmetros gerais para o CAPM são rf = 7,0% e pm = 5,0%.

Vamos encaminhar a solução em passos:

1º Passo: calcular a taxa de desconto por meio da Equação 2.2 e dos parâmetros fornecidos: i = 15,0% (i = rf + β × pm = 7,0% + 1,6 × 5,0%).

2º Passo: dividir o fluxo de caixa em duas parcelas, sendo (i) a primeira parcela contendo os três primeiros anos e (ii) a segunda parcela a partir do ano 4 (inclusive) – uma perpetuidade defasada (painéis 1 e 2 da Figura 3.5). Poderíamos dividir o fluxo de caixa de outra forma, mas essa forma será mais conveniente mais à frente.

3º Passo: calcular o valor da perpetuidade defasada utilizando a Equação 3.2. Como o primeiro fluxo de caixa da perpetuidade está no ano 4, o valor calculado pela Equação 3.2 estará no ano 3. Vamos chamá-lo de Perp$_3$ para deixar bem caracterizado que ele está no ano 3 (painel 3 da Figura 3.5). Para operacionalizar esse cálculo precisamos estimar o FC$_4$, que é o primeiro fluxo de caixa da perpetuidade. A primeira proposta para estimar o FC$_4$ é calculá-lo a partir do FC$_3$, adicionando a este o crescimento de 4%. Assim, podemos calcular a Perp$_3$ conforme a Equação 3.3.

$$\text{Perp}_3 = \frac{\text{FC}_4}{(i-g)} = \frac{\text{FC}_3 \times (1+g)}{(i-g)} = \frac{122 \times (1+4\%)}{(15\% - 4\%)} = 1.153,5 \qquad \text{Equação 3.3}$$

4º Passo: reagrupar o fluxo de caixa considerando os três primeiros anos e a Perp$_3$. No ano 3, temos o FC$_3$ e a Perp$_3$, esta representando o FC$_4$ em diante (painel 4 da Figura 3.5).

5º Passo: calcular o valor presente de um fluxo de caixa de R$ 100 no ano 1, R$ 115 no ano 2 e R$ 1.275,5 no ano 3 (122 + 1.153,5) a 15%, que é igual a R$ 1.012,6

$$\left( \frac{100}{(1+15\%)^1} + \frac{115}{(1+15\%)^2} + \frac{1.275,5}{(1+15\%)^3} \right).$$

Portanto, o valor das ações da empresa em questão é R$ 1.012,6.

Painel 1 – Fluxo de caixa

Painel 2 – Quebra do fluxo de caixa em 2 parcelas (a = b + c)

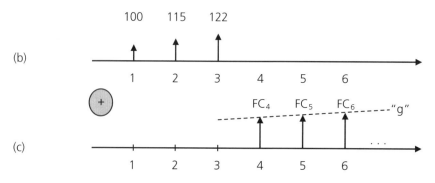

(Continua)

Figura 3.5 – Encaminhamento da solução do Exemplo 3.

Painel 3 – Substituição da segunda parcela (perpetuidade defasada) por um único valor em uma única data chamado de Perp₃ para caracterizar que se encontra no ano 3 (a = b + c')

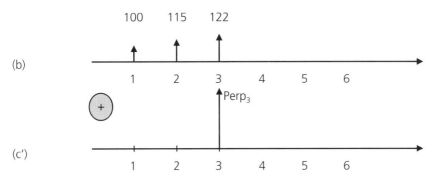

Painel 4 – Reagrupamento em um único fluxo novamente (a' = b + c')

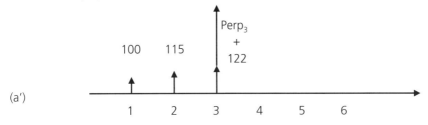

Figura 3.5 – (*Continuação*)

*Exemplo 4*: vamos calcular o valor das ações de uma empresa que tem PL de R$ 100MM, ROE de 10%, beta das ações de 0,6, distribui todo o seu lucro líquido e não cresce. Considere que os parâmetros gerais para o CAPM são rf = 7,0% e pm = 5,0%.

1º Passo: calcular a taxa de desconto por meio da Equação 2.2 e dos parâmetros fornecidos: i = 10,0% (i = rf + β × pm = 7,0% + 0,6 × 5,0%).

2º Passo: calcular a perpetuidade sem crescimento por meio da Equação 3.1. Antes, porém, precisamos calcular os dividendos. Como a empresa distribui todo o seu lucro líquido, os dividendos são iguais ao lucro líquido. Para calcularmos o lucro líquido, precisamos lembrar que ROE = LL/PL, portanto, LL = ROE × PL, em que ROE é o *return on equity*, LL é o lucro líquido e PL é o patrimônio líquido. Assim,

LL = 10% × 100MM = 10MM;

DIV = LL (empresa distribui todo o lucro); e

o valor das ações da empresa é R$ 100MM $\left( \dfrac{FC}{i} = \dfrac{10}{10\%} \right)$.

Verifique que o PL e o valor econômico das ações são ambos iguais a R$ 100MM. Note que o custo de capital é 10% e que o retorno sobre o capital investido também é 10%. Como estamos analisando do ponto de vista do acionista, o custo de capital foi calculado pelo CAPM e o retorno sobre o capital investido é o ROE.

Pela discussão que fizemos no Capítulo 1:

(i) Uma empresa vale o próprio capital investido quando o retorno sobre o capital investido é igual ao custo de capital – que é o nosso caso.

(ii) Uma empresa vale mais do que o capital investido caso ela tenha um retorno sobre o capital investido superior ao custo de capital. Refaça o Exemplo 4 considerando que ROE = 12% e verifique que o valor econômico das ações passa a ser R$ 120MM, superior ao PL.

(iii) Uma empresa vale menos do que o capital investido caso ela tenha um retorno sobre o capital inferior ao custo de capital. Refaça o Exemplo 4 considerando que ROE = 8% e verifique que o valor econômico das ações passa a ser R$ 80MM, inferior ao PL.

*Exemplo 5*: vamos calcular o valor das ações de uma empresa que (i) tem uma dívida de R$ 250MM a um custo de 10%, (ii) tem um resultado operacional de R$ 150MM, (iii) tem uma alíquota de IR de 40%, (iv) distribui todo o seu lucro líquido, (v) não cresce e (vi) tem beta das ações igual a 1,6. Considere que os parâmetros gerais para o CAPM são rf = 7,0% e pm = 5,0%.

1º Passo: calcular a taxa de desconto por meio da Equação 2.2 e dos parâmetros fornecidos: i = 15,0% (i = rf + $\beta$ × pm = 7,0% + 1,6 × 5,0%).

2º Passo: calcular a perpetuidade sem crescimento por meio da Equação 3.1. Antes, porém, precisamos calcular os dividendos. Como a empresa distribui todo o seu lucro líquido, os dividendos são iguais ao lucro líquido. Para calcularmos o lucro líquido, precisamos lembrar que LL = RO – DF – IR, em que LL é o lucro líquido, RO é o resultado operacional, DF é a despesa financeira e IR é o imposto de renda. A despesa financeira pode ser calculada por meio do montante da dívida multiplicado pelo custo da dívida, ambos dados no enunciado, e o imposto de renda pode ser calculado multiplicando a alíquota de IR pelo LAIR, em que LAIR é o lucro antes do imposto de renda, que por sua vez é calculado como RO – DF. Assim,

DF = 250MM × 10% = 25MM;
LAIR = RO – DF = 150MM – 25MM = 125MM;
IR = alíquota de IR × LAIR = 40% × 125MM = 50MM;
LL = RO – DF – IR = 150MM – 25MM – 50MM = 75MM;
DIV = LL (empresa distribui todo o lucro líquido); e

o valor das ações da empresa é R$ 500MM $\left( \dfrac{FC}{i} = \dfrac{75}{15\%} \right)$.

## Horizonte de Projeção

Verificamos, portanto, que, em muitas situações, trataremos a empresa em duas partes: (i) uma parte considerando os primeiros anos do fluxo de caixa (projeção explícita ou horizonte de projeção) e (ii) uma parte considerando a perpetuidade defasada.

A fase de transição da empresa – quando ela pode alterar seu retorno, apresentar um crescimento diferente do de longo prazo, entre outras características – deve estar contemplada na projeção explícita.

A perpetuidade inicia-se após essa fase de transição, quando a empresa entra em regime.

É comum ver períodos de projeção explícita de dez anos e perpetuidades iniciando no 11º ano de projeção.

# Fluxo de Caixa para os Investidores

Para aplicar uma técnica de avaliação de empresas com base em Fluxo de Caixa Descontado é necessário estimar: (i) o fluxo de caixa e (ii) a taxa de desconto ou custo de capital (Figura 4.1).

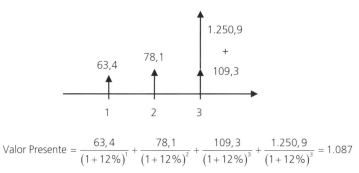

$$\text{Valor Presente} = \frac{63,4}{(1+12\%)^1} + \frac{78,1}{(1+12\%)^2} + \frac{109,3}{(1+12\%)^3} + \frac{1.250,9}{(1+12\%)^3} = 1.087$$

Figura 4.1 – Fluxo de Caixa Descontado da COMP S.A. O valor presente foi calculado considerando uma taxa de desconto de 12%.

Como foi dito no Capítulo 1, são dois os possíveis pontos de vista para a análise: (i) ponto de vista dos acionistas e (ii) ponto de vista dos investidores (credores e acionistas).

Nos Capítulos 2 e 3, olhamos o ponto de vista dos acionistas. No Capítulo 2, vimos o CAPM, que foi utilizado para calcular o custo de capital dos acionistas (o CAPM serve para todos os títulos com risco, não apenas ações, mas, ao utilizar o beta calculado a partir do retorno de ações, calculamos o custo de capital dos acionistas). No Capítulo 3, vimos perpetuidades formadas com os dividendos, que é o fluxo de caixa dos acionistas.

Neste capítulo mudaremos nosso ponto de vista para os investidores. Portanto, o fluxo de caixa que aprenderemos a calcular será o fluxo de caixa para os investidores.

## Roteiro do Fluxo de Caixa para os Investidores

Para definirmos o roteiro do fluxo de caixa para os investidores, vamos montar uma padaria. Serão necessários, minimamente, instalações (ativo operacional fixo) e estoque. Como o estoque é pago parte à vista e parte a prazo, a nossa padaria terá também contas a pagar. O estoque líquido do contas a pagar é o chamado capital de giro líquido. Outros itens compõem o capital de giro líquido, mas trataremos deles mais à frente. Verifica-se, portanto, que um negócio é formado por dois ativos: (i) ativo operacional fixo e (ii) capital de giro líquido que somados, formam o ativo operacional total. Ambos os ativos devem ser financiados pelos investidores, que são os credores e os acionistas, e esse é o nosso ponto de vista de análise neste capítulo. Vamos supor que precisemos de (i) R$ 90 de instalações e (ii) R$ 25 de estoque, sendo R$ 15 financiados pelo fornecedor. Sendo assim, verificamos que os investidores têm que financiar R$ 100 (90 + (25 – 15)), que por ora não nos interessa como será dividido entre eles.

A "visão contábil" da nossa padaria está apresentada no painel 1 da Figura 4.2. A "visão de negócio" da nossa padaria está apresentada no painel 2 da Figura 4.2. Devemos nos habituar a essa segunda visão, pois nela separamos (i) de um lado os dois grupos de ativos que compõem um negócio (capital de giro líquido e ativo operacional fixo, que juntos formam o ativo operacional total da empresa) e (ii) de outro lado a forma como o negócio é financiado (credores e acionistas).

Tendo no passivo os investidores (fornecedores de capital do negócio) e tendo no ativo o negócio da empresa (painel 2 da Figura 4.2), e sendo passivo igual a ativo, falar em fluxo de caixa dos investidores é o mesmo que falar de fluxo de caixa do negócio, fluxo de caixa da operação, fluxo de caixa da (parte operacional) da empresa ou fluxo de caixa da firma.

Painel 1 – Visão Contábil

| Ativo | Passivo |
|---|---|
| Estoque (R$ 25) Ativo Operacional Fixo (R$ 90) | Contas a Pagar (R$ 15) Credores Acionistas |

Painel 2 – Visão de Negócio

| Ativo | Passivo |
|---|---|
| Capital de Giro Líquido (R$ 25 – R$ 15) Ativo Operacional Fixo (R$ 90) | Credores Acionistas |

Figura 4.2 – Visão contábil e visão de negócio.

Montada a padaria no final do ano 0, vamos calcular o seu fluxo de caixa ao longo do ano 1. O fluxo de caixa é construído a partir do demonstrativo de resultado (DRE). Como nos interessa o fluxo de caixa dos investidores, ou seja, credores e acionistas, dos itens da DRE devemos ignorar as despesas financeiras líquidas, pois estas são pagas aos credores e, portanto, fazem parte do caixa recebido pelos investidores. Além disso, o imposto de renda que é usado para o cálculo do fluxo de caixa é o imposto de renda calculado em cima do resultado operacional e não do LAIR, chamado de imposto operacional. É o imposto de renda que a empresa pagaria caso não tivesse dívida, ou melhor, caso a despesa financeira não fosse dedutível de imposto.

Vamos considerar que a padaria teve, no ano 1, (i) vendas líquidas de R$ 60,0, (ii) custo do produto vendido de R$ 35,0 – composto de R$ 1,0 de mão de obra direta, R$ 25,0 de matéria-prima e R$ 9,0 de depreciação (as instalações da padaria depreciam em dez anos) e (iii) despesas operacionais de R$ 3,0 – composta de R$ 1,0 de despesas com vendas e R$ 2,0 de despesas gerais e administrativas. O resultado operacional da padaria, portanto, foi de R$ 22,0. As despesas financeiras não entram nessa análise, o imposto de renda que deve ser utilizado é o imposto operacional, calculado aplicando a alíquota de IR (que é chamada de t) diretamente ao resultado operacional (34% × R$ 22,0 = R$ 7,5), gerando um resultado operacional líquido (ROL) de R$ 14,5 (Tabela 4.1).

Tabela 4.1 – DRE parcial da padaria para o ano 1

| | |
|---|---:|
| **Vendas Líquidas** | **60,0** |
| (–) CPV | |
| Mão de Obra Direta | (1,0) |
| Matéria-prima | (25,0) |
| Depreciação | (9,0) |
| (–) Despesas Operacionais | |
| Vendas | (1,0) |
| Gerais e Administrativas | (2,0) |
| **(=) Resultado Operacional** | **22,0** |
| (–) Despesa Financeira Líquida | n.a. |
| (–) Imposto Operacional | (7,5) |
| **(=) Resultado Operacional Líquido** | **14,5** |

O resultado operacional líquido seria o fluxo de caixa dos investidores (ou do negócio) se pudéssemos garantir dois pontos: (i) que todos os itens da DRE fossem caixa e (ii) que toda movimentação de caixa da padaria passasse pela DRE. Como não podemos garantir nenhum desses dois pontos, precisamos fazer ajustes ao resultado operacional líquido para calcularmos o fluxo de caixa dos investidores.

O primeiro ajuste necessário é somar a depreciação de volta, uma vez que depreciação não é uma despesa caixa no momento em que ela ocorre. O caixa relativo à depreciação sai quando pagamos pelo ativo fixo, sendo a depreciação o reconhecimento contábil do consumo desse ativo, que não representa nova saída de caixa. Idem para as amortizações.

O segundo ajuste necessário é deduzir os investimentos em ativo operacional fixo realizados no período; tendo em vista que esses investimentos não transitam pela DRE, ou seja, supondo que, ao longo do ano 1, tenhamos comprado R$ 5 em novas instalações que foram ativadas (contabilizadas no ativo), estes R$ 5 não passam como despesa na DRE. No entanto, como houve essa saída de caixa (supondo que foi integralmente paga no ano 1), é importante refleti-la no fluxo de caixa. O investimento em ativo operacional fixo é conhecido como CAPEX (*capital expenditures*).

Existe um terceiro ajuste necessário. Para entendê-lo, vamos lembrar que para constituir a padaria não bastou investir em instalações (ativo operacional fixo), foi necessário investir também em capital de giro líquido. Portanto, para que a padaria continue existindo, não bastará investir em ativo operacional fixo (considerado no parágrafo acima), será necessário investir também em capital de giro líquido. E esse investimento também deve ser considerado no fluxo de caixa.

Como podemos calcular o investimento em capital de giro líquido?

Pense da seguinte forma: imagine que no início do ano 1 (que é o final do ano 0) você verificou que a padaria tinha R$ 90,0 de ativo operacional fixo bruto e que no final do ano 1 ela tem R$ 95,0. Significaria dizer que houve investimento de R$ 5,0 em ativo operacional fixo. Ou seja, o investimento em ativo operacional fixo teria sido determinado subtraindo do ativo final o ativo inicial. E esse valor entra no fluxo de caixa com o sinal negativo (saída de caixa para a composição do ativo operacional fixo). Esse raciocínio nem sempre funciona, pois pode haver baixa de ativos entre um ano e outro, entre outros problemas, mas ajuda a enxergar a analogia a seguir.

Sendo o capital de giro líquido outro ativo da empresa, então o investimento em capital de giro líquido também pode ser calculado verificando a variação entre o capital de giro líquido final e o capital de giro líquido inicial. Se olharmos nossa padaria no ano 0 (seria o início do ano 1), verificaremos que ela tinha R$ 10,0 de capital de giro líquido inicial (R$ 25,0 de estoque menos R$ 15,0 de contas a pagar). Olhando para a padaria no ano 1 (seria o fim do ano 1), supondo que encontremos R$ 27,0 de estoque e R$ 16,0 de contas a pagar, o capital de giro líquido final seria R$ 11,0 (27,0 – 16,0). Portanto, se o capital de giro líquido inicial era R$ 10 e o capital de giro líquido final é R$ 11,0, isso significa que houve investimento, ao longo do ano 1, de R$ 1,0 em capital de giro líquido. Esse R$ 1,0 entra no fluxo de caixa com o sinal negativo (saída de caixa para a composição do capital de giro líquido).

Assim, para calcularmos o fluxo de caixa para os investidores, partimos do (i) resultado operacional da empresa, (ii) subtraímos o imposto operacional (calculado como t × resultado operacional, em que t é a alíquota de imposto de renda), (iii) somamos a depreciação e amortização (pois são despesas "não caixa"), (iv) subtraímos o CAPEX (pois investimentos em ativo operacional fixo não transitam pela DRE) e (v) subtraímos o investimento em capital de giro líquido (pois não basta investir em ativo operacional fixo para termos um negócio, é necessário investir também em capital de giro líquido). O investimento em capital de giro líquido, por sua vez, é calculado como capital de giro líquido final menos capital de giro líquido inicial (Tabela 4.2).

Tabela 4.2 – Fluxo de Caixa para os Investidores para o ano 1

| | |
|---|---|
| **Resultado Operacional** | **22,0** |
| (–) Imposto Operacional | (7,5) |
| (+) Depreciação e Amortização | 9,0 |
| (–) CAPEX | (5,0) |
| (–) Investimento em Capital de Giro Líquido | (1,0) |
| **(=) Fluxo de Caixa para os Investidores** | **17,5** |

## Capital de Giro Líquido

É importante agora definirmos quais contas entram no capital de giro líquido. Um capital de giro líquido é calculado como "capital de giro: ativo" menos "capital de giro: passivo". Então, a pergunta é: quais contas do ativo e quais contas do passivo compõem o capital de giro: ativo e o capital de giro: passivo, respectivamente? A visão de capital de giro líquido, para efeito de avaliação de empresas, é uma visão de negócio. As contas do ativo e do passivo que entram não são todas as contas do circulante e não estão restritas às contas do circulante.

### Capital de giro: ativo

Para identificar quais contas do ativo fazem parte do capital de giro: ativo, o melhor a fazer é identificar se o negócio existiria sem ela. Se a resposta for não, então essa conta fará parte do capital de giro: ativo, pois, para que o negócio exista você precisará alocar capital nela. Se a resposta for sim, então a conta não fará parte do capital de giro: ativo, pois, para que o negócio exista você não precisará alocar capital nela. Por exemplo, o estoque entra em capital de giro: ativo? A pergunta é: dá para ter um negócio (genericamente falando) sem estoque? Resposta: não, portanto, estoque faz parte do capital de giro: ativo.

O mesmo com as demais contas do ativo da Figura 4.3.

Um negócio existe sem caixa operacional, aquele caixa mínimo (i) para fazer frente ao descasamento de prazo entre os itens do ativo circulante que se transformarão em caixa e os itens do passivo circulante que serão demandados da empresa, ou (ii) para manter índices de liquidez razoáveis etc.? Resposta: não, portanto, caixa operacional faz parte do capital de giro: ativo.

Um negócio existe sem excesso de caixa, aquele caixa em excesso ao caixa operacional? Resposta: sim, pois o necessário é o caixa operacional, portanto, excesso de caixa não faz parte do capital de giro: ativo. Atente para o fato de nem todo ativo circulante fazer parte do capital de giro: ativo – sendo o excesso de caixa um exemplo.

Um negócio existe sem contas a receber? Resposta: não, portanto, contas a receber fazem parte do capital de giro: ativo.

Um negócio existe sem contas a receber de longo prazo (supondo que seu negócio seja uma empresa de incorporação, que vende apartamentos financiados direto com o incorporador por prazos superiores a 1 ano)? Resposta: não, portanto, contas a receber de longo prazo fazem parte do capital de giro: ativo. Atente para o fato de não serem apenas contas do ativo circulante que fazem parte do capital de giro: ativo – sendo contas a receber de longo prazo um potencial exemplo.

Já vimos que estoque faz parte do capital de giro: ativo.

Um negócio existe sem impostos a compensar (antecipação de ICMS, PIS, COFINS etc.)? Resposta: não, portanto, impostos a compensar fazem parte do capital de giro: ativo.

Instalações, máquinas e equipamentos fazem parte do ativo operacional fixo, não compondo o capital de giro: ativo. Nota-se, portanto, que tudo que é necessário para a existência do negócio ou é chamado de ativo operacional fixo ou é chamado de capital de giro líquido (do qual discutimos até agora o capital de giro líquido: ativo). E para montar e manter um negócio é necessário colocar dinheiro em ambos (ativo operacional fixo e capital de giro líquido).

| Ativo | Passivo |
|---|---|
| Caixa Operacional | Contas a Pagar |
| Excesso de Caixa | Impostos a Pagar |
| Contas a Receber | Salários e Encargos a Pagar |
| Estoque | Empréstimos e Financiamentos CP |
| Impostos a Compensar | Empréstimos e Financiamentos LP |
| Instalações | Debêntures LP |
| Máquinas e Equipamentos | Patrimônio Líquido |

Figura 4.3 – Contas do balanço de uma empresa – lista não exaustiva.

Assim, da Figura 4.3, (i) caixa operacional, (ii) contas a receber, (iii) estoque e (iv) impostos a compensar fazem parte do capital de giro: ativo.

## Capital de giro: passivo

Para definir as contas que compõem o capital de giro: passivo, devemos dividir as contas do passivo em dois blocos: (i) passivo financeiro e (ii) passivo operacional. Estamos desconsiderando itens não operacionais.

O passivo financeiro é composto das contas do passivo relativas aos investidores (credores e acionistas), que seriam as contas que permaneceriam no passivo quando olhamos para o balanço com a visão de negócio (painel 2 da Figura 4.2). Ligadas aos credores temos, na Figura 4.3, empréstimos, financiamentos e debêntures, tanto de curto prazo como de longo prazo, e ligadas aos acionistas temos o patrimônio líquido. Nenhuma dessas contas faz parte do capital de giro: passivo. Percebe-se que a relação entre esse bloco de passivo e a empresa é uma relação financeira, pois os investidores têm a finalidade de remunerar o capital investido na empresa. Caso a empresa não os remunere adequadamente, eles tiram o dinheiro da empresa e colocam-no em outra empresa, que pode ou não ser do mesmo ramo. Portanto, a motivação primária desses passivos é a remuneração financeira (juros ou dividendos).

O passivo operacional é composto das contas que a própria operação proporciona. Assim, a relação entre esse bloco de passivo e a empresa não é baseada, prioritariamente, na remuneração financeira, mas sim em uma relação de parceria operacional.

Os fornecedores financiam a empresa, prioritariamente, porque querem ganhar juros ou porque querem ter uma relação de parceria operacional com a empresa? Resposta: porque querem ter uma parceria operacional. Logicamente, ganham algum juro, mas essa não é a motivação primária. Portanto, contas a pagar fazem parte do capital de giro: passivo. Verifique que, para montar um negócio, é preciso colocar dinheiro no estoque, mas não no montante total do estoque porque parte dele é financiada pelo fornecedor (contas a pagar) – assim, ter um negócio implica ter estoque que já vem com um fornecedor (proporcionado pela própria operação), sendo tudo isso considerado operação.

O governo financia a empresa porque quer ganhar juros? Resposta: não, portanto, impostos a pagar fazem parte do capital de giro: passivo.

Os empregados financiam a empresa porque querem ganhar juros? Resposta: não, portanto, salários e encargos a pagar fazem parte do capital de giro: passivo.

Assim, da Figura 4.3, (i) contas a pagar, (ii) impostos a pagar e (iii) salários e encargos a pagar fazem parte do capital de giro: passivo.

## Capital de giro líquido

O capital de giro líquido é a diferença entre o capital de giro: ativo e o capital de giro: passivo. Atente para o fato de que, no fluxo de caixa, é computado o investimento em capital de giro líquido, calculado como capital de giro líquido final menos capital de giro líquido inicial.

*Exemplo 1*: vamos calcular, para o ano 1, o investimento em capital de giro líquido da LSL S.A. apresentada na Tabela 4.3.

Tabela 4.3 – Balanço da LSL S.A. para o ano 0 e o ano 1

| | Ano 0 | Ano 1 | | Ano 0 | Ano 1 |
|---|---|---|---|---|---|
| Caixa Operacional | 2,5 | 3,0 | Contas a Pagar | 4,0 | 5,0 |
| Excesso de Caixa | 3,5 | 4,5 | Impostos a Pagar | 2,0 | 2,5 |
| Contas a Receber | 6,0 | 7,0 | Salários a Pagar | 2,8 | 3,0 |
| Estoque | 4,0 | 5,0 | Empréstimos | 42,9 | 46,6 |
| Ativo Oper. Fixo Líq. | 100,0 | 110,0 | Patrimônio Líquido | 64,3 | 72,4 |
| **Total Ativos** | **116,0** | **129,5** | **Total Passivos** | **116,0** | **129,5** |

1º Passo: calcule (i) o capital de giro: ativo para o ano 0 (2,5 + 6,0 + 4,0 = 12,5), (ii) o capital de giro: passivo para o ano 0 (4,0 + 2,0 + 2,8 = 8,8) e (iii) o capital de giro líquido (capital de giro: ativo − capital de giro: passivo) para o ano 0, ou seja, o capital de giro líquido inicial (12,5 − 8,8 = 3,7). Veja a Figura 4.4.

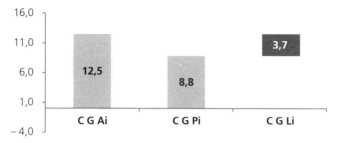

Figura 4.4 − Capital de Giro Líquido$_{inicial}$ (C G Li), calculado subtraindo-se do Capital de Giro: Ativo$_{inicial}$ (C G Ai) o Capital de Giro: Passivo$_{inicial}$ (C G Pi).

2º Passo: calcule (i) o capital de giro: ativo para o ano 1 (3,0 + 7,0 + 5,0 = 15,0), (ii) o capital de giro: passivo para o ano 1 (5,0 + 2,5 + 3,0 = 10,5) e (iii) o capital de giro líquido (capital de giro: ativo − capital de giro: passivo) para o ano 1, ou seja, o capital de giro líquido final (15,0 − 10,5 = 4,5). Veja a Figura 4.5.

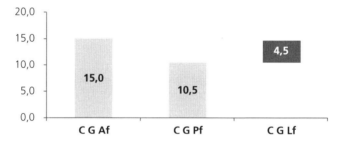

Figura 4.5 − Capital de Giro Líquido$_{final}$ (C G Lf), calculado subtraindo-se do Capital de Giro: Ativo$_{final}$ (C G Af) o Capital de Giro: Passivo$_{final}$ (C G Pf).

3º Passo: calcule o investimento em capital de giro líquido (capital de giro líquido final − capital de giro líquido inicial = 4,5 − 3,7 = 0,8). Veja a Figura 4.6.

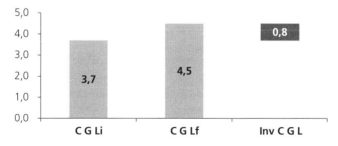

Figura 4.6 − Investimento em Capital de Giro Líquido (Inv C G L), calculado subtraindo-se do Capital de Giro Líquido$_{final}$ (C G Lf) o Capital de Giro Líquido$_{inicial}$ (C G Li).

Por se tratar de um investimento de R$ 0,8, esse valor aparece subtraindo o fluxo de caixa.

## Aplicação do Fluxo de Caixa para os Investidores

*Exemplo 2*: vamos calcular, para o ano 1, o fluxo de caixa para os investidores da LSL S.A., considerando suas demonstrações financeiras apresentadas nas Tabela 4.3 e Tabela 4.4, o CAPEX no ano 1 de R$ 18,4 e a alíquota de IR de 34%.

Tabela 4.4 – DRE da LSL S.A. para o ano 1

| | |
|---|---|
| **Vendas Líquidas** | **180,0** |
| (–) CPV | (126,0) |
| (–) Despesas Operacionais | (20,0) |
| (–) Depreciação | (8,4) |
| **(=) Resultado Operacional** | **25,6** |
| (–) Despesa Financeira Líquida | (3,7) |
| (=) LAIR | 21,9 |
| (–) IR | (7,4) |
| **(=) Lucro Líquido** | **14,5** |

$1^{\circ}$ Passo: pegue da DRE o resultado operacional (R$ 25,6).

$2^{\circ}$ Passo: calcule o Imposto Operacional (t × resultado operacional = 34% × R$ 25,6 = R$ 8,7).

$3^{\circ}$ Passo: identifique a depreciação (no nosso exemplo não tem amortização), nesse caso, destacada na própria DRE (R$ 8,4).

$4^{\circ}$ Passo: identifique o CAPEX, nesse caso, dado no enunciado (R$ 18,4).

$5^{\circ}$ Passo: calcule o investimento em capital de giro líquido (já fizemos no exemplo 1, R$ 0,8). Veja a solução na Tabela 4.5.

Tabela 4.5 – Fluxo de Caixa para os Investidores da LSL S.A. para o ano 1

| | |
|---|---|
| **Resultado Operacional** | **25,6** |
| (–) Imposto Operacional | (8,7) |
| (+) Depreciação e Amortização | 8,4 |
| (–) CAPEX | (18,4) |
| (–) Investimento em Capital de Giro Líquido | (0,8) |
| **(=) Fluxo de Caixa para os Investidores** | **6,1** |

*Exemplo 3*: vamos calcular o fluxo de caixa para os investidores da COMP S.A. para os anos 1, 2 e 3, considerando que a alíquota de IR é 34% e o CAPEX é R$ 62,0, R$ 65,0 e R$ 53,0 para os anos 1, 2 e 3, respectivamente. Utilize as demonstrações financeiras da COMP S.A. na Tabela 4.6.

Tabela 4.6 – Demonstrações Financeiras da COMP S.A.

| | Real | Projetado | | |
|---|---|---|---|---|
| *Demonstrativo de Resultados* | Ano 0 | Ano 1 | Ano 2 | Ano 3 |
| **Vendas Líquidas** | **700,0** | **770,0** | **847,0** | **931,7** |
| (–) CPV | 385,0 | 423,5 | 465,9 | 512,4 |
| (–) Despesas Operacionais | 150,0 | 157,5 | 165,4 | 173,7 |
| (–) Depreciação | 28,0 | 31,0 | 34,0 | 36,0 |
| **(=) Resultado Operacional** | **137,0** | **158,0** | **181,7** | **209,6** |
| (–) Despesa Financeira Líquida | 31,0 | 31,0 | 31,0 | 31,0 |
| (=) LAIR | 106,0 | 127,0 | 150,8 | 178,6 |
| (–) IR | 36,0 | 43,2 | 51,3 | 60,7 |
| **(=) Lucro Líquido** | **70,0** | **83,8** | **99,4** | **117,9** |

| | Real | Projetado | | |
|---|---|---|---|---|
| *Balanço* | Ano 0 | Ano 1 | Ano 2 | Ano 3 |
| Caixa Operacional | 50,0 | 52,5 | 56,8 | 62,9 |
| Excesso de Caixa | 100,0 | 100,0 | 100,0 | 100,0 |
| Contas a Receber | 90,0 | 100,0 | 110,0 | 120,0 |
| Estoque | 35,0 | 40,0 | 45,0 | 50,0 |
| Ativo Oper. Fixo Líquido | 529,0 | 560,0 | 591,0 | 608,0 |
| **Total do Ativo** | **804,0** | **852,5** | **902,8** | **940,9** |
| | | | | |
| Contas a Pagar | 26,7 | 28,8 | 31,7 | 35,3 |
| Salários e Encargos a Pagar | 7,5 | 8,0 | 8,5 | 9,0 |
| IR a Pagar | 55,0 | 60,0 | 65,0 | 70,0 |
| Empréstimos e Financiamentos CP | 90,0 | 100,0 | 100,0 | 110,0 |
| Empréstimos e Financiamentos LP | 220,0 | 210,0 | 210,0 | 200,0 |
| Patrimônio Líquido | 404,8 | 445,7 | 487,6 | 516,6 |
| **Total do Passivo** | **804,0** | **852,5** | **902,8** | **940,9** |

Das cinco informações necessárias para a construção do fluxo de caixa para os investidores, já temos três (resultado operacional, depreciação e CAPEX), uma pode ser facilmente calculada (imposto operacional = t × resultado operacional) e uma é mais trabalhosa (investimento em capital de giro líquido). Nosso exemplo não tem amortização.

Para calcular o fluxo de caixa dos anos 1 a 3, precisaremos do capital de giro líquido dos anos 0 a 3, para calcular o investimento em capital de giro líquido dos anos 1 a 3 (Tabela 4.7).

# 42 VALUATION • SERRA / WICKERT

Tabela 4.7 – Cálculo do investimento em capital de giro líquido da COMP S.A. para os anos 1 a 3

| | Real | Projetado | | |
|---|---|---|---|---|
| *Auxiliar* | **Ano 0** | **Ano 1** | **Ano 2** | **Ano 3** |
| (+) Caixa Operacional | 50,0 | 52,5 | 56,8 | 62,9 |
| (+) Contas a Receber | 90,0 | 100,0 | 110,0 | 120,0 |
| (+) Estoque | 35,0 | 40,0 | 45,0 | 50,0 |
| (=) Capital de Giro: Ativo | 175,0 | 192,5 | 211,8 | 232,9 |
| | | | | |
| (+) Contas a Pagar | 26,7 | 28,8 | 31,7 | 35,3 |
| (+) Salários e Encargos a Pagar | 7,5 | 8,0 | 8,5 | 9,0 |
| (+) IR a Pagar | 55,0 | 60,0 | 65,0 | 70,0 |
| (=) Capital de Giro: Passivo | 89,2 | 96,8 | 105,2 | 114,3 |
| | | | | |
| (=) Capital de Giro Líquido (Ativo – Passivo) | 85,8 | 95,7 | 106,6 | 118,6 |
| **(=) Invest. em Capital de Giro Líq. (Final – Inicial)** | | **9,9** | **10,9** | **12,0** |

Com todas as informações necessárias, podemos calcular o fluxo de caixa dos investidores da COMP S.A. para os anos 1 a 3 (Tabela 4.8).

Tabela 4.8 – Fluxo de Caixa para os Investidores da COMP S.A. para os anos 1 a 3

| | Projetado | | |
|---|---|---|---|
| *Fluxo de Caixa* | **Ano 1** | **Ano 2** | **Ano 3** |
| Resultado Operacional [da DRE da Tabela 4.6] | 158,0 | 181,8 | 209,6 |
| (–) Imposto Operacional [t × Result. Oper.] | (53,7) | (61,8) | (71,3) |
| (+) Depreciação [da DRE da Tabela 4.6] | 31,0 | 34,0 | 36,0 |
| (–) CAPEX [do enunciado] | (62,0) | (65,0) | (53,0) |
| (–) Invest. Capital de Giro Líq. [da Tabela 4.7] | (9,9) | (10,9) | (12,0) |
| **(=) Fluxo de Caixa para os Investidores** | **63,4** | **78,1** | **109,3** |

*Exemplo 4*: vamos calcular o valor presente do fluxo de caixa dos investidores da COMP S.A. considerando os fluxos de caixa para os investidores calculados na Tabela 4.8, que a empresa cresce a 3% a.a. a partir do ano 4 (inclusive) e que o custo de capital é de 12% a.a. (esse não é o custo de capital que calculamos no Capítulo 2, mas sim o que apresentaremos no Capítulo 5).

A solução passa pelo mesmo racional do Exemplo 3 do Capítulo 3 (acompanhe pela Figura 4.7).

(1) O que temos até o momento está representado no painel 1; (2) em seguida quebramos o fluxo de caixa em duas parcelas, sendo a segunda parcela uma perpetuidade com crescimento defasado (painel 2); (3) calculamos o valor da $Perp_3$ (painel 3); e (4) voltamos a representar tudo em um único fluxo de caixa (painel 4).

Painel 1 – Fluxo de caixa da empresa

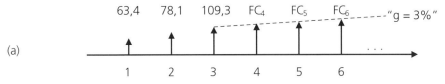

(a)

Painel 2 – Quebra do fluxo de caixa da empresa em duas parcelas (a = b + c)

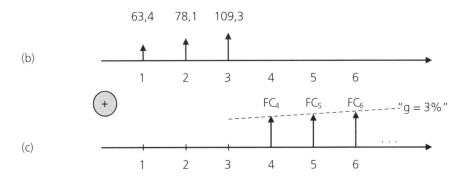

Painel 3 – Substituição da segunda parcela (perpetuidade defasada) por um único valor em uma única data chamado de Perp$_3$ para caracterizar que encontra-se no ano 3 (a = b + c')

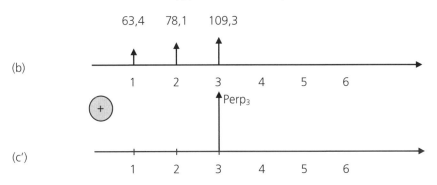

Painel 4 – Reagrupamento em um único fluxo novamente (a' = b + c')

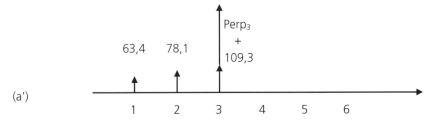

Figura 4.7 – Encaminhamento da solução do Exemplo 4.

A $Perp_3$ é calculada conforme indicado pela Equação 4.1.

$$Perp_3 = \frac{FC_4}{(i-g)} = \frac{FC_3 \times (1+g)}{(i-g)} = \frac{109,3 \times (1+3\%)}{(12\% - 3\%)} = 1.250,9$$

Equação 4.1

Portanto, o valor presente do fluxo de caixa é R$ 1.087, conforme indicado na Figura 4.1, de onde iniciamos este capítulo.

*Exercício Parcialmente Resolvido 1*: calcule o valor presente do fluxo de caixa dos investidores da FIFOZ S.A. considerando (i) as demonstrações financeiras apresentadas na Tabela 4.9; (ii) que o CAPEX é R$ 37,0, R$ 65,0, R$ 53,0 e R$ 38,0, respectivamente, para os anos 1, 2, 3 e 4; (iii) que a empresa cresce a 3% a.a. a partir do ano 5 (inclusive); (iv) que o custo de capital é 13% a.a.; e (v) que a alíquota de IR é de 40%.

Tabela 4.9 – Demonstrações Financeiras da FIFOZ S.A.

| | Real | Projetado | | | |
|---|---|---|---|---|---|
| *Demonstrativo de Resultados* | Ano 0 | Ano 1 | Ano 2 | Ano 3 | Ano 4 |
| **Vendas Líquidas** | 700,0 | 850,0 | 1.000,0 | 1.100,0 | 1.155,0 |
| (–) CPV | 455,0 | 553,0 | 650,0 | 715,0 | 751,0 |
| (–) Despesas Operacionais | 144,0 | 181,0 | 197,0 | 220,0 | 231,0 |
| (–) Depreciação | 28,0 | 31,0 | 34,0 | 36,0 | 38,0 |
| **(=) Resultado Operacional** | **73,0** | **85,0** | **119,0** | **129,0** | **135,0** |
| (–) Desp. Financeira Líquida | 13,0 | 15,0 | 16,0 | 17,0 | 19,0 |
| (=) LAIR | 60,0 | 70,0 | 103,0 | 112,0 | 116,0 |
| (–) IR | 24,0 | 28,0 | 41,2 | 44,8 | 46,4 |
| **(=) Lucro Líquido** | **36,0** | **42,0** | **61,8** | **67,2** | **69,6** |

| | Real | Projetado | | | |
|---|---|---|---|---|---|
| *Balanço* | Ano 0 | Ano 1 | Ano 2 | Ano 3 | Ano 4 |
| Caixa Operacional | 17,0 | 20,0 | 22,0 | 23,0 | 24,0 |
| Excesso de Caixa | 63,0 | 70,0 | 80,0 | 84,0 | 88,0 |
| Contas a Receber | 85,0 | 100,0 | 110,0 | 116,0 | 121,0 |
| Estoque | 170,0 | 200,0 | 220,0 | 231,0 | 243,0 |
| Imobilizado Líquido | 279,0 | 285,0 | 316,0 | 333,0 | 333,0 |
| **Total do Ativo** | **614,0** | **675,0** | **748,0** | **787,0** | **809,0** |
| Contas a Pagar | 17,0 | 20,0 | 22,0 | 23,0 | 24,0 |
| Empréstimos e Financiamentos CP | 100,0 | 110,0 | 120,0 | 130,0 | 120,0 |
| Salários e Impostos a Pagar | 43,0 | 50,0 | 55,0 | 58,0 | 61,0 |
| Empréstimos e Financiamentos LP | 147,0 | 145,07 | 175,0 | 181,0 | 189,0 |
| Patrimônio Líquido | 307,0 | 350,0 | 376,0 | 395,0 | 415,0 |
| **Total do Passivo** | **614,0** | **675,0** | **748,0** | **787,0** | **809,0** |

Resposta: os fluxos de caixa para os investidores são: R$ 7,0, R$ 15,4, R$ 46,4 e R$ 67,0, respectivamente, para os anos 1, 2, 3 e 4. A $Perp_4$ é R$ 690,1 e o valor presente dos fluxos de caixa é R$ 514,8. Veja parte da solução na Tabela 4.10.

CAP. 4 • FLUXO DE CAIXA PARA OS INVESTIDORES **45**

Tabela 4.10 – Investimento em Capital de Giro Líquido e Fluxo de Caixa para os Investidores da FIFOZ S.A.

| | Real | Projetado | | | |
|---|---|---|---|---|---|
| *Auxiliar* | Ano 0 | Ano 1 | Ano 2 | Ano 3 | Ano 4 |
| (+) Caixa Operacional | 17,0 | 20,0 | 22,0 | 23,0 | 24,0 |
| (+) Contas a Receber | 85,0 | 100,0 | 110,0 | 116,0 | 121,0 |
| (+) Estoque | 170,0 | 200,0 | 220,0 | 231,0 | 243,0 |
| (=) Capital de Giro: Ativo (A) | 272,0 | 320,0 | 352,0 | 370,0 | 388,0 |
| (+) Contas a Pagar | 17,0 | 20,0 | 22,0 | 23,0 | 24,0 |
| (+) Salários e Impostos a Pagar | 43,0 | 50,0 | 55,0 | 58,0 | 61,0 |
| (=) Capital de Giro: Passivo (P) | 60,0 | 70,0 | 77,0 | 81,0 | 85,0 |
| (=) Capital de Giro Líquido (A – P) | 212,0 | 250,0 | 275,0 | 289,0 | 303,0 |
| **(=) Invest. em Capital de Giro Líq. (Final – Inicial)** | | **38,0** | **25,0** | **14,0** | **14,0** |

| | Projetado | | | |
|---|---|---|---|---|
| *Fluxo de Caixa* | Ano 1 | Ano 2 | Ano 3 | Ano 4 |
| Resultado Operacional | 85,0 | 119,0 | 129,0 | 135,0 |
| (–) Imposto Operacional | (34,0) | (47,6) | (51,6) | (54,0) |
| (+) Depreciação e Amortização | 31,0 | 34,0 | 36,0 | 38,0 |
| (–) CAPEX | (37,0) | (65,0) | (53,0) | (38,0) |
| (–) Invest. em Capital de Giro Líq. | (38,0) | (25,0) | (14,0) | (14,0) |
| **(=) Fluxo de Caixa para os Investidores** | **7,0** | **15,4** | **46,4** | **67,0** |

*Exercício Parcialmente Resolvido 2*: calcule o valor presente do fluxo de caixa dos investidores da MEL S.A. considerando: (i) as demonstrações financeiras apresentadas na Tabela 4.11; (ii) que o CAPEX é R$ 720,0, R$ 640,0 e R$ 450,0, respectivamente, para os anos 1, 2 e 3; (iii) que a empresa cresce a 3% a.a. a partir do ano 4 (inclusive); (iv) que o custo de capital é de 11,5% a.a.; e (v) que a alíquota de IR é de 40%.

Resposta: Os fluxos de caixa para os investidores são: R$ 230,0, R$ 428,0 e R$ 890,0, respectivamente, para os anos 1, 2 e 3. A $Perp_3$ é R$ 10.784,7 e o valor presente dos fluxos de caixa é R$ 8.972,7. Veja parte da solução na Tabela 4.12.

Tabela 4.11 – Demonstrações Financeiras da MEL S.A.

| | Real | Projetado | | |
|---|---|---|---|---|
| *Demonstrativo de Resultados* | Ano 0 | Ano 1 | Ano 2 | Ano 3 |
| **Vendas Líquidas** | **7.500,0** | **8.170,0** | **8.550,0** | **8.810,0** |
| (–) CPV | 4.500,0 | 5.150,0 | 5.130,0 | 5.110,0 |
| (–) Despesas Operacionais | 1.600,0 | 1.450,0 | 1.550,0 | 1.600,0 |
| (–) Depreciação | 375,0 | 420,0 | 440,0 | 450,0 |
| **(=) Resultado Operacional** | **1.025,0** | **1.150,0** | **1.430,0** | **1.650,0** |
| (–) Desp. Financeira Líquida | 260,0 | 270,0 | 290,0 | 280,0 |
| (=) LAIR | 765,0 | 880,0 | 1.140,0 | 1.370,0 |
| (–) IR | 306,0 | 352,0 | 456,0 | 548,0 |
| **(=) Lucro Líquido** | **459,0** | **528,0** | **684,0** | **822,0** |

*(Continua)*

Tabela 4.11 – (*Continuação*)

| *Balanço* | Real | Projetado | | |
|---|---|---|---|---|
| | **Ano 0** | **Ano 1** | **Ano 2** | **Ano 3** |
| Caixa Operacional | 540,0 | 640,0 | 720,0 | 840,0 |
| Excesso de Caixa | 900,0 | 100,0 | 600,0 | 900,0 |
| Contas a Receber | 640,0 | 700,0 | 750,0 | 730,0 |
| Estoque | 790,0 | 860,0 | 900,0 | 920,0 |
| Imobilizado Líquido | 7.560,0 | 7.860,0 | 8.060,0 | 8.060,0 |
| **Total do Ativo** | **10.430,0** | **10.160,0** | **11.030,0** | **11.450,0** |
| | | | | |
| Contas a Pagar | 480,0 | 530,0 | 460,0 | 470,0 |
| Salários e Impostos a Pagar | 230,0 | 250,0 | 260,0 | 270,0 |
| Empréstimos e Financiamentos | 3.250,0 | 3.300,0 | 3.580,0 | 3.300,0 |
| Patrimônio Líquido | 6.470,0 | 6.080,0 | 6.730,0 | 7.410,0 |
| **Total do Passivo** | **10.430,0** | **10.160,0** | **11.030,0** | **11.450,0** |

Tabela 4.12 – Investimento em Capital de Giro Líquido e Fluxo de Caixa para os Investidores da MEL S.A.

| *Auxiliar* | Real | Projetado | | |
|---|---|---|---|---|
| | **Ano 0** | **Ano 1** | **Ano 2** | **Ano 3** |
| (+) Capital de Giro: Ativo | 1.970,0 | 2.200,0 | 2.370,0 | 2.490,0 |
| (–) Capital de Giro: Passivo | 710,0 | 780,0 | 720,0 | 740,0 |
| (=) Capital de Giro Líquido (Ativo – Passivo) | 1.260,0 | 1.420,0 | 1.650,0 | 1.750,0 |
| **(=) Invest. em Capital de Giro Líq. (Final – Inicial)** | | **160,0** | **230,0** | **100,0** |

| *Fluxo de Caixa* | Projetado | | |
|---|---|---|---|
| | **Ano 1** | **Ano 2** | **Ano 3** |
| Resultado Operacional | 1.150,0 | 1.430,0 | 1.650,0 |
| (–) Imposto Operacional | (460,0) | (572,0) | (660,0) |
| (+) Depreciação | 420,0 | 440,0 | 450,0 |
| (–) CAPEX | (720,0) | (640,0) | (450,0) |
| (–) Invest. em Capital de Giro Líq. | (160,0) | (230,0) | (100,0) |
| **(=) Fluxo de Caixa para os Investidores** | **230,0** | **428,0** | **890,0** |

# 5

# Custo de Capital dos Investidores

Continuamos com o ponto de vista dos investidores. No Capítulo 4 aprendemos a calcular o fluxo de caixa para os investidores. Agora nosso foco é o custo de capital dos investidores.

Podemos identificar três fluxos de caixa (Figura 5.1) relativos a uma empresa. O fluxo de caixa para os investidores ou fluxo de caixa do negócio, que tem dois donos: os credores e os acionistas. Assim, esse fluxo de caixa pode ser dividido em dois outros: (i) o fluxo de caixa para os credores e (ii) o fluxo de caixa para os acionistas. O fluxo de caixa para os credores é definido nos diversos contratos de crédito e o fluxo de caixa para os acionistas é o fluxo residual, calculado subtraindo-se do fluxo de caixa para os investidores o fluxo de caixa para os credores.

Cada um desses fluxos de caixa tem risco diferente, exceto no caso de a empresa ser financiada exclusivamente por acionistas, quando não existiriam credores nem fluxo de caixa para os credores e, portanto, o fluxo de caixa para os investidores seria igual ao fluxo de caixa para os acionistas, ambos com o mesmo risco.

É bom saber que, entre os três fluxos de caixa, o fluxo de caixa para os acionistas é o que tem maior risco, por ser o fluxo residual, e o para os credores é o que tem menor risco. Como eles têm riscos diferentes, o custo de capital de cada fluxo de caixa também é diferente. Para empresas com acesso ao mercado de capitais, em uma situação de equilíbrio, o custo de capital dos acionistas é o maior dos três e o custo de capital dos credores é o menor dos três. O terceiro custo de capital é o dos investidores.

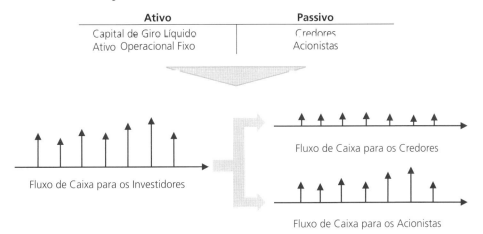

Figura 5.1 – Fluxos de Caixa envolvidos em uma empresa.

Aprendemos, no Capítulo 2, a calcular o CAPM. Sua maior aplicação, em avaliação de empresas, é no cálculo do custo de capital do acionista (aplicado em conjunto com o fluxo de caixa dos acionistas, como já vimos). É importante saber que o CAPM serve para calcular o custo de capital de qualquer título com risco, portanto, também serviria para calcular o custo de capital do credor e o custo de capital dos investidores. Mas, para essas outras aplicações, seria necessária uma série histórica de retornos da dívida para calcular o beta da dívida ou uma série histórica de retornos do ativo operacional total (composto de capital de giro líquido e ativo operacional fixo) para calcular o beta do ativo operacional total. Porém, não é costume usar o CAPM nessas situações.

Para calcularmos o custo de capital dos investidores, tendo já conversado sobre o custo de capital dos acionistas (Capítulo 2), precisamos elaborar um pouco sobre o custo de capital dos credores. Posteriormente, discutiremos o custo de capital dos investidores.

## Custo de Capital dos Credores

Como estimar o custo de capital dos credores?

1. Por meio de um modelo de crédito. Nosso objetivo não é entrar em modelagem de crédito. Simplificadamente falando, um modelo de crédito estabelece, a partir de análise quantitativa, qualitativa ou comparativa com empresas similares, o risco de crédito que é posteriormente usado na definição de um *spread* a ser cobrado acima de uma taxa básica.

2. Por meio da média ponderada dos custos das dívidas existentes, tomando o cuidado de pegar dívidas que sejam representativas em termos de tamanho, custo, prazo e garantias – lembre-se de que queremos saber qual seria o custo de uma nova dívida de longo prazo da empresa.

3. Por meio de algum título de dívida que a empresa tenha, que seja negociado no mercado e que tenha boa liquidez. Para esse título conheceríamos o preço e o fluxo de caixa – este, estabelecido em contrato. Seríamos, portanto, capazes de calcular a taxa implícita neste conjunto de informações, chamada de *Yield to Maturity* (YTM) ou retorno até o vencimento. O credor, ao pagar determinado preço por uma dívida (ou por um fluxo de caixa), está dizendo que gostaria de receber YTM por essa dívida – sendo esse YTM um indicativo do custo de mercado da dívida da empresa. A importância da liquidez é que, para os títulos sem liquidez, o preço não é representativo e, consequentemente, o YTM também não o será.

4. Por meio do CAPM que, como já dissemos, não é comum. Para sua aplicação precisaríamos de uma série histórica de retornos da dívida e, consequentemente, de preços. Se tivermos os preços da dívida, podemos calcular o YTM conforme item 3 acima, que é uma melhor opção.

Um analista de avaliação de empresas pode se aventurar pelos itens 2 e 3 acima ou conseguir com a área de crédito (da sua instituição ou de alguma instituição que tenha relacionamento) o item 1. Pragmaticamente falando, o item 2 é o mais disponível.

Suponhamos que você estime ou obtenha uma estimação para o custo de capital dos credores (que chamaremos de rd) em 10,0%. Nosso próximo passo é saber se esse deve ser o custo de capital atribuído ao credor na definição do custo de capital dos investidores.

Para tanto, imagine uma empresa, inicialmente sem dívida e posteriormente com R$ 50,0 de dívida, cujo custo já sabemos que é 10,0% e, portanto, gera uma despesa financeira de R$ 0 e R$ 5,0, respectivamente. Considere também que a empresa tem resultado operacional de R$ 100,0 (sem ou com dívida) e que sua alíquota de IR é de 34% (Tabela 5.1).

Tabela 5.1 – DRE de uma empresa sem dívida, com dívida e ajustado com o imposto operacional

| DRE Empresa sem Dívida | | DRE Empresa com Dívida | | DRE Ajustado para Imposto Operacional | |
|---|---|---|---|---|---|
| Result. Operac. | 100,0 | Result. Operac. | 100,0 | Result. Operac. | 100,0 |
| Desp. Financeira | 0,0 | Desp. Financeira | 5,0 | *Desp. Fin. Marginal* | 3,3 |
| LAIR | 100,0 | LAIR | 95,0 | LAIR | n.a. |
| IR | 34,0 | IR | 32,2 | *Imposto Operac.* | *34,0* |
| **Lucro Líquido** | **66,0** | **Lucro Líquido** | **62,7** | **Lucro Líquido** | **62,7** |

Ao adicionarmos a dívida à empresa, geramos R$ 5,0 a mais de despesa financeira. No entanto, o lucro líquido cai apenas R$ 3,3. Essa queda menor do lucro líquido deve-se à redução do imposto de renda, tendo em vista que a despesa financeira é dedutível de imposto. Assim, a despesa de R$ 5,0, do ponto de vista exclusivamente da empresa, é parcialmente paga pela própria empresa e parcialmente paga por um alívio fiscal (benefício fiscal). Ressaltamos que, dependendo do regime de tributação da empresa ou outras situações, a despesa financeira pode não gerar benefício fiscal.

Comparando a queda de R$ 3,3 no lucro líquido com a dívida que a empresa contraiu de R$ 50,0, diríamos que a dívida tem um custo marginal de 6,6% (3,3 / 50,0) e não de 10,0%.

Lembre-se de que o imposto de renda utilizado no fluxo de caixa para os investidores é o imposto operacional. Portanto, tanto para a empresa sem dívida como para a empresa com dívida, utilizaríamos R$ 34,0 de imposto no fluxo de caixa. Isso quer dizer que já estamos "pagando" R$ 34,0 de imposto e que precisamos considerar, no caso de a empresa ter dívida, apenas o custo marginal de R$ 3,3 de despesa financeira marginal (veja DRE Ajustada para Imposto Operacional comparativamente a DRE Empresa com Dívida, ambos na Tabela 5.1).

Se o custo marginal da dívida, na abordagem adotada (de considerar o imposto operacional no fluxo de caixa), é de R$ 3,3, o custo de dívida a ser utilizado na análise não é 10,0%, mas sim 6,6%. Esse custo é obtido por meio da Equação 5.1.

$$rd \times (1 - t)$$

Equação 5.1

Em que rd é o custo da dívida e t é a alíquota de imposto de renda.

No nosso caso, o custo da dívida (rd) é de 10% e a alíquota de IR (t) é de 34%, portanto, o custo da dívida líquido do benefício fiscal (rd × (1 – t)) é 6,6%.

Algumas observações antes de seguirmos:

1. No regime de tributação lucro real, a dívida gera um benefício fiscal (no nosso exemplo da Tabela 5.1, observado pela queda em R$ 1,7 do imposto de renda). Vimos, no Capítulo 4, que esse benefício fiscal não é capturado no fluxo de caixa para os investidores – que é calculado com o imposto operacional. Portanto, para que o valor do benefício fiscal não seja ignorado, este deve ser capturado no custo de capital, mais especificamente no custo da dívida, o que é obtido ao se aplicar (1 – t) ao custo da dívida, obtendo-se o custo da dívida líquido do benefício fiscal (Equação 5.1).

2. Empresas que optem pelo regime de tributação lucro presumido não têm benefício fiscal ao tomar dívida, portanto, o custo da dívida para a presente análise é o custo bruto, ou seja, não se deve aplicar o (1 – t). Nesse caso, o imposto de renda utilizado no fluxo de caixa para os investidores deve ser o imposto real e não o imposto operacional. O regime de

lucro presumido, como o próprio nome indica, calcula o imposto de renda sobre uma base de cálculo presumida a partir da receita bruta da empresa.

3. Quando definimos o fluxo de caixa para os investidores, poderíamos ter tido a preocupação de estarmos subavaliando a empresa. Isso porque o imposto a ser utilizado é o imposto operacional, que, para empresas com despesa financeira líquida, é maior do que o imposto de renda da DRE (Tabela 5.1). Com um imposto maior, o fluxo de caixa é menor, o valor presente também é menor e a empresa estaria subavaliada. Note que agora estamos considerando um custo de capital mais baixo (devido ao ajuste no custo da dívida) e o efeito no valor presente é o inverso, de aumento. Logo, se por um lado o fluxo de caixa mais baixo diminui o valor presente, por outro, o custo de capital mais baixo aumenta o valor presente; e esses dois efeitos se anulam.

4. Embora a abordagem coloque o benefício fiscal da dívida no custo da dívida e, portanto, utilize como custo de dívida o custo "líquido" de dívida (líquido desse benefício), o credor recebe o custo "bruto" de dívida. Ou seja, utilizando os números do exemplo, para calcular o custo de capital dos investidores consideraremos o custo líquido da dívida de 6,6%, mas o credor recebe 10,0%. Chamamos a atenção para esse fato porque, como dissemos no início do capítulo, em uma situação de equilíbrio, o credor corre menos risco do que o acionista e, portanto, deve receber menos do que o acionista. Para verificar se o custo de capital do credor é menor do que o custo de capital do acionista, deve-se comparar o custo de capital do acionista com o custo "bruto" de dívida. Assim, caso o acionista, na sua análise, esteja ganhando 9,0%, seria coerente você usar os nossos números de custo de dívida? Se compararmos o custo do acionista (9,0%) com o custo "líquido" de dívida (6,6%), concluiremos que está coerente, acionista ganhando mais do que o credor. No entanto, a comparação estaria errada, pois o credor ganha, de fato, 10,0%. Quem seria acionista da empresa se pode, como credor, correr menos risco e ganhar mais (10,0% *versus* 9,0%)? Ninguém, portanto, essa situação seria instável, pois os acionistas venderiam suas ações para comprar dívida, o que aumentaria o retorno esperado das ações (pela queda nos preços das ações) e diminuiria o retorno esperado da dívida (pelo aumento nos preços da dívida), até o estabelecimento do equilíbrio, quando acionistas estariam adequadamente ganhando mais do que credores.

## Custo de Capital dos Investidores

Conhecendo o custo de capital dos acionistas e o custo de capital dos credores, podemos calcular o custo de capital dos investidores. Vamos lembrar da nossa padaria (Figura 4.2), que precisava de R$ 100,0 de capital total para compor o Ativo Operacional Total (composto de capital de giro líquido e ativo operacional fixo). Vamos supor que R$ 40,0 seja obtido com os credores e R$ 60,0 com os acionistas.

Calcularemos o custo de capital dos credores utilizando rd × (1 – t) e o custo de capital dos acionistas utilizando o CAPM (rf + β × pm). Considerando que o custo "bruto" da dívida é 10,6%, que a alíquota de imposto é 34%, que a taxa livre de risco é 7,0%, que o prêmio de mercado é 5,0% e que o beta das ações da empresa é 1,2, obtemos 7,0% (10,6% × (1 – 34%)) para o custo líquido da dívida e 13,0% (7,0% + 1,2 × 5,0%) para o custo do acionista (Figura 5.2).

Se os credores colocaram R$ 40,0 e querem 7,0% de remuneração, devemos pagar R$ 2,8 (7,0% × 40,0) para eles. Se os acionistas colocaram R$ 60,0 e querem 13,0% de remuneração, devemos pagar R$ 7,8 (13,0% × 60,0) para eles. Portanto, devemos gerar R$ 10,6 (2,8 + 7,8) para pagá-los. Se pegamos, entre credores e acionistas, R$ 100,0 de capital total e devemos gerar R$ 10,6 para pagá-los, o capital custa 10,6% (10,6 / 100,0). Esse é o custo de capital dos investidores.

| | | Participação | | Custo | |
|---|---|---|---|---|---|
| | | % | R$ | % | R$ |
| Ativo Operacional Total (R$ 100) | Credores | 40 | 40,0 | rd × (1 – t) 7,0 | 2,8 |
| | Acionistas | 60 | 60,0 | rf + β x pm 13,0 | 7,8 |

Figura 5.2 – Custo de capital dos investidores.

O cálculo que fizemos foi:

$$\frac{D \times \left[ rd \times (1-t) \right] + E \times \left[ rf + \beta \times pm \right]}{D + E}$$

Equação 5.2

Em que D é o volume de dinheiro que o credor colocou na empresa, E é o volume de dinheiro que o acionista colocou na empresa (supondo apenas dois componentes de capital, D + E é o capital total da empresa), rd × (1 – t) é o custo de capital do credor líquido do benefício fiscal e rf + β × pm é o custo de capital do acionista, também conhecido por re (já conhecemos os significados de rd, t, rf, β e pm).

A forma mais usual de usarmos a Equação 5.2 é a sua forma reorganizada expressa na Equação 5.3.

$$\frac{D}{D + E} \times \left[ rd \times (1-t) \right] + \frac{E}{D + E} \times \left[ rf + \beta \times pm \right]$$

Equação 5.3

Nota-se, pela Equação 5.3, que o custo de capital dos investidores é uma média ponderada calculada a partir do custo de capital do credor líquido de benefício fiscal e do custo de capital do acionista ponderados pelos seus respectivos pesos no capital total (D/(D + E) e E/(D + E)). A esse custo dá-se o nome de *weighted average cost of capital* (WACC), que em português significa custo médio ponderado do capital. Assim, para calculá-lo precisamos saber quais são os componentes de capital (usualmente, no Brasil, consideram se dois: credor e acionista), o custo de cada componente de capital e o peso de cada componente de capital no capital total.

A identificação dos componentes de capital passa por identificar classes de capital com diferentes riscos e, consequentemente, custos. Além dos dois componentes mais comuns (credores e acionistas ou capital de terceiros e capital próprio), poderíamos pensar em um terceiro componente de capital, que seria o chamado mezanino, por exemplo, debêntures conversíveis, que têm risco intermediário e, consequentemente, custo intermediário (daí o nome mezanino), maior do que o custo do credor e menor do que o custo do acionista.

Considerando dois componentes de capital, precisamos de quatro informações para calcular o WACC: (i) peso dos credores na estrutura de capital (D/(D + E)); (ii) custo líquido dos credores (rd × (1 – t)); (iii) peso dos acionistas na estrutura de capital (E/(D + E)); e (iv) custo dos acionistas (re = rf + β × pm). Todas essas quatro informações devem ser obtidas com parâmetros de mercado. Por exemplo, o peso dos acionistas deve ser calculado considerando que o volume de dinheiro do acionista no capital da empresa (E) é o seu valor de mercado e não o seu valor contábil. Isso porque a oportunidade do acionista está em cima do valor de mercado, ou seja, se ele resolver deixar de ser acionista da empresa para investir seu dinheiro em outra oportunidade, ao vender as ações da empresa para posteriormente direcionar o capital para essa outra oportunidade, receberá o valor de mercado e não o valor contábil das ações. Portanto, sua oportunidade está em cima do valor de mercado. Essa mesma lógica serve para concluir que o volume de dinheiro do credor no capital da empresa (D), o custo da dívida bruto (rd) e o custo do acionista (re) devem ser calculados com parâmetros de mercado. Como a qualidade dos parâmetros de mercado tem relação com a sua liquidez (por exemplo, o valor de mercado do capital próprio ou do capital de terceiros de uma empresa está associado à liquidez, no mercado secundário, das suas ações ou dos seus títulos de dívida), na prática, pode-se ter dificuldade em adotá-los.

Por essa razão, sugerimos que o custo de dívida seja estimado, entre as alternativas indicadas no início do capítulo, preferencialmente, por modelo de crédito ou olhando o YTM de uma dívida a mercado, se possível. Olhar o custo das dívidas existentes nas demonstrações financeiras da empresa pode gerar distorções caso o custo da dívida existente seja significativamente diferente do custo de mercado das dívidas da empresa (ou o custo de uma dívida nova). É por essa razão que, no início do capítulo, sugerimos, para o cálculo do custo médio das dívidas existentes, utilizar apenas as mais representativas.

Gostaríamos de finalizar a discussão dos parâmetros para o cálculo do WACC estarem a valor de mercado com algumas observações:

1. Quando estamos avaliando uma empresa não listada não temos o valor de mercado do patrimônio líquido, não sendo possível calcular o peso dos acionistas, nem dos credores, na estrutura de capital, considerando tal valor de mercado. Nesses casos, uma alternativa é usar, inicialmente, o valor contábil do patrimônio líquido para calcular o WACC. Com esse WACC, é possível calcular o valor presente do fluxo de caixa e também o valor de mercado do patrimônio líquido (que será apresentado no Capítulo 7). Com essa estimativa de valor de mercado do patrimônio líquido, é possível recalcular o peso dos acionistas e dos credores, recalculando o WACC. Esse WACC recalculado produzirá um novo valor de mercado do patrimônio líquido. Percebe-se que tudo isso dá origem a uma iteração. WACC origina valor de mercado do patrimônio líquido, que origina novo WACC, e assim por diante. Com algumas iterações já será possível haver convergência para o valor econômico do patrimônio líquido.

2. Outra dificuldade é calcular o valor de mercado da dívida, sendo em muitas ocasiões utilizado o seu valor contábil. Observa-se que o valor contábil pode diferir do valor de mercado em algumas situações. Por exemplo: ter havido alteração de custo de mercado da dívida desde a captação ou a existência de dívidas subsidiadas. Nesses casos, seria recomendado usar o valor de mercado da dívida.

3. Em algumas aplicações, opta-se por uma estrutura de capital alvo, não trabalhando com a estrutura atual. Assim, caso a empresa tenha atualmente 12% de dívida e estime-se que ela terá 25% no futuro próximo, considerando que a empresa passará a maior parte da sua existência com 25% de dívida, pode-se trabalhar com esses 25% para a construção do WACC. Essa aproximação baseia-se na existência de uma estrutura de capital que seja melhor do que as demais (o que será discutido no Capítulo 8) e na premissa de que a empresa perseguirá essa estrutura de capital.

4. Poucas vezes vemos o WACC ser calculado ano a ano (chamado *rolling WACC*), mas essa também pode ser uma opção para tratar esta alteração da estrutura de capital da empresa ao longo dos primeiros anos até que ela atinja o nível de endividamento alvo.

*Exemplo 1*: vamos calcular o custo de capital da COMP S.A., que tem R$ 210 mil de dívida (valor contábil próximo ao valor de mercado), custo bruto da dívida de 10,0%, alíquota de imposto de 34%, 100 mil ações no mercado a R$ 7,6 cada e beta das ações de 1,3. Considere que os parâmetros gerais para o CAPM são rf = 7,0% e pm = 5,0%.

Precisamos, para o capital dos credores e para o capital dos acionistas, do custo e do peso no capital total. Como os custos já estão bem explícitos, a dificuldade está nos pesos. Para estes, tem-se que observar que o capital total é formado por R$ 210 mil de capital dos credores e R$ 760 mil de capital dos acionistas, totalizando R$ 970 mil.

Sendo assim, o custo de capital da empresa (WACC) é 12,0% (Figura 5.3).

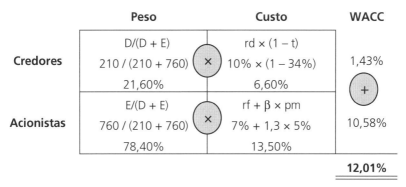

Figura 5.3 – WACC da COMP S.A.

Já sabemos calcular o fluxo de caixa para os investidores (Capítulo 4) e o custo de capital dos investidores – WACC (presente capítulo). Precisamos saber como estimar as premissas do CAPM (Capítulo 6) e também o que representa o valor presente do fluxo de caixa dos investidores (Capítulo 7).

# 6

# Premissas de Custo de Capital

No Capítulo 5 já discutimos como formular premissas para o custo de capital dos credores. Neste capítulo discutiremos as premissas mais frequentemente adotadas pelo mercado para o custo de capital dos acionistas. Não existe consenso quanto a essas premissas e são inúmeras as discussões envolvendo-as. Nosso objetivo é discutir a prática comum hoje no Brasil, pela nossa experiência.

Antes, porém, devemos introduzir na formulação do CAPM o prêmio-país (pp), uma vez que se costuma utilizar parâmetros americanos como premissas para a estimação do custo de capital próprio.

Assim, o CAPM é aplicado no seguinte formato:

$$\text{Retorno exigido} = rf + pp + \beta \times pm \qquad \text{Equação 6.1}$$

## Taxa Livre de Risco (rf)

O título livre de risco deve ter duas características: ter probabilidade de *default* zero e ser capaz de garantir que o reinvestimento dos juros ou amortizações pagos antes da data de vencimento seja feito ao mesmo retorno. Como não existe um título com tais características, procura-se o que melhor se aproxima. Uma alternativa comum é utilizar o título do governo americano como título livre de risco e seu retorno até o vencimento (em inglês, *yield to maturity* – YTM) como parâmetro para a taxa livre de risco.

Para avaliação de empresas, que são fluxos de caixa de longo prazo, utiliza-se um título do governo americano de longo prazo, sendo utilizados os títulos de 10 anos, 20 anos ou 30 anos. O importante na hora da escolha do prazo é que ele seja coerente com as premissas que serão adotadas para o prêmio de mercado (voltaremos a este ponto mais adiante), bem como, idealmente, com o prazo médio dos fluxos de caixa da empresa.

Pode-se trabalhar com uma taxa *spot* ou uma taxa média histórica. A taxa *spot* é o YTM inferido pelo preço de mercado atual do título e seu fluxo de caixa. A taxa média histórica é calculada a partir de uma série histórica de YTMs.

Como o custo de capital formado a partir desse parâmetro será utilizado para descontar um fluxo de caixa futuro, o ideal é que esse parâmetro também seja relativo ao futuro. Assim, nossa opinião é que a taxa *spot* ou uma taxa média de um histórico curto são mais adequadas do que uma taxa média de um histórico longo. No entanto, é sempre importante que seja verificada a consistência do parâmetro adotado com o contexto da realidade vigente.

A discussão sobre a utilização da taxa Selic como parâmetro para a taxa livre de risco no Brasil será feita posteriormente.

## Prêmio-país (pp)

É costume usar como parâmetro para o prêmio-país a diferença (*spread*) entre o retorno até o vencimento de um título emitido pelo governo brasileiro ($YTM_{BR}$) e o retorno até o vencimento de um título emitido pelo governo americano ($YTM_{US}$), conforme expresso na Equação 6.2:

$$pp = YTM_{BR} - YTM_{US}$$

Equação 6.2

Esse prêmio-país, também chamado de risco-Brasil ou risco-país, costuma ser expresso em pontos-base (*basis points*). Lembre-se de que cada ponto-base é um centésimo de porcento, assim, caso este prêmio seja referido como 212 pontos, isso significa 2,12% de *spread*.

O Brasil, assim como as empresas, não tem um único título de dívida, tendo em vista que a boa administração financeira indica que se evite a concentração do vencimento das dívidas em uma única data. Assim, o Brasil tem títulos com diferentes datas de vencimento.

A escolha pelo título brasileiro mais adequado passa por duas características: (i) liquidez: o título escolhido deve ter boa liquidez para que seu preço e, consequentemente, o $YTM_{BR}$ calculado com base nesse preço seja representativo e (ii) deve ter prazo médio similar ao prazo médio do título do governo americano utilizado na comparação.

Pode-se também, ao invés de usar um único título brasileiro, optar por usar um conjunto de títulos. Nesse caso, o JPMorgan Chase calcula o índice EMBI+ Brasil (*Emerging Markets Bond Index – Brazil*), que calcula esse *spread* considerando uma cesta de títulos brasileiros.

Algumas considerações são:

1. Esse *spread* representa o quanto a probabilidade de o Brasil não honrar a sua dívida é maior do que a probabilidade de os Estados Unidos não honrarem a dívida deles, ou seja, ele mede um risco de crédito ou inadimplência. Portanto, esse *spread* não mede o risco de um investimento direto no país, em uma empresa ou capital produtivo. Uma coisa é o país ter reservas e vontade política para pagar suas dívidas e outra é, por exemplo, o país achar que é dono de uma empresa privada e nacionalizá-la – risco de expropriação. Portanto, em algumas situações, o *spread* de crédito pode não refletir todo o risco de um investimento direto em determinado país. O risco que gostaríamos de ter medido deveria considerar: (i) o risco econômico (estrutura econômica, crescimento, solidez da política econômica e metas, vantagem competitiva do país); (ii) o risco de transferência (restrição de movimentação de capital); (iii) o risco de conversão (taxa de câmbio e política econômica); (iv) o risco de localização (potencial de contágio dos problemas de outros países da região, grupo econômico ou comercial); (v) o risco político (instituições políticas, conflito interno ou externo, expropriação e corrupção); (vi) o risco soberano (capacidade ou desejo do governo de cumprir suas obrigações – ligado ao risco político e de transferência); e (vii) o risco legal (estrutura legal e sua exigibilidade). Na ausência de uma medida direta que considere todos os itens elencados, costuma-se utilizar o *spread* de crédito.

2. O *credit default swap* (CDS) vem se apresentando como alternativa para mensurar esse risco de crédito.

3. Este prêmio integra o CAPM (rf + pp + β × pm) para compor o prêmio e não para compor a taxa livre de risco. Assim, rf + pp não é uma taxa livre de risco ajustada para a realidade brasileira, mas sim pp + β × pm é uma estimativa do prêmio a ser cobrado.

4. A utilização do prêmio-país pela formulação comumente empregada (rf + pp + β × pm) pressupõe que ele seja o mesmo para todas as empresas brasileiras, o que não é verdade – nem todas as empresas sediadas no Brasil têm a mesma exposição ao risco-país, assim,

esse prêmio deveria ser escalonado pela exposição individual ao risco-país. Alguns autores e praticantes propõem que ele possa ser: agrupado junto ao prêmio de mercado, sugerindo a formulação (rf + β × (pp + pm)), ou escalonado por um coeficiente próprio sugerindo a formulação (rf + γ × pp + β × pm). A dificuldade está, no caso da última formulação, na obtenção de uma medida concreta e amplamente aceita para o coeficiente γ.

5. Já que, na prática, o cálculo é feito com rf + pp + β × pm, pode-se, em vez de enxergar o pp como parte do prêmio (pp + β × pm), enxergá-lo como parte da taxa livre de risco (rf + pp). Dessa forma, o termo rf + pp "poderia ser chamado" de "taxa livre de risco ajustada para o Brasil". Na prática, se pp = $YTM_{BR}$ – $YTM_{US}$, em que $YTM_{US}$ é o rf, então rf + pp = rf + ($YTM_{BR}$ – rf) = $YTM_{BR}$. Logo, matematicamente falando e no caso de o pp ser calculado com um único título brasileiro (e não por meio de um conjunto de títulos), utiliza-se como "taxa livre de risco ajustada para o Brasil" um título do governo brasileiro. É comum calcular o $YTM_{BR}$ com títulos lançados no mercado internacional, ou seja, *bonds* da República Brasileira; mas também poderíamos pensar em usar um título do governo brasileiro lançado no mercado local, por exemplo, LTN ou NTN-B, desde que existam tais títulos com vencimentos mais longos (compatível com o prazo dos *bonds* comumente utilizados) com liquidez. Com o desenvolvimento e amadurecimento do mercado de capitais brasileiro é crescente o interesse dos praticantes locais em utilizar parâmetros do mercado local nas suas avaliações, optando pela Selic de longo prazo (como "taxa livre de risco ajustada para o Brasil").

6. Como veremos mais adiante, o custo de capital calculado com os parâmetros mais comuns estará em US$. Como o fluxo de caixa normalmente está em R$, é necessário colocar o custo de capital em R$ ou colocar o fluxo de caixa em US$ para que ambos, fluxo e custo de capital, estejam na mesma moeda, o que será discutido no final do capítulo. Conforme citado no item acima, uma alternativa para que o custo de capital seja calculado diretamente em R$ é usar como "taxa livre de risco ajustada para o Brasil" um *bond* denominado em R$ ou um título do governo brasileiro lançado no mercado local.

7. O *spread* de crédito, por ser calculado com o $YTM_{BR}$ e o $YTM_{US}$, também tem uma taxa *spot*. Por coerência, deve-se adotar para o pp a mesma opção adotada para o rf em termos de utilizar uma taxa *spot* ou uma média histórica.

## Prêmio de mercado (pm)

O prêmio de mercado, como vimos no Capítulo 2, é a diferença entre o retorno esperado do mercado (rm) e a taxa livre de risco (rf). É bom destacar que, assim como para os demais componentes do custo de capital, existe grande controvérsia na definição do melhor parâmetro para estimar esse prêmio. O crescimento das informações e a evolução das técnicas analíticas não têm sido capazes de resolver esse enigma (*puzzle*).

É comum utilizar, como parâmetro para o prêmio de mercado, uma média do prêmio histórico do mercado americano. Assim, para calcular o pm, deve-se ter uma série histórica do retorno do mercado americano (usualmente do S&P500) e uma série histórica do retorno do título livre de risco (usualmente um título do governo americano). Calcula-se a média histórica do retorno do mercado e a média histórica do retorno do título livre de risco para, posteriormente, calcular-se a diferença ou o prêmio histórico.

Por coerência, o título do governo americano adotado como título livre de risco (10, 20 ou 30 anos) deve ser adotado também para o cálculo do prêmio de mercado.

Dentre as várias discussões sobre esse tema, citamos duas: (i) qual tipo de média deve ser calculada, aritmética ou geométrica, e (ii) qual histórico deve ser utilizado.

Alguns autores recomendam usar média geométrica e um histórico bastante longo para capturar corretamente o risco de investir em ações considerando que o mundo passou, passa e passará por turbulências: depressões, crises, guerras etc., e também porque o erro-padrão da média é menor quanto maior o período utilizado.

Citamos duas críticas à abordagem de estimar o pm por meio de um parâmetro histórico: (i) o parâmetro é calculado com base em informações passadas e não futuras (diferentemente do procedimento adotado para o rf e o pp, em que sugerimos as expectativas futuras embutidas na taxa *spot*); e (ii) o mercado americano teve um desenvolvimento grande no século XX oferecendo um retorno acima do que seria esperado pelo risco, resultando em um prêmio histórico mais alto do que deveria ser o prêmio pelo risco de mercado. A primeira crítica torna-se bastante evidente em anos imediatamente posteriores a crises financeiras. Verifique, por exemplo, a crise financeira de 2007, seus desdobramentos e persistência. Seria esperado que o prêmio de mercado aumentasse nos anos seguintes à crise. No entanto, o prêmio histórico, ao contrário, caiu, o que evidencia sua falta de aderência para se constituir na estimativa do prêmio de mercado futuro.

O praticante de avaliação de empresas, consciente disso, pode utilizar uma referência histórica que seja consistente com a realidade vigente. Por exemplo, poderia, nos anos imediatamente posteriores à mencionada crise, optar por deixar de fora os anos imediatamente seguintes à crise para calcular o prêmio histórico, o que é uma solução subjetiva. Por exemplo, usar, em 2009, uma média histórica até 2006. Expediente dessa natureza, subjetivo, não pode ser usado em definições regulatórias ou de natureza similar.

Uma alternativa para calcular o pm olhando para a frente é inferir o retorno do mercado (rm) a partir do preço do índice de bolsa, para posteriormente calcular o pm.

Se considerarmos o preço como uma perpetuidade com crescimento, teríamos que o preço do índice de bolsa é definido por $\dfrac{FC}{i-g}$, em que FC é o fluxo de caixa (no caso, dividendos mais distribuição de capital de todas as ações do índice), i é o rm desejado e g é o crescimento esperado para o fluxo de caixa.

Com base no preço atual do índice e premissas de FC e g podem-se inferir o rm e, consequentemente, o pm subtraindo o rf do rm (lembre-se de que rm = rf + pm).

Logicamente, em vez de se considerar o preço como uma perpetuidade desde a data zero, pode-se melhorar a formulação para:

$$\frac{FC_1}{\left(1+i\right)^1}+\frac{FC_2}{\left(1+i\right)^2}+\frac{FC_3}{\left(1+i\right)^3}+\ldots\frac{FC_n}{\left(1+i\right)^n}+\frac{FC_{n+1}}{\left(i-g\right)}\times\frac{1}{\left(1+i\right)^n}$$

Em que $FC_j$ deve ser construído com as expectativas do mercado para as distribuições das ações componentes do índice no período j (dividendos e distribuição de capital), i é o rm desejado (a ser inferido) e g também deve ser construído a partir de expectativas do mercado. As expectativas do mercado podem ser obtidas com o consenso das projeções dos agentes de mercado.

O mesmo raciocínio seria válido para inferir o prêmio de mercado por meio de diversas ações, seus dividendos e crescimento, em vez de empregar o índice de mercado diretamente.

## Outros prêmios

Pela formulação do CAPM, o beta é o único parâmetro necessário para a explicação do retorno de um título. E, portanto, é uma medida de risco completa. Vários autores questionam se o beta é um bom parâmetro de risco e se é completo.

Na busca por esclarecimentos sobre essa questão, vários estudos empíricos acrescentam mais parâmetros para a explicação dos retornos históricos de ações, chamados de modelos multifatoriais. Entre os mais conhecidos estão, por exemplo, (i) o modelo de três fatores de Fama e French, que indica que outros dois fatores (tamanho e a relação valor de mercado/valor contábil), além do beta, são necessários para a explicação dos retornos; e (ii) o modelo de cinco fatores de Fama e French, que indica outros dois fatores (rentabilidade e investimento) em adição ao modelo de três fatores. Nosso intuito não é discutir esses modelos, tendo em vista que a prática mais comum é utilizar o CAPM.

No entanto, caso seja considerado que o beta não esteja medindo integralmente o risco do título em avaliação, seria prudente somar um prêmio para compensar esse risco não medido e, consequentemente, não precificado.

Um prêmio que costuma ser incorporado é o prêmio pelo tamanho. Várias hipóteses são sugeridas para suportar a necessidade da inclusão do prêmio pelo tamanho, entre elas, a de que empresas menores têm mais risco do que empresas maiores e, portanto, comandam um adicional de prêmio. Uma das questões é identificar se o beta já capturou ou não o risco pelo tamanho. Portanto, se você julga que existe um risco adicional para empresas menores e que o beta sendo utilizado não o captura, deveria somar um prêmio pelo tamanho no custo de capital de empresas menores.

Com isso em mente, quando você usar como beta para a sua empresa o beta de uma ou mais empresas comparáveis à sua, e a sua empresa seja pequena em relação às empresas comparáveis, o beta adotado não será o beta de uma empresa do tamanho da sua empresa e, portanto, seria recomendável adicionar um prêmio pelo tamanho (pt) ao custo de capital da sua empresa e o custo do capital próprio, nesta situação, poderia ser calculado por:

$$\text{Retorno exigido} = rf + pp + \beta \times pm + pt$$

A Agência Reguladora de Saneamento e Energia do Estado de São Paulo (ARSESP), na revisão tarifária das empresas de gás do Estado de São Paulo em 2014, determinou a adição de um prêmio pelo tamanho no cálculo do custo de capital da Gás Brasiliano e da Gás Natural, ambas empresas de gás no estado de São Paulo e significativamente menores do que a Comgás. A nota técnica nº RTG/01/2014 do referido reposicionamento tarifário definiu um prêmio pelo tamanho de 1,32%. A nota técnica admite que a literatura acadêmica e alguns reguladores têm constituído um prêmio adicional para empresas de pequena escala.

Os seguintes laudos de avaliação, por exemplo, mencionam um prêmio pelo tamanho (pt): (1) Magnesita, elaborado pela Deloitte em junho de 2007, utilizou um pt de 1,0%; (2) Companhia Maranhense de Refrigerantes, elaborado pela Deloitte em setembro de 2009, utilizou um pt de 3,7%; (3) Tempo Participações, elaborado pelo Modal em outubro de 2015, utilizou um pt de 1,71%; (4) Tec Toy, elaborado pela Grant Thornton em abril de 2016, utilizou um pt de 3,9%; e (5) Afluente G, elaborado pelo Fator Investment Banking em abril de 2017, utilizou um pt de 3,74%.

Tenha em mente que a hipótese de que empresas pequenas têm mais risco do que empresas grandes também é questionável. Pode-se justificar resultados empíricos que documentam a existência de prêmio pelo tamanho por, por exemplo: (i) os índices de mercado privilegiarem empresas grandes na sua composição ou (ii) empresas pequenas serem negligenciadas por grandes investidores institucionais (fundos de pensão, seguradoras etc.) e, portanto, estarem subprecificadas.

## Exemplos

Abaixo indicamos alguns exemplos reais e adaptados de parâmetros do WACC extraídos de laudos de avaliação disponíveis em www.cvm.gov.br. O intuito é exemplificar os parâmetros adotados para rf, pp e pm.

Tabela 6.1 – Parâmetros do WACC do laudo de avaliação da Gerdau elaborado pelo Bradesco BBI em março de 2017

| Parâmetro | Valor | Fonte |
| --- | --- | --- |
| Taxa livre de risco | 1,9% | *Yield-to-Maturity* do US T-Bond de 10 anos (média de 12 meses) |
| Prêmio-país | 3,4% | EMBI+ Brasil (média de 12 meses) |
| Prêmio de mercado | 6,9% | *Spread* médio anual entre S&P 500 e US T-Bond (últimos 50 anos) – Ibbotson Associates |
| Custo "bruto" da dívida | 7,2% | Baseado na ponderação do custo de dívida da empresa |

Tabela 6.2 – Parâmetros do WACC do laudo de avaliação da Whirlpool elaborado pelo Santander em julho de 2016

| Parâmetro | Valor | Fonte |
| --- | --- | --- |
| Taxa livre de risco | 2,00% | *Yield-to-Maturity* do US T-Bond de 10 anos (média de 12 meses) |
| Prêmio-país | 4,18% | EMBI+ Brasil (média de 12 meses) |
| Prêmio de mercado | 7,00% | Baseado em estudo independente – Ibbotson Associates |
| Custo "bruto" da dívida | 16,53% | Baseado no custo atual de novas captações da empresa |

Tabela 6.3 – Parâmetros do WACC do laudo de avaliação da Vigor elaborado pelo Credit Suisse em fevereiro de 2016

| Parâmetro | Valor | Fonte |
| --- | --- | --- |
| Taxa livre de risco | 2,2% | *Yield-to-Maturity* do US T-Bond de 10 anos (média de 6 meses) |
| Prêmio-país | 4,2% | CDS de 10 anos do Brasil (média de 6 meses) |
| Prêmio de mercado | 6,2% | Prêmio de risco do mercado acionário no longo prazo calculado pela metodologia *Dividend Discount Model* (média de 6 meses) |
| Custo "bruto" da dívida | 10,0% | Baseado no retorno (YTM) do *bond* da JBS S.A. (média de 6 meses) mais um *spread* de 300 pontos-base |

Tabela 6.4 – Parâmetros do WACC do laudo de avaliação da Souza Cruz elaborado pela N M Rothschild & Sons em fevereiro de 2015

| Parâmetro | Valor | Fonte |
| --- | --- | --- |
| Taxa livre de risco | 2,4% | *Yield-to-Maturity* do US T-Bond de 10 anos (média de 12 meses) |
| Prêmio-país | 1,9% | *Spread* entre o título do tesouro norte-americano de 10 anos e o título do governo brasileiro com *duration* mais próximo de 10 anos (média dos últimos 12 meses) |
| Prêmio de mercado | 7,0% | Baseado em estudo independente – Ibbotson Associates |
| Custo "bruto" da dívida | 11,0% | Baseado no custo atual de novas captações da empresa |

CAP. 6 • PREMISSAS DE CUSTO DE CAPITAL **61**

Tabela 6.5 – Parâmetros do WACC do laudo de avaliação da Amil elaborado pela Goldman, Sachs & Co em dezembro de 2012

| Parâmetro | Valor | Fonte |
|---|---|---|
| Taxa livre de risco | 2,8% | *Yield-to-Maturity* do US T-Bond de 30 anos |
| Prêmio-país | 1,2% | *Spread* entre o título do tesouro norte-americano e o título do governo brasileiro de 30 anos |
| Prêmio de mercado | 6,6% | Baseado no retorno de longo prazo do mercado acionário norte-americano |
| Custo "bruto" da dívida | – | n.a. (considerou 100% de capital próprio) |

Tabela 6.6 – Parâmetros do WACC do laudo de avaliação da Redentor Energia elaborado pelo Itaú BBA em novembro de 2012

| Parâmetro | Valor | Fonte |
|---|---|---|
| Taxa livre de risco | 3,1% | *Yield-to-Maturity* do US T-Bond de 30 anos (média de 3 meses) |
| Prêmio-país | 1,9% | EMBI+ Brasil (média de 3 meses) |
| Prêmio de mercado | 6,7% | Média aritmética da diferença histórica entre o retorno do S&P e *bonds* do governo americano – 1935 a 2009 (Ibbotson Associates) |
| Custo "bruto" da dívida | 6,9% | Baseado no custo de dívida da Light |

Tabela 6.7 – Parâmetros do WACC do laudo de avaliação da NET elaborado pelo BTG Pactual em maio de 2012

| Parâmetro | Valor | Fonte |
|---|---|---|
| Taxa livre de risco | 3,06% | *Yield-to-Maturity* do US T-Bond de 10 anos (média de 1.080 dias úteis) |
| Prêmio-país | 2,45% | EMBI+ Brasil (média de 1.080 dias úteis) |
| Prêmio de mercado | 6,62% | *Long-horizon expected equity risk premium (historical)* – (Ibbotson, 2012) |
| Custo "bruto" da dívida | 11,44% | Baseado na emissão de um título de longo prazo da empresa |

## Adequação Fluxo × Taxa

Quando da adoção do título do governo americano como parâmetro para a taxa livre de risco, o custo de capital próprio será calculado em US$. Em muitas situações, por consequência, o WACC também o será.

Como na maioria dos casos a projeção do fluxo de caixa de empresas brasileiras é feita em R$, faz-se necessário adequar a moeda de um deles (custo de capital ou fluxo de caixa) para a do outro. Ou seja, converte-se (i) o custo de capital para R$ ou (ii) o fluxo de caixa para US$.

(i) *Converter o custo de capital em R$*:

Como converter uma taxa em US$ para uma taxa em R$?

*Exemplo 1*: qual teria sido o rendimento de um investimento de R$ 340,000 investidos em um título que rende US$ + 10,40%, sabendo que o câmbio inicial ($FX_i$) era R$ 3,40/US$ e o câmbio final ($FX_f$) era R$ 3,48/US$ (Figura 6.1)?

Os R$ 340,000, investidos a US$ + 10,40%, teriam gerado R$ 384,192 ao final do período de investimento. Portanto, o rendimento teria sido 13,00% $\left( \dfrac{R\$_f}{R\$_i} - 1 = \dfrac{384,192}{340,000} - 1 \right)$.

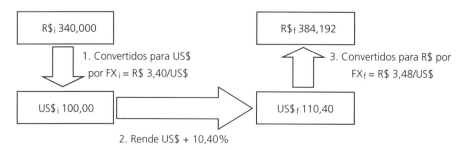

Figura 6.1 – Investimento de R$ 340,000 em um título que rende US$ + 10,40%.

Este mesmo rendimento também poderia ser calculado como:

$$Tx_{R\$} = \frac{R\$_f}{R\$_i} - 1 = \frac{\frac{R\$_i}{FX_i} \times (1 + Tx_{US\$}) \times FX_f}{R\$_i} - 1 \text{ ou}$$

$$Tx_{R\$} = (1 + Tx_{US\$}) \times \frac{FX_f}{FX_i} - 1 \qquad \text{Equação 6.3}$$

Em que $TX_{R\$}$ é a taxa em R$, $R\$_f$ é o volume de dinheiro em R$ no final do período, $R\$_i$ é o volume de dinheiro em R$ no início do período, $FX_i$ é a taxa de câmbio no início do período, $FX_f$ é a taxa de câmbio no final do período e $TX_{US\$}$ é a taxa em US$.

Aplicando ao nosso exemplo, obteríamos os mesmos 13,00% $\left((1 + 10,40\%) \times \frac{3,48}{3,40} - 1\right)$.

Portanto, para estimar uma taxa em R$ a partir de uma taxa em US$ é necessário refletir na taxa em US$ o impacto adicional da variação cambial no período.

No caso prático de uma avaliação de empresa, temos um custo de capital em US$ que deve ser convertido para R$ e que represente o custo de capital por um prazo futuro. Portanto, não temos a variação cambial efetiva do período, devendo estimá-la.

Para tanto, pense em um Big Mac. Sabendo que ele custa US$ 5,000 nos Estados Unidos e R$ 17,000 no Brasil, podemos inferir um câmbio entre esses preços de 3,40 R$/US$. Considerando a estimativa de inflação, para o próximo um ano, de 2,1% nos Estados Unidos e 4,5% no Brasil, espera-se que o Big Mac custe daqui a um ano US$ 5,105 nos Estados Unidos e R$ 17,765 no Brasil, o que indicaria um câmbio inferido entre os preços futuros do Big Mac de 3,48 R$/US$ (Figura 6.2).

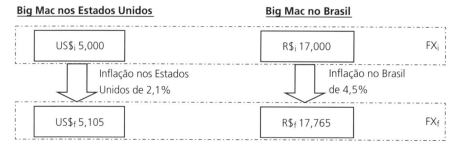

Figura 6.2 – Câmbio inferido pelo preço do Big Mac em dois períodos consecutivos.

CAP. 6 • PREMISSAS DE CUSTO DE CAPITAL **63**

Assim, o câmbio final pode ser estimado em:

$$FX_f = \frac{R\$_f}{US\$_f} = \frac{R\$_i \times (1 + infl_{Br})}{US\$_i \times (1 + infl_{EUA})} = FX_i \times \frac{(1 + infl_{Br})}{(1 + infl_{EUA})} \quad ou$$

$$\frac{FX_f}{FX_i} = \frac{(1 + infl_{Br})}{(1 + infl_{EUA})}$$

Equação 6.4

Em que $FX_f$ é a taxa de câmbio no final do período, $R\$_f$ é o preço do Big Mac em R\$ no final do período, $US\$_f$ é o preço do Big Mac em US\$ no final do período, $R\$_i$ é o preço do Big Mac em R\$ no início do período, $US\$_i$ é o preço do Big Mac em US\$ no início do período, $infl_{Br}$ é a inflação brasileira no período, $infl_{EUA}$ é a inflação americana no período e $FX_i$ é a taxa de câmbio no início do período.

Combinando as Equações 6.3 e 6.4, obtém-se a Equação 6.5, comumente utilizada para converter WACC em US\$ para WACC em R\$, ou custo de capital dos acionistas em US\$ para custo de capital dos acionistas em R\$.

$$Tx_{R\$} = (1 + Tx_{US\$}) \times \frac{(1 + infl_{Br})}{(1 + infl_{EUA})} - 1$$

Equação 6.5

*Exemplo 2*: vamos calcular o valor presente do fluxo de caixa da Zazá S.A. considerando o fluxo de caixa apresentado na Tabela 6.8, o WACC em US\$ de 10,40%, a taxa de crescimento igual à inflação brasileira de 4,5% e a inflação americana de 2,1%.

Tabela 6.8 – Fluxo de caixa da Zazá S.A.

| (R\$ Milhões) | Ano 1 | Ano 2 | Ano 3 | Ano 4 |
|---|---|---|---|---|
| **Resultado Operacional** | 316 | 439 | 508 | 517 |
| (–) Imposto Operacional | (107) | (149) | (173) | (176) |
| (+) Depreciação | 171 | 78 | 97 | 116 |
| (–) CAPEX | (203) | (181) | (180) | (116) |
| (–) Invest. Capital de Giro Líq. | (7) | (9) | (11) | (13) |
| **(=) Fluxo de Caixa p/ Invest.** | 170 | 178 | 241 | 328 |

O WACC da Zazá S.A. em R\$ é calculado a partir da Equação 6.5.

$$Tx_{R\$} = (1 + 10,40\%) \times \frac{(1 + 4,5\%)}{(1 + 2,1\%)} - 1 = 13,00\%$$

A Perp$_4$, considerando o crescimento de 4,5%, é calculada como (considerando todas as casas decimais do WACC em R\$):

$$Perp_4 = \frac{FC_5}{(i - g)} = \frac{FC_4 \times (1 + g)}{(i - g)} = \frac{328 \times (1 + 4,5\%)}{(13,0\% - 4,5\%)} = 4.034,8$$

Calculando o valor presente do fluxo de caixa, inclusive da Perp$_4$, obtém-se o valor de R\$ 3.133,2 milhões.

(ii) *Converter o fluxo de caixa em US$*:

*Exemplo 3*: vamos calcular o valor presente do fluxo de caixa da Zazá S.A., porém, convertendo o fluxo de caixa de R$ para US$ por meio das premissas de câmbio apresentadas na Tabela 6.9 e considerando um crescimento de 2,1% (como, nesse caso, o fluxo de caixa está em US$, o crescimento também deve estar em US$).

Tabela 6.9 – Projeções de câmbio

|  | Ano 0 | Ano 1 | Ano 2 | Ano 3 | Ano 4 |
|---|---|---|---|---|---|
| Câmbio | 3,48 | 3,50 | 3,64 | 3,74 | 3,76 |

Coloca-se o fluxo de caixa em US$ convertendo o fluxo de caixa em R$ de cada ano pelo respectivo câmbio, conforme as projeções de câmbio (Tabela 6.10).

Tabela 6.10 – Fluxo de Caixa em US$ da Zazá S.A.

|  | Ano 1 | Ano 2 | Ano 3 | Ano 4 |
|---|---|---|---|---|
| Fluxo de Caixa (R$ Milhões) | 170,0 | 178,0 | 241,0 | 328,0 |
| Câmbio | 3,50 | 3,64 | 3,74 | 3,76 |
| Fluxo de Caixa (US$ Milhões) | 48,6 | 48,9 | 64,4 | 87,2 |

Posteriormente, calcula-se a perpetuidade: US$ 1.072,7 $\left( \dfrac{FC_4 \times (1+g)}{(i-g)} = \dfrac{87,2 \times (1+2,1\%)}{(10,4\% - 2,1\%)} \right)$

e o valor presente do fluxo de caixa aplicando o custo de capital: US$ 912,8.

Como o valor presente está em US$, é preciso convertê-lo para R$. Para tanto, aplica-se o câmbio da data da avaliação, no caso, 3,48 R$/US$. Assim, o valor presente do fluxo de caixa é R$ 3.176,6.

Observa-se que o valor presente do fluxo de caixa da Zazá S.A. é (i) R$ 3.133,2 quando calculado convertendo o custo de capital de US$ para R$ e (ii) R$ 3.176,6 quando calculado convertendo o fluxo de caixa de R$ para US$.

Por que a diferença? O problema é que os dois modelos não consideraram as mesmas premissas. A diferença está na projeção de câmbio para os anos 1 a 4. Pela alternativa (i), considerou-se que o câmbio evolui à diferença de inflação entre os países, conforme Equação 6.4, e pela alternativa (ii), o câmbio evolui de acordo com os modelos macroeconométricos do economista responsável pela elaboração do cenário macroeconômico (Tabela 6.11).

Tabela 6.11 – Premissas de câmbio pela alternativa (i) de converter a taxa de US$ para R$ e (ii) de converter o fluxo de caixa de R$ para US$

|  | Ano 0 | Ano 1 | Ano 2 | Ano 3 | Ano 4 |
|---|---|---|---|---|---|
| Alternativa (i): [$FX_t = FX_{t-1} \times (1+infl_{Br})/(1+infl_{EUA})$] | 3,48 | 3,56 | 3,65 | 3,73 | 3,82 |
| Alternativa (ii): cenário macroeconômico do economista chefe | 3,48 | 3,50 | 3,64 | 3,74 | 3,76 |

Note que, neste exemplo, o câmbio da alternativa (i) é, para os anos 1, 2 e 4, maior do que o câmbio da alternativa (ii). Portanto, ao optar pela alternativa (i), neste exemplo, considera-se que o fluxo de caixa da Zazá (em R$) será capaz de gerar menos dólares do que seria se a opção fosse pela alternativa (ii). Essa é a razão pela qual o valor presente do fluxo de caixa é menor quando calculado pela alternativa (i): R$ 3.133,2 do que pela alternativa (ii): R$ 3.176,6.

Fossem ambas as premissas de câmbio iguais, os dois métodos calculariam o mesmo valor presente para o fluxo de caixa da Zazá.

*Exemplo 4*: vamos refazer o Exemplo 3 considerando o câmbio da alternativa (i) da Tabela 6.11 (considerando todas as casas decimais).

A Tabela 6.12 apresenta o fluxo de caixa em US$ da Zazá.

Tabela 6.12 – Fluxo de Caixa em US$ da Zazá S.A.

|  | Ano 1 | Ano 2 | Ano 3 | Ano 4 |
|---|---|---|---|---|
| **Fluxo de Caixa (R$ Milhões)** | 170,0 | 178,0 | 241,0 | 328,0 |
| Câmbio | 3,56 | 3,65 | 3,73 | 3,82 |
| **Fluxo de Caixa (US$ Milhões)** | 47,7 | 48,8 | 64,6 | 85,9 |

Esse fluxo de caixa resultaria em uma $Perp_4$ de US$ 1.056,5 (ou R$ 4.034,8, considerando uma taxa de câmbio de 3,82 R$/US$) e em um valor presente do fluxo de caixa, inclusive da $Perp_4$, de US$ 900,3 ou R$ 3.133,2, igual àquele calculado pela alternativa (i) do Exemplo 2.

# 7

# Firm Value × Equity Value

Iniciamos o Capítulo 4 com a Figura 4.1, que segue repetida abaixo renumerada como Figura 7.1.

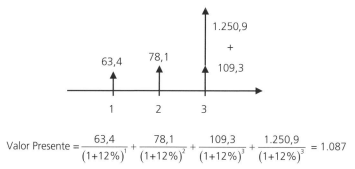

Figura 7.1 – Fluxo de Caixa Descontado da COMP S.A. O valor presente foi calculado considerando uma taxa de desconto de 12%.

Aprendemos, naquele capítulo, a calcular o fluxo de caixa para os investidores. Os números da Figura 7.1 foram calculados nos Exemplos 3 e 4 daquele capítulo (para a empresa COMP S.A.). No Capítulo 5, aprendemos a calcular o custo de capital dos investidores e, no Exemplo 1 do Capítulo 5, calculamos um custo de capital de 12,0% (também para a empresa COMP S.A.). Assim, aos poucos, vamos completando um único exercício de avaliação da COMP S.A.. O passo final passa por entender o que significa o valor presente calculado de R$ 1.087.

## Terminologia

Antes de seguir, gostaríamos de deixar claro o significado de *firm value* (ou *enterprise value*) e *equity value*.

Para isso, perguntamos: se vendêssemos nosso carro, cujo preço à vista sendo praticado no mercado é R$ 100 mil, quanto receberíamos?

A resposta depende de quanto do carro esteja financiado. Assim, caso tenhamos financiado R$ 30 mil do carro, receberíamos pela venda os R$ 70 mil restantes. A visão "empresarial" do nosso carro está na Figura 7.2. Aos R$ 100 mil, chama-se *firm value*, *enterprise value*, valor da firma, valor (da parte operacional) da empresa, valor dos ativos, valor do negócio, valor da atividade ou valor da operação, entre outros. Aos R$ 70 mil chama-se *equity value*, *market capitalization* (*mkt cap*), capitalização de mercado ou valor de mercado, entre outros.

| Ativo | Passivo |
|---|---|
| R$ 100.000 (*firm value*, *enterprise value*, entre outros nomes) | R$ 30.000 (dívida) R$ 70.000 (*equity value*, entre outros nomes) |

Figura 7.2 – Visão "empresarial" do carro e terminologia de avaliação de empresas.

Suponha ainda que, dentro do carro tenha R$ 5 mil em caixa. Nesse caso, em vez de recebermos R$ 70 mil, receberíamos R$ 75 mil. Podemos pensar que, além do ativo carro, estamos entregando junto outro ativo: caixa, totalizando R$ 105 mil em ativos, subtraída a parcela do credor (R$ 30 mil) sobra a nossa parcela (R$ 75 mil). Ou, o mais comum, é pensar que poderíamos usar os R$ 5 mil para abater uma parcela da dívida, que passaria a valer R$ 25 mil (chamada de dívida líquida, ou seja, dívida líquida do caixa que poderia sair da empresa e pré-pagar parte da dívida), assim, subtraindo do total de ativos de R$ 100 mil a dívida líquida de R$ 25 mil obtém-se o *equity value* de R$ 75 mil.

Voltando ao *valuation* da COMP S.A. (Figura 7.1), o que é o R$ 1.087 calculado, *firm value* ou *equity value*? Resposta: trata-se do *firm value*. Perceba que o fluxo de caixa que calculamos é o fluxo de caixa dos investidores – fluxo gerado pelas operações da empresa e disponível para ser distribuído entre credores e acionistas. O custo de capital que usamos também é o custo de capital dos investidores, sendo a média ponderada do custo de capital dos credores e dos acionistas. Portanto, o valor presente calculado é dos investidores, ou seja, é o *firm value*.

## Equação geral: *Firm Value* = Dívida Líquida + *Equity Value*

Ao trazermos o fluxo de caixa para os investidores a valor presente pelo custo de capital dos investidores (WACC), calculamos o valor presente, que é dos investidores (*firm value*). Tirada a parcela dos credores (dívida líquida), encontra-se a parcela dos acionistas (*equity value*) (Figura 7.3).

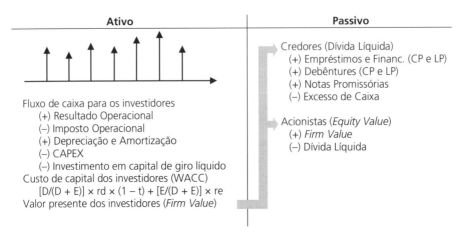

Figura 7.3 – *Firm Value* = Dívida Líquida + *Equity Value*.

A parcela dos credores é composta dos passivos ligados aos credores: empréstimos, financiamentos, debêntures e notas promissórias (de curto e longo prazos) excluídos do caixa que pode sair da empresa. A parcela do caixa que pode sair da empresa é o excesso de caixa, uma vez que o caixa operacional é necessário dentro da empresa (essa é a definição que usamos, no Capítulo 4, para capital de giro: ativo – se é necessário, faz parte do capital de giro: ativo; e, se é necessário, não pode ser retirado da empresa). Portanto, para calcular a dívida líquida exclui-se apenas o excesso de caixa. A explicação mais criteriosa do porquê apenas o excesso de caixa deve ser subtraído das dívidas para o cálculo da dívida líquida é que o caixa operacional faz parte do capital de giro líquido da empresa, estando, portanto, no fluxo de caixa e, consequentemente, no *firm value*, não necessitando de nenhum ajuste adicional por sua existência. Afinal, não seria essa também a explicação para não necessitarmos de nenhum ajuste pelo estoque? O estoque é capital de giro líquido, está no fluxo de caixa e, portanto, já está considerado no *firm value*, não necessitando de nenhum ajuste adicional por sua existência.

## Aplicação

*Exemplo 1*: vamos calcular o *equity value* da COMP S.A. sabendo que o seu *firm value* é de R$ 1.087. Considere o balanço da empresa (Tabela 7.1).

Tabela 7.1 – Balanço da COMP S.A. (repetido da Tabela 4.6)

|  | Real | Projetado | | |
|---|---|---|---|---|
| *Balanço* | Ano 0 | Ano 1 | Ano 2 | Ano 3 |
| Caixa Operacional | 50,0 | 52,5 | 56,8 | 62,9 |
| Excesso de Caixa | 100,0 | 100,0 | 100,0 | 100,0 |
| Contas a Receber | 90,0 | 100,0 | 110,0 | 120,0 |
| Estoque | 35,0 | 40,0 | 45,0 | 50,0 |
| Ativo Oper. Fixo Líquido | 529,0 | 560,0 | 591,0 | 608,0 |
| **Total do Ativo** | **804,0** | **852,5** | **902,8** | **940,9** |
| | | | | |
| Contas a Pagar | 26,7 | 28,8 | 31,7 | 35,3 |
| Salários e Encargos a Pagar | 7,5 | 8,0 | 8,5 | 9,0 |
| IR a Pagar | 55,0 | 60,0 | 65,0 | 70,0 |
| Empréstimos e Financiamentos CP | 90,0 | 100,0 | 100,0 | 110,0 |
| Empréstimos e Financiamentos LP | 220,0 | 210,0 | 210,0 | 200,0 |
| Patrimônio Líquido | 404,8 | 445,7 | 487,6 | 516,6 |
| **Total do Passivo** | **804,0** | **852,5** | **902,8** | **940,9** |

Basta subtrair do *firm value* a dívida líquida. Para tanto, devemos saber de que ano do balanço extrair a informação da dívida (a rigor, deveríamos usar valores de mercado e não contábeis). Pense no nosso carro à venda, o comprador deveria interessar-se pela dívida: daqui a três anos, há dois anos atrás ou na data da compra? Resposta: na data da compra.

Analogamente, devemos olhar a dívida na data da avaliação. E a data da avaliação é o Ano 0 (31 de dezembro do Ano 0).

Portanto, a dívida líquida da empresa é, no nosso exemplo, Empréstimos e Financiamentos (CP e LP) no Ano 0 subtraído do excesso de caixa também no Ano 0: R$ 90 + R$ 220 – R$ 100 = R$ 210. E o *equity value* é calculado como *firm value* subtraído da dívida líquida, portanto, o *equity value* é R$ 877 (Figura 7.4).

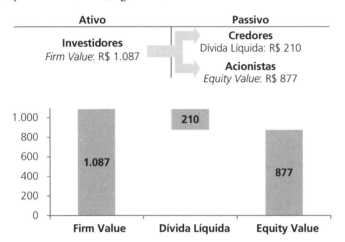

Figura 7.4 – *Firm Value* e *Equity Value* da COMP S.A.

Assim, se nossa empresa tem 100 ações, cada ação deveria valer, segundo a nossa análise, R$ 8,77 no mercado. Lembre-se de que, no mercado, a ação está sendo negociada, pelo Exemplo 1 do Capítulo 5, a R$ 7,60, o que significa que acreditamos que a empresa valha mais do que o preço que ela está negociando no mercado.

### Passos para o *Valuation*

Completada a técnica, vamos organizá-la em passos. Sugerimos a seguinte sequência de passos (outras sequências também funcionam):

1º Passo: calcule o WACC (custo de capital da empresa).

2º Passo: calcule o fluxo de caixa dos investidores para "n" anos.

3º Passo: calcule a perpetuidade, que representa o valor do fluxo de caixa dos investidores de "n + 1" em diante, representado por um único valor na data "n", a $Perp_n$.

4º Passo: calcule o valor presente, obtido o *Firm Value*.

5º Passo: calcule o *Equity Value*, subtraindo do *Firm Value* a dívida líquida.

Para a COMP S.A. fizemos estes passos: (1) no Exemplo 1 do Capítulo 5, obtendo o WACC de 12,0%; (2) no Exemplo 3 do Capítulo 4, obtendo os fluxos de caixa para os três primeiros anos (R$ 63,4, R$ 78,1 e R$ 109,3); (3) no Exemplo 4 do Capítulo 4, obtendo o valor da $Perp_3$ de R$ 1.250,9; (4) na Figura 4.1 do Capítulo 4 (ou na Figura 7.1 do presente capítulo), obtendo o *Firm Value* de R$ 1.087; e (5) no Exemplo 1 deste capítulo, obtendo o *Equity Value* de R$ 877 (Figura 7.5).

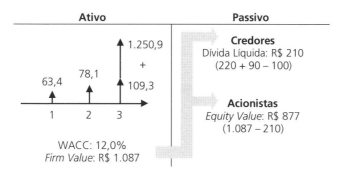

Figura 7.5 – Valuation da COMP S.A.

Façamos um exemplo completo seguindo os passos recomendados.

*Exemplo 2*: vamos calcular o *firm value* e o *equity value* da Mugo S.A. por fluxo de caixa descontado. As demonstrações financeiras projetadas para os próximos cinco anos estão apresentadas na Tabela 7.2. Estima-se que ela crescerá 3% a.a. a partir do ano 5, inclusive. A Mugo tem 25,0% de dívida (D/(D + E)) a um custo de 13,6%, uma alíquota de imposto de 34,0% e o beta de suas ações é 2,0. A empresa projeta investimento em ativo fixo, para os próximos cinco anos, de R$ 500.000, R$ 10.000, R$ 130.000, R$ 102.505 e R$ 110.186, respectivamente. Considere que os parâmetros gerais para o CAPM são rf = 7,0% e pm = 5,0%.

Tabela 7.2 – Demonstrações Financeiras da Mugo S.A.

|  | Real | Projetado | | | | |
| --- | --- | --- | --- | --- | --- | --- |
| *Balanço* | Ano 0 | Ano 1 | Ano 2 | Ano 3 | Ano 4 | Ano 5 |
| Caixa Operacional | 9.000 | 7.250 | 12.000 | 14.000 | 14.420 | 14.853 |
| Excesso de Caixa | 15.000 | 10.000 | 32.000 | 50.000 | 105.852 | 207.379 |
| Contas a receber | 320.000 | 640.000 | 670.000 | 610.000 | 628.300 | 647.149 |
| Estoque | 400.000 | 800.000 | 810.000 | 750.000 | 772.500 | 795.675 |
| Ativo Operacional Fixo | 294.800 | 697.840 | 609.840 | 639.840 | 641.323 | 641.323 |
| **Total do Ativo** | **1.038.800** | **2.155.090** | **2.133.840** | **2.063.840** | **2.162.395** | **2.306.379** |
| Contas a pagar | 145.600 | 354.000 | 305.000 | 290.000 | 298.700 | 307.661 |
| Empr. e Financ. CP | 100.000 | 350.000 | 230.000 | 200.000 | 180.000 | 150.000 |
| Salários e impostos a pagar | 46.000 | 90.000 | 85.000 | 87.500 | 90.125 | 92.829 |
| Empr. e Financ. LP | 233.432 | 774.058 | 530.000 | 350.000 | 300.000 | 280.000 |
| Patrimônio Líquido | 513.768 | 587.032 | 983.840 | 1.136.340 | 1.293.570 | 1.475.889 |
| **Total do Passivo** | **1.038.800** | **2.155.090** | **2.133.840** | **2.063.840** | **2.162.395** | **2.306.379** |

(*Continua*)

Tabela 7.2 – (*Continuação*)

| Demonstrativo de Resultados | Real | Projetado | | | | |
|---|---|---|---|---|---|---|
| | Ano 0 | Ano 1 | Ano 2 | Ano 3 | Ano 4 | Ano 5 |
| **Vendas Líquidas** | **3.132.000** | **5.834.400** | **6.110.600** | **6.293.918** | **6.482.736** | **6.677.218** |
| (–) Custo do Produto Vendido | 2.610.000 | 4.980.000 | 5.071.798 | 5.223.952 | 5.380.671 | 5.542.091 |
| (–) Despesas Operacionais | 340.000 | 580.000 | 540.000 | 550.800 | 561.816 | 573.052 |
| (–) Depreciação | 38.900 | 96.960 | 98.000 | 100.000 | 101.022 | 110.186 |
| **(=) Resultado Operacional** | **143.100** | **177.440** | **400.802** | **419.166** | **439.227** | **451.889** |
| (–) Despesa Financeira Líquida | 33.343 | 66.434 | 91.203 | 64.737 | 56.650 | 50.050 |
| (=) LAIR | 109.757 | 111.006 | 309.599 | 354.429 | 382.577 | 401.839 |
| (–) Imposto de Renda | 37.317 | 37.742 | 105.264 | 120.506 | 130.076 | 136.625 |
| **(=) Lucro Líquido** | **72.440** | **73.264** | **204.335** | **233.923** | **252.501** | **265.214** |

1º Passo: calcule o WACC (Figura 7.6) = 15,0%.

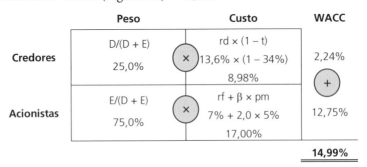

Figura 7.6 – WACC da Mugo S.A.

2º Passo: calcule o fluxo de caixa dos primeiros cinco anos (Tabela 7.3). O item mais delicado é o investimento em capital de giro líquido, que é calculado como a variação de capital de giro líquido de um ano para o outro. Portanto, vamos calcular o capital de giro líquido para todos os anos, inclusive o ano 0 (ano-base). Posteriormente, vamos calcular o investimento em capital de giro líquido e o fluxo de caixa para os investidores dos anos projetados (ano 1 a ano 5).

CAP. 7 • *FIRM VALUE* × *EQUITY VALUE* **73**

Tabela 7.3 – Investimento em Capital de Giro Líquido e Fluxo de Caixa para os Investidores da Mugo S.A.

| | Real | Projetado | | | | |
|---|---|---|---|---|---|---|
| *Auxiliar* | **Ano 0** | **Ano 1** | **Ano 2** | **Ano 3** | **Ano 4** | **Ano 5** |
| (+) Caixa Operacional | 9.000 | 7.250 | 12.000 | 14.000 | 14.420 | 14.853 |
| (+) Contas a Receber | 320.000 | 640.000 | 670.000 | 610.000 | 628.300 | 647.149 |
| (+) Estoque | 400.000 | 800.000 | 810.000 | 750.000 | 772.500 | 795.675 |
| (=) Capital de Giro: Ativo (A) | 729.000 | 1.447.250 | 1.492.000 | 1.374.000 | 1.415.220 | 1.457.677 |
| (+) Contas a Pagar | 145.600 | 354.000 | 305.000 | 290.000 | 298.700 | 307.661 |
| (+) Salários e Imp. a Pagar | 46.000 | 90.000 | 85.000 | 87.500 | 90.125 | 92.829 |
| (=) Capital de Giro: Passivo (P) | 191.600 | 444.000 | 390.000 | 377.500 | 388.825 | 400.490 |
| (=) Capital de Giro Líq. (A-P) | 537.400 | 1.003.250 | 1.102.000 | 996.500 | 1.026.395 | 1.057.187 |
| **(=) Inv. Capital de Giro Liq. (Final-Inicial)** | | **465.850** | **98.750** | **(105.500)** | **29.895** | **30.792** |

| | Projetado | | | | |
|---|---|---|---|---|---|
| *Fluxo de Caixa* | **Ano 1** | **Ano 2** | **Ano 3** | **Ano 4** | **Ano 5** |
| Resultado Operacional | 177.440 | 400.802 | 419.166 | 439.227 | 451.889 |
| (–) Imposto Operacional | (60.330) | (136.273) | (142.516) | (149.337) | (153.642) |
| (+) Depreciação | 96.960 | 98.000 | 100.000 | 101.022 | 110.186 |
| (–) CAPEX | (500.000) | (10.000) | (130.000) | (102.505) | (110.186) |
| (–) Inv. em Capital de Giro Líq. | (465.850) | (98.750) | 105.500 | (29.895) | (30.792) |
| **(=) Flx. Cx. para os Invest.** | **(751.780)** | **253.779** | **352.150** | **258.512** | **267.455** |

3º Passo: calcule a perpetuidade começando no ano 6, cujo valor estará no ano 5 (Equação 7.1). Trata-se de uma perpetuidade com crescimento, em que g = 3,0% (do enunciado) e i = 15,0% (calculado no 1º Passo):

$$\text{Perp}_5 = \frac{\text{FC}_6}{(i-g)} = \frac{\text{FC}_5 \times (1+g)}{(i-g)} = \frac{267.455 \times (1+3\%)}{(15\% - 3\%)} = 2.295.655,4 \qquad \text{Equação 7.1}$$

4º Passo: calcule o *Firm Value* em R$ 1.191.840 (Figura 7.7).

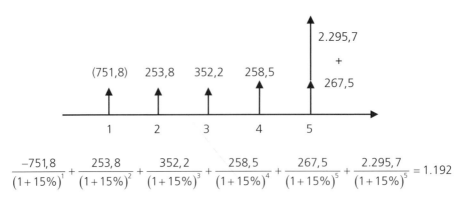

Figura 7.7 – Fluxo de Caixa Descontado da Mugo S.A. O WACC foi calculado em 15,0%.

5º Passo: calcule o *Equity Value* em R$ 873.408 (Figura 7.8). Isso porque a dívida líquida da empresa no Ano 0 é composta de Empréstimos e Financiamentos de Curto e Longo Prazos (100.000 + 233.432, respectivamente) deduzido do excesso de caixa (15.000).

| Ativo | Passivo |
|---|---|
| | **Credores** |
| | Empr. e Financ. (CP e LP): R$ 333.432 |
| **Investidores** | (–) Excesso de Caixa: R$ 15.000 |
| *Firm Value*: R$ 1.191.840 | Dívida Líquida: R$ 318.432 |
| | **Acionistas** |
| | *Equity Value*: R$ 873.408 |

Figura 7.8 – *Firm Value* e *Equity Value* da Mugo S.A.

*Exercício Parcialmente Resolvido 1*: calcule o *firm value* e o *equity value* da FuFa S.A. por fluxo de caixa descontado. As demonstrações financeiras projetadas para os próximos três anos estão apresentadas na Tabela 7.4. Estima-se que ela crescerá 2% a.a. a partir do ano 4, inclusive. A dívida da FuFa custa 8,5%, alíquota de imposto é 34% e o beta de suas ações é 0,85. Considere que a empresa tenha 22% de dívida (D/(D+E)). A empresa projeta investimento em ativo fixo, para os próximos três anos, de R$ 50,0 R$ 70,0 e R$ 41,0, respectivamente. Considere que os parâmetros gerais para o CAPM sejam rf = 7,0% e pm = 5,0%.

Resposta:

1º Passo: WACC = 10,0%.

2º Passo: Fluxo de Caixa para os anos 1 a 3: R$ 98,5, R$ 85,9 e R$ 126,8, respectivamente (Tabela 7.5).

3º Passo: $Perp_3$ = R$ 1.616,7.

4º Passo: *Firm Value* = R$ 1.470,5.

5º Passo: *Equity Value* = R$ 1.470,5 – (R$ 60,0 + R$ 250,0 – R$ 13,0) = 1.173,5.

Tabela 7.4 – Demonstrações Financeiras da FuFa S.A. O Ano 0 é realizado e os anos 1 a 3 são projetados

| *Demonstrativo de Resultados* | Real | Projetado | | |
|---|---|---|---|---|
| | Ano 0 | Ano 1 | Ano 2 | Ano 3 |
| **Vendas Líquidas** | **1.000,0** | **1.050,0** | **1.102,5** | **1.157,6** |
| (–) CPV | 650,0 | 682,5 | 716,6 | 752,4 |
| (–) Despesa Operacional | 150,0 | 154,5 | 159,1 | 163,9 |
| (–) Depreciação | 33,0 | 32,0 | 33,0 | 34,0 |
| **(=) Resultado Operacional** | **167,0** | **181,0** | **193,8** | **207,3** |
| (–) Despesa Financeira Líquida | 26,4 | 25,5 | 24,7 | 24,5 |
| (=) LAIR | 140,7 | 155,5 | 169,0 | 182,8 |
| (–) IR | 47,8 | 52,9 | 57,5 | 62,2 |
| **(=) Lucro Líquido** | **92,8** | **102,6** | **111,6** | **120,7** |

| *Balanço* | Real | Projetado | | |
|---|---|---|---|---|
| | Ano 0 | Ano 1 | Ano 2 | Ano 3 |
| Caixa Operacional | 37,0 | 40,0 | 44,0 | 50,0 |
| Excesso de Caixa | 13,0 | 25,0 | 29,0 | 33,0 |
| Contas a Receber | 80,0 | 82,0 | 85,0 | 87,0 |
| Estoque | 50,0 | 53,0 | 55,0 | 56,0 |
| Imobilizado Líquido | 640,0 | 655,0 | 687,0 | 687,0 |
| **Total de Ativo** | **820,0** | **855,0** | **900,0** | **913,0** |
| Contas a Pagar | 70,0 | 73,0 | 75,0 | 80,0 |
| Salários e Impostos a Pagar | 30,0 | 32,0 | 34,0 | 35,0 |
| Empr. e Financ. CP | 60,0 | 58,0 | 55,0 | 50,0 |
| Empr. e Financ. LP | 250,0 | 242,0 | 236,0 | 238,0 |
| Patrimônio Líquido | 410,0 | 450,0 | 500,0 | 510,0 |
| **Total de Passivo** | **820,0** | **855,0** | **900,0** | **913,0** |

Tabela 7.5 – Fluxo de Caixa da FuFa S.A.

| *Fluxo de Caixa* | Projetado | | |
|---|---|---|---|
| | Ano 1 | Ano 2 | Ano 3 |
| Resultado Operacional | 181,0 | 193,8 | 207,3 |
| (–) Imposto Operacional | (61,5) | (65,9) | (70,5) |
| (+) Depreciação | 32,0 | 33,0 | 34,0 |
| (–) CAPEX | (50,0) | (70,0) | (41,0) |
| (–) Invest. em Capital de Giro Líquido | (3,0) | (5,0) | (3,0) |
| **(=) Fluxo de Caixa para Investidores** | **98,5** | **85,9** | **126,8** |

# 8

# Estrutura de Capital

O objetivo de discutir estrutura de capital em avaliação de empresas é verificar se existe uma estrutura de capital que resulte em um custo de capital (WACC) mais baixo e, consequentemente, em um *firm value* mais alto.

Como o WACC é uma média ponderada do custo de cada componente do capital, pode-se imaginar que seja possível minimizá-lo. Isso porque o custo de capital dos credores é menor do que o custo de capital dos acionistas. Consequentemente, pode-se imaginar que financiar o capital com uma parcela maior de dívida reduza a média (WACC). Se esse raciocínio simples refletisse a realidade, a melhor estrutura de capital seria aquela com 100% de dívida.

Para exemplificar, vamos considerar uma empresa que tenha 20% de seu capital financiado por dívida a um custo de 7,2%, uma alíquota de imposto (t) de 34% e um fluxo de caixa para os investidores de R$ 100,0 para sempre. Considere que os parâmetros gerais para o CAPM sejam rf = 7,0% e pm = 6,5% e que o beta seja 0,99.

O WACC seria 11,70%:

$$WACC = \frac{D}{D+E} \times rd \times (1-t) + \frac{E}{D+E} \times (rf + \beta \times pm)$$

$$= 20\% \times 7{,}2\% \times (1 - 34\%) + 80\% \times (7{,}0\% + 0{,}99 \times 6{,}5\%) = 11{,}70\%$$

O *firm value* seria R$ 854,7 $\left( \frac{FC}{i} = \frac{100}{11{,}70\%} \right)$.

Alguém poderia recalcular o WACC considerando 40% de dívida (em vez dos 20% originais), alterando, desavisadamente, apenas os pesos:

$$WACC = \frac{D}{D+E} \times rd \times (1-t) + \frac{E}{D+E} \times (rf + \beta \times pm)$$

$$= 40\% \times 7{,}2\% \times (1 - 34\%) + 60\% \times (7{,}0\% + 0{,}99 \times 6{,}5\%) = 9{,}96\%$$

O WACC de 9,96% produziria um *firm value* de R$ 1.003,7 $\left( \frac{FC}{i} = \frac{100}{9{,}96\%} \right)$. Ou seja, mexer na estrutura de capital da empresa teria aumentado o seu valor em 17,4% (1.003,7 / 854,7 – 1).

A Tabela 8.1 mostra o WACC e o *firm value* da empresa para sete diferentes estruturas de capital e a diferença de valor (*firm value*) tomando por base o valor de R$ 854,7 calculado inicialmente para o cenário de 20% de dívida.

Tabela 8.1 – WACC e *firm value* de uma empresa para sete diferentes estruturas de capital (cada cenário apresentado em uma linha) – calculados considerando que o custo de capital dos credores (rd) e o custo de capital dos acionistas (re) são fixos. O fluxo de caixa para os investidores, em todos os cenários, é de R$ 100 constante para sempre. A última coluna indica a diferença percentual entre o *firm value* de cada cenário ($FV_n$) e o *firm value* do cenário com 20% de dívida ($FV_{20\%}$)

| D/(D + E) | E/(D + E) | rd | rd × (1 − t) | re | WACC | Firm Value (100/WACC) | $(FV_n/FV_{20\%}) - 1$ |
|---|---|---|---|---|---|---|---|
| 0% | 100% | n.a. | n.a. | 13,4% | 13,44% | 744,2 | − 12,9% |
| 10% | 90% | 7,2% | 4,75% | 13,4% | 12,57% | 795,6 | − 6,9% |
| 20% | 80% | 7,2% | 4,75% | 13,4% | 11,70% | 854,7 | 0,0% |
| 30% | 70% | 7,2% | 4,75% | 13,4% | 10,83% | 923,2 | 8,0% |
| 40% | 60% | 7,2% | 4,75% | 13,4% | 9,96% | 1.003,7 | 17,4% |
| 50% | 50% | 7,2% | 4,75% | 13,4% | 9,09% | 1.099,6 | 28,6% |
| 60% | 40% | 7,2% | 4,75% | 13,4% | 8,23% | 1.215,7 | 42,2% |

Pode-se verificar pela Tabela 8.1 e pela Figura 8.1 que a estrutura de capital que produziria o menor WACC e o maior *firm value* seria aquela com o máximo de dívida possível.

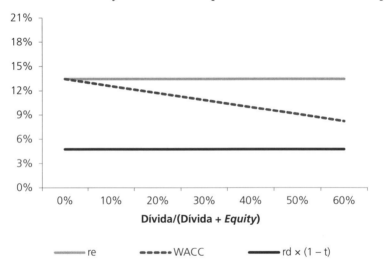

Figura 8.1 – Custo de capital dos acionistas (re), WACC e custo de capital dos credores líquido (rd × (1 − t)) para sete diferentes estruturas de capital. Considera que re e rd são constantes para as diferentes estruturas de capital.

No entanto, existe uma falha nesse raciocínio e, portanto, nos resultados e nas conclusões. Uma empresa com mais dívida tem mais risco do que teria com menos dívida, portanto, o custo de capital dos credores e o custo de capital dos acionistas aumentariam com o aumento do endividamento.

Dessa forma, para calcularmos o WACC nos diferentes cenários de estrutura de capital, precisamos do custo de capital dos credores e do custo de capital dos acionistas para cada um desses diferentes cenários.

Para calcular o custo de capital dos acionistas precisamos do beta alavancado para cada cenário de endividamento, além do rf e do pm, que são fixos. Para calcular o beta alavancado para cada cenário, precisamos do beta desalavancado. No Capítulo 2, discutimos como alavancar e desalavancar o beta (Equação 2.4) e dissemos que esses procedimentos também eram aplicáveis quando quiséssemos descobrir o beta de uma mesma empresa para diferentes estruturas de capital – no que agora temos interesse. Podemos calcular o beta desalavancado a partir do beta alavancado (0,99) para 20% de dívida. Aplicando a Equação 2.4, calculamos o beta desalavancado em 0,85.

$$\beta_{\text{desalav}} = \frac{\beta_{\text{alav}}}{\left[1 + \dfrac{D}{E} \times (1 - t)\right]} = \frac{0,99}{\left[1 + \dfrac{20}{80} \times (1 - 34\%)\right]} = 0,85$$

Com o beta desalavancado temos condições de calcular o beta alavancado e o custo de capital dos acionistas para cada cenário. Por exemplo, para 40% de dívida, o beta alavancado seria 1,224 e o custo de capital próprio seria 15,0% (7,0% + 1,224 × 6,5%).

$$\beta_{\text{alav}} = \beta_{\text{desalav}} \times \left[1 + \frac{D}{E} \times (1 - t)\right] = 0,85 \times \left[1 + \frac{40}{60} \times (1 - 34\%)\right] = 1,224$$

O custo de capital dos credores, para cada cenário, é algo bem mais difícil de ser produzido por um praticante de avaliação de empresas, apesar de existirem modelos de crédito bastante consistentes. Temos que buscar essa informação com alguma área de crédito, por comparação com empresas similares, ou embutir no nosso modelo de avaliação um modelo de crédito. Admitindo que temos o custo de dívida para cada cenário, somos capazes de calcular corretamente o WACC e o *firm value* para cada cenário (Tabela 8.2).

Tabela 8.2 – WACC e *firm value* de uma empresa para sete diferentes estruturas de capital (cada cenário apresentado em uma linha) – calculados considerando que o custo de capital dos credores (rd) e o custo de capital dos acionistas (re) são variáveis para acompanhar a diferença na percepção de risco dos credores e dos acionistas para os diferentes níveis de endividamento da empresa. O fluxo de caixa para os investidores, em todos os cenários, é de R$ 100 constante para sempre. A última coluna indica a diferença percentual entre o *firm value* de cada cenário (FV$_n$) e o *firm value* do cenário com 20% de dívida (FV$_{20\%}$).

| D/(D + E) | E/(D + E) | rd | rd × (1 – t) | re | WACC | Firm Value (100/WACC) | (FV$_n$/FV$_{20\%}$) – 1 |
|---|---|---|---|---|---|---|---|
| 0% | 100% | n.a. | 4,62% | 12,5% | 12,53% | 798,4 | – 6,6% |
| 10% | 90% | 7,0% | 4,62% | 12,9% | 12,10% | 826,5 | 3,3% |
| 20% | 80% | 7,2% | 4,75% | 13,4% | 11,70% | 854,7 | 0,0% |
| 30% | 70% | 7,7% | 5,08% | 14,1% | 11,39% | 878,3 | 2,8% |
| 40% | 60% | 8,7% | 5,74% | 15,0% | 11,27% | 887,3 | 3,8% |
| 50% | 50% | 10,0% | 6,60% | 16,2% | 11,39% | 878,3 | 2,8% |
| 60% | 40% | 11,6% | 7,66% | 18,0% | 11,79% | 848,1 | – 0,8% |

Pode-se verificar pela Tabela 8.2 e pela Figura 8.2 que o WACC cai para depois voltar a subir. Se tivermos como obter parâmetros com precisão, podemos encontrar uma estrutura de capital que minimiza o WACC e que maximiza o *firm value*, a estrutura de capital ótima. No nosso exemplo, essa estrutura ótima é aquela com 40% de dívida. E observa-se que o *firm value*, com 40% de dívida, é 3,8% superior àquele com 20% de dívida. Fazendo errado, ou seja, mantendo o rd e o re fixos, tínhamos calculado um valor 17,4% maior (Tabela 8.1).

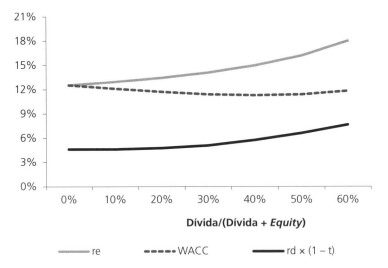

Figura 8.2 – Custo de capital dos acionistas (re), WACC e custo de capital dos credores líquido (rdx(1 – t)) para sete diferentes estruturas de capital. Considera que re e rd são variáveis para as diferentes estruturas de capital.

## Mundo "sem Atrito"

Conseguimos reduzir o WACC e, consequentemente, aumentar o *firm value* (valor de um negócio ou ativo) mexendo na forma como ele é financiado (estrutura de capital). É interessante discutir quais efeitos estão por trás desse comportamento do WACC. Comecemos por questionar esse resultado por meio de algumas perguntas:

Seria possível aumentar o valor de um carro mexendo na forma como ele é financiado? Ou seja, um carro pago integralmente a vista pelo proprietário vale menos do que um carro pago a prazo (parcialmente financiado por credores)? Pense em termos do ativo carro (*firm value*) e não da parcela do acionista no carro (*equity value*).

A resposta é: não. E se a resposta é não, significa que o valor do ativo (*firm value*) deveria ser constante independentemente da forma como ele é dividido (parte do acionista e parte do credor), ou seja, financiado.

No entanto, nós conseguimos aumentar o valor do ativo (*firm value*) mexendo na forma como ele é dividido (ou financiado). Mas só conseguimos isso porque no mundo existem "atritos" (imposto de renda e aumento da probabilidade de *default* e, consequentemente, aumento do custo de capital dos credores).

No mundo "sem atritos", não seria possível aumentar o valor do ativo (*firm value*) mexendo na forma como ele é financiado. Se o valor do ativo (*firm value*) é constante, significa que o WACC também deveria sê-lo. Esse mundo está representado na Figura 8.3. Nesse mundo, não existe imposto de renda e a probabilidade de *default* é constante com o aumento do endividamento (portanto, o custo de capital dos credores é constante).

| D/(D + E) | E/(D + E) | rd | re | WACC | Firm Value (100/WACC) | (FV$_n$/FV$_{20\%}$) − 1 |
|---|---|---|---|---|---|---|
| 0% | 100% | n.a. | 12,5% | 12,53% | 798,4 | 0,0% |
| 10% | 90% | 7,0% | 13,1% | 12,53% | 798,4 | 0,0% |
| 20% | 80% | 7,0% | 13,9% | 12,53% | 798,4 | 0,0% |
| 30% | 70% | 7,0% | 14,9% | 12,53% | 798,4 | 0,0% |
| 40% | 60% | 7,0% | 16,2% | 12,53% | 798,4 | 0,0% |
| 50% | 50% | 7,0% | 18,1% | 12,53% | 798,4 | 0,0% |
| 60% | 40% | 7,0% | 20,8% | 12,53% | 798,4 | 0,0% |

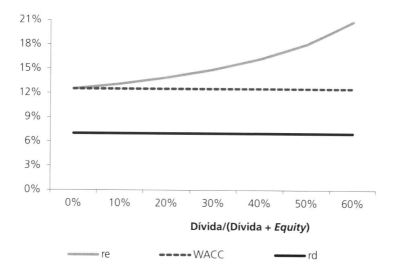

Figura 8.3 – Mundo "sem atrito" – WACC e *firm value* para diferentes cenários de endividamento. Considera que o rd é fixo, que não existe imposto de renda, que o re é variável e o WACC mantém-se constante para os diferentes cenários de endividamento.

## Primeiro Atrito: Imposto de Renda

O primeiro atrito não é, na realidade, o imposto de renda em si, mas sim o benefício fiscal decorrente do imposto de renda, existente na maioria das situações.

Devemos enxergar que o fluxo de caixa de uma empresa tem três donos: os credores, os acionistas e o governo. Ao pegarmos dívida na empresa, se não houvesse benefício fiscal (que estamos chamando de atrito), o pedaço do governo ficaria constante (se a despesa financeira não fosse dedutível de imposto, ele não se alteraria ao aumentarmos ou diminuirmos a despesa financeira), e o restante, ou seja, o pedaço dos credores e o pedaço dos acionistas, que é o que chamamos de *firm value*, também ficaria constante. Como existe o benefício fiscal, do ponto de vista micro ou apenas da empresa, ao aumentarmos o endividamento da empresa, o governo "abre mão" de uma parte do seu pedaço da geração de caixa da empresa, aumentando a parte dos outros dois donos (credores e acionistas), ou seja, aumentando, consequentemente, o *firm value*.

Como, na abordagem utilizada, o benefício fiscal não está no fluxo de caixa mas no WACC (conforme vimos no Capítulo 5), o aumento do *firm value* dá-se por uma redução do WACC.

A lógica diria que, considerado apenas esse atrito, quanto mais dívida, mais o governo "abre mão" de seu pedaço no fluxo de caixa, sobrando mais para credores e acionistas, aumentando o *firm value*. A estrutura de capital ideal seria aquela com o máximo de dívida possível (Figura 8.4).

| D/(D + E) | E/(D + E) | rd | rd × (1 − t) | re | WACC | Firm Value (100/WACC) | (FV$_n$/FV$_{20\%}$) − 1 |
|---|---|---|---|---|---|---|---|
| 0%  | 100% | n.a. | 4,62% | 12,5% | 12,53% | 798,4   | −6,8% |
| 10% | 90%  | 7,0% | 4,62% | 12,9% | 12,10% | 826,5   | −3,5% |
| 20% | 80%  | 7,0% | 4,62% | 13,4% | 11,67% | 856,7   | 0,0%  |
| 30% | 70%  | 7,0% | 4,62% | 14,1% | 11,25% | 889,1   | 3,8%  |
| 40% | 60%  | 7,0% | 4,62% | 15,0% | 10,82% | 924,1   | 7,9%  |
| 50% | 50%  | 7,0% | 4,62% | 16,2% | 10,40% | 961,9   | 12,3% |
| 60% | 40%  | 7,0% | 4,62% | 18,0% | 9,97%  | 1.003,0 | 17,1% |

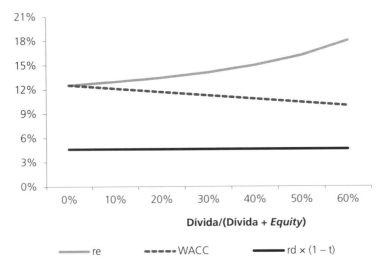

Figura 8.4 – Mundo "com IR" – WACC e *firm value* para diferentes cenários de endividamento. Considera que o rd é fixo, que existe benefício fiscal, que o re é variável e, consequentemente, que o WACC também é variável.

Verifique que seria possível, sem considerar todos os atritos, aumentar o *firm value* em 7,9% ao sair de 20% de dívida para 40% de dívida. Lembre-se de que, considerando também o aumento de rd, o *firm value* aumentaria 3,8% ao aumentarmos a dívida de 20% para 40% (Tabela 8.2), no entanto, por enquanto, estamos mantendo o rd fixo.

É importante observar que nem sempre existe benefício fiscal. Conforme já dissemos no Capítulo 5, empresas no regime de tributação do lucro presumido, por exemplo, não têm benefício fiscal.

## Segundo Atrito: aumento na probabilidade de *default*

O segundo atrito é o aumento na probabilidade de *default*, resultando em um aumento de rd conforme aumenta-se o endividamento da empresa. Esse aumento de rd é um malefício, pois piora o WACC e o *firm value*.

CAP. 8 • ESTRUTURA DE CAPITAL **83**

Como em tudo que existe um benefício e um malefício, em que o malefício evolui mais acentuadamente do que o benefício, existe um ponto de equilíbrio. E esse ponto de equilíbrio é o ponto de mínimo WACC e máximo *firm value* identificados na Tabela 8.2 e na Figura 8.2. Esse ponto de equilíbrio (ou ponto ótimo de endividamento) identifica a estrutura de capital ótima, pois minimiza o WACC e maximiza o *firm value*. O aumento de endividamento (i) até o ponto ótimo gera mais benefício do que malefício – sendo favorável aumentar o endividamento da empresa, e (ii) a partir do ponto ótimo gera mais malefício do que benefício – não sendo favorável aumentar o endividamento da empresa.

## Comparação

Ao mexer na estrutura de capital da empresa, o seu modelo deveria estar preparado para atualizar o custo de capital dos acionistas e o custo de capital dos credores. A maioria dos modelos está preparada para atualizar o custo de capital dos acionistas porque o beta alavancado é, nesse modelo, um cálculo a partir do beta desalavancado, assim, modificações no endividamento resultam em modificações no beta alavancado e, consequentemente, no custo de capital dos acionistas.

No entanto, a imensa maioria dos modelos não está preparada para atualizar automaticamente o custo de capital dos credores (inclusive os nossos). Esses modelos seguem a lógica do mundo com apenas um dos atritos, que é o benefício fiscal (Figura 8.4). Nesse mundo, a melhor estrutura de capital é o máximo de dívida possível (o modelo não enxerga o malefício, que se contrapõe ao benefício). Isso pode ser uma preocupação.

Acreditamos que ninguém mudaria, em uma modelagem, o endividamento de 20% para 70% ou 80% sem estranhar. Mas não estranharia mudanças de 20% para 40% ou 50%. Se acreditamos que o credor é insensível a essa mudança de alavancagem (de 20% para 40% ou 50%), ou seja, não aumenta o seu custo (rd) ou apenas promove pequenos aumentos de rd, nessa faixa de endividamento, então não há por que se preocupar. Mas se acreditamos que possa haver uma mudança no custo de capital dos credores, então esses modelos superavaliarão as empresas ao aumentar o seu endividamento sem corrigir adequadamente o rd. Isso porque, nesses modelos, a solução ótima é com 100% de dívida e também porque, mesmo na faixa de endividamento até o ponto ótimo, o WACC desses modelos cai com uma velocidade maior do que a velocidade que ele cairia se fossem considerados os dois atritos.

Veja na Figura 8.5 que:

(i) Quando consideramos que o custo de capital dos credores (rd) e o custo de capital dos acionistas (re) são fixos, a solução ótima é com o máximo de dívida e a velocidade na queda do WACC é maior do que aquela dos outros cenários. Nesse caso, uma alteração no nível de endividamento de 20% para 40% resultaria em aumento de 16,9% de *firm value*.

(ii) Quando consideramos que o rd é fixo (desconsiderando o 2° atrito) e o re é variável (para considerar a mudança de percepção de risco por parte dos acionistas, o que reflete em aumento do re), a solução ótima também é com o máximo de dívida, porém a velocidade na queda do WACC é mais baixa do que no cenário anterior, e uma alteração de 20% para 40% de endividamento resultaria em 7,9% de aumento de *firm value*. Esse é o cenário da maioria dos modelos de avaliação de empresas.

(iii) Quando consideramos que rd e re variam, a solução ótima é um ponto intermediário de dívida (ponto de equilíbrio ou ponto ótimo), a velocidade na queda do WACC até esse ponto ótimo é menor do que a velocidade de queda dos demais cenários e uma alteração de 20% para 40% de endividamento resultaria em 3,8% de aumento de *firm value*.

| D/(D + E) | Errado: rd e re fixos WACC | Errado: rd e re fixos $(FV_n/FV_{20\%}) - 1$ | Parcialmente completo: rd fixo e re variável WACC | Parcialmente completo: rd fixo e re variável $(FV_n/FV_{20\%}) - 1$ | Completo: rd e re variáveis WACC | Completo: rd e re variáveis $(FV_n/FV_{20\%}) - 1$ |
|---|---|---|---|---|---|---|
| 0% | 12,5% | −12,6% | 12,5% | −6,8% | 12,5% | −6,6% |
| 10% | 11,7% | −6,7% | 12,1% | −3,5% | 12,1% | −3,3% |
| 20% | 10,9% | 0,0% | 11,7% | 0,0% | 11,7% | 0,0% |
| 30% | 10,2% | 7,8% | 11,2% | 3,8% | 11,4% | 2,8% |
| 40% | 9,4% | 16,9% | 10,8% | 7,9% | 11,3% | 3,8% |
| 50% | 8,6% | 27,7% | 10,4% | 12,3% | 11,4% | 2,8% |
| 60% | 7,8% | 40,6% | 10,0% | 17,1% | 11,8% | −0,8% |

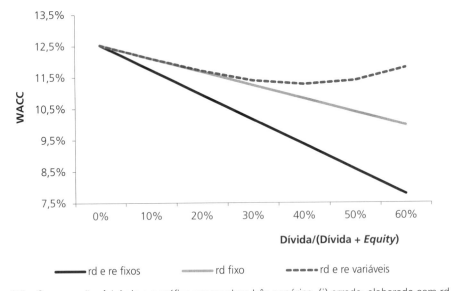

Figura 8.5 – Comparação. A tabela e o gráfico apresentam três cenários: (i) errado: elaborado com rd e re fixos; (ii) parcialmente completo: elaborado com o re variável, mas mantendo o rd fixo; e (iii) completo: elaborado com rd e re variáveis. O cenário errado não replica os números da Tabela 8.1 porque, para facilitar a comparação gráfica, optamos por começar todos os cenários com o WACC igual a 12,5%.

## Na prática

Como acabamos de ver, existe uma estrutura de capital que maximiza o valor da empresa, portanto, a empresa deveria adotá-la.

Assim, o seu modelo de avaliação poderia considerar que a empresa esteja nessa estrutura de capital ótima, pelo menos, por grande parte da sua existência. Em algumas situações talvez você não queira adotar essa premissa, por exemplo, quando: (i) a empresa não é capaz de adotar a estrutura de capital ótima; (ii) a empresa vai levar um longo tempo até a adoção da estrutura ótima (o que pode ser tratado calculando-se o custo de capital da empresa ano a ano durante o período de transição); e (iii) a condução negocial assim recomendar.

A definição da estrutura de capital utilizada no modelo pode se dar por meio de: (1) conversa com os administradores da empresa para saber a opinião deles a respeito, pois são eles que definirão o nível de endividamento que a empresa terá no futuro; (2) conversa com os credores da empresa; (3) conversa com as agências de *rating*; (4) análise individual; ou (5) análise de empresas parecidas com a sua para verificar qual nível de endividamento essas empresas adotam. Exemplificando este último item, remetemos à Tabela 2.4, quando estimamos o beta alavancado da Telemig por meio do beta de empresas de telecomunicação móvel – naquela tabela também tínhamos o nível de endividamento de cada empresa e a média de 14,2%, que poderia ser adotada como premissa de endividamento para a Telemig. Note que não foi essa premissa que o laudo adotou, embora tenha trabalhado com a ideia de uma estrutura de capital ótima (também chamada de estrutura de capital alvo).

## Custos Indiretos de Falência

Até agora, consideramos que o fluxo de caixa da empresa é o mesmo (R$ 100,0) para todos os cenários de estrutura de capital (ou nível de endividamento; mas, para níveis de endividamento não saudáveis, o fluxo de caixa pode cair. Essa queda é resultado dos chamados custos indiretos de falência. Esta perda de fluxo de caixa inclui, entre outros:

(i) perda de receita (pode ser mais ou menos acentuada, dependendo do negócio da empresa);

(ii) aumento no capital de giro por diminuição do financiamento dos fornecedores (contas a pagar);

(iii) aumento de despesas com assessores financeiros, contábeis, fiscais e jurídicos para auxiliarem a lidar com a situação financeira frágil;

(iv) perda de foco dos principais executivos, que gastam seu tempo resolvendo o problema financeiro em vez de estarem pensando na estratégia da empresa; e

(v) perda de produtividade dos funcionários, que precisam se dedicar à busca de novas oportunidades, além de se desmotivarem com a situação financeira frágil.

No entanto, do ponto de vista de avaliação de empresas, esta pode não ser uma preocupação real. Quando o endividamento de uma empresa é excessivo, as técnicas de fluxo de caixa descontado não servem para avaliar adequadamente a empresa. Isso porque essas técnicas pressupõem que o aumento do risco diminui o valor das empresas. Quando uma empresa está quase quebrando, essa lógica não se sustenta e ela passa a funcionar mais como um derivativo (especificamente uma opção de compra) do que como um ativo em si. E o valor das opções de compra aumenta conforme aumenta a volatilidade (risco) do ativo subjacente. Da mesma forma, a empresa valerá mais com o aumento do risco.

## *Adjusted Present Value* (APV)

O APV também é uma técnica de avaliação de empresas por meio de fluxo de caixa descontado. Referimo-nos a essa técnica, sem fazer comentários, no Capítulo 1. Ela visa tratar, de forma isolada e explícita, os efeitos do endividamento: o benefício fiscal decorrente do endividamento e os custos de falência.

Como vimos, se não fosse pelos atritos, o valor da empresa seria constante independentemente da estrutura de capital adotada.

Os atritos são de duas naturezas: (i) um benéfico: o benefício fiscal e (ii) um maléfico: mais genericamente, custo de falência.

A técnica APV considera que a empresa vale (1) um valor de referência básico (calculado como se a empresa não tivesse dívida) somado (2) ao valor do benefício fiscal e deduzido (3) do custo de falência.

(1) O valor de referência deve ser calculado com o fluxo de caixa dos investidores trazido a valor presente pelo custo de capital dos acionistas calculado com o beta desalavancado, ou seja, o custo de capital considerando que a empresa não tenha dívida. A ideia é que, tendo ou não dívida, a empresa deve valer a mesma coisa, exceto pelo valor dos atritos. Logo, calcula-se esse valor de referência supondo a inexistência de dívida e a ele agrega-se o valor de cada um dos dois atritos.

(2) O valor do benefício fiscal deve ser calculado trazendo a valor presente o fluxo de caixa referente à economia fiscal. A cada ano a economia fiscal é igual à despesa financeira multiplicada pela alíquota de imposto. A questão é qual o custo de capital adequado para trazer a valor presente esse fluxo de caixa, com argumentos plausíveis para as três possíveis opções: (a) custo de capital dos credores, (b) custo de capital dos investidores e (c) custo de capital dos acionistas.

(3) O custo de falência é difícil de ser calculado. A sua estimação passa por um cálculo da probabilidade de *default* da empresa. Essa dificuldade é um empecilho na utilização do APV. Vimos que ignorar o malefício causado pelo custo de falência faz com que o valor da empresa só aumente com o aumento da alavancagem, sendo máximo com 100% de dívida. Além disso, mesmo considerando a faixa de alavancagem que vai de zero dívida até o ponto ótimo de dívida, quando o aumento da alavancagem realmente aumenta o valor da empresa, ao desconsiderar o malefício (custo de falência), o aumento obtido no valor da empresa é maior do que o aumento que se obteria se tivesse sido considerado o custo de falência.

A formulação do APV, que costuma ser apresentada para exemplificá-lo, considera uma empresa cujo fluxo de caixa é constante (FC), não cresce, mantém a mesma estrutura de capital para sempre, com D de dívida perpétua a um custo rd, alíquota de imposto igual a t e custo de capital dos acionistas calculado com beta desalavancado igual a $re_d$. O valor da empresa seria composto de:

O valor de referência, no caso, uma perpetuidade sem crescimento, $\dfrac{FC}{re_d}$.

(2) O valor do benefício fiscal, calculado como uma perpetuidade sem crescimento em que o fluxo de caixa é igual a despesa financeira multiplicada pela alíquota de imposto: que poderia ser estimado em $\dfrac{D \times rd \times t}{i}$, em que o i pode ser rd, re ou WACC. Caso seja o rd, então o valor presente do benefício fiscal do nosso exemplo seria $D \times t$.

(3) O custo de falência poderia ser calculado considerando, de forma restrita, (a) o aumento do custo de capital dos credores aplicado sobre a integralidade da dívida ou, mais amplamente, (b) a estimação de uma probabilidade de *default* que seria aplicada a um custo de falência total. Voltaremos a ele mais à frente.

Vamos aplicar essas ideias ao nosso exemplo de uma empresa que tem fluxo de caixa constante de R$ 100,0 para sempre, beta desalavancado de 0,85, custo de capital próprio para 0% de dívida de 12,53% ($re_d$), alíquota de imposto de 34% e custo de dívida que varia de 7,0% a 11,6%, dependendo do cenário de estrutura de capital adotado.

Se desconsiderarmos o custo de falência e calcularmos o valor presente do benefício fiscal trazendo o fluxo do benefício fiscal a rd, o valor da empresa seria:

$$\frac{FC}{re_d} + D \times t$$

Da Tabela 8.2 sabemos que o *firm value* da empresa sem dívida é R\$ 798,4 (com pequeno erro de arredondamento para $\dfrac{100}{12,53\%}$), o nosso valor de referência. Vamos simplificadamente calcular o montante de dívida com base nesse valor de referência (deveria ser calculado sobre o *firm value*, que considera o benefício fiscal), ou seja, para cada cenário de estrutura de capital adotado calcularemos D como [D/(D + E)] × valor de referência $\left(\dfrac{FC}{re_d}\right)$, assim, nosso *firm value* será calculado como:

$$\frac{FC}{re_d} + \left[ \frac{D}{(D+E)} \times \frac{FC}{re_d} \right] \times t$$

A Tabela 8.3 apresenta os valores de *firm value* calculados pelo APV' e aqueles calculados por fluxo de caixa descontado (FCD) apresentados na Tabela 8.2 (considerando que rd e re são variáveis). Chamamos de APV' e não de APV, pois desconsideramos o custo de falência.

Tabela 8.3 – Comparativo entre *firm value* calculado pelo APV' (sem considerar o custo de falência) e pelo fluxo de caixa descontado (FCD) para diferentes cenários de endividamento

| D/(D + E) | Valor de Referência | Benef. Fiscal | *Firm Value* (APV') | *Firm Value* (FCD) | (APV'/FCD) −1 |
|---|---|---|---|---|---|
| 0% | 798,4 | 0,0 | 798,4 | 798,4 | 0,0% |
| 10% | 798,4 | 27,1 | 825,5 | 826,5 | -0,1% |
| 20% | 798,4 | 54,3 | 852,7 | 854,7 | -0,2% |
| 30% | 798,4 | 81,4 | 879,8 | 878,3 | 0,2% |
| 40% | 798,4 | 108,6 | 907,0 | 887,3 | 2,2% |
| 50% | 798,4 | 135,7 | 934,1 | 878,3 | 6,4% |
| 60% | 798,4 | 162,9 | 961,3 | 848,1 | 13,3% |

A Tabela 8.3 indica que, para o nosso exemplo, o *firm value* calculado pelo APV' e pelo FCD são (i) razoavelmente próximos até o ponto ótimo de endividamento (40%) e (ii) mais distantes a partir do ponto ótimo, com diferenças significativamente crescentes.

Incorporando à análise o custo de falência, que poderíamos estimar de forma simplificada como o aumento da despesa financeira gerado pelo aumento no custo de dívida (rd) em relação ao custo de dívida que a empresa teria com o menor nível de endividamento ($rd_b$). Lembre-se de que devemos considerar o aumento de despesa financeira líquido do benefício fiscal e que estamos aproximando o montante de dívida D por [D/(D + E)] × valor de referência $\left(\dfrac{FC}{re_d}\right)$:

$$\frac{D \times (rd - rd_b) \times (1-t)}{rd} = \frac{D}{(D+E)} \times \frac{FC}{re_d} \times \frac{(rd - rd_b) \times (1-t)}{rd}$$

A Tabela 8.4 apresenta os valores de *firm value* calculados pelo APV (considerando o custo de falência) e aqueles calculados por fluxo de caixa descontado (FCD) apresentados na Tabela 8.2 (considerando que rd e re são variáveis). Adotou-se $rd_b$ de 7,0%.

**88** VALUATION • SERRA / WICKERT

Tabela 8.4 – Comparativo entre *firm value* calculado pelo APV (considerando custos de falência) e pelo fluxo de caixa descontado (FCD) para diferentes cenários de endividamento

| D/(D+E) | *Firm Value* (APV') | rd | Custo de Falência | *Firm Value* (APV) | *Firm Value* (FCD) | (APV/FCD) −1 |
|---|---|---|---|---|---|---|
| 0% | 798,4 | n.a. | 0,0 | 798,4 | 798,4 | 0,0% |
| 10% | 825,5 | 7,0% | 0,0 | 825,5 | 826,5 | −0,1% |
| 20% | 852,7 | 7,2% | 2,9 | 849,8 | 854,7 | −0,6% |
| 30% | 879,8 | 7,7% | 14,4 | 865,4 | 878,3 | −1,5% |
| 40% | 907,0 | 8,7% | 41,2 | 865,8 | 887,3 | −2,4% |
| 50% | 934,1 | 10,0% | 79,0 | 855,1 | 878,3 | −2,6% |
| 60% | 961,3 | 11,6% | 125,4 | 835,9 | 848,1 | −1,4% |

Para este nosso exemplo, verifica-se na Tabela 8.4 que o APV tem razoável aproximação com o FCD.

Poderíamos obter uma melhor aproximação caso calculássemos o valor do benefício fiscal e o custo de falência com base no próprio *firm value* e não com base no valor de referência $\left(\dfrac{FC}{re_d}\right)$. O *firm value* seria:

$$FV = \frac{FC}{re_d} + \frac{D}{(D+E)} \times FV \times t - \frac{D}{(D+E)} \times FV \times \frac{(rd - rd_b) \times (1-t)}{rd}$$

ou

$$FV = \frac{\dfrac{FC}{re_d}}{\left[ 1 - \dfrac{D}{(D+E)} \times \left( t - \dfrac{(rd - rd_b) \times (1-t)}{rd} \right) \right]}$$

A diferença seria pequena em relação aos valores calculados na Tabela 8.4. Haveria uma melhor aproximação entre o APV e o FCF. Nesse caso, o APV (em R$) seria, para os 7 cenários de endividamento: 798,4; 826,5; 853,3; 871,6; 872,0; 859,4 e 837,7.

## Outras Teorias

A discussão sobre a estrutura de capital mais adequada para uma empresa ou sobre como uma empresa define a sua estrutura de capital é muito rica em finanças corporativas. Não exploramos as diversas teorias existentes. As teorias que exploramos são: (i) a da irrelevância e (ii) a chamada *trade-off theory*. Dependendo do conjunto de restrições e premissas adotadas e de seus relaxamentos, pode ser mais adequado adotar outra teoria, por exemplo, a chamada (iii) *pecking-order theory*, entre outras.

Embora, para o curto prazo, essas outras teorias possam ser relevantes, existem autores que defendem a maior relevância da *trade-off theory* (que preconiza a existência de uma estrutura ótima) para o longo prazo, que é o contexto de avaliação de empresas.

# 9

# Taxa de Crescimento

Aparentemente, pela equação da perpetuidade com crescimento (Equação 3.2 apresentada no Capítulo 3), quanto maior a taxa de crescimento, maior o valor da empresa.

Assim, um fluxo de caixa de R\$ 100 valeria mais quanto maior a taxa de crescimento (Tabela 9.1).

Tabela 9.1 – Valor de uma perpetuidade de R\$ 100 para diferentes taxas de crescimento (custo de capital de 10%) calculada com $FC_1/(i - g)$

| Taxa de Crescimento (g) | Valor da Perpetuidade |
|:---:|:---:|
| 0% | 1.000,0 |
| 1% | 1.111,1 |
| 2% | 1.250,0 |
| 3% | 1.428,6 |
| 4% | 1.666,7 |
| 5% | 2.000,0 |

Note que a perpetuidade com 3% de crescimento tem valor 43% superior à perpetuidade com 0% de crescimento. A perpetuidade com 5% de crescimento tem o dobro do valor.

Poderíamos usar a Tabela 9.1 para pensar em termos de uma única empresa para diversos cenários de taxa de crescimento?

O objetivo deste capítulo é verificar se esse comportamento é verdadeiro e discutir algumas alternativas para a definição da taxa de crescimento a ser adotada no seu modelo e as premissas embutidas nessa escolha. Consideramos importante que todos tenham consciência do que estão fazendo.

## Crescimento Real

O crescimento pode dar-se (i) por aumento de preço (que em uma situação de estabilidade, vamos considerar como igual à inflação) ou (ii) por aumento de quantidade de produto vendido ou serviço prestado – o crescimento real. Por enquanto, vamos conversar apenas sobre o crescimento real, que trataremos também, simplificadamente, como aumento de quantidade vendida.

Para crescer (quantidade), uma empresa precisa aumentar sua base de produção e, portanto, investir. Nessa hora surgem dois argumentos contrários, que são: (i) existem exceções, com o que concordamos; e (ii) se a empresa tem ociosidade, ela pode crescer sem investir, com o que não concordamos. Não concordamos com esse último argumento, pois as premissas de uma perpetuidade são premissas para sempre e ociosidade não é uma premissa com esse horizonte de tempo, pois se exaure com o desenvolvimento da companhia. Com relação às exceções, é bom saber que crescer sem investir é exceção e não deve ser aceito sem que alguém explique como isso será alcançado.

Seguindo a regra geral, para crescer (quantidade) é preciso investir para aumentar a base de produção. E para aumentar a base de produção, vamos pensar que a empresa precise (i) expandir a planta existente; (ii) construir uma nova planta; (iii) desenvolver um novo produto; (iv) entrar em um novo mercado etc., ou seja, precise de um projeto de investimento.

Suponha um investimento inicial de R$ 100,0, um custo de capital de 10% e três perpetuidades representando três projetos diferentes: fluxo de caixa de (1) R$ 11,0 para sempre, (2) R$ 10,0 para sempre e (3) R$ 9,0 para sempre (Figura 9.1).

Painel 1 – Investimento inicial de R$ 100 e fluxo de caixa de R$ 11 para sempre

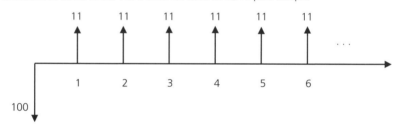

Painel 2 – Investimento inicial de R$ 100 e fluxo de caixa de R$ 10 para sempre

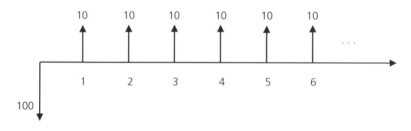

Painel 3 – Investimento inicial de R$ 100 e fluxo de caixa de R$ 9 para sempre

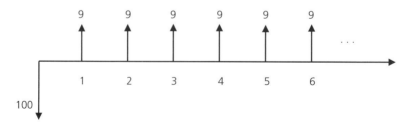

Figura 9.1 – Projetos de investimento.

O valor presente de cada projeto seria: (1) R$ 10,0, (2) R$ 0,0 e (3) –R$ 10,0. Todos eles poderiam ser calculados como: –investimento inicial + valor presente da perpetuidade sem crescimento.

Assim, (i) para o projeto (1), crescer representaria um adicional de valor, ou seja, crescer (ou ter a expectativa de crescer) faria com que a empresa passasse a valer mais; (ii) para o projeto (2), crescer não representaria um adicional de valor, ou seja, o valor da empresa seria o mesmo com ou sem o crescimento; e (iii) para o projeto (3), crescer representaria uma perda de valor, ou seja, a empresa valeria menos com o crescimento.

Perceba, portanto, que crescer não adiciona valor em todas as circunstâncias como poderíamos pensar observando os valores da Tabela 9.1. Crescer pode agregar valor (no caso do projeto (1)), ser indiferente em termos de valor (no caso do projeto (2)) e destruir valor (no caso do projeto (3)).

Qual é a diferença entre as três situações (projetos)?

O projeto (1) tem VPL positivo, o que implica ter um retorno sobre o capital investido superior ao custo do capital, no caso, 11,0% e 10,0%, respectivamente.

O projeto (2) tem VPL nulo, o que implica ter um retorno sobre o capital investido igual ao custo do capital, no caso, ambos iguais a 10,0%.

O projeto (3) tem VPL negativo, o que implica ter um retorno sobre o capital investido inferior ao custo do capital, no caso, 9,0% e 10,0%, respectivamente.

Portanto, o crescimento em si não gera valor, mas apenas o crescimento com retorno em excesso ao custo de capital (projeto (1)).

## Aposta

No que apostar na hora de formular uma premissa para a perpetuidade da empresa? (1) Que todos os novos projetos da empresa (e para sempre) gerarão valor (empresa consegue retorno em excesso ao custo de capital em todos os novos projetos). (2) Que todos os novos projetos da empresa terão retorno igual ao custo de capital. (3) Que todos os novos projetos da empresa destruirão valor.

Vamos lembrar que o contexto da perpetuidade na avaliação de uma empresa é um contexto de uma perpetuidade defasada (Figura 9.2), sendo comum ver perpetuidades iniciando no 11º ano da sua projeção.

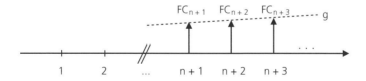

Figura 9.2 – Contexto de uma perpetuidade na avaliação de uma empresa.

Dificilmente apostaríamos no (3). Portanto, a escolha ficaria entre o (1) e o (2). Antes de fazer a escolha genérica (pois sempre existem exceções), lembremos que, se o mundo fosse extremamente competitivo, não existiriam projetos com VPL positivo (os projetos não teriam retorno em excesso ao custo de capital – *competitive equilibrium assumption*). Em um mundo extremamente competitivo, todos empreendedores têm, entre outras coisas, (i) acesso ao capital; (ii) o mesmo custo de capital; (iii) as mesmas informações; e (iv) acesso às mesmas oportunidades, portanto, todos podem empreender todo e qualquer negócio em iguais condições. Assim, se um negócio tem VPL positivo, surgirá um competidor (novo ou existente) oferecendo o mesmo produto ou serviço, reduzindo o preço do produto ou serviço, reduzindo o retorno e o VPL do negócio existente. Enquanto o VPL for positivo, algum competidor aumentará a oferta de produto ou serviço até que o VPL seja igual a zero.

Mas as empresas têm projetos com VPL positivo, porque possuem vantagens competitivas que as permitem ter retorno em excesso ao custo de capital. Mas essas vantagens competitivas não são para sempre: (i) patentes acabam; (ii) contratos favoráveis acabam; (iii) boas pessoas vão embora etc. Poucas são as vantagens competitivas estruturais e duradouras.

Portanto, para a premissa da perpetuidade, que é defasada, assumindo que para crescer você esteja competindo por novos projetos com seus concorrentes, é natural imaginar que, em uma situação de competitividade, o retorno desses projetos será igual ao custo de capital. Portanto, a aposta genérica deveria ser pelo item (2) – que os projetos novos terão retorno igual ao custo de capital. Atenção, pois com isso não estamos assumindo que os projetos existentes terão retorno igual ao custo de capital. Aprofundaremos esse ponto mais adiante.

Se esta é a aposta, então, crescer – e lembre-se de que estamos falando de crescimento real (quantidade) – não gera valor e a empresa tem o mesmo valor crescendo ou não.

Portanto, se crescer não muda o valor da empresa, a premissa da taxa de crescimento torna-se irrelevante para calcular o seu valor. Logo, qualquer que seja a taxa de crescimento adotada, resultará no mesmo valor para a empresa. O mais fácil, portanto, é adotar a premissa de que a empresa não cresce (quantidade).

## Problema a Ser Evitado

Mas, se a Tabela 9.1 representasse cenários para a mesma empresa, concluiríamos que o valor da perpetuidade aumenta conforme aumentamos a taxa de crescimento. No entanto, acabamos de ver que crescer faz com que o valor da empresa (i) suba, (ii) mantenha-se inalterado ou (iii) caia.

Se a Tabela 9.1 não reflete a realidade, qual é o problema com ela?

O problema é que para crescer (quantidade), como já dissemos e salvo exceções, é preciso investir. Portanto, caso a empresa tenha um fluxo de caixa de R$ 100,0 e uma taxa de crescimento de 0%, para crescer 3% ela precisará investir, logo, não terá R$ 100,0 de fluxo de caixa para distribuir nesse novo cenário, pois parte dele terá que ser retido na empresa para suportar o crescimento adicional. Assim, os valores da Tabela 9.1 não poderiam se referir a uma mesma empresa em diferentes cenários de crescimento, pois a tabela foi calculada mantendo-se o fluxo de caixa de R$ 100 para todos os cenários de taxa de crescimento. O correto, se quiséssemos que a Tabela 9.1 se referisse a uma mesma empresa, seria recalcular o fluxo de caixa para cada cenário de taxa de crescimento.

Assim, ao olhar para a fórmula de uma perpetuidade com crescimento ($\text{Perp} = \dfrac{FC_1}{(i - g)}$) temos que identificar dois efeitos: (i) o aumento da taxa de crescimento "g" diminui o denominador, favorecendo o valor da perpetuidade, e (ii) a diminuição no fluxo de caixa (para crescer mais a empresa tem que investir mais, reter mais e distribuir menos), prejudicando o valor da perpetuidade. O efeito líquido depende da relação entre o retorno sobre o capital investido e o custo do capital. (1) Se o retorno é maior do que o custo de capital (situação em que o VPL do crescimento tem valor positivo), o efeito líquido é de aumento do valor da perpetuidade. (2) Se o retorno é igual ao custo de capital, o efeito líquido é de manutenção do valor da perpetuidade. (3) Se o retorno é inferior ao custo de capital, o efeito líquido é de queda do valor da perpetuidade.

Portanto, o problema a ser evitado é o de aumentar a taxa de crescimento de uma empresa sem adequar o seu fluxo de caixa para esse novo patamar de crescimento.

## Adequando o Fluxo de Caixa ao Crescimento

O fluxo de caixa para os investidores é composto de (i) resultado operacional, subtraído de (ii) imposto operacional, somado de (iii) depreciação, subtraído de (iv) CAPEX e subtraído de (v) investimento em capital de giro líquido.

Aos dois primeiros itens chama-se de resultado operacional líquido e aos três últimos itens chama-se de investimentos líquidos (fluxo de caixa = resultado operacional líquido menos investimentos líquidos). Assim, o resultado operacional líquido tem duas destinações: (1) a parcela retida para suportar os investimentos que possibilitarão o crescimento e (2) a parcela distribuída na forma de fluxo de caixa para os investidores (Figura 9.3).

Figura 9.3 – Destinação do resultado operacional líquido.

(1) A parcela retida pode ser calculada por meio da Equação 9.1.

$$\text{inv} = \text{ROL} \times \frac{g}{r} \qquad \text{Equação 9.1}$$

Em que inv é o investimento necessário para suportar o crescimento g, ROL é o resultado operacional líquido e r é o retorno sobre o capital investido.

Analisando intuitivamente a Equação 9.1, é razoável pensar que para crescer mais é preciso investir mais, portanto, investimento e crescimento são diretamente proporcionais. Também podemos intuir que quanto maior o retorno sobre o capital investido, que significa que a empresa é mais eficiente na utilização do capital, menor a necessidade de investimento para um mesmo nível de crescimento. Portanto, investimento e retorno são inversamente proporcionais.

Do ponto de vista analítico, lembre-se de que:

$$\text{inv} = \text{Ativo}_f - \text{Ativo}_i = \text{Ativo}_i \times (1 + g) - \text{Ativo}_i = \text{Ativo}_i \times g$$

Em que $\text{Ativo}_f$ é o ativo no fim do período e $\text{Ativo}_i$ é o ativo no início do período. A lógica da formulação acima é que o investimento líquido é a variação do ativo.

Lembre-se também de que:

$$r = \frac{\text{ROL}}{\text{Ativo}} \rightarrow \text{Ativo} = \frac{\text{ROL}}{r}$$

Em que r é o retorno sobre o capital investido, ROL é o resultado operacional líquido e Ativo é o capital investido que deu origem ao resultado operacional líquido.

Portanto, chega-se ao resultado apresentado na Equação 9.1:

$$\text{inv} = \text{Ativo} \times g = \frac{\text{ROL}}{r} \times g = \text{ROL} \times \frac{g}{r}$$

(2) A parcela distribuída pode ser calculada como ROL − inv.

Vamos, agora, explorar o cenário em que crescer não gera valor financeiro, ou seja, o retorno sobre o capital investido é igual ao custo de capital.

*Exemplo 1*: vamos calcular o valor de uma empresa que não cresce (quantidade), que tem um resultado operacional líquido (ROL) de R$ 100,0, um custo de capital (i) de 10% e um retorno sobre o capital investido (r) de 10%.

Sabemos que, se a empresa não cresce, ela não precisa de investimento líquido. Logo, o seu fluxo de caixa é igual ao próprio ROL. Nesse caso, a empresa vale R$ 1.000,0 $\left( \dfrac{FC}{i} = \dfrac{100}{10\%} \right)$.

*Exemplo 2*: vamos calcular o valor da empresa considerando agora que ela cresce 3% a.a.

O erro a ser evitado é calcular R$ 1.428,6 $\left( \dfrac{FC}{i-g} = \dfrac{100}{10\% -3\%} \right)$. Isso porque se a empresa pretende crescer (quantidade) 3% a.a., ela precisará investir e, portanto, não poderá distribuir os mesmos R$ 100,0.

Além do mais, vimos que se o retorno sobre o capital investido é igual ao custo de capital – que é nosso caso –, a empresa tem o mesmo valor crescendo ou não. Portanto, a empresa com crescimento deveria valer os mesmos R$ 1.000,0.

Primeiro, temos que calcular qual o investimento necessário para crescer os 3% propostos, aplicando a Equação 9.1: R$ 30 $\left( inv = ROL \times \dfrac{g}{r} = 100 \times \dfrac{3\%}{10\%} \right)$.

Posteriormente, temos que calcular a parcela distribuída, subtraindo do ROL (R$ 100) a parcela retida (R$ 30), obtendo um fluxo de caixa de R$ 70. Logo, a empresa vale R$ 1.000,0 $\left( \dfrac{FC_1}{i-g} = \dfrac{70}{10\% -3\%} \right)$, como esperado.

A empresa valeria R$ 1.000 para toda e qualquer premissa de crescimento (desde que respeitada a restrição de g < i), tornando-a irrelevante. Sendo assim, poderíamos adotar qualquer premissa de crescimento, sendo mais fácil adotar a premissa de que a empresa não cresce (quantidade). A Tabela 9.2 exemplifica alguns cenários de crescimento para a nossa empresa.

Tabela 9.2 – Valor de uma empresa para diferentes cenários de taxa de crescimento. As características da empresa são: resultado operacional líquido (ROL) de R$ 100,0, custo de capital (i) de 10% e retorno sobre o capital investido (r) de 10%

| Taxa de Crescimento (g) | Investimento (ROL × g/r) | $FC_1$ (ROL – inv) | Valor da Empresa ($FC_1$ / (i – g)) |
|---|---|---|---|
| 0% | 0,0 | 100,0 | 1.000,0 |
| 1% | 10,0 | 90,0 | 1.000,0 |
| 2% | 20,0 | 80,0 | 1.000,0 |
| 3% | 30,0 | 70,0 | 1.000,0 |
| 4% | 40,0 | 60,0 | 1.000,0 |
| 5% | 50,0 | 50,0 | 1.000,0 |

Vamos explorar agora o cenário em que crescer gera valor financeiro, ou seja, o retorno sobre o capital investido é superior ao custo de capital.

*Exemplo 3*: vamos calcular o valor da empresa do Exemplo 2, mas com o retorno sobre o capital de 12% em vez de 10%. Suponha as demais premissas iguais.

Primeiro, temos que calcular qual é o investimento necessário para crescer os 3% propostos, aplicando a Equação 9.1: R$ 25 $\left( \text{inv} = \text{ROL} \times \dfrac{g}{r} = 100 \times \dfrac{3\%}{12\%} \right)$. Note que, pelo fato de a empresa ser mais eficiente no emprego do capital (retorno é 12% e não 10%), para crescer os mesmos 3% ela precisa investir menos (R$ 25 em vez de R$ 30 do Exemplo 2).

Assim, o fluxo de caixa é R$ 75 e o valor da empresa é R$ 1.071,4 $\left( \dfrac{\text{FC}_1}{i - g} = \dfrac{75}{10\% - 3\%} \right)$.

Percebe-se que o valor da empresa é 7,1% superior aos R$ 1.000,0 que seria calculado caso a empresa não crescesse $\left( \dfrac{\text{FC}}{i} = \dfrac{100}{10\%} \right)$ ou crescesse sem gerar valor $\left( \dfrac{\text{FC}_1}{i - g} = \dfrac{70}{10\% - 3\%} \right)$, mas nem perto dos R$ 1.428,6 que seriam calculados caso ignorássemos a necessidade de investir para crescer. A premissa embutida em crescer sem investir é a de que o retorno sobre o capital investido é infinito, ou seja, muito superior ao custo do capital. A Tabela 9.3 mostra o valor de uma empresa para diferentes retornos sobre o capital investido.

Tabela 9.3 – Valor de uma empresa para diferentes cenários de retorno sobre o capital investido. As características da empresa são: resultado operacional líquido (ROL) de R$ 100,0, custo de capital (i) de 10% e crescimento (g) de 3%

| Retorno sobre o Capital Investido (r) | Investimento (ROL × g/r) | FC (ROL – inv) | Valor da Empresa (FC / (i – g)) |
|---|---|---|---|
| 8% | 37,50 | 62,50 | 892,9 |
| 10% | 30,00 | 70,00 | 1.000,0 |
| 12% | 25,00 | 75,00 | 1.071,4 |
| 20% | 15,00 | 85,00 | 1.214,3 |
| 50% | 6,00 | 94,00 | 1.342,9 |
| 100% | 3,00 | 97,00 | 1.385,7 |
| 1.000% | 0,30 | 99,70 | 1.424,3 |
| 10.000% | 0,03 | 99,97 | 1.428,1 |
| ∞ | 0,00 | 100,00 | 1.428,6 |

## Conclusões Preliminares

Lembre-se de que, até o momento, estamos falando de crescimento real (quantidade). As conclusões preliminares são:

1. Se a empresa não investir na perpetuidade, não pode crescer (quantidade), salvo exceções.

2. Se a empresa investir na perpetuidade, temos que optar por um dos três cenários de crescimento de quantidade:

(a) o retorno sobre o capital investido é superior ao custo de capital, portanto, o crescimento agrega valor e a empresa valerá mais quanto maior for o crescimento;

(b) o retorno sobre o capital investido é igual ao custo de capital, portanto, o crescimento é irrelevante do ponto de vista do valor financeiro e a empresa terá o mesmo valor para qualquer crescimento adotado; e

(c) o retorno sobre o capital investido é inferior ao custo de capital, portanto, o crescimento destrói valor e a empresa valerá menos quanto maior for o crescimento.

Em todos os três cenários, deve-se adequar o fluxo de caixa para o crescimento adotado como premissa na avaliação.

2.1. Se optarmos pelo cenário (b), a premissa de taxa de crescimento torna-se irrelevante, pois crescer não agrega valor financeiro à empresa. Portanto, nesse cenário, é mais fácil admitir que a empresa não cresce, pois assim o investimento necessário é zero e evita-se ter que calcular o investimento necessário para suportar qualquer outra premissa de crescimento. Logo, bastaria adotar as premissas de que a empresa terá (i) crescimento real (quantidade) igual a zero e (ii) investimento líquido também igual a zero.

Para termos segurança nessa sugestão, veja abaixo que, para o cenário em que o retorno sobre o capital investido é igual ao custo de capital, o valor de uma perpetuidade com crescimento é igual ao valor de uma perpetuidade sem crescimento, desde que (i) o fluxo de caixa para o cálculo da perpetuidade com crescimento considere que a empresa precisa investir para suportar o crescimento, e (ii) o fluxo de caixa para o cálculo da perpetuidade sem crescimento considere que a empresa não invista, ou seja, que o fluxo de caixa seja igual ao resultado operacional líquido (ROL).

O valor de uma perpetuidade com crescimento é calculado por:

$$Perp = \frac{FC}{i - g}$$

Em que Perp é o valor presente de uma perpetuidade com crescimento, FC é o fluxo de caixa do primeiro ano da perpetuidade, i é o custo de capital e g é a taxa de crescimento.

Sabendo que:

$$FC = ROL - inv = ROL - ROL \times \frac{g}{r} = ROL \times \left(1 - \frac{g}{r}\right)$$

Em que ROL é o resultado operacional líquido, inv é o investimento necessário para suportar o crescimento g e r é o retorno sobre o capital investido.

Tem-se:

$$Perp = \frac{FC}{i - g} = \frac{ROL \times \left(1 - \frac{g}{r}\right)}{i - g}$$

Se o retorno sobre o capital investido (r) é igual ao custo de capital (i), tem-se

$$Perp = \frac{FC}{i - g} = \frac{ROL \times \left(1 - \frac{g}{r}\right)}{i - g} = \frac{ROL \times \left(1 - \frac{g}{i}\right)}{i - g} = \frac{ROL \times \left(\frac{i}{i} - \frac{g}{i}\right)}{i - g} = \frac{ROL \times \left(\frac{i - g}{i}\right)}{i - g} = \frac{ROL \times (i - g)}{(i - g) \times i} = \frac{ROL}{i}$$

Ou seja, para uma empresa que tenha o retorno sobre o capital investido igual ao custo de capital:

$$Perp = \frac{FC}{i - g} = \frac{ROL}{i}$$

Portanto, se o retorno sobre o capital investido é igual ao custo de capital, do ponto de vista matemático, tanto faz calcular o valor da perpetuidade por meio de (i) uma perpetuidade com crescimento adequando o fluxo de caixa (FC) para o investimento necessário para suportar o crescimento ou (ii) uma perpetuidade sem crescimento cujo fluxo de caixa é igual ao resultado operacional líquido (ROL), uma vez que ambos os cálculos produzem o mesmo valor.

## Efeito da Inflação

Existem dois tipos de projeção: (i) a projeção real, que desconsidera a inflação, e (ii) a projeção nominal, que considera a inflação.

Na projeção real, também chamada de projeção em moeda constante ou moeda forte, os preços e os custos não são projetados com a inflação. Já na projeção nominal, os preços e os custos são projetados com a inflação.

Por exemplo, suponha que a empresa venderá 1.000 quantidades a um preço de R$ 1,00 cada (em moeda de hoje) e que a inflação seja 3% a.a. Suponha também que a empresa repasse a inflação ao seu preço.

A projeção real consideraria vendas de R$ 1.000,0 todos os anos porque desconsideraria a inflação nos preços. A projeção nominal consideraria vendas de R$ 1.030,0 para o ano 1, R$ 1.060,9 para o ano 2, R$ 1.092,7 para o ano 3. Isso porque a projeção nominal consideraria a inflação nos preços, assim, o preço para o ano 1 consideraria a inflação de um ano sobre o preço base de hoje (R$ 1,00), portanto, R$ 1,03; o preço para o ano 2 consideraria a inflação de dois anos sobre o preço de hoje, portanto, R$ 1,0609, e assim por diante.

*Exemplo 4*: vamos calcular o valor de uma empresa que tem um fluxo de caixa projetado em moeda constante de R$ 100 todos os anos e um custo de capital real de 10%.

O valor da empresa, calculado por uma perpetuidade sem crescimento, é R$ 1.000 $\left( \dfrac{FC}{i} = \dfrac{100}{10\%} \right)$.

*Exemplo 5*: vamos calcular o valor da mesma empresa do exemplo anterior por meio do seu fluxo de caixa nominal, considerando uma inflação de 4% a.a.

Antes de fazermos qualquer cálculo, espera-se que a empresa, por ser a mesma, tenha o mesmo valor independentemente de optarmos por calcular o seu valor por meio de projeção real ou de projeção nominal.

É razoável, por se tratar de uma perpetuidade, que se considere a margem operacional constante, portanto, o ROL tem o mesmo crescimento das vendas, ou seja, a inflação. Como a empresa não cresce, ela distribui todo o ROL, logo, seu fluxo de caixa também cresce a inflação.

Portanto, o valor da empresa será uma perpetuidade com crescimento de 4% a.a., sendo o primeiro fluxo de caixa da perpetuidade igual a R$ 104,0, já incluído o crescimento (que é a inflação) do primeiro ano da projeção.

Um erro potencial é calcular o valor como R$ 1.733,3 $\left( \dfrac{FC_1}{i} = \dfrac{104}{10\% - 4\%} \right)$. O erro nessa conta é misturar o fluxo de caixa nominal com o custo de capital real. Se aplicamos um custo de capital de 10% no exemplo anterior, isso significa que esse custo de capital é uma taxa real, aplicável ao fluxo de caixa real. A taxa nominal, que seria aplicável ao fluxo de caixa nominal, é a taxa real acrescida da inflação, calculada como:

$$\text{Taxa nominal} = (1 + \text{taxa real}) \times (1 + \text{inflação}) - 1 = (1 + 10\%) \times (1 + 4\%) - 1 = 14,4\%$$

Assim, o valor da empresa é R\$ 1.000,0 $\left( \dfrac{FC_1}{i-g} = \dfrac{104}{14,4\% - 4\%} \right)$.

Como esperávamos, o valor da empresa é o mesmo independentemente de termos escolhido calculá-lo por meio de projeção real ou projeção nominal.

Verificamos, assim, que o valor de uma empresa considerando crescimento de quantidade zero é o mesmo quando (i) considerado crescimento igual a zero para o fluxo de caixa real ou (ii) crescimento igual a inflação para o fluxo de caixa nominal.

## Expandindo a Conclusão

Havíamos concluído que:

1. Se a empresa não investir na perpetuidade, em geral, não pode apresentar crescimento real (quantidade).

2. Se a empresa investir e optarmos pelo cenário em que a taxa de retorno é igual ao custo de capital, o melhor é (i) assumir um crescimento real (quantidade) igual a zero e (ii) investimento líquido também igual a zero.

Resumindo, significaria não crescer (quantidade) e não investir.

O que significa não crescer (quantidade)? Para a projeção real, significa adotar crescimento zero, e para a projeção nominal, significa adotar crescimento igual à inflação.

O que significa não investir (lembre-se de que o investimento líquido engloba depreciação, CAPEX e investimento em capital de giro líquido)? Tanto para projeção real como nominal, significa igualar o CAPEX à depreciação (investimento líquido em ativo fixo igual a zero). É importante ressaltar que esse CAPEX seria um CAPEX de manutenção e não de expansão, ou seja, permite manter o nível de produção estável, mas não permite expandi-lo. No livro, ignoramos o "atrito" causado pelo fato de a contabilidade não ajustar o imobilizado pela inflação, o que pode demandar ajustes no CAPEX de manutenção. No que diz respeito ao investimento em capital de giro líquido, significa igualar a zero na projeção real, porém, não o zeraríamos para a projeção nominal.

Zeraríamos o investimento em capital de giro líquido na projeção real porque se a empresa não cresce quantidade nem inflação (no caso de crescimento de quantidade igual a zero e projeção real), suas vendas não crescem, os recebíveis não crescem, a variação no recebível é zero, todas as variações das contas do capital de giro líquido são zero e, portanto, o investimento em capital de giro líquido é zero.

Esse resultado não se sustenta para projeção nominal, pois as vendas e os custos crescem com a inflação, portanto, os itens do capital de giro líquido também crescem, demandando investimento em capital de giro líquido.

Atenção: como vimos no Capítulo 6, o custo de capital pode estar em US\$ e normalmente o fluxo de caixa de empresas brasileiras é projetado em R\$. Vimos também que, nessas situações, existem duas alternativas para deixar o fluxo de caixa e o custo de capital na mesma moeda: (i) converter o fluxo de caixa para US\$ ou (ii) converter o custo de capital para R\$.

Se a opção for converter o custo de capital para R\$ e manter o fluxo de caixa em R\$, a inflação a ser usada para o crescimento da perpetuidade é a inflação brasileira. No caso de converter o fluxo de caixa para US\$, a inflação que deve ser usada para o crescimento da perpetuidade é a inflação americana.

Verifique que (i) aplicar a inflação brasileira ao fluxo de caixa em R$ ou (ii) aplicar a inflação americana ao fluxo de caixa em US$ produzem o mesmo resultado.

Quando o fluxo de caixa está em R$, o valor de uma perpetuidade, no período n e em R$, é:

$$\text{Perp}_{R\$} = \frac{FC_n \times \left(1 + infl_{BR}\right)}{\left(i_{BR} - infl_{BR}\right)}$$

Em que $FC_n$ é o fluxo de caixa em R$ do período n, $infl_{BR}$ é a inflação brasileira e $i_{BR}$ é o custo de capital em R$.

Quando o fluxo de caixa está em US$, o valor de uma perpetuidade, no período n e em R$, é:

$$\text{Perp}_{R\$} = \left(\frac{FC_n}{FX_n} \times \frac{\left(1 + infl_{US}\right)}{\left(i_{US} - infl_{US}\right)}\right) \times FX_n$$

Em que $\dfrac{FC_n}{FX_n}$ é o fluxo de caixa do período n em R$ ($FC_n$) convertido para US$ pela taxa de câmbio no próprio período n ($FX_n$), $infl_{US}$ é a inflação americana e $i_{US}$ é o custo de capital em US$. Note que o valor da perpetuidade estará no período n, portanto, para ser convertido para R$ é necessário multiplicá-lo pela taxa de câmbio do período n ($FX_n$).

Simplificando, obtém-se:

$$\text{Perp}_{R\$} = \frac{FC_n \times \left(1 + infl_{US}\right)}{\left(i_{US} - infl_{US}\right)}$$

Portanto, para que ambas as abordagens resultem no mesmo valor, quer-se mostrar que:

$$\frac{\left(1 + infl_{US}\right)}{\left(i_{US} - infl_{US}\right)} = \frac{\left(1 + infl_{BR}\right)}{\left(i_{BR} - infl_{BR}\right)}$$

Lembrando da relação entre custo de capital em R$ e custo de capital em US$, tem-se que:

$$\frac{\left(1+infl_{US}\right)}{\left(i_{US}-infl_{US}\right)} = \frac{\left(1+infl_{US}\right)}{\left(\left[\left(1+i_{BR}\right) \times \frac{\left(1+infl_{US}\right)}{\left(1+infl_{BR}\right)} - 1\right] - infl_{US}\right)} = \frac{\left(1+infl_{US}\right)}{\left(\left(1+i_{BR}\right) \times \frac{\left(1+infl_{US}\right)}{\left(1+infl_{BR}\right)} - \left(1+infl_{US}\right)\right)} =$$

$$= \frac{\left(1+infl_{US}\right)}{\left(\frac{\left(1+i_{BR}\right)}{\left(1+infl_{BR}\right)} - 1\right) \times \left(1+infl_{US}\right)} = \frac{1}{\frac{\left(1+i_{BR}\right) - \left(1+infl_{BR}\right)}{\left(1+infl_{BR}\right)}} = \frac{\left(1+infl_{BR}\right)}{\left(i_{BR} - infl_{BR}\right)}$$

Ou seja, o valor de uma perpetuidade pode ser calculado (i) aplicando-se o crescimento igual à inflação brasileira quando o fluxo de caixa está em R$ ou (ii) aplicando-se o crescimento igual à inflação americana quando o fluxo de caixa está em US$.

*Exemplo 6*: vamos calcular o valor de uma perpetuidade em 2025, sendo o fluxo de caixa projetado para 2025 de R$ 100, já considerando que o CAPEX é igual à depreciação. Suponha que a inflação brasileira de longo prazo seja 4,5%, a inflação americana de longo prazo seja 2,0%, a taxa de câmbio de 2025 seja 5,0 R$/US$ e que o WACC em US$ seja 10,0%.

O WACC em R$ seria 12,70% $\left( \left(1+10\%\right) \times \dfrac{\left(1+4,5\%\right)}{\left(1+2,0\%\right)} - 1 \right)$ e a perpetuidade em 2025, calculada com o fluxo de caixa em R$, seria R$ 1.275 $\left( \dfrac{100 \times \left(1+4,5\%\right)}{\left(12,7\% - 4,5\%\right)} \right)$.

Por outro lado, o fluxo de caixa de 2025 em US$ seria US$ 20 $\left( \dfrac{100}{5,0} \right)$ e a perpetuidade em 2025, calculada com o fluxo de caixa em US$, seria US$ 255 $\left( \dfrac{20 \times \left(1+2,0\%\right)}{\left(10,0\% - 2,0\%\right)} \right)$ ou igualmente R$ 1.275 (255 × 5,0).

## Na Prática

*Exemplo 7*: vamos calcular o valor da VLS S.A., cuja projeção do fluxo de caixa (nominal) está apresentada na Tabela 9.4. Considere que o custo de capital (nominal) é 14%, que a inflação é 4,0% e que o PIB é 3,0%.

Tabela 9.4 – Projeção do fluxo de caixa da VLS S.A.

| *Fluxo de Caixa* | **Ano 1** | **Ano 2** | **Ano 3** |
|---|---|---|---|
| Resultado Operacional | 8.870 | 20.040 | 21.960 |
| (–) Imposto Operacional | (3.020) | (6.810) | (7.470) |
| (+) Depreciação e Amortização | 4.800 | 4.900 | 5.000 |
| (–) CAPEX | (6.000) | (3.200) | (6.500) |
| (–) Inv. em Capital de Giro Líq. | (890) | (2.000) | (2.200) |
| **(=) Fluxo de Caixa para os Investidores** | **3.760** | **12.930** | **10.790** |

Considerando a regra geral de que o crescimento real (quantidade) da empresa não agrega valor, vamos (i) adotar como taxa de crescimento a inflação e (ii) que a empresa não fará investimento líquido na perpetuidade.

Vínhamos calculando a perpetuidade como $Perp_3 = \dfrac{FC_4}{i - g} = \dfrac{FC_3 \times \left(1 + g\right)}{i - g}$. Ao fazermos isso, estamos adotando para a perpetuidade as mesmas premissas do fluxo de caixa do Ano 3, pois o $FC_4$ é formado com base no $FC_3$. Se queremos adotar a premissa de que o investimento líquido é zero na perpetuidade, devemos refletir a condição em que o CAPEX é igual à depreciação na perpetuidade (CAPEX de manutenção). Com isso, não poderíamos usar o $FC_3$ como base para a perpetuidade, pois no ano 3 o CAPEX é diferente da depreciação. É comum vermos um ajuste no ano base da perpetuidade igualando o CAPEX à depreciação (Ano 3*), conforme apresentado na Tabela 9.5.

CAP. 9 • TAXA DE CRESCIMENTO **101**

Tabela 9.5 – Projeção do fluxo de caixa da VLS S.A., incluindo o Ano 3*, que é igual ao Ano 3, exceto pelo CAPEX que foi igualado à depreciação

| *Fluxo de Caixa* | Ano 1 | Ano 2 | Ano 3 | Ano 3* |
|---|---|---|---|---|
| Resultado Operacional | 8.870 | 20.040 | 21.960 | 21.960 |
| (–) Imposto Operacional | (3.020) | (6.810) | (7.470) | (7.470) |
| (+) Depreciação e Amortização | 4.800 | 4.900 | 5.000 | 5.000 |
| (–) CAPEX | (6.000) | (3.200) | (6.500) | (5.000) |
| (–) Inv. em Capital de Giro Líq. | (890) | (2.000) | (2.200) | (2.200) |
| **(=) Fluxo de Caixa para os Investidores** | **3.760** | **12.930** | **10.790** | **12.290** |

Dessa forma, a perpetuidade é calculada como $Perp_3 = \dfrac{FC_4}{i-g} = \dfrac{FC_3^* \times (1+g)}{i-g}$, em que $FC^*_3$ é o fluxo de caixa do Ano 3 ajustado para que o CAPEX seja igual à depreciação. Esse fluxo de caixa é usado para calcular o primeiro fluxo de caixa da perpetuidade ($FC_4$), perpetuando, assim, a condição de investimento líquido em ativo fixo igual a zero.

Note que mantivemos o investimento em capital de giro líquido do Ano 3* igual ao do Ano 3. Poderíamos também fazer um ajuste no investimento em capital de giro líquido seguindo uma regra de 3. A pergunta é: qual é o investimento em capital de giro líquido necessário para um crescimento de 4,0% (inflação)? O investimento em capital de giro líquido no Ano 3, de R$ 2.200, suportou um crescimento de 9,6% de resultado operacional (21.960/20.040 – 1). Assim, se para 9,6% de crescimento precisamos de R$ 2.200 de investimento em capital de giro líquido, para 4,0% de crescimento precisaremos de R$ 917 (2.200 × 4,0%/9,6%) (Tabela 9.6).

Tabela 9.6 – Projeção do fluxo de caixa da VLS S.A., incluindo o Ano 3*, que é igual ao Ano 3, exceto pelo CAPEX que foi igualado à depreciação e pelo investimento em capital de giro líquido, que foi reduzido

| *Fluxo de Caixa* | Ano 1 | Ano 2 | Ano 3 | Ano 3* |
|---|---|---|---|---|
| Resultado Operacional | 8.870 | 20.040 | 21.960 | 21.960 |
| (–) Imposto Operacional | (3.020) | (6.810) | (7.470) | (7.470) |
| (+) Depreciação e Amortização | 4.800 | 4.900 | 5.000 | 5.000 |
| (–) CAPEX | (6.000) | (3.200) | (6.500) | (5.000) |
| (–) Invest. em Capital de Giro Líq. | (890) | (2.000) | (2.200) | (917) |
| **(=) Fluxo de Caixa para os Investidores** | **3.760** | **12.930** | **10.790** | **13.573** |

Logo, $Perp_3 = \dfrac{FC_4}{i-g} = \dfrac{FC_3^* \times (1+g)}{i-g} = \dfrac{13.573 \times (1+4\%)}{14\% - 4\%} = 141.159$

Portanto, o valor da VLS, calculado a partir do fluxo de caixa apresentado na Figura 9.4, é R$ 115.809.

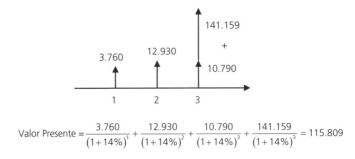

Figura 9.4 – Fluxo de Caixa Descontado da VLS S.A. O valor presente foi calculado considerando uma taxa de desconto de 14%.

*Exemplo 8*: você foi chamado a dar uma opinião sobre a perpetuidade da avaliação da FAD S.A. (Tabela 9.7). Considere que a projeção do fluxo de caixa é nominal, a projeção da inflação é de 4,0% e a projeção da variação do PIB é de 3,0%.

Tabela 9.7 – Avaliação da FAD S.A.

| *Fluxo de Caixa (R$ Milhões)* | Ano 1 | Ano 2 | Ano 3 | Ano 4 | Ano 4* |
|---|---|---|---|---|---|
| Resultado Operacional | 24,0 | 26,9 | 29,6 | 32,0 | 32,0 |
| (–) Imposto Operacional | (8,2) | (9,1) | (10,1) | (10,9) | (10,9) |
| (+) Depreciação | 8,0 | 8,0 | 8,0 | 8,0 | 8,0 |
| (–) CAPEX | (10,0) | (7,0) | (8,0) | (10,0) | (8,0) |
| (–) Inv. em Capital de Giro Líq. | (2,0) | (2,2) | (2,5) | (2,7) | (2,7) |
| (=) Flx. Cx. p/ os Investidores | **11,8** | **16,6** | **17,0** | **16,4** | **18,4** |

| *Perpetuidade (R$ Milhões)* | | |
|---|---|---|
| Fluxo de Caixa Ano 5 $[FC_5 = FC^*_4 \times (1 + g)]$ | | 19,7 |
| Crescimento | 7,0% | |
| WACC | 14,0% | |
| **Perp₄ [= FC₅/(WACC – g)]** | | **281,4** |

| *R$ Milhões* | Ano 1 | Ano 2 | Ano 3 | Ano 4 |
|---|---|---|---|---|
| (=) Flx. Cx. c/ Perpetuidade | 11,8 | 16,6 | 17,0 | 297,8 |
| Valor Presente | 10,4 | 12,8 | 11,5 | 176,3 |

| | |
|---|---|
| **Firm Value** | **211,0** |
| (–) Dívida Líquida | (52,8) |
| **(=) Equity Value** | **158,2** |

Como o fluxo de caixa base para a perpetuidade (FC*₄) considera o CAPEX igual à depreciação, salvo exceções, dever-se-ia considerar que a empresa cresça, na perpetuidade e, em geral, a inflação. Nesse caso, a empresa cresce mais do que a inflação. Portanto, alguém deve explicar como isso será alcançado ou deve-se mudar a premissa de crescimento na perpetuidade de 7,0% (aparentemente 4,0% de inflação e 3,0% de PIB) para apenas 4,0% (inflação). Nesse caso, o *firm value* seria R$ 157,5 milhões (25,4% a menos do que o inicialmente calculado) e o *equity value* seria R$ 104,7 milhões (33,8% a menos do que o inicialmente calculado). Também se poderia pensar em adequar o investimento em capital de giro líquido.

*Exemplo 9*: você foi chamado a dar uma opinião sobre a perpetuidade da avaliação da ASX S.A. (Tabela 9.8). Considere que a projeção do fluxo de caixa é nominal, a projeção da inflação é de 4,0% e a projeção da variação do PIB é de 3,0%.

Tabela 9.8 – Avaliação da ASX S.A.

| *Fluxo de Caixa (R$ Milhões)* | Ano 1 | Ano 2 | Ano 3 | Ano 3* |
|---|---|---|---|---|
| Resultado Operacional | **312,0** | **343,0** | **377,0** | **377,0** |
| (–) Imposto Operacional | (125,0) | (137,0) | (151,0) | (151,0) |
| (+) Depreciação | 50,0 | 52,0 | 54,0 | 54,0 |
| (–) CAPEX | (50,0) | (55,0) | (60,0) | (54,0) |
| (–) Inv. em Capital de Giro Líq. | (16,0) | (17,0) | (19,0) | (7,7) |
| **(=) Flx. Cx. p/ os Investidores** | **171,0** | **186,0** | **201,0** | **218,3** |

| *Perpetuidade (R$ Milhões)* | | |
|---|---|---|
| Fluxo de Caixa Ano 4 [$FC_4 = FC^*_3 \times (1 + g)$] | | 227,0 |
| Crescimento | 4,0% | |
| WACC | 13,0% | |
| **Perp$_3$ [$= FC_4/(WACC - g)$]** | | **2.522,2** |

| *R$ Milhões* | Ano 1 | Ano 2 | Ano 3 |
|---|---|---|---|
| (=) Flx. Cx. c/ Perpetuidade | 171,0 | 186,0 | 2.723,2 |
| Valor Presente | 151,3 | 145,7 | 1.887,3 |

| | |
|---|---|
| **Firm Value** | **2.184,3** |
| (–) Dívida Líquida | (546,0) |
| **(=) Equity Value** | **1.638,3** |

A projeção da perpetuidade parece ter sido bem elaborada, supondo a premissa geral de que o crescimento terá um retorno igual ao custo de capital. Assim, igualou-se o CAPEX à depreciação (CAPEX de manutenção), reduziu-se o investimento em capital de giro proporcionalmente ao crescimento e adotou-se a inflação como taxa de crescimento.

*Exemplo 10*: Suponha que você tenha entregue a planilha do Exemplo 9 para seu chefe ou cliente. Ele argumenta que essa taxa de crescimento na perpetuidade, igual a inflação, significa que a empresa não cresce a variação do PIB e, portanto, se o mercado em que a ASX atua crescer a variação do PIB, significaria que a sua projeção considera que a ASX perderá *market share* no futuro. Qual seria seu contra-argumento?

Você diria que a premissa foi a de que o crescimento na perpetuidade da ASX não agrega valor financeiro, então crescer ou não a variação do PIB não muda o valor da empresa. Incluir a variação do PIB no crescimento da empresa na perpetuidade implicaria ajustar o fluxo de caixa do Ano*$_3$ para considerar o investimento necessário para suportar a variação do PIB, e o valor da empresa continuaria sendo o mesmo por você calculado. Logo, crescer apenas a inflação é um recurso matemático e não uma premissa operacional de fato. Não significa que você acredite que a empresa não crescerá quantidade, apenas que esse crescimento não agrega valor.

## Aprofundamento

Com o ajuste proposto estamos evitando pagar pelo retorno em excesso ao custo de capital sobre o crescimento (novo capital), ou seja, sobre os novos investimentos. É importante explicar isto para que não se conclua que estamos evitando pagar pelo excesso de retorno sobre todo o capital (existente e novo).

*Exemplo 11*: vamos calcular o valor de uma empresa que tenha resultado operacional líquido de R$ 100, custo de capital de 10% e não cresce (quantidade). Considere tudo em termos reais.

Como a empresa não cresce (ou o crescimento não agrega valor), podemos dizer que o fluxo de caixa é igual ao resultado operacional líquido. Assim, o valor da empresa é R$ 1.000 $\left( \dfrac{\text{FC}}{\text{i}} = \dfrac{100}{10\%} \right)$, o que já fizemos várias vezes.

A nova pergunta que fazemos é: isso quer dizer que não estamos pagando pelo retorno em excesso? A resposta é: não, isso quer dizer **apenas** que não estamos pagando pelo retorno em excesso sobre os novos investimentos (crescimento), ou seja, estamos supondo que os novos investimentos têm retorno igual ao custo de capital. Mas isso não quer dizer que não estejamos pagando pelo retorno em excesso sobre o capital existente.

Vamos distinguir entre (i) capital existente e (ii) capital novo (novos investimentos). O (i) capital existente é, por exemplo, a planta existente no momento inicial da perpetuidade e (ii) os novos investimentos são, por exemplo, as novas plantas que virão com o crescimento. Ao proceder como vínhamos conversando até agora estamos garantindo que não estamos precificando qualquer retorno em excesso sobre as novas plantas (crescimento, capital novo ou novos investimentos) – a parcela (ii) acima. Mas não estamos garantindo que não estamos pagando por retorno em excesso sobre a planta existente (capital existente) – a parcela (i) acima.

Nada impede que a planta existente tenha 12% de retorno. Isso seria possível se o capital existente, no momento inicial da perpetuidade, fosse R$ 833,3 $\left( \text{r} = \dfrac{\text{ROL}}{\text{Capital Investido}} \rightarrow \right.$ Capital Investido $= \dfrac{\text{ROL}}{\text{r}} = \dfrac{100}{12\%} = 833{,}3 \Big)$.

Assim, o capital investido na planta existente seria de R$ 833,3 e essa planta estaria sendo avaliada em R$ 1.000,0 (valor da perpetuidade, que representa o preço atribuído aos ativos existentes, uma vez que foi calculada (a) sem crescimento ou (b) considerando que o VPL dos novos investimentos seja zero), isto é, estamos pagando pelo retorno em excesso sobre o capital existente (R$ 166,7 ou 20%). Só não estamos pagando pelo retorno em excesso sobre os novos investimentos (crescimento).

Poderíamos também considerar que os novos investimentos tenham retorno de 12%, portanto, se considerarmos um crescimento real (quantidade) de 3%, o valor da empresa seria R$ 1.071,4 ($\frac{FC_1}{i-g} = \frac{75}{10\% - 3\%}$, pois o $FC_1$ seria o ROL – inv = 100 – 25, em que o inv foi calculado como $\left( ROL \times \frac{g}{r} = 100 \times \frac{3\%}{12\%} \right)$). Esses R$ 71,4, em excesso aos R$ 1.000, seriam o valor do retorno em excesso sobre os novos investimentos. São esses R$ 71,4 que estamos evitando com o procedimento adotado até o momento.

Podemos verificar que a composição de valor de uma empresa é: (i) capital investido (existente), acrescido de (ii) valor do retorno em excesso sobre o capital investido, acrescido de (iii) valor do retorno em excesso sobre os novos investimentos (crescimento), conforme exposto na Figura 9.5. Ao considerar que a empresa não investe e não cresce quantidade, estamos eliminando o item (iii) acima e não estamos eliminando o item (ii) acima.

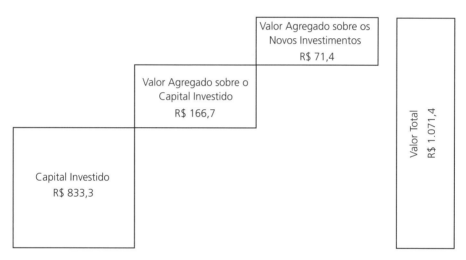

Figura 9.5 – Composição de valor da empresa.

Vamos continuar conversando em cima do mesmo exemplo para tentarmos passar a mensagem de outro modo. Vamos apresentar as ideias em uma tabela, reapresentada várias vezes, com o mesmo *layout*, por isso, em algumas apresentações parte da tabela ficará parcialmente vazia, mas é para adotarmos desde já um mesmo *layout*.

A Tabela 9.9 mostra o capital existente de R$ 833,3 com retorno de 12% a.a. e desconsidera qualquer crescimento, ou seja, os novos investimentos líquidos não existem (toda parte relativa aos novos investimentos está zerada). O custo de capital é 10,0% a.a. Mostramos na tabela apenas os primeiros cinco anos da perpetuidade. Esse fluxo de caixa vale R$ 1.000,0. Podemos retomar a precificação do Exemplo 11, que considerou o valor como $\frac{ROL}{i}$, uma vez que a empresa não cresce e não investe. Sendo ROL igual ao capital investido multiplicado pelo retorno, a empresa vale R$ 1.000 $\left( \frac{ROL}{i} = \frac{CI \times r}{i} = \frac{833,3 \times 12\%}{10\%} \right)$.

Tabela 9.9 – Evolução do retorno sobre o capital total considerando que o retorno sobre o capital existente (r) é 12% e sem novos investimentos líquidos (a parte da tabela referente aos novos investimentos está zerada). O custo de capital é 10%. A tabela apresenta os cinco primeiros anos da perpetuidade

| | Ano 1 | Ano 2 | Ano 3 | Ano 4 | Ano 5 |
|---|---|---|---|---|---|
| **Capital Existente** | | | | | |
| Capital Investido ($CI_{t-1}$) | 833,3 | 833,3 | 833,3 | 833,3 | 833,3 |
| Retorno (r) | 12,0% | 12,0% | 12,0% | 12,0% | 12,0% |
| ROL ($CI_{t-1} \times r$) | 100,0 | 100,0 | 100,0 | 100,0 | 100,0 |
| | | | | | |
| **Novos Investimentos** | | | | | |
| Capital Investido Acum$_{inicial}$ ($CIA_{t-1}$) | 0,0 | 0,0 | 0,0 | 0,0 | 0,0 |
| Capital Investido no Período (I) | 0,0 | 0,0 | 0,0 | 0,0 | 0,0 |
| Capital Investido Acum$_{final}$ ($CIA_t$) | 0,0 | 0,0 | 0,0 | 0,0 | 0,0 |
| Retorno ($r_{ni}$) | 10,0% | 10,0% | 10,0% | 10,0% | 10,0% |
| ROL Adicional ($CIA_{t-1} \times r_{ni}$) | 0,0 | 0,0 | 0,0 | 0,0 | 0,0 |
| | | | | | |
| **Total (Capital Existente + Novos Investimentos)** | | | | | |
| Capital Investido Total ($CIT_{t-1}$) | 833,3 | 833,3 | 833,3 | 833,3 | 833,3 |
| ROL Total ($ROL_t$) | 100,0 | 100,0 | 100,0 | 100,0 | 100,0 |
| Retorno ($ROL_t/CIT_{t-1}$) | 12,0% | 12,0% | 12,0% | 12,0% | 12,0% |
| Capital Investido no Período (I) | 0,0 | 0,0 | 0,0 | 0,0 | 0,0 |
| **Fluxo de Caixa ($ROL_t$ – I)** | **100,0** | **100,0** | **100,0** | **100,0** | **100,0** |

Observe que, mesmo desconsiderando novos investimentos, estaríamos pagando R$ 1.000,0 por um ativo de R$ 833,3. Isso porque o ativo existente gera valor ao rentabilizar 12% e custar 10%.

A Tabela 9.10 mostra o capital existente de R$ 833,3 com retorno de 12% a.a. e considera um crescimento de 3% a.a., representando os novos investimentos. Considerando que os novos investimentos têm 10,0% de retorno, igual ao custo de capital, esses novos investimentos (crescimento) não agregam valor financeiro. A empresa continua valendo R$ 1.000 conforme calculado no Exemplo 11 e era esperado, pois o crescimento não agrega valor. Mostramos na tabela apenas os primeiros cinco anos da perpetuidade.

Tabela 9.10 – Evolução do retorno sobre o capital total considerando que o retorno sobre o capital existente (r) é 12% e o retorno sobre os novos investimentos ($r_{ni}$) é 10%. Os novos investimentos líquidos (Capital Investido no Período) correspondem àqueles necessários para suportar o crescimento de 3% a.a. no fluxo de caixa ($ROL_t \times g/r_{ni}$, em que $r_{ni}$ é o retorno dos novos investimentos) e considerados investidos no final do período. O custo de capital é 10%. A tabela apresenta os cinco primeiros anos da perpetuidade

|  | Ano 1 | Ano 2 | Ano 3 | Ano 4 | Ano 5 |
|---|---|---|---|---|---|
| **Capital Existente** | | | | | |
| Capital Investido ($CI_{t-1}$) | 833,3 | 833,3 | 833,3 | 833,3 | 833,3 |
| Retorno (r) | 12,0% | 12,0% | 12,0% | 12,0% | 12,0% |
| ROL ($CI_{t-1} \times r$) | 100,0 | 100,0 | 100,0 | 100,0 | 100,0 |
| | | | | | |
| **Novos Investimentos** | | | | | |
| Capital Investido $Acum_{inicial}$ ($CIA_{t-1}$) | 0,0 | 30,0 | 60,9 | 92,7 | 125,5 |
| Capital Investido no Período (I) | 30,0 | 30,9 | 31,8 | 32,8 | 33,8 |
| Capital Investido $Acum_{final}$ ($CIA_t$) | 30,0 | 60,9 | 92,7 | 125,5 | 159,3 |
| Retorno ($r_{ni}$) | 10,0% | 10,0% | 10,0% | 10,0% | 10,0% |
| ROL Adicional ($CIA_{t-1} \times r_{ni}$) | 0,0 | 3,0 | 6,1 | 9,3 | 12,6 |
| | | | | | |
| **Total (Capital Existente + Novos Investimentos)** | | | | | |
| Capital Investido Total ($CIT_{t-1}$) | 833,3 | 863,3 | 894,2 | 926,1 | 958,8 |
| ROL Total ($ROL_t$) | 100,0 | 103,0 | 106,1 | 109,3 | 112,6 |
| Retorno ($ROL_t/CIT_{t-1}$) | 12,0% | 11,9% | 11,9% | 11,8% | 11,7% |
| Capital Investido no Período (I) | 30,0 | 30,9 | 31,8 | 32,8 | 33,8 |
| **Fluxo de Caixa ($ROL_t$ – I)** | **70,0** | **72,1** | **74,3** | **76,5** | **78,8** |

Note que:

(i) Ao pagarmos R$ 1.000,0 pela empresa, não necessariamente estamos adotando a premissa de que a empresa não crescerá, pois a empresa sem crescimento (Tabela 9.9) e a empresa com crescimento, mas com retorno sobre os novos investimentos igual ao custo de capital (Tabela 9.10), valem a mesma coisa. Assim, a premissa pode ser a de que (1) a empresa não cresce ou (2) a empresa cresce, mas os novos investimentos não têm retorno em excesso ao custo de capital e não agregam valor financeiro (o crescimento não agrega valor financeiro).

(ii) Assumir que os novos investimentos não têm retorno em excesso não significa que estejamos considerando que o capital existente também não tenha retorno em excesso. Na Tabela 9.10, verifica-se que o retorno sobre o capital existente (R$ 833,3) é 12% para sempre e apenas o retorno sobre os novos investimentos é 10%. Assim, o retorno do capital total (capital existente mais novos investimentos) cai gradativamente a cada ano. Verifica-se na Tabela 9.10 que ele caiu de 12% no ano 1 para 11,7% no ano 5. Tabela 9.11 mostra o retorno sobre o capital total para determinados anos. Note que, nesse exemplo, levou 174 anos para que o retorno sobre o capital total caísse para 10,01%. (Atenção: nunca chegará exatamente a 10%, pois trata-se de uma queda assintótica a 10%.)

Tabela 9.11 – Retorno sobre o capital total, para determinados anos, considerando retorno de (i) 12% para sempre sobre o capital existente no momento inicial da perpetuidade e (ii) de 10% sobre os novos investimentos. A empresa cresce 3% a.a. e tem um custo de capital de 10% a.a.

| Ano | Retorno sobre o Capital Total |
|-----|-------------------------------|
| 1 | 12,00% |
| 5 | 11,74% |
| 10 | 11,46% |
| 15 | 11,24% |
| 20 | 11,05% |
| 25 | 10,89% |
| 50 | 10,41% |
| 100 | 10,09% |
| 174 | 10,01% |

A Tabela 9.12 mostra o capital investido de R\$ 833,3 com retorno de 12% a.a. e considera um crescimento de 3% a.a. também com 12,0% de retorno, sendo o custo de capital de 10%. Nesse caso, a empresa vale R\$ 1.071,4, conforme vimos no Exemplo 11. Note que o fluxo de caixa (última linha da tabela) é maior para todos os anos na Tabela 9.12 comparado com a Tabela 9.10. Mostramos na tabela apenas os primeiros cinco anos da perpetuidade.

Tabela 9.12 – Evolução do retorno sobre o capital total considerando que o retorno sobre o capital existente (r) é 12% e o retorno sobre os novos investimentos ($r_{ni}$) também é de 12%. Os novos investimentos líquidos (Capital Investido no Período) correspondem àqueles necessários para suportar o crescimento de 3% a.a. no fluxo de caixa ($ROL_t \times g/r_{ni}$, em que $r_{ni}$ é o retorno dos novos investimentos) e considerados investidos no final do período. O custo de capital é 10%. A tabela apresenta os cinco primeiros anos da perpetuidade

| | Ano 1 | Ano 2 | Ano 3 | Ano 4 | Ano 5 |
|---|---|---|---|---|---|
| **Capital Existente** | | | | | |
| Capital Investido ($CI_{t-1}$) | 833,3 | 833,3 | 833,3 | 833,3 | 833,3 |
| Retorno (r) | 12,0% | 12,0% | 12,0% | 12,0% | 12,0% |
| ROL ($CI_{t-1} \times r$) | 100,0 | 100,0 | 100,0 | 100,0 | 100,0 |
| | | | | | |
| **Novos Investimentos** | | | | | |
| Capital Investido $Acum_{inicial}$ ($CIA_{t-1}$) | 0,0 | 25,0 | 50,7 | 77,3 | 104,6 |
| Capital Investido no Período (I) | 25,0 | 25,7 | 26,5 | 27,3 | 28,1 |
| Capital Investido $Acum_{final}$ ($CIA_t$) | 25,0 | 50,7 | 77,3 | 104,6 | 132,7 |
| Retorno ($r_{ni}$) | 12,0% | 12,0% | 12,0% | 12,0% | 12,0% |
| ROL Adicional ($CIA_{t-1} \times r_{ni}$) | 0,0 | 3,0 | 6,1 | 9,3 | 12,6 |
| | | | | | |
| **Total (Capital Existente + Novos Investimentos)** | | | | | |
| Capital Investido Total ($CIT_{t-1}$) | 833,3 | 858,3 | 884,1 | 910,6 | 937,9 |
| ROL Total ($ROL_t$) | 100,0 | 103,0 | 106,1 | 109,3 | 112,6 |
| Retorno ($ROL_t/CIT_{t-1}$) | 12,0% | 12,0% | 12,0% | 12,0% | 12,0% |
| Capital Investido no Período (I) | 25,0 | 25,7 | 26,5 | 27,3 | 28,1 |
| **Fluxo de Caixa ($ROL_t - I$)** | **75,0** | **77,2** | **79,6** | **82,0** | **84,4** |

Verifique que o retorno sobre o capital total (capital existente mais novos investimentos) permanece em 12% a.a. ao longo de toda a projeção.

*Exemplo 12*: vamos comentar o *valuation* da BSL S.A. (Tabela 9.13). Trata-se de uma projeção em moeda constante.

Tabela 9.13 – *Valuation* da BSL S.A. Projeções em moeda constante

| *Demonstrativo de Resultado* | Ano 0 | Ano 1 | Ano 2 | Ano 3 |
|---|---|---|---|---|
| **(=) Receita Líquida** | **1.000,0** | **1.040,0** | **1.082,0** | **1.125,0** |
| **(=) Resultado Bruto** | **470,0** | **488,8** | **508,5** | **528,8** |
| Margem Bruta | 47,0% | 47,0% | 47,0% | 47,0% |
| (–) Despesas com Vendas | (100,0) | (104,0) | (108,2) | (112,5) |
| (–) Desp. Gerais e Administrativas | (130,0) | (130,8) | (131,6) | (132,4) |
| (–) Depreciação | (42,7) | (44,0) | (46,9) | (49,8) |
| **(=) Resultado Operacional** | **197,4** | **210,0** | **221,8** | **234,1** |
| Margem Operacional | 19,7% | 20,2% | 20,5% | 20,8% |

| *Capital Investido* | Ano 0 | Ano 1 | Ano 2 | Ano 3 |
|---|---|---|---|---|
| **Ativo Fixo Líquido (a)** | | | | |
| (+) Ativo Fixo Bruto | 853,0 | 908,0 | 966,0 | 1.026,0 |
| (–) Depreciação Acumulada | (53,0) | (97,0) | (143,9) | (193,7) |
| (=) Ativo Fixo Líquido | **800,0** | **811,0** | **822,1** | **832,3** |
| **Capital de Giro Líquido (b)** | | | | |
| Capital de Giro Líquido | 200,0 | 208,0 | 216,4 | 225,0 |
| **Capital Investido (a+b)** | **1.000,0** | **1.019,0** | **1.038,5** | **1.057,3** |

| *Fluxo de Caixa* | Ano 1 | Ano 2 | Ano 3 | Ano 3* |
|---|---|---|---|---|
| Resultado Operacional | 210,0 | 221,8 | 234,1 | 234,1 |
| (–) Imposto Operacional | (71,4) | (75,4) | (79,6) | (79,6) |
| (+) Depreciação | 44,0 | 46,9 | 49,8 | 49,8 |
| (–) CAPEX | (55,0) | (58,0) | (60,0) | (49,8) |
| (–) Invest. Capital de Giro Líq. | (8,0) | (8,4) | (8,6) | - |
| **(=) Fluxo de Caixa para Investidores** | **119,6** | **126,9** | **135,7** | **154,5** |

| | | |
|---|---|---|
| **Perpetuidade (Perp$_3$)** | | 1.544,7 |
| Crescimento (g) | 0,0% | |
| WACC | 10,0% | |
| | | |
| *Firm Value* | 1.476,1 | |
| *Firm Value* / Capital Investido$_0$ | 1,5 | |

A base da perpetuidade foi ajustada para considerar investimento líquido zero (CAPEX igual à depreciação e investimento em capital de giro líquido igual a zero) e crescimento real igual a zero.

Portanto, os novos investimentos estão sendo avaliados considerando que eles não têm retorno em excesso, ou seja, o crescimento não agrega valor para a empresa a partir da perpetuidade.

No entanto, o que chama a atenção é que a perpetuidade está avaliada, no Ano 3, em R$ 1.544,7, e o capital investido (ou capital existente) no Ano 3 é R$ 1.057,3. A relação entre valor da $perp_3$/capital $existente_3$ é de 1,46x, ou seja, estamos precificando o capital existente, no início da perpetuidade, com 46% de "ágio". Portanto, o *valuation* está considerando que existe retorno em excesso sobre o capital existente no início da perpetuidade. No Ano 3, em diante, o retorno sobre o capital investido é de 14,6% $\left( \dfrac{ROL_3}{\text{Capital Investido}_3} = \dfrac{(234,1-79,6)}{1.057,3} \right)$, 4,6% acima do WACC (10%). A Tabela 9.14 apresenta a evolução do retorno sobre o capital investido (ROIC).

Tabela 9.14 – Evolução do ROIC da BSL S.A. O cálculo foi aproximado para $ROIC_t = ROL_t/CI_t$

| *Análise do ROIC* | Ano 0 | Ano 1 | Ano 2 | Ano 3 |
|---|---|---|---|---|
| Ativo Fixo Líquido (a) | 800,0 | 811,0 | 822,1 | 832,3 |
| Capital de Giro Líquido (b) | 200,0 | 208,0 | 216,4 | 225,0 |
| Capital Investido (a + b) | 1.000,0 | 1.019,0 | 1.038,5 | 1.057,3 |
| Resultado Operacional Líquido | 130,3 | 138,6 | 146,4 | 154,5 |
| **Retorno (ROIC = ROL/CI)** | **13,0%** | **13,6%** | **14,1%** | **14,6%** |

Verifica-se que a projeção considera que o retorno sobre o capital investido evolui dos atuais 13,0% para os 14,6% ao final do período explícito de projeção e perpetua esse ROIC sobre o capital existente no início da perpetuidade. Como o custo de capital é 10,0%, observa-se que a avaliação embute uma agregação de valor na perpetuidade. E poderíamos achar que não estivéssemos pagando por agregação de valor a partir da perpetuidade simplesmente por zerar os investimentos e zerar o crescimento de quantidade, o que seria um grande engano.

O retorno (ROIC) é uma combinação de dois fatores: $\dfrac{ROL}{\text{Capital Investido}} = \dfrac{ROL}{\text{Receita Líquida}} \times \dfrac{\text{Receita Líquida}}{\text{Capital Investido}} = \text{Margem} \times \text{Giro}$. Os números que temos até agora (Tabela 9.13) nos indicam que a projeção considerou aumento de margem operacional (e consequentemente de margem operacional líquida) de 19,7% para 20,8%. A Tabela 9.15 apresenta a evolução do giro, que também aumentou de 1,00 para 1,06, indicando que o capital investido cresceu menos do que as vendas, o que pode ser um indício de que o investimento em ativo fixo (CAPEX), ao longo do período explícito da projeção, pode ter sido subestimado. Logicamente, não dá para assegurar essa suposição, pois seria preciso analisar a ociosidade no início do período de projeção, a evolução tecnológica etc.

CAP. 9 • TAXA DE CRESCIMENTO **111**

Tabela 9.15 – Evolução do giro (Receita Líquida/Capital Investido) da BSL S.A. O cálculo foi aproximado para $Giro_t$ = Receita Líquida$_t$/Capital Investido$_t$

| Análise do Giro | Ano 0 | Ano 1 | Ano 2 | Ano 3 |
|---|---|---|---|---|
| Receita Líquida (RL) | 1.000,0 | 1.040,0 | 1.082,0 | 1.125,0 |
| Capital Investido (CI) | 1.000,0 | 1.019,0 | 1.038,5 | 1.057,3 |
| **Giro (RL/CI)** | **1,00** | **1,02** | **1,04** | **1,06** |

Verifique que o retorno em excesso (ROIC – WACC) cresceu ao longo da projeção, saindo de 3,0% no Ano 0 para 4,6% no Ano 3. Esse crescimento de retorno em excesso é fruto de ganhos de margem e de giro. Assim, margem, giro e, consequentemente, retorno devem ser analisados para que se tenha conforto no valor atribuído à empresa como um todo e, em particular, à perpetuidade. O valor da perpetuidade está intimamente ligado ao retorno em excesso do último ano: verifique que o retorno em excesso de 4,6% aplicado ao capital investido de R$ 1.057,3 produz uma renda em excesso de R$ 48,64 que, para sempre, equivale a um valor presente de agregação de valor futura de R$ 486,4 $\left( \dfrac{48,64}{10\%} \right)$. Somando-se essa agregação futura ao capital investido obtêm-se R$ 1.544,7 (1.057,3 + 486,4), que é o valor atribuído para a perpetuidade no ano 3.

Esse retorno em excesso pode ser justificado, entre outras razões, pela diferença entre o capital investido calculado com base em números contábeis (que é o que temos de concreto para fazer a análise) e o que realmente seria necessário investir para replicar o negócio.

Concordamos com quem tem a opinião de que essa análise que estamos sugerindo (evolução do ROIC) é difícil e muitas vezes inócua, pois o capital investido no final do período de projeção é um número que pode ser pouco confiável, principalmente quando a projeção é nominal. A razão para a baixa confiabilidade desse número é a sua não correção pela inflação, de acordo com regras contábeis.

Enfim, nosso objetivo ao longo de todo este capítulo continua o mesmo: conscientizar as pessoas e não ditar normas ou regras, pois exceções existem, o Brasil não é o que se possa chamar de ambiente extremamente competitivo e o mundo tem restrição de capital. Tudo isso contribui para que existam retornos em excesso e que estes possam persistir por vários anos para determinados setores ou empresas.

Voltando aos números da BSL S.A., observa-se também que o *firm value* é de R$ 1.476,1 e o capital investido no ano 0 é R$ 1.000,0, uma relação *firm value*/capital investido$_0$ de 1,5x. O que impede um potencial concorrente de se motivar em investir R$ 1.000 de olho no valor que este investimento assumiria de R$ 1.476,1, ou seja, o que impede a entrada de concorrentes? Com a entrada de concorrentes, o atual retorno em excesso será menos duradouro. Por isso as barreiras de entrada são importantes para manter o retorno em excesso por mais tempo.

Algumas alternativas de como projetar o fluxo de caixa da BSL S.A. poderiam ser exploradas para encaminharmos o seu *valuation*.

(i) Considerar como valor residual o capital existente no último ano da projeção explícita, o que é uma solução drástica e pouco coesa (o ROIC projetado de 14,6% no ano 3 passaria abruptamente a 10,0%). Nesse caso, o fluxo de caixa da BSL seria R$ 119,6, R$ 126,9 e R$ 1.193,0 (135,7 + 1.057,3) para os anos 1 a 3, o *firm value* seria R$ 1.109,9 (24,8% a menos do que o originalmente calculado).

(ii) Manter constante a margem operacional, o giro do início da projeção e, consequentemente, o ROIC – premissas próximas às que seriam adotadas em um chamado *quick and dirty valuation* (Tabela 9.16), que fazem sentido em ambientes mais maduros e mais competitivos. Nesse caso, o *firm value* seria R$ 1.347,2 (8,7% a menos do que o originalmente calculado) e a perp$_3$ seria R$ 1.465,3 *versus* o capital investido$_3$ de R$ 1.125,0, 30% de ágio, inferior aos 46% anteriormente calculados. Optamos, por manter o giro constante, por corrigir, em relação à Tabela 9.13, o capital investido e não a receita líquida.

Tabela 9.16 – *Quick and dirty valuation* da BSL S.A., que considera margem, giro e, consequentemente, retorno constantes ao longo dos anos projetados. A depreciação, o CAPEX e o investimento em capital de giro foram projetados ao mesmo tempo, calculados pela diferença no capital investido

| Demonstrativo de Resultado | Ano 0 | Ano 1 | Ano 2 | Ano 3 |
|---|---|---|---|---|
| (=) Receita Líquida | 1.000,0 | 1.040,0 | 1.082,0 | 1.125,0 |
| (=) Resultado Operacional | 197,4 | 205,2 | 213,5 | 222,0 |
| Margem Operacional | 19,7% | 19,7% | 19,7% | 19,7% |

| Capital Investido | Ano 0 | Ano 1 | Ano 2 | Ano 3 |
|---|---|---|---|---|
| Capital Investido | 1.000,0 | 1.040,0 | 1.082,0 | 1.125,0 |
| Giro | 1,0 | 1,0 | 1,0 | 1,0 |

| Fluxo de Caixa | Ano 1 | Ano 2 | Ano 3 | Ano 3* |
|---|---|---|---|---|
| Resultado Operacional | 205,2 | 213,5 | 222,0 | 222,0 |
| (–) Imposto Operacional | (69,8) | (72,6) | (75,5) | (75,5) |
| (+) Depreciação | | | | |
| (–) CAPEX | (40,0) | (42,0) | (43,0) | – |
| (–) Inv. Capital de Giro Líq. | | | | |
| (=) Fluxo de Caixa para Invest. | 95,5 | 98,9 | 103,5 | 146,5 |

| Perpetuidade (Perp$_3$) | | | 1.465,3 |
|---|---|---|---|
| Crescimento (g) | 0,0% | | |
| WACC | 10,0% | | |

| Firm Value | 1.347,2 |
|---|---|
| Firm Value/Capital Investido$_0$ | 1,3 |

| Análise do ROIC | Ano 0 | Ano 1 | Ano 2 | Ano 3 |
|---|---|---|---|---|
| Capital Investido | 1.000,0 | 1.040,0 | 1.082,0 | 1.125,0 |
| Resultado Operacional Líquido | 130,3 | 135,5 | 140,9 | 146,5 |
| Retorno (ROIC) | 13,0% | 13,0% | 13,0% | 13,0% |

CAP. 9 • TAXA DE CRESCIMENTO **113**

(iii) Considerar uma queda no retorno sobre o capital investido a partir dos níveis atuais até níveis que sejam considerados sustentáveis em ambientes competitivos – no nosso caso, vamos considerar que um *spread* de 1,5% acima do custo de capital seja sustentável, ou seja, vamos mirar em um retorno de 11,5% no Ano 3. Essa redução pode ser obtida por meio de redução de margem ou de giro ou de ambos – optamos pela redução de margem (Tabela 9.17). Nesse caso, o *firm value* seria R$ 1.191,6 (19,3% a menos do que o originalmente calculado) e a $perp_3$ seria de R$ 1.293,8 *versus* o capital investido$_3$ de R$ 1.125,0, 15% de ágio. Caso tivéssemos optado pela redução de giro para reduzir o ROIC, desde que mantido o mesmo capital investido todos os anos, o *firm value* seria o mesmo.

Tabela 9.17 – Avaliação da BSL S.A. considerando queda no ROIC até níveis sustentáveis em ambientes competitivos

| *Demonstrativo de Resultado* | Ano 0 | Ano 1 | Ano 2 | Ano 3 |
|---|---|---|---|---|
| **(=) Receita Líquida** | **1.000,0** | **1.040,0** | **1.082,0** | **1.125,0** |
| **(=) Resultado Operacional** | **197,4** | **197,2** | **196,9** | **196,0** |
| Margem Operacional | 19,7% | 19,0% | 18,2% | 17,4% |

| *Capital Investido* | Ano 0 | Ano 1 | Ano 2 | Ano 3 |
|---|---|---|---|---|
| **Capital Investido** | **1.000,0** | **1.040,0** | **1.082,0** | **1.125,0** |
| Giro | 1,0 | 1,0 | 1,0 | 1,0 |

| *Fluxo de Caixa* | Ano 1 | Ano 2 | Ano 3 | Ano 3* |
|---|---|---|---|---|
| Resultado Operacional | 197,2 | 196,9 | 196,0 | 196,0 |
| (–) Imposto Operacional | (67,1) | (66,9) | (66,6) | (66,6) |
| (+) Depreciação | | | | |
| (–) CAPEX | (40,0) | (42,0) | (43,0) | – |
| (–) Inv. Capital de Giro Líq. | | | | |
| **(=) Fluxo de Caixa para Invest.** | **90,2** | **87,9** | **86,4** | **129,4** |

| **Perpetuidade ($Perp_3$)** | | | | 1.293,8 |
|---|---|---|---|---|
| Crescimento (g) | 0,0% | | | |
| WACC | 10,0% | | | |

| *Firm Value* | 1.191,6 |
|---|---|
| *Firm Value*/Capital Investido$_0$ | 1,2 |

| *Análise do ROIC* | Ano 0 | Ano 1 | Ano 2 | Ano 3 |
|---|---|---|---|---|
| Capital Investido | 1.000,0 | 1.040,0 | 1.082,0 | 1.125,0 |
| Resultado Operacional Líquido | 130,3 | 130,2 | 129,9 | 129,4 |
| **Retorno (ROIC)** | **13,0%** | **12,5%** | **12,0%** | **11,5%** |

(iv) Considerar uma queda no retorno sobre o capital investido a partir dos níveis atuais até igualar o custo de capital, ou seja, retorno de 10,0% no Ano 3. Nesse caso, o *firm value* seria R$ 1.038,4 (29,7% a menos do que o originalmente calculado) e o valor da $perp_3$ seria igual ao valor do capital investido$_3$.

A Tabela 9.18 sumariza os resultados.

Tabela 9.18 – Avaliação da BSL S.A. para diferentes premissas em relação ao ROIC e cálculo da perpetuidade. Em todos os cenários, exceto no cenário (i), o valor residual é calculado por uma perpetuidade sem crescimento. O cenário base supõe crescimento da margem, do giro e, consequentemente, do ROIC de 13,0% para 14,6%. O cenário (i) supõe os mesmos crescimentos, porém, atribui ao valor residual um valor igual ao capital investido no último ano da projeção. O cenário (ii) mantém margem e giro constantes e, consequentemente, ROIC constante ao longo da projeção. O cenário (iii) projeta uma queda no ROIC dos atuais 13,0% para 11,5%, supondo que um *spread* de 1,5% sobre o capital investido seja sustentável, sendo a queda do ROIC obtida por meio da queda da margem. O cenário (iv) projeta uma queda do ROIC até 10,0%, igual ao custo de capital, sendo a queda do ROIC obtida por meio da queda da margem. O capital investido no Ano 0 é de R$ 1.000

| | Cenário Base | Cenário (i) | Cenário (ii) | Cenário (iii) | Cenário (iv) |
|---|---|---|---|---|---|
| *Firm Value* (R$) | 1.476,1 | 1.109,9 | 1.347,2 | 1.191,6 | 1.038,4 |
| *Firm Value*/Capital Investido$_0$ | 1,5 | 1,1 | 1,3 | 1,2 | 1,0 |
| Margem Operacional Ano 0 | 19,7% | 19,7% | 19,7% | 19,7% | 19,7% |
| Margem Operacional Ano 3 | 20,8% | 20,8% | 19,7% | 17,4% | 15,2% |
| Giro Ano 0 | 1,0 | 1,0 | 1,0 | 1,0 | 1,0 |
| Giro Ano 3 | 1,1 | 1,1 | 1,0 | 1,0 | 1,0 |
| ROIC Ano 0 | 13,0% | 13,0% | 13,0% | 13,0% | 13,0% |
| ROIC Ano 3 | 14,6% | 14,6% | 13,0% | 11,5% | 10,0% |
| Perp Ano 3 ($Perp_3$) (R$) | 1.544,7 | 1.057,3 | 1.465,3 | 1.293,8 | 1.125,0 |
| Capital Investido Ano 3 ($CI_3$) (R$) | 1.057,3 | 1.057,3 | 1.125,0 | 1.125,0 | 1.125,0 |
| Ágio no Valor Residual ($Perp_3/CI_3 - 1$) | 46% | 0% | 30% | 15% | 0% |

O valor da empresa varia de R$ 1.476,1 a R$ 1.038,4, dependendo da sua premissa de retorno em excesso ao longo da projeção explícita e sobre o capital existente no início da perpetuidade. Em todos os cenários adotou-se a mesma premissa de retorno em excesso igual a zero sobre os novos investimentos na perpetuidade.

Verifique que a relação Ágio no Valor Residual ($Perp_3/CI_3 - 1$) é igual à relação entre o retorno adicional (*spread* calculado como retorno – custo de capital) e o custo de capital (ou seja, retorno adicional/custo de capital), ambos em termos reais.

Terminamos este capítulo dizendo que, assumindo que o investimento aconteça apenas no final do ano, seria mais preciso calcular o retorno (ROIC) como Resultado Operacional Líquido$_t$ dividido pelo Capital Investido$_{t-1}$. Nossos cálculos consideraram, por simplicidade, Resultado Operacional Líquido$_t$ dividido pelo Capital Investido$_t$, aproximação suficiente para a discussão que desejávamos promover.

# 10

# Fluxo de Caixa para os Acionistas

Neste capítulo, apresentaremos um roteiro mais completo do fluxo de caixa para os acionistas. Assim, estamos voltando para a análise sob o ponto de vista do acionista, nosso foco nos Capítulos 2 e 3. Primeiramente, gostaríamos de dizer que, em teoria, tanto um quanto outro ponto de vista (acionistas ou investidores) deveriam atribuir o mesmo valor a uma mesma empresa e, consequentemente, às suas ações. Afinal, não é por meio de uma planilha que se muda o valor de uma empresa, e sim por meio de melhorias estratégicas, operacionais e financeiras.

Para verificarmos que os dois pontos de vista calculam o mesmo valor para uma mesma empresa, vamos voltar ao Exemplo 5 do Capítulo 3, aqui renumerado.

*Exemplo 1*. Vamos calcular o valor das ações de uma empresa que (i) tem uma dívida de R$ 250MM a um custo de 10%, (ii) tem um resultado operacional de R$ 150MM, (iii) tem uma alíquota de IR de 40%, (iv) distribui todo o seu lucro líquido, (v) não cresce e (vi) tem beta de suas ações igual a 1,6. Considere que os parâmetros gerais para o CAPM são rf = 7,0% e pm = 5,0%.

**Para o ponto de vista dos acionistas**, o custo de capital próprio é calculado em 15,0% (i = rf + $\beta$ × pm = 7,0% + 1,6 × 5,0%) e os dividendos são calculados a partir do lucro líquido (dividendos = 100% × lucro líquido, tendo em vista que todo o lucro é distribuído). Já o lucro líquido pode ser obtido como RO – DF – IR, em que RO é o resultado operacional (dado), DF é a despesa financeira e IR é o imposto de renda. A despesa financeira (DF) pode ser calculada por meio do montante da dívida multiplicado pelo custo da dívida, ambos dados no enunciado, e o imposto de renda (IR) pode ser calculado multiplicando a alíquota de IR pelo LAIR, em que LAIR é o lucro antes do imposto de renda, que por sua vez é calculado como RO – DF. Assim:

DF = 250MM × 10% = 25MM;
LAIR = RO – DF = 150MM – 25MM = 125MM;
IR = alíquota de IR × LAIR = 40% × 125MM = 50MM;
LL = RO – DF – IR = 150MM – 25MM – 50MM = 75MM;
DIV = LL (empresa distribui todo o lucro líquido); e

o *equity value* é R$ 500MM $\left( \dfrac{FC}{i} = \dfrac{75}{15\%} \right)$ e o *firm value* é R$ 750MM (500 + 250).

**Para o ponto de vista dos investidores**, devemos calcular o WACC e o Fluxo de Caixa para os Investidores, mantendo as mesmas premissas utilizadas acima.

Para o WACC, precisamos, para cada componente de capital (acionista e credor), o peso na estrutura de capital e o custo. O peso pode ser calculado por meio do *equity value* e da dívida líquida, ambos já conhecidos. Assim, $\dfrac{D}{D+E} = \dfrac{250}{500+250} = 33{,}33\%$ e $\dfrac{E}{D+E} = \dfrac{500}{500+250} =$

66,67%. O custo da dívida é 10,0% e do *equity* é 15,0%, assim o WACC é 12,0% (33,33% ×

10,0% × (1 – 40%) + 66,67% × 15,0%).

Para o fluxo de caixa para os investidores, por coerência com a premissa de não cresci-mento, adotaremos investimento líquido igual a zero. Ou seja, como a empresa não cresce, (i) as contas de capital de giro manter-se-ão constantes e, portanto, o investimento em capital de giro líquido (Inv CGL) é zero; e (ii) a base de ativos operacionais fixos deve se manter constante e, portanto, o investimento em ativo fixo (CAPEX) deve ser igual a depreciação (Deprec). Logo, o fluxo de caixa para os investidores, calculado como RO – (t × RO) + Deprec – CAPEX – Inv CGL, em que RO é o resultado operacional e t é a alíquota de imposto (demais itens já definidos), é R$ 90. Portanto, o *firm value* seria de R$ 750MM $\left(\dfrac{FC}{i} = \dfrac{90}{12\%}\right)$

e o *equity value* seria de R$ 500MM (*firm value* – dívida).

Verifica-se, por esse exemplo simplificado, que ambos os pontos de vista resultam no mesmo *firm value* (R$ 750MM) e no mesmo *equity value* (R$ 500MM).

Aproveitando o exemplo queremos mostrar que também calcularíamos o *firm value* em R$ 750MM se considerássemos o benefício fiscal no fluxo de caixa e não no custo de capital. Lembre-se de que a metodologia de fluxo de caixa para os investidores considera o benefício fiscal no custo de capital e não no fluxo de caixa (o imposto no fluxo de caixa é o imposto operacional e o custo da dívida no custo de capital é o custo de dívida líquido do benefício fiscal calculado como rd × (1 – t)).

As adaptações seriam (i) no WACC, que seria calculado sem o benefício fiscal em 13,33% (33,33% × 10% + 66,67% × 15%) e (ii) no fluxo de caixa, que seria calculado com o benefício fiscal em R$ 100 (RO – imposto de renda – investimentos líquidos = 150 – 50 – 0). Assim, o

*firm value* seria de R$ 750MM $\left(\dfrac{FC}{i} = \dfrac{100}{13{,}33\%}\right)$, ou seja, o mesmo que já calculado.

Portanto, quando conseguimos manter a coerência nas premissas, tanto faz se optamos pelo ponto de vista dos acionistas ou dos investidores. Também não faria diferença quando optamos pelo ponto de vista dos investidores, entre considerar o benefício fiscal no fluxo de caixa ou no custo de capital.

## Fluxo de Caixa para os Acionistas

Vamos agora elaborar melhor o roteiro do fluxo de caixa dos acionistas. No Exemplo 1, o calculamos de forma simplificada, sendo aplicável a situações particulares (por exemplo, de não crescimento).

A Figura 10.1 apresenta o fluxo de caixa para os investidores, o fluxo de caixa para os credores e o fluxo de caixa para os acionistas. O fluxo de caixa para os investidores foi de-finido no Capítulo 4 e tem dois conjuntos de donos, os credores e os acionistas (ambos, os investidores). O fluxo de caixa para os credores é composto pela soma dos juros e das amor-tizações recebidas deduzida das novas dívidas captadas pela empresa. O fluxo de caixa para os acionistas pode ser calculado subtraindo-se do fluxo de caixa para os investidores o fluxo de caixa para os credores. Verifique, na Figura 10.1, que todos os itens do fluxo de caixa para os investidores e também do fluxo de caixa para os credores foram considerados no cálculo do fluxo de caixa para os acionistas. Três desses itens foram agrupados em um novo item, sendo Resultado Operacional e Imposto Operacional do fluxo de caixa para os investidores

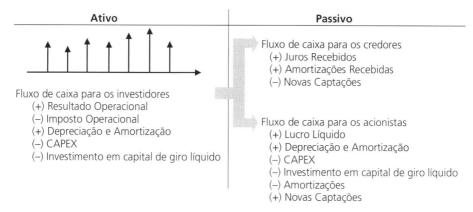

Figura 10.1 – Fluxo de caixa para os investidores, para os credores e para os acionistas. (Elaborada pelos autores.)

e Juros Recebidos do fluxo de caixa para os credores, dando origem a Lucro Líquido no fluxo de caixa para os acionistas. Esta simplificação requer explicações:

(i) Existe um benefício fiscal e este deve ser considerado na precificação. No ponto de vista dos investidores, ele é considerado no custo de capital (ao reduzir o custo de dívida) e não no fluxo de caixa para os investidores (que é calculado com o imposto operacional). No ponto de vista dos acionistas, ele não é capturado pelo custo de capital (lembre-se de que o benefício fiscal está no custo de capital dos credores, que não compõe o custo de capital dos acionistas), portanto, deve ser considerado no fluxo de caixa para os acionistas. Assim, embora no fluxo de caixa para os investidores seja considerado o imposto operacional, no fluxo de caixa para os acionistas deve-se considerar o imposto de renda da DRE (veja abaixo mais detalhes).

(ii) Assim, o resultado operacional, os juros e o imposto de renda da DRE dão origem ao lucro líquido, desconsiderando resultados não operacionais.

(iii) O agrupamento desses três itens no lucro líquido considera que a despesa financeira da DRE é caixa e que o imposto de renda da DRE também é caixa. Existem situações em que esses itens não são integralmente caixa – por exemplo: quando existe carência de juros (alguns empréstimos têm essa condição), quando existe uma desvalorização ou valorização cambial aplicada a uma dívida em dólar, pode-se ter uma despesa financeira na DRE que não seja integralmente caixa, quando existe diferença temporal de imposto de renda, quando existe crédito fiscal a ser aproveitado no pagamento do imposto de renda etc. Portanto, em vez de agrupá-los no lucro líquido, pode ser preferível trabalhar com Resultado Operacional + Resultado não Operacional (caixa) - Despesa Financeira (caixa) + Receita Financeira (caixa) – Imposto Efetivo + Utilização de Créditos Fiscais (derivados, por exemplo, de prejuízos acumulados).

## Coerência das Premissas

Aplicando o roteiro da Figura 10.1 ao Exemplo 1, verifica-se que, como a empresa não cresce, alguns itens acabam desaparecendo: (i) o investimento em capital de giro líquido é zero e (ii) a depreciação é igual ao CAPEX, ambas premissas adotadas quando fizemos o fluxo de caixa para os investidores. Os itens amortizações e novas captações também se igualam, pois como a empresa não cresce, não precisa aumentar (nem reduzir) o seu capital, e considerando-se que a estrutura de capital será mantida constante, se houver amortizações, estas devem ser compensadas com novas captações. Assim, o fluxo de caixa dos acionistas é igual ao lucro líquido, que foi o que utilizamos.

Se esses dois últimos itens não fossem iguais (Amortizações = Novas Captações), haveria mudança na estrutura de capital. Imagine novas captações em excesso às amortizações, significando que a empresa estaria aumentando seu endividamento e distribuindo mais do que o lucro líquido, ou seja, reduzindo o capital próprio no mesmo montante do aumento do endividamento, mexendo na sua estrutura de capital. Nesse caso, o valor encontrado pelos dois pontos de vista (acionistas ou investidores) não seria o mesmo. E a razão seria a diferença de premissa de estrutura de capital. No ponto de vista dos investidores, estaríamos pressupondo uma estrutura de capital constante (essa premissa está no peso de cada componente de capital, necessário para o cálculo do WACC, que foi considerado fixo), e no ponto de vista dos acionistas, estaríamos pressupondo uma estrutura de capital se alterando ao longo do tempo. Assim, seriam duas premissas diferentes e, portanto, dois valores diferentes – afinal, mesmo usando o mesmo ponto de vista obteríamos valores diferentes se alterássemos as premissas. Sem entrar no mérito da viabilidade prática de se considerar uma redução de capital para sempre.

Na prática, conciliar os valores calculados pelos dois pontos de vista é um desafio. Isso porque é difícil manter a coerência das premissas. E a premissa da estrutura de capital é particularmente difícil de ser harmonizada de forma coerente.

No ponto de vista dos investidores, como já comentado, a premissa de estrutura de capital está embutida nas premissas do WACC. E a modelagem da estrutura de capital (i) no balanço, ou seja, na projeção do endividamento e do patrimônio líquido e (ii) na DRE, ou seja, na projeção do resultado financeiro, imposto de renda e lucro líquido, é irrelevante para o valor (exceto quando se quer precificar algum crédito fiscal), o que simplifica bastante a correta modelagem.

No ponto de vista dos acionistas, a premissa de estrutura de capital está diretamente nesses itens que são secundários quando modelados no ponto de vista dos investidores: endividamento, patrimônio líquido e resultado financeiro. Portanto, a projeção desses itens não é irrelevante, o que torna a modelagem bastante complexa, como veremos a seguir de maneira superficial e breve.

Quando assumimos uma relação dívida/capital total constante ao longo do tempo, (i) no ponto de vista dos investidores, basta manter o WACC constante e (ii) no ponto de vista dos acionistas, é necessário projetar o endividamento de forma que ele represente, todos os anos da projeção, um percentual constante do capital total – todavia esse capital total deve ser medido a valor de mercado, ou seja, por meio do *firm value* e não do ativo contábil. Assim, precisaríamos do *firm value* ano a ano, o que dificilmente se tem.

Sem o *firm value* ano a ano, a opção é projetar o endividamento segundo uma lógica alternativa, por exemplo, um múltiplo do EBITDA de cada ano. E essa alternativa não garante a manutenção da estrutura de capital constante ao longo do período de projeção. Logo, não seria possível conciliar os valores calculados por ambas as abordagens por não haver coerência de premissas.

Atente que seguir uma lógica diferente para o endividamento não elimina a necessidade de se ter o *firm value* ano a ano. Isso porque se a estrutura de capital não é constante ao longo da projeção, faz-se necessário calcular o custo de capital próprio que seja correspondente à respectiva estrutura de capital ano a ano. E para tanto, necessita-se do beta alavancado ano a ano e, consequentemente, da estrutura de capital ano a ano, de forma que seria importante ter o *firm value* ano a ano. Sem falar em um custo de dívida que também varie ano a ano.

Percebe-se que esse ponto de vista, fluxo de caixa para os acionistas, para ser bem aplicado, é bem mais trabalhoso. Veremos, inicialmente, um exemplo mais simplificado e menos rigoroso (considerando, mesmo sem ser verdade, que o custo de capital é constante todos os anos) para posteriormente vermos um exemplo mais rigoroso no cálculo do custo de capital ano a ano, porém, também simplificado.

*Exemplo 2*: no Capítulo 7, Exemplo 2, calculamos o *firm value* e o *equity value* da Mugo S.A. sob o ponto de vista dos investidores. Vamos recalculá-los sob o ponto de vista dos acionistas. As projeções estão reapresentadas na Tabela 10.1, inclusive o fluxo de caixa para os investidores (de onde podemos recuperar as projeções do CAPEX). Lembre-se de que o beta da Mugo S.A. é 2,0. Considere que os parâmetros gerais para o CAPM são rf = 7,0% e pm = 5,0%.

Tabela 10.1 – Demonstrações Financeiras e Fluxo de Caixa para os Investidores da Mugo S.A.

| | Real | | Projetado | | | |
|---|---|---|---|---|---|---|
| *Balanço* | Ano 0 | Ano 1 | Ano 2 | Ano 3 | Ano 4 | Ano 5 |
| Caixa Operacional | 9.000 | 7.250 | 12.000 | 14.000 | 14.420 | 14.853 |
| Excesso de Caixa | 15.000 | 10.000 | 32.000 | 50.000 | 105.852 | 207.379 |
| Contas a Receber | 320.000 | 640.000 | 670.000 | 610.000 | 628.300 | 647.149 |
| Estoque | 400.000 | 800.000 | 810.000 | 750.000 | 772.500 | 795.675 |
| Ativo Operacional Fixo | 294.800 | 697.840 | 609.840 | 639.840 | 641.323 | 641.323 |
| **Total do Ativo** | **1.038.800** | **2.155.090** | **2.133.840** | **2.063.840** | **2.162.395** | **2.306.379** |
| | | | | | | |
| Contas a Pagar | 145.600 | 354.000 | 305.000 | 290.000 | 298.700 | 307.661 |
| Empr. e Financ. CP | 100.000 | 350.000 | 230.000 | 200.000 | 180.000 | 150.000 |
| Salários e Impostos a Pagar | 46.000 | 90.000 | 85.000 | 87.500 | 90.125 | 92.829 |
| Empr. e Financ. LP | 233.432 | 774.058 | 530.000 | 350.000 | 300.000 | 280.000 |
| Patrimônio Líquido | 513.768 | 587.032 | 983.840 | 1.136.340 | 1.293.570 | 1.475.889 |
| **Total do Passivo** | **1.038.800** | **2.155.090** | **2.133.840** | **2.063.840** | **2.162.395** | **2.306.379** |

| | Real | | Projetado | | | |
|---|---|---|---|---|---|---|
| *Demonstrativo de Resultados* | Ano 0 | Ano 1 | Ano 2 | Ano 3 | Ano 4 | Ano 5 |
| **Vendas Líquidas** | **3.132.000** | **5.834.400** | **6.110.600** | **6.293.918** | **6.482.736** | **6.677.218** |
| (–) Custo do Produto Vendido | 2.610.000 | 4.980.000 | 5.071.798 | 5.223.952 | 5.380.671 | 5.542.091 |
| (–) Despesas Operacionais | 340.000 | 580.000 | 540.000 | 550.800 | 561.816 | 573.052 |
| (–) Depreciação | 38.900 | 96.960 | 98.000 | 100.000 | 101.022 | 110.100 |
| **(=) Resultado Operacional** | **143.100** | **177.440** | **400.802** | **419.166** | **439.227** | **451.889** |
| (–) Despesa Financeira Líquida | 33.343 | 66.434 | 91.203 | 64.737 | 56.650 | 50.050 |
| **(=) LAIR** | 109.757 | 111.006 | 309.599 | 354.429 | 382.577 | 401.839 |
| (–) Imposto de Renda | 37.317 | 37.742 | 105.264 | 120.506 | 130.076 | 136.625 |
| **(=) Lucro Líquido** | **72.440** | **73.264** | **204.335** | **233.923** | **252.501** | **265.214** |

| | Projetado | | | | |
|---|---|---|---|---|---|
| *Fluxo de Caixa* | Ano 1 | Ano 2 | Ano 3 | Ano 4 | Ano 5 |
| Resultado Operacional | 177.440 | 400.802 | 419.166 | 439.227 | 451.889 |
| (–) Imposto Operacional | (60.330) | (136.273) | (142.516) | (149.337) | (153.642) |
| (+) Depreciação | 96.960 | 98.000 | 100.000 | 101.022 | 110.186 |
| (–) CAPEX | (500.000) | (10.000) | (130.000) | (102.505) | (110.186) |
| (–) Inv. em Capital de Giro Líq. | (465.850) | (98.750) | 105.500 | (29.895) | (30.792) |
| **(=) Fluxo de Caixa p/ Invest.** | **(751.780)** | **253.779** | **352.150** | **258.512** | **267.455** |

1º Passo: calcule o custo do capital próprio = 17,0% (7,0% + 2 × 5,0%).

2º Passo: calcule o fluxo de caixa para os acionistas dos primeiros cinco anos (Tabela 10.2). Grande parte dos itens pode ser obtida diretamente da DRE ou do Fluxo de Caixa para os Investidores (Tabela 10.1). Nossa necessidade é calcular as amortizações e as novas captações de dívida. Pode-se obter esses dois efeitos concomitantemente por meio da variação das contas ligadas aos credores; no nosso exemplo, empréstimos e financiamentos de curto e longo prazos. Se, de um ano para o outro, os empréstimos e financiamentos subiram, significa que as novas captações excederam as amortizações e vice-versa. Nota-se a existência da conta excesso de caixa nas projeções que estamos usando, sendo um sinal claro de que esse fluxo de caixa não foi feito pensando no ponto de vista do acionista (as projeções para o ponto de vista do acionista devem, efetivamente, distribuir o fluxo de caixa; sendo assim, não ficaria caixa – além do caixa operacional – na empresa e, portanto, o excesso de caixa seria zero). Assim, sugerimos que a variação do endividamento englobe o excesso de caixa. Tomando o Ano 1 como exemplo, compara-se os empréstimos e financiamentos líquidos do excesso de caixa do Ano 0 (100.000 + 233.432 – 15.000) com os empréstimos e financiamentos líquidos do excesso de caixa do Ano 1 (350.000 + 774.058 – 10.000), verificando-se um acréscimo de R$ 795.626, que representa o excesso de novas captações em relação às amortizações do período, agrupadas no item Variação do Endividamento da Tabela 10.2.

Tabela 10.2 – Fluxo de Caixa para os Acionistas da Mugo S.A.

| | Projetado | | | | |
| --- | --- | --- | --- | --- | --- |
| | Ano 1 | Ano 2 | Ano 3 | Ano 4 | Ano 5 |
| Lucro Líquido | 73.264 | 204.335 | 233.923 | 252.501 | 265.214 |
| (+) Depreciação | 96.960 | 98.000 | 100.000 | 101.022 | 110.186 |
| (–) CAPEX | (500.000) | (10.000) | (130.000) | (102.505) | (110.186) |
| (–) Inv. em Capital de Giro Líq. | (465.850) | (98.750) | 105.500 | (29.895) | (30.792) |
| (+) Var. do Endividamento | 795.626 | (386.058) | (228.000) | (125.852) | (151.527) |
| **(=) Fluxo de Caixa para os Acionistas** | **0** | **(192.473)** | **81.423** | **95.271** | **82.895** |

3º Passo: calcule a perpetuidade – lembre-se de que a premissa de crescimento utilizada no Capítulo 7 foi de 3% a.a. Vamos supor que 3% a.a. seja a projeção de inflação de longo prazo. Conversamos no Capítulo 9 sobre fazer um ajuste no ano base da perpetuidade – a sugestão genérica era a de considerar que a empresa não investe e também não cresce quantidade. Podemos observar que o último ano da projeção (ano 5) já considera que o CAPEX e a depreciação são iguais. Poderíamos pensar em ajustar o capital de giro líquido. Nos exemplos que ajustamos o capital de giro líquido no Capítulo 9, não tínhamos as projeções do balanço, portanto, recorremos a uma regra de 3. Nesse exemplo, nós temos as projeções do balanço e, portanto, sabemos que no último ano da projeção o capital de giro líquido da empresa é R$ 1.057.187 (some os itens do capital de giro líquido do balanço da Tabela 10.1 ou verifique o capital de giro líquido na Tabela 7.3 do Capítulo 7). Podemos supor que o capital de giro líquido crescerá os mesmos 3% na perpetuidade, portanto, o investimento em capital de giro líquido no ano 1 da perpetuidade (no caso do nosso exercício, o ano 6) será de R$ 31.715,6 (3% × 1.057.187). Porém, precisamos de um valor que se refira ao último ano do horizonte de projeção (no caso do nosso exercício, o ano 5), que posteriormente será acrescido da inflação para estimar o ano seguinte (primeiro ano da perpetuidade, no nosso exemplo, ano 6). Logo, faz-se necessário descontar a inflação do valor anteriormente obtido. Assim, no ano base da perpetuidade (ano 5), ele é R$ 30.792 (31.715,6 / (1 + 3%)), por coincidência, o mesmo utilizado no Capítulo 7. A variação do endividamento para a perpetuidade será calculada aplicando-se o crescimento (inflação) sobre o endividamento no ano 5, ou seja, R$ 6.678,6 (3% × 222.621). O endividamento pode ser obtido na Tabela 10.1. É importante destacar (a) que este valor refere-se ao ano 1 da perpetuidade (ano 6) e que (b) sugerimos, assim como o fizemos acima, utilizar o endividamento líquido do excesso de caixa. Devido a particularidades que possam existir, recomendamos que, no ponto de vista dos acionistas, trabalhe direto com o fluxo de caixa do ano 1 da perpetuidade (ano 6), em vez de trabalhar com o fluxo de caixa do ano base (ano 5). Para o nosso exemplo, calculamos o lucro líquido e a depreciação do ano 6 crescendo a inflação (3%) nos referidos números do ano 5 e igualamos o CAPEX com a depreciação. Portanto, o fluxo de caixa para o ano 1 da perpetuidade (ano 6) é R$ 248.133, como mostrado na Tabela 10.3.

Tabela 10.3 – Fluxo de Caixa para os Acionistas do último ano da projeção (Ano 5) e do primeiro ano da perpetuidade (Ano 6) da Mugo S.A.

|  | Ano 5 | Ano 6 |
|---|---|---|
| Lucro Líquido | 265.214 | 273.170,4 |
| (+) Depreciação | 110.186 | 113.491,6 |
| (–) CAPEX | (110.186) | (113.491,6) |
| (–) Invest. em Capital Giro Líq. | (30.792) | (31.715,6) |
| (+) Var. do Endividamento | (151.527) | 6.678,6 |
| (=) Fluxo de Caixa para os Acionistas | 82.895 | 248.133,4 |

Logo, a perpetuidade é R$ 1.772.381 $\left( \text{Perp}_5 = \dfrac{\text{FC}_6}{(i-g)} = \dfrac{248.133,4}{(17\% - 3\%)} \right)$.

4º Passo: calcule o valor presente do fluxo de caixa para os acionistas, inclusive a perpetuidade, obtendo o *equity value* de R$ 807.288.

No Capítulo 7, calculamos o *equity value* em R$ 873.408. A diferença entre os dois valores (R$ 807.288 e R$ 873.408) deve-se a diferenças nas premissas adotadas em cada um dos modelos (investidores e acionistas). Embora, no presente capítulo, tenhamos calculado o investimento em capital de giro líquido para a perpetuidade de uma maneira diferente daquela adotada no Capítulo 7, por acaso, os valores calculados equivalem-se aos utilizados no Capítulo 7. Portanto, essa não foi a diferença. A diferença está nas premissas de estrutura e custo de capital. No ponto de vista dos investidores, as premissas de estrutura e custo de capital estão no WACC. No ponto de vista dos acionistas, essas premissas estão "embutidas" nas projeções: no balanço (nas contas do endividamento líquido) e na DRE (no resultado financeiro). Pode-se verificar, na Tabela 10.1, que a proporção de 25% dívida e 75% *equity* não foi mantida ao longo do horizonte de projeção – a projeção de empréstimos e financiamentos (curto prazo e longo prazo) não parece ter seguido a lógica de 25% de dívida no capital (ressalva-se que essa proporção deve ser calculada com base nos valores econômicos e não contábeis).

Se o endividamento, no último ano de projeção, equivalesse a 25% (D/(D + E) adotado no WACC) do *firm value* do último ano de projeção, seria melhor calcular o lucro líquido do primeiro da perpetuidade a partir do resultado operacional do primeiro ano da perpetuidade (estimado como o resultado operacional do último ano de projeção acrescido da inflação, no caso: R$ 465.445,67), subtraindo a despesa financeira calculada a partir do endividamento do último ano de projeção multiplicado por rd (no caso R$ 222.621 × 13,6% = 30.276,46) e subtraindo o imposto de renda sobre o LAIR. No nosso exemplo, o lucro líquido para o primeiro ano da perpetuidade seria de R$ 287.211,68. Nesse caso, a perpetuidade seria R$ 1.872.676 e o *equity value* seria R$ 853.033.

Poderíamos pensar em calcular a despesa financeira do primeiro ano da perpetuidade considerando um endividamento que equivalesse a 25% do *firm value* do último ano de projeção (no caso, a própria perpetuidade de R$ 2.295.655,4 conforme Equação 7.1), o que resultaria em um lucro líquido para o primeiro ano da perpetuidade de R$ 255.679,64, um valor de perpetuidade de R$ 1.722.724 (lembre-se de ajustar a variação do endividamento no fluxo de caixa do primeiro ano da perpetuidade para considerar esse novo endividamento) e um *equity value* de R$ 784.638.

Usamos esse exercício para compararmos os valores calculados por ambos os pontos de vista e mostrar que não batem caso as premissas adotadas nos modelos sejam diferentes. Caso realmente pretendêssemos calcular o valor da Mugo por fluxo de caixa para os acionistas, deveríamos ser mais rigorosos na projeção (i) das contas de empréstimos e financiamentos (recomendamos que o excesso de caixa seja considerado zero em todos os anos, inclusive o ano base) e (ii) das despesas financeiras, ao longo de todo o horizonte de projeção. Tais contas impactam o resultado financeiro líquido que, por sua vez, impacta o lucro líquido. Distorções nessas contas implicarão distorção no *equity value*. Poder-se-ia projetar o endividamento ano a ano respeitando o peso do credor adotado no WACC e calcular a despesa financeira com base no rd também adotado no WACC. Não sendo essa a projeção, não poderíamos manter o custo de capital constante todos os anos.

Essas preocupações não existem no ponto de vista dos investidores, pois essas contas não entram no "roteiro" do cálculo do valor, tornando-se irrelevantes. A princípio, nem precisariam ser projetadas, pois não impactam o valor. Como mencionado, a estrutura e o custo de capital são definidos no cálculo do WACC.

*Exercício Parcialmente Resolvido 1*: calcule o *firm value* e o *equity value* da MLS S.A. cujas demonstrações financeiras projetadas (projeção nominal) estão apresentadas na Tabela 10.4 – utilize o ponto de vista dos investidores e o ponto de vista dos acionistas. Considere que a alíquota de IR é 34%, a relação dívida/capital total é 25%, o custo de dívida é 13,6%, o beta é 2,0, a inflação de longo prazo é 3,0% e a variação do PIB de longo prazo é 2,5%. O CAPEX é R$ 500.000, R$ 10.000, R$ 130.000, R$ 102.505 e R$ 110.186 para os anos 1 a 5, respectivamente. Os parâmetros gerais do CAPM são taxa livre de risco de 7,0% e prêmio de mercado de 5,0%. Por simplificação, considere, no ponto de vista dos acionistas, que o custo de capital dos acionistas é constante.

Tabela 10.4 – Demonstrações Financeiras da MLS S.A.

| | Real | Projetado | | | | |
|---|---|---|---|---|---|---|
| *Balanço* | Ano 0 | Ano 1 | Ano 2 | Ano 3 | Ano 4 | Ano 5 |
| Caixa Operacional | 9.000 | 7.250 | 12.000 | 14.000 | 14.420 | 14.853 |
| Excesso de Caixa | 0 | 0 | 0 | 0 | 0 | 0 |
| Contas a Receber | 320.000 | 640.000 | 670.000 | 610.000 | 628.300 | 647.149 |
| Estoque | 400.000 | 800.000 | 810.000 | 750.000 | 772.500 | 795.675 |
| Ativo Operacional Fixo | 294.800 | 697.840 | 609.840 | 639.840 | 641.323 | 641.323 |
| **Total do Ativo** | **1.023.800** | **2.145.090** | **2.101.840** | **2.013.840** | **2.056.543** | **2.099.000** |

*(Continua)*

CAP. 10 • FLUXO DE CAIXA PARA OS ACIONISTAS **123**

Tabela 10.4 – (*Continuação*)

| Contas a Pagar | 145.600 | 354.000 | 305.000 | 290.000 | 298.700 | 307.661 |
|---|---|---|---|---|---|---|
| Empr. e Financ. CP | 100.000 | 178.021 | 183.437 | 181.419 | 186.948 | 192.556 |
| Salários e Impostos a Pagar | 46.000 | 90.000 | 85.000 | 87.500 | 90.125 | 92.829 |
| Empr. e Financ. LP | 198.199 | 352.835 | 363.571 | 359.570 | 370.528 | 381.645 |
| Patrimônio Líquido | 534.001 | 1.170.234 | 1.164.832 | 1.095.351 | 1.110.242 | 1.124.309 |
| **Total do Passivo** | **1.023.800** | **2.145.090** | **2.101.840** | **2.013.840** | **2.056.543** | **2.099.000** |

|  | Real | Projetado | | | | |
|---|---|---|---|---|---|---|
| *Demonstrativo de Resultados* | Ano 0 | Ano 1 | Ano 2 | Ano 3 | Ano 4 | Ano 5 |
| **Vendas Líquidas** | **3.132.000** | **5.834.400** | **6.110.600** | **6.293.918** | **6.482.736** | **6.677.218** |
| (–) Custo do Produto Vendido | 2.610.000 | 4.980.000 | 5.071.798 | 5.223.952 | 5.380.671 | 5.542.091 |
| (–) Despesas Operacionais | 340.000 | 580.000 | 540.000 | 550.800 | 561.816 | 573.052 |
| (–) Depreciação | 38.900 | 96.960 | 98.000 | 100.000 | 101.022 | 110.186 |
| **(=) Resultado Operacional** | **143.100** | **177.440** | **400.802** | **419.166** | **439.227** | **451.889** |
| (–) Despesa Financeira Líquida | 33.343 | 40.555 | 72.196 | 74.393 | 73.574 | 75.817 |
| (=) LAIR | 109.757 | 136.885 | 328.606 | 344.773 | 365.653 | 376.072 |
| (–) Imposto de Renda | 37.317 | 46.541 | 111.726 | 117.223 | 124.322 | 127.865 |
| **(=) Lucro Líquido** | **72.440** | **90.344** | **216.880** | **227.550** | **241.331** | **248.208** |

Pelo **ponto de vista dos investidores** teríamos:

1º Passo: WACC de 15,00% (25% × 13,6% × (1 – 34%) + 75% × (7,0% + 2,0 × 5,0%)). No exercício usaremos todas as casas decimais.

2º Passo: fluxo de caixa dos investidores para os anos projetados – para tanto, é preciso calcular o capital de giro líquido de cada ano (Tabela 10.5).

Tabela 10.5 – Fluxo de Caixa para os Investidores da MLS S.A.

|  | Real | Projetado | | | | |
|---|---|---|---|---|---|---|
| *Inv. em Capital de Giro Líq.* | Ano 0 | Ano 1 | Ano 2 | Ano 3 | Ano 4 | Ano 5 |
| Capital de Giro Líquido | 537.400 | 1.003.250 | 1.102.000 | 996.500 | 1.026.395 | 1.057.187 |
| **Inv. em Capital de Giro Líq.** |  | **465.850** | **98.750** | **(105.500)** | **29.895** | **30.792** |

|  | Projetado | | | | |
|---|---|---|---|---|---|
| *Fluxo de Caixa para os Invest.* | Ano 1 | Ano 2 | Ano 3 | Ano 4 | Ano 5 |
| Resultado Operacional | 177.440 | 400.802 | 419.166 | 439.227 | 451.889 |
| (–) Imposto Operacional | (60.330) | (136.273) | (142.516) | (149.337) | (153.642) |
| (+) Depreciação | 96.960 | 98.000 | 100.000 | 101.022 | 110.186 |
| (–) CAPEX | (500.000) | (10.000) | (130.000) | (102.505) | (110.186) |
| (–) Invest. em Cap. de Giro Líq. | (465.850) | (98.750) | 105.500 | (29.895) | (30.792) |
| **(=) Fluxo de Caixa p/ Invest.** | **(751.780)** | **253.779** | **352.150** | **258.512** | **267.455** |

**124** VALUATION • SERRA / WICKERT

3º Passo: perpetuidade – para tanto, vamos considerar que a empresa não investe e não cresce, portanto, usaremos CAPEX = depreciação e crescimento de 3,0% (igual à inflação de longo prazo). Ajustaremos o investimento no capital de giro líquido para 3,0% do capital de giro líquido do ano 5, ou seja, R$ 30.792 (3% × 1.057.187 / (1 + 3%)). Assim, o fluxo de caixa base para a perpetuidade (Ano 5\*) é R$ 267.455 (por coincidência tanto o CAPEX como o investimento em capital de giro líquido do ano 5 são iguais aos do ano 5\*). A perpetuidade é R$ 2.296.803 ( $Perp_5 = \dfrac{FC_6}{(i-g)} = \dfrac{FC_5^* \times (1+g)}{(i-g)} = \dfrac{267.455 \times (1 + 3,0\%)}{(15,0\% - 3,0\%)}$ ).

4º Passo: *firm value* de R$ 1.192.796, obtido trazendo a valor presente o fluxo de caixa dos investidores pelo WACC.

5º Passo: *equity value* de R$ 894.597, obtido subtraindo do *firm value* a dívida líquida de R$ 298.199 (100.000 + 198.199 – 0).

Pelo **ponto de vista dos acionistas** teríamos:

1º Passo: custo do capital próprio de 17,0% (7,0% + 2,0 × 5,0%), que será mantido constante, a princípio, por simplificação.

2º Passo: fluxo de caixa dos acionistas para os anos projetados (Tabela 10.6) – aproveitando-se de alguns valores calculados na Tabela 10.5 e complementado com o cálculo da variação do endividamento.

Tabela 10.6 – Fluxo de Caixa para os Acionistas da MLS S.A.

| | Real | Projetado | | | | |
|---|---|---|---|---|---|---|
| *Variação do Endividamento* | Ano 0 | Ano 1 | Ano 2 | Ano 3 | Ano 4 | Ano 5 |
| Endividamento | 298.199 | 530.856 | 547.008 | 540.989 | 557.476 | 574.201 |
| **Variação do Endividamento** | | **232.657** | **16.152** | **(6.019)** | **16.488** | **16.724** |

| | Projetado | | | | |
|---|---|---|---|---|---|
| *Fluxo de Caixa para os Acion.* | Ano 1 | Ano 2 | Ano 3 | Ano 4 | Ano 5 |
| Lucro Líquido | 90.344 | 216.880 | 227.550 | 241.331 | 248.208 |
| (+) Depreciação | 96.960 | 98.000 | 100.000 | 101.022 | 110.186 |
| (–) CAPEX | (500.000) | (10.000) | (130.000) | (102.505) | (110.186) |
| (–) Invest. em Cap. de Giro Líq. | (465.850) | (98.750) | 105.500 | (29.895) | (30.792) |
| (+) Var. do Endividamento | 232.657 | 16.152 | (6.019) | 16.488 | 16.724 |
| **(=) Flx. de Cx. para Acionistas** | **(545.889)** | **222.281** | **297.031** | **226.441** | **234.140** |

3º Passo: perpetuidade – vamos montar o ano 6 para posteriormente montar a perpetuidade. Adotaremos as mesmas premissas: CAPEX = depreciação, investimento em capital de giro líquido de R$ 31.715,6 (3% × 1.057.187) e crescimento de 3%. Adicionalmente, consideraremos a variação do endividamento de R$ 17.226,0 (3% × 574.201). O lucro líquido, por sua vez, considerou o resultado operacional de R$ 465.445,7 (crescido a partir do ano 5) e a despesa financeira de R$ 78.091,3 (13,6% × 574.201), e foi calculado em R$ 255.653,9. Logo, o fluxo de caixa do ano 6 é R$ 241.164,3 (255.653,9 + 113.491,6 – 113.491,6 – 31.715,6 + 17.226,0). E a perpetuidade é R$ 1.722.602,1 $\left( Perp_5 = \dfrac{FC_6}{(i-g)} = \dfrac{241.164,3}{(17,0\% - 3,0\%)} \right)$.

4º Passo: calcular o *equity value*, trazendo a valor presente o fluxo de caixa dos acionistas pelo custo de capital próprio, obtendo R$ 894.597.

5º Passo: calcular o *firm value* somando ao *equity value* a dívida líquida de R$ 298.199 (100.000 + 198.199 – 0), obtendo R$ 1.192.796.

Neste exercício, tanto o ponto de vista dos investidores como o ponto de vista dos acionistas produziram o mesmo resultado. Isso deve-se ao fato de que (i) o endividamento foi projetado respeitando a proporção D/(D + E) de 25% ao longo de todos os anos da projeção, inclusive no ano 0; e (ii) a despesa financeira foi projetada respeitando o custo de dívida de 13,6% a.a. Verifique que os exercícios MLS e Mugo são iguais exceto pela projeção dos itens não operacionais das demonstrações financeiras (excesso de caixa, empréstimos, financiamentos, patrimônio líquido e despesa financeira líquida). Como as premissas operacionais são iguais nos dois exercícios, o *firm value* também o é (no exercício MLS nós usamos mais casas decimais para evitar distorções nos valores derivados dos arredondamentos, portanto, alguns números não estão idênticos nos dois exercícios, por exemplo, o valor da perpetuidade). O *equity value* dos dois exercícios (Mugo e MLS não são iguais, pois a dívida líquida do ano 0 não é a mesma nos dois exercícios).

Verifique que, no ano 0, o D/(D + E) calculado a partir das projeções é 25,0% (298.199/1.192.796,1). Se você tiver interesse, calcule o *firm value* do ano 5 ($FV_5$, igual a própria perpetuidade, no ponto de vista dos investidores) e verifique o D/(D + E) do ano 5 (574.201/2.296.802,8 = 25,0%). Faça o mesmo para os demais anos da projeção para verificar que a proporção de dívida no capital total foi mantida constante em 25,0%, todos os anos ($FV_1$ = 2.123.423,6; $FV_2$ = 2.188.030,4; $FV_3$ = 2.163.954,1 e $FV_4$ = 2.229.905,5). Com isso, estamos mantendo as mesmas premissas de estrutura e custo de capital nos dois modelos (fluxo de caixa para os investidores e fluxo de caixa para os acionistas), o que nos permite, inclusive, usar um custo de capital constante ao longo do horizonte de projeção.

Portanto, para a correta aplicação do ponto de vista do acionista é necessário (i) considerar que o fluxo de caixa para os acionistas foi efetivamente distribuído para evitar que seja projetada uma receita financeira sobre ele; e (ii) adequar a premissa de estrutura de capital (1) projetando o endividamento de forma a manter a relação dívida/capital total constante (que foi o que fizemos no exercício MSL) ou (2) adequando o custo de capital próprio ano a ano para refletir as mudanças na relação dívida/capital total (que faremos na próxima seção).

## Aprofundamento sobre a premissa da estrutura de capital

*Exemplo 3*: vamos calcular o valor de uma linha de transmissão (BBT S.A.). Considere que ela precise de R$ 100 de ativos operacionais fixos e nada de capital de giro líquido. O período de concessão é de 20 anos e ao término do período a linha será devolvida ao poder concedente. Considere também, para facilitar o raciocínio e os cálculos, que a linha será depreciada integralmente durante o período de concessão e não receberá nenhum investimento – nem de manutenção. Os credores financiam 50% do ativo operacional e os acionistas financiam os 50% restantes, calculados com base no seu valor contábil líquido (Tabela 10.7).

Suponha que a dívida custe 7,5% a.a. (as amortizações acontecem no final de cada ano, portanto, a despesa financeira é calculada com base na dívida inicial do período), o resultado operacional da linha de transmissão é R$ 7,4 e a alíquota de imposto é 40,0%. Com essas premissas, somos capazes de montar a DRE da empresa (Tabela 10.8).

Tabela 10.7 – Ativo e passivo da linha de transmissão BBT S.A.

| | Ativo | | | Passivo | |
|---|---|---|---|---|---|
| | Ativo Bruto | Deprec. Acum. | Ativo Líquido | Dívida | Patrim. Líquido |
| Ano 0 | 100,0 | 0,0 | 100,0 | 50,0 | 50,0 |
| Ano 1 | 100,0 | 5,0 | 95,0 | 47,5 | 47,5 |
| Ano 2 | 100,0 | 10,0 | 90,0 | 45,0 | 45,0 |
| Ano 3 | 100,0 | 15,0 | 85,0 | 42,5 | 42,5 |
| Ano 4 | 100,0 | 20,0 | 80,0 | 40,0 | 40,0 |
| Ano 5 | 100,0 | 25,0 | 75,0 | 37,5 | 37,5 |
| Ano 6 | 100,0 | 30,0 | 70,0 | 35,0 | 35,0 |
| Ano 7 | 100,0 | 35,0 | 65,0 | 32,5 | 32,5 |
| Ano 8 | 100,0 | 40,0 | 60,0 | 30,0 | 30,0 |
| Ano 9 | 100,0 | 45,0 | 55,0 | 27,5 | 27,5 |
| Ano 10 | 100,0 | 50,0 | 50,0 | 25,0 | 25,0 |
| Ano 11 | 100,0 | 55,0 | 45,0 | 22,5 | 22,5 |
| Ano 12 | 100,0 | 60,0 | 40,0 | 20,0 | 20,0 |
| Ano 13 | 100,0 | 65,0 | 35,0 | 17,5 | 17,5 |
| Ano 14 | 100,0 | 70,0 | 30,0 | 15,0 | 15,0 |
| Ano 15 | 100,0 | 75,0 | 25,0 | 12,5 | 12,5 |
| Ano 16 | 100,0 | 80,0 | 20,0 | 10,0 | 10,0 |
| Ano 17 | 100,0 | 85,0 | 15,0 | 7,5 | 7,5 |
| Ano 18 | 100,0 | 90,0 | 10,0 | 5,0 | 5,0 |
| Ano 19 | 100,0 | 95,0 | 5,0 | 2,5 | 2,5 |
| Ano 20 | 100,0 | 100,0 | 0,0 | 0,0 | 0,0 |

Tabela 10.8 – Demonstrativo de resultados da linha de transmissão BBT S.A.

| | Demonstrativo de Resultado | | | | |
|---|---|---|---|---|---|
| | Result. Oper. | Desp. Financ. | LAIR | IR | LL |
| Ano 1 | 7,4 | (3,8) | 3,7 | (1,5) | 2,2 |
| Ano 2 | 7,4 | (3,6) | 3,8 | (1,5) | 2,3 |
| Ano 3 | 7,4 | (3,4) | 4,0 | (1,6) | 2,4 |
| Ano 4 | 7,4 | (3,2) | 4,2 | (1,7) | 2,5 |
| Ano 5 | 7,4 | (3,0) | 4,4 | (1,8) | 2,6 |
| Ano 6 | 7,4 | (2,8) | 4,6 | (1,8) | 2,8 |
| Ano 7 | 7,4 | (2,6) | 4,8 | (1,9) | 2,9 |
| Ano 8 | 7,4 | (2,4) | 5,0 | (2,0) | 3,0 |
| Ano 9 | 7,4 | (2,3) | 5,2 | (2,1) | 3,1 |
| Ano 10 | 7,4 | (2,1) | 5,3 | (2,1) | 3,2 |
| Ano 11 | 7,4 | (1,9) | 5,5 | (2,2) | 3,3 |
| Ano 12 | 7,4 | (1,7) | 5,7 | (2,3) | 3,4 |
| Ano 13 | 7,4 | (1,5) | 5,9 | (2,4) | 3,5 |
| Ano 14 | 7,4 | (1,3) | 6,1 | (2,4) | 3,7 |
| Ano 15 | 7,4 | (1,1) | 6,3 | (2,5) | 3,8 |
| Ano 16 | 7,4 | (0,9) | 6,5 | (2,6) | 3,9 |
| Ano 17 | 7,4 | (0,8) | 6,7 | (2,7) | 4,0 |
| Ano 18 | 7,4 | (0,6) | 6,8 | (2,7) | 4,1 |
| Ano 19 | 7,4 | (0,4) | 7,0 | (2,8) | 4,2 |
| Ano 20 | 7,4 | (0,2) | 7,2 | (2,9) | 4,3 |

Considerando que o beta alavancado para 50% de dívida na estrutura de capital seja 0,5 e que os parâmetros gerais do CAPM sejam taxa livre de risco de 7,0% e prêmio de mercado de 5,0%, podemos calcular o WACC em 7,0% (50% × 7,5% × (1 – 40%) + 50% × (7,0% + 0,5 × 5,0%)).

A princípio, seríamos levados a crer que este seja o WACC em todos os anos, pois 50% dos ativos – a valor contábil – são financiados pelo credor ano após ano (Tabela 10.7).

Como a empresa é uma concessão e ao término do período de concessão ela será devolvida para o poder concedente pelo valor dos ativos da empresa que, nesse caso, é zero, o seu *firm value* é a soma do valor presente do fluxo de caixa para os investidores pelo período de concessão, sem nenhum valor residual. O fluxo de caixa para os investidores está apresentado na Tabela 10.9.

Tabela 10.9 – Fluxo de caixa para os investidores (Flx. Cx. p/ Inv.) da linha de transmissão BBT S.A.

| | Fluxo de Caixa para os Investidores | | | | | |
|---|---|---|---|---|---|---|
| | Result. Oper. | IR Oper. | Deprec. | CAPEX | Inv. CGL | Flx. Cx. p/ Inv. |
| Ano 1 | 7,4 | (3,0) | 5,0 | 0,0 | 0,0 | 9,4 |
| Ano 2 | 7,4 | (3,0) | 5,0 | 0,0 | 0,0 | 9,4 |
| Ano 3 | 7,4 | (3,0) | 5,0 | 0,0 | 0,0 | 9,4 |
| Ano 4 | 7,4 | (3,0) | 5,0 | 0,0 | 0,0 | 9,4 |
| Ano 5 | 7,4 | (3,0) | 5,0 | 0,0 | 0,0 | 9,4 |
| Ano 6 | 7,4 | (3,0) | 5,0 | 0,0 | 0,0 | 9,4 |
| Ano 7 | 7,4 | (3,0) | 5,0 | 0,0 | 0,0 | 9,4 |
| Ano 8 | 7,4 | (3,0) | 5,0 | 0,0 | 0,0 | 9,4 |
| Ano 9 | 7,4 | (3,0) | 5,0 | 0,0 | 0,0 | 9,4 |
| Ano 10 | 7,4 | (3,0) | 5,0 | 0,0 | 0,0 | 9,4 |
| Ano 11 | 7,4 | (3,0) | 5,0 | 0,0 | 0,0 | 9,4 |
| Ano 12 | 7,4 | (3,0) | 5,0 | 0,0 | 0,0 | 9,4 |
| Ano 13 | 7,4 | (3,0) | 5,0 | 0,0 | 0,0 | 9,4 |
| Ano 14 | 7,4 | (3,0) | 5,0 | 0,0 | 0,0 | 9,4 |
| Ano 15 | 7,4 | (3,0) | 5,0 | 0,0 | 0,0 | 9,4 |
| Ano 16 | 7,4 | (3,0) | 5,0 | 0,0 | 0,0 | 9,4 |
| Ano 17 | 7,4 | (3,0) | 5,0 | 0,0 | 0,0 | 9,4 |
| Ano 18 | 7,4 | (3,0) | 5,0 | 0,0 | 0,0 | 9,4 |
| Ano 19 | 7,4 | (3,0) | 5,0 | 0,0 | 0,0 | 9,4 |
| Ano 20 | 7,4 | (3,0) | 5,0 | 0,0 | 0,0 | 9,4 |

Considerando o WACC de 7,0% todos os anos, o *firm value* é R$ 100,0, o mesmo que o valor dos ativos operacionais no ano 0. Como a dívida inicial é R$ 50,0, o *equity value* é R$ 50,0. Significa que, aceitando receber R$ 7,4 de resultado operacional, a linha de transmissão remunera o capital adequadamente.

Façamos agora a análise do ponto de vista dos acionistas. O fluxo de caixa dos acionistas está apresentado na Tabela 10.10. Note que o fluxo de caixa para os acionistas é maior do que o lucro líquido, significando que a empresa deverá reduzir o capital para conseguir distribuir todo o fluxo de caixa para os acionistas. Veja, na Tabela 10.7, que a empresa reduz o capital em R$ 2,5 todos os anos, que é exatamente a diferença entre o fluxo de caixa para os acionistas e o lucro líquido. O valor presente do fluxo de caixa para os acionistas (*equity value*), trazido pelo custo do capital próprio de 9,5% (7,0% + 0,5 × 5,0%), é de R$ 47,9. Ou seja, inferior ao valor aportado pelos acionistas no ano 0 de R$ 50,0 e ao valor calculado pela abordagem para os investidores de R$ 50,0. Por essa análise, concluiríamos que receber R$ 7,4 de resultado operacional não seria suficiente para remunerar o capital adequadamente.

Tabela 10.10 – Fluxo de caixa para os acionistas (Flx. Cx. p/ Acion.) da linha de transmissão BBT S.A.

| | Fluxo de Caixa para os Acionistas | | | | | |
|---|---|---|---|---|---|---|
| | LL | Deprec. | CAPEX | Inv. CGL | Var. do Endiv. | Flx. Cx. p/ Acion. |
| Ano 1 | 2,2 | 5,0 | 0,0 | 0,0 | (2,5) | 4,7 |
| Ano 2 | 2,3 | 5,0 | 0,0 | 0,0 | (2,5) | 4,8 |
| Ano 3 | 2,4 | 5,0 | 0,0 | 0,0 | (2,5) | 4,9 |
| Ano 4 | 2,5 | 5,0 | 0,0 | 0,0 | (2,5) | 5,0 |
| Ano 5 | 2,6 | 5,0 | 0,0 | 0,0 | (2,5) | 5,1 |
| Ano 6 | 2,8 | 5,0 | 0,0 | 0,0 | (2,5) | 5,3 |
| Ano 7 | 2,9 | 5,0 | 0,0 | 0,0 | (2,5) | 5,4 |
| Ano 8 | 3,0 | 5,0 | 0,0 | 0,0 | (2,5) | 5,5 |
| Ano 9 | 3,1 | 5,0 | 0,0 | 0,0 | (2,5) | 5,6 |
| Ano 10 | 3,2 | 5,0 | 0,0 | 0,0 | (2,5) | 5,7 |
| Ano 11 | 3,3 | 5,0 | 0,0 | 0,0 | (2,5) | 5,8 |
| Ano 12 | 3,4 | 5,0 | 0,0 | 0,0 | (2,5) | 5,9 |
| Ano 13 | 3,5 | 5,0 | 0,0 | 0,0 | (2,5) | 6,0 |
| Ano 14 | 3,7 | 5,0 | 0,0 | 0,0 | (2,5) | 6,2 |
| Ano 15 | 3,8 | 5,0 | 0,0 | 0,0 | (2,5) | 6,3 |
| Ano 16 | 3,9 | 5,0 | 0,0 | 0,0 | (2,5) | 6,4 |
| Ano 17 | 4,0 | 5,0 | 0,0 | 0,0 | (2,5) | 6,5 |
| Ano 18 | 4,1 | 5,0 | 0,0 | 0,0 | (2,5) | 6,6 |
| Ano 19 | 4,2 | 5,0 | 0,0 | 0,0 | (2,5) | 6,7 |
| Ano 20 | 4,3 | 5,0 | 0,0 | 0,0 | (2,5) | 6,8 |

Assim, caso tenhamos feito a análise pelo ponto de vista dos investidores, concluiríamos que o resultado operacional de R$ 7,4 (que deriva da receita anual permitida) é adequado, mas caso tenhamos feito a análise pelo ponto de vista dos acionistas, concluiríamos que o resultado operacional de R$ 7,4 não é suficiente para remunerar o capital adequadamente.

No entanto, as análises deveriam bater, pois, aparentemente, foram adotadas as mesmas premissas (inclusive da estrutura de capital) nas duas análises.

Entretanto, estamos errando na premissa da estrutura de capital, que não é constante todos os anos. Vamos olhar o ano 19. Para calcularmos o *firm value* naquele ano teríamos que trazer o fluxo de caixa dos investidores do ano 20 a valor "presente" no ano 19. Logo, considerando o WACC de 7,0%, o *firm value* seria R$ 8,82 $\left( \dfrac{9,4}{1,07} \right)$. O valor de mercado da dívida, nesse mesmo ano, seria o fluxo de caixa da dívida (juros e amortização do ano 20) trazido a valor presente pelo custo da dívida (7,5%), ou seja, R$ 2,5 $\left(\dfrac{0,2+2,5}{1,075}\right)$. Logo, a estrutura de capital no ano 19 não é 50% dívida e 50% *equity*, mas sim 28,3% dívida $\left(\dfrac{2,5}{8,82}\right)$ e 71,7% *equity*. Note que deveríamos recalcular o WACC para o ano 19 considerando a estrutura de capital com 28,3% de dívida e 71,7% de *equity*. Se aplicássemos o WACC recalculado ao fluxo de caixa para os investidores do ano 20, obteríamos um novo *firm value* no ano 19 e, consequentemente, uma nova estrutura de capital para o ano 19, e assim por diante. Essa solução é iterativa...

Portanto, se a estrutura de capital não é aquela que imaginávamos, nenhum dos seguintes parâmetros é o que imaginávamos: beta alavancado, custo do capital próprio, WACC e *firm value* (e, consequentemente, o *equity value*) calculado pelo ponto de vista dos investidores e *equity value* (e, consequentemente, o *firm value*) calculado pelo ponto de vista dos acionistas. A princípio, o custo da dívida também não é o mesmo – entretanto, por simplificação, vamos considerá-lo constante.

Para calcularmos adequadamente o valor da linha de transmissão, precisamos do beta alavancado, do custo do capital próprio e do WACC ano a ano (supondo, por simplificação, o custo de dívida constante todos os anos, independentemente da mudança na estrutura de capital). O problema, repetindo, é que precisamos do *firm value* ano a ano para calcularmos a estrutura de capital ano a ano, e precisamos da estrutura de capital ano a ano para calcularmos o *firm value* ano a ano – há uma circularidade além dos detalhes nos cálculos. A Tabela 10.11 apresenta esses parâmetros ano a ano.

Tabela 10.11 – Parâmetros da estrutura e do custo de capital da linha de transmissão BBT S.A. ano a ano. Considera-se, por simplificação, que o custo da dívida seja constante

| | Parâmetros da estrutura e do custo de capital | | | | | |
|---|---|---|---|---|---|---|
| | *Firm Value* (D+E) | Dívida (D) | D/(D+E) | Beta Alav. | Custo do Capital Próprio | WACC |
| Ano 0 | 98,7 | 50,0 | 0,51 | 0,50 | 9,50% | 6,97% |
| Ano 1 | 96,1 | 47,5 | 0,49 | 0,49 | 9,45% | 7,01% |
| Ano 2 | 93,4 | 45,0 | 0,48 | 0,48 | 9,41% | 7,04% |
| Ano 3 | 90,5 | 42,5 | 0,47 | 0,47 | 9,37% | 7,08% |
| Ano 4 | 87,5 | 40,0 | 0,46 | 0,47 | 9,33% | 7,12% |
| Ano 5 | 84,3 | 37,5 | 0,44 | 0,46 | 9,29% | 7,16% |
| Ano 6 | 80,9 | 35,0 | 0,43 | 0,45 | 9,25% | 7,20% |
| Ano 7 | 77,3 | 32,5 | 0,42 | 0,44 | 9,22% | 7,24% |
| Ano 8 | 73,4 | 30,0 | 0,41 | 0,44 | 9,19% | 7,27% |
| Ano 9 | 69,3 | 27,5 | 0,40 | 0,43 | 9,16% | 7,31% |
| Ano 10 | 65,0 | 25,0 | 0,38 | 0,43 | 9,13% | 7,35% |
| Ano 11 | 60,3 | 22,5 | 0,37 | 0,42 | 9,10% | 7,38% |
| Ano 12 | 55,3 | 20,0 | 0,36 | 0,41 | 9,07% | 7,42% |
| Ano 13 | 50,0 | 17,5 | 0,35 | 0,41 | 9,05% | 7,45% |
| Ano 14 | 44,3 | 15,0 | 0,34 | 0,40 | 9,02% | 7,49% |
| Ano 15 | 38,1 | 12,5 | 0,33 | 0,40 | 9,00% | 7,52% |

*(Continua)*

Tabela 10.11 – (*Continuação*)

| | Parâmetros da estrutura e do custo de capital | | | | | |
|---|---|---|---|---|---|---|
| | *Firm Value* (D+E) | Dívida (D) | D/(D+E) | Beta Alav. | Custo do Capital Próprio | WACC |
| Ano 16 | 31,6 | 10,0 | 0,32 | 0,40 | 8,98% | 7,56% |
| Ano 17 | 24,5 | 7,5 | 0,31 | 0,39 | 8,96% | 7,59% |
| Ano 18 | 16,9 | 5,0 | 0,30 | 0,39 | 8,94% | 7,63% |
| Ano 19 | 8,8 | 2,5 | 0,29 | 0,38 | 8,92% | 7,66% |

Observe que o WACC, que imaginávamos ser 7,0% todos os anos, é, na grande parte do tempo, maior do que 7,0%, portanto, o *firm value* que imaginávamos ser R$ 100,0 é menor do que R$ 100,0, sendo de fato, no ano 0, R$ 98,7. E o custo do capital próprio que imaginávamos ser 9,5% todos os anos é menor, portanto, o *equity value*, que imaginávamos ser R$ 47,9, é maior, sendo de fato, no ano 0, R$ 48,7. Esses novos valores seriam encontrados por ambas as abordagens (investidores ou acionistas) caso utilizássemos as premissas de estrutura e custo de capital corretos, conforme apresentados na Tabela 10.11, para trazer a valor presente os fluxos de caixa, tanto para os investidores (Tabela 10.9) como para os acionistas (Tabela 10.10).

Note que esse problema não existe exclusivamente porque estamos tentando conciliar as duas abordagens. Esse problema é de formulação de premissa e modelagem. Pois, usando as premissas erradas, teríamos calculado o valor da linha de transmissão errado (ou teríamos aceitado receber uma receita anual permitida que não remuneraria corretamente o capital investido), independentemente da abordagem escolhida.

## Trapped cash

Suponha, no exemplo acima, que exista restrição para distribuir (reduzir) o capital, ou seja, que a distribuição para o acionista não possa exceder o lucro líquido. Como no nosso exemplo a distribuição é maior do que o lucro líquido, havendo a restrição, ela seria apenas igual ao lucro líquido, ou seja, menor do que o potencial de distribuição. O caixa não distribuído ficará retido na empresa (*trapped cash*) para ser liberado em algum momento no tempo – vamos supor, ao término da concessão.

Quando tiramos dinheiro de uma empresa (quando o caixa é ou pode ser efetivamente distribuído), esse dinheiro é devolvido aos investidores e deixa de custar o seu custo de capital. Isso é análogo, do ponto de vista financeiro, a manter o dinheiro investido ao próprio custo de capital. Suponha que pegamos R$ 100 de capital que custa 10%. Se devolvermos o dinheiro, liquidamos o problema. Se deixamos o dinheiro rendendo o próprio custo de capital, daqui a um período teremos R$ 110 que, se devolvido, também liquida o problema, pois no ano 1 estaremos devendo os mesmos R$ 110. Ou seja, devolver o dinheiro ou deixá-lo remunerando ao custo de capital é igual do ponto de vista financeiro.

Assim, não teríamos problema com o *trapped cash* se ele fosse investido ao custo de capital, uma vez que ele não pode ser efetivamente devolvido. O problema é que, para ele ser investido ao custo de capital, ele tem que ser reinvestido no negócio. O conceito de fluxo de caixa é de que o dinheiro disponível para distribuição não tem como ser reinvestido no negócio, pois o fluxo de caixa é calculado após considerar toda a necessidade de reinvestimento no negócio. No nosso exemplo, por se tratar de uma linha de transmissão, a premissa de reinvestimento do caixa retido no próprio negócio é ainda mais frágil. Para reinvestir o caixa retido no próprio negócio seria necessário ganhar uma nova concessão – o que não é

CAP. 10 • FLUXO DE CAIXA PARA OS ACIONISTAS **131**

uma premissa razoável, pois não se pode garantir que se ganhará uma nova concessão nem que, em se ganhando, o veículo para a exploração da nova concessão seja o mesmo da antiga.

Assim, muito provavelmente, o *trapped cash* será investido em alguma aplicação financeira que rende, em teoria, menos do que o custo de capital. E, portanto, haverá, sobre esse caixa, uma perda de valor referente ao *spread* negativo entre o custo de capital e a taxa de remuneração da aplicação financeira (carregamento financeiro negativo).

Como o que calculamos seguindo o roteiro apresentado é o fluxo de caixa potencialmente distribuído, em havendo *trapped cash*, deveríamos ajustá-lo para considerar a perda pelo carregamento financeiro negativo, calculando o fluxo de caixa passível de distribuição, sob o risco de, em não ajustando, superavaliarmos a empresa.

Alguns exemplos de situações em que pode ocorrer o *trapped cash* são os casos de empresas em que a margem EBITDA é alta, o CAPEX é inferior à depreciação e existe impedimento para reduzir o capital – esse impedimento pode ser devido a, por exemplo, (i) *covenants* nas dívidas (compromissos que a empresa assume perante o credor), (ii) restrição regulatória ou (iii) capital social zerado (fruto de alguns períodos com distribuição acima dos lucros). Pode ser o caso de algumas linhas de transmissão antigas com alta receita anual permitida e com restrições de distribuição de capital impostas pelo credor ou pelo poder concedente.

Voltando ao nosso exemplo, assumindo que não podemos reduzir o capital, portanto, limitando a distribuição ao lucro líquido, o ativo e o passivo da empresa seriam os apresentados na Tabela 10.12. Verifique que o capital é reduzido apenas no último ano de concessão. Atenção, continuamos amortizando a dívida no mesmo cronograma.

Tabela 10.12 – Ativo e passivo da linha de transmissão BBT S.A., considerando o impedimento de reduzir o capital, o que é possível, neste exemplo, apenas no término do período de concessão

| | Ativo | | | | Passivo | |
|---|---|---|---|---|---|---|
| | Ativo Bruto | Deprec. Acum. | Ativo Líquido | Caixa Retido | Dívida | Cap. Social |
| Ano 0 | 100,0 | 0,0 | 100,0 | 0,0 | 50,0 | 50,0 |
| Ano 1 | 100,0 | 5,0 | 95,0 | 2,5 | 47,5 | 50,0 |
| Ano 2 | 100,0 | 10,0 | 90,0 | 5,0 | 45,0 | 50,0 |
| Ano 3 | 100,0 | 15,0 | 85,0 | 7,5 | 42,5 | 50,0 |
| Ano 4 | 100,0 | 20,0 | 80,0 | 10,0 | 40,0 | 50,0 |
| Ano 5 | 100,0 | 25,0 | 75,0 | 12,5 | 37,5 | 50,0 |
| Ano 6 | 100,0 | 30,0 | 70,0 | 15,0 | 35,0 | 50,0 |
| Ano 7 | 100,0 | 35,0 | 65,0 | 17,5 | 32,5 | 50,0 |
| Ano 8 | 100,0 | 40,0 | 60,0 | 20,0 | 30,0 | 50,0 |
| Ano 9 | 100,0 | 45,0 | 55,0 | 22,5 | 27,5 | 50,0 |
| Ano 10 | 100,0 | 50,0 | 50,0 | 25,0 | 25,0 | 50,0 |
| Ano 11 | 100,0 | 55,0 | 45,0 | 27,5 | 22,5 | 50,0 |
| Ano 12 | 100,0 | 60,0 | 40,0 | 30,0 | 20,0 | 50,0 |
| Ano 13 | 100,0 | 65,0 | 35,0 | 32,5 | 17,5 | 50,0 |
| Ano 14 | 100,0 | 70,0 | 30,0 | 35,0 | 15,0 | 50,0 |
| Ano 15 | 100,0 | 75,0 | 25,0 | 37,5 | 12,5 | 50,0 |
| Ano 16 | 100,0 | 80,0 | 20,0 | 40,0 | 10,0 | 50,0 |
| Ano 17 | 100,0 | 85,0 | 15,0 | 42,5 | 7,5 | 50,0 |
| Ano 18 | 100,0 | 90,0 | 10,0 | 45,0 | 5,0 | 50,0 |
| Ano 19 | 100,0 | 95,0 | 5,0 | 47,5 | 2,5 | 50,0 |
| Ano 20 | 100,0 | 100,0 | 0,0 | 0,0 | 0,0 | 0,0 |

Considerando que o caixa retido renderá taxa livre de risco líquida de imposto de renda, o demonstrativo de resultado da empresa seria como apresentado na Tabela 10.13.

Tabela 10.13 – Demonstrativo de resultado da linha de transmissão BBT S.A., considerando o impedimento de reduzir o capital, o que é possível, neste exemplo, apenas no término do período de concessão. A coluna Receita Financ. apresenta a remuneração financeira do caixa retido na empresa (*trapped cash*)

| | Demonstrativo de Resultado | | | | | |
|---|---|---|---|---|---|---|
| | Result. Oper. | Desp. Financ. | Receita Financ. | LAIR | IR | LL |
| Ano 1 | 7,4 | (3,8) | 0,0 | 3,7 | (1,5) | 2,2 |
| Ano 2 | 7,4 | (3,6) | 0,2 | 4,0 | (1,6) | 2,4 |
| Ano 3 | 7,4 | (3,4) | 0,4 | 4,4 | (1,8) | 2,6 |
| Ano 4 | 7,4 | (3,2) | 0,5 | 4,7 | (1,9) | 2,8 |
| Ano 5 | 7,4 | (3,0) | 0,7 | 5,1 | (2,0) | 3,1 |
| Ano 6 | 7,4 | (2,8) | 0,9 | 5,5 | (2,2) | 3,3 |
| Ano 7 | 7,4 | (2,6) | 1,1 | 5,8 | (2,3) | 3,5 |
| Ano 8 | 7,4 | (2,4) | 1,2 | 6,2 | (2,5) | 3,7 |
| Ano 9 | 7,4 | (2,3) | 1,4 | 6,6 | (2,6) | 3,9 |
| Ano 10 | 7,4 | (2,1) | 1,6 | 6,9 | (2,8) | 4,1 |
| Ano 11 | 7,4 | (1,9) | 1,8 | 7,3 | (2,9) | 4,4 |
| Ano 12 | 7,4 | (1,7) | 1,9 | 7,6 | (3,1) | 4,6 |
| Ano 13 | 7,4 | (1,5) | 2,1 | 8,0 | (3,2) | 4,8 |
| Ano 14 | 7,4 | (1,3) | 2,3 | 8,4 | (3,3) | 5,0 |
| Ano 15 | 7,4 | (1,1) | 2,5 | 8,7 | (3,5) | 5,2 |
| Ano 16 | 7,4 | (0,9) | 2,6 | 9,1 | (3,6) | 5,5 |
| Ano 17 | 7,4 | (0,8) | 2,8 | 9,5 | (3,8) | 5,7 |
| Ano 18 | 7,4 | (0,6) | 3,0 | 9,8 | (3,9) | 5,9 |
| Ano 19 | 7,4 | (0,4) | 3,2 | 10,2 | (4,1) | 6,1 |
| Ano 20 | 7,4 | (0,2) | 3,3 | 10,5 | (4,2) | 6,3 |

O fluxo de caixa para os acionistas, considerando apenas a parcela passível de distribuição, seria conforme apresentado na Tabela 10.14. Note que essa parcela, nesse caso, é igual ao lucro líquido.

Nesse caso, não se pode mais calcular o valor presente com o fluxo de caixa da coluna Potencial Distr. (Potencial Distribuível), que é o resultado do roteiro do fluxo de caixa para os acionistas, por duas razões: (i) a empresa não pode distribuir esse caixa e, portanto, não é esse caixa que o acionista "enxerga" no seu bolso, e (ii) o lucro líquido considera a receita financeira do caixa retido, portanto, se todo o caixa fosse distribuído o lucro líquido não seria esse aqui calculado. O valor presente deve ser calculado com o fluxo de caixa da coluna Efetiv. Distr. (Efetivamente Distribuível), que considera a parcela do potencial distribuível que efetivamente pode ser distribuída – nesse caso, igual ao lucro líquido do período. Note que, no último ano, estamos distribuindo o lucro líquido do período e o capital social inteiro.

## CAP. 10 • FLUXO DE CAIXA PARA OS ACIONISTAS **133**

Tabela 10.14 – Fluxo de caixa para os acionistas da linha de transmissão BBT S.A., considerando o impedimento de reduzir o capital, o que é possível, neste exemplo, apenas no término do período de concessão. O potencial distribuível (Potencial Distr.) é o obtido pelo roteiro do fluxo de caixa, e o efetivamente distribuível (Efetiv. Distr.) é a parcela passível de distribuição, nesse caso, igual ao lucro líquido. A diferença é o caixa retido na empresa (*trapped cash*)

| | Fluxo de Caixa para os Acionistas | | | | | | | |
|---|---|---|---|---|---|---|---|---|
| | LL | Deprec. | CAPEX | Inv. CGL | Var. do Endiv. | Potencial Distr. | Efetiv. Distr. | Caixa Retido |
| Ano 1 | 2,2 | 5,0 | 0,0 | 0,0 | (2,5) | 4,7 | 2,2 | 2,5 |
| Ano 2 | 2,4 | 5,0 | 0,0 | 0,0 | (2,5) | 4,9 | 2,4 | 2,5 |
| Ano 3 | 2,6 | 5,0 | 0,0 | 0,0 | (2,5) | 5,1 | 2,6 | 2,5 |
| Ano 4 | 2,8 | 5,0 | 0,0 | 0,0 | (2,5) | 5,3 | 2,8 | 2,5 |
| Ano 5 | 3,1 | 5,0 | 0,0 | 0,0 | (2,5) | 5,6 | 3,1 | 2,5 |
| Ano 6 | 3,3 | 5,0 | 0,0 | 0,0 | (2,5) | 5,8 | 3,3 | 2,5 |
| Ano 7 | 3,5 | 5,0 | 0,0 | 0,0 | (2,5) | 6,0 | 3,5 | 2,5 |
| Ano 8 | 3,7 | 5,0 | 0,0 | 0,0 | (2,5) | 6,2 | 3,7 | 2,5 |
| Ano 9 | 3,9 | 5,0 | 0,0 | 0,0 | (2,5) | 6,4 | 3,9 | 2,5 |
| Ano 10 | 4,1 | 5,0 | 0,0 | 0,0 | (2,5) | 6,6 | 4,1 | 2,5 |
| Ano 11 | 4,4 | 5,0 | 0,0 | 0,0 | (2,5) | 6,9 | 4,4 | 2,5 |
| Ano 12 | 4,6 | 5,0 | 0,0 | 0,0 | (2,5) | 7,1 | 4,6 | 2,5 |
| Ano 13 | 4,8 | 5,0 | 0,0 | 0,0 | (2,5) | 7,3 | 4,8 | 2,5 |
| Ano 14 | 5,0 | 5,0 | 0,0 | 0,0 | (2,5) | 7,5 | 5,0 | 2,5 |
| Ano 15 | 5,2 | 5,0 | 0,0 | 0,0 | (2,5) | 7,7 | 5,2 | 2,5 |
| Ano 16 | 5,5 | 5,0 | 0,0 | 0,0 | (2,5) | 8,0 | 5,5 | 2,5 |
| Ano 17 | 5,7 | 5,0 | 0,0 | 0,0 | (2,5) | 8,2 | 5,7 | 2,5 |
| Ano 18 | 5,9 | 5,0 | 0,0 | 0,0 | (2,5) | 8,4 | 5,9 | 2,5 |
| Ano 19 | 6,1 | 5,0 | 0,0 | 0,0 | (2,5) | 8,6 | 6,1 | 2,5 |
| Ano 20 | 6,3 | 5,0 | 0,0 | 0,0 | (2,5) | 8,8 | 56,3 | 0,0 |

O valor presente, considerando o custo de capital dos acionistas de 9,5% em todos os períodos, é R$ 40,2 (abaixo do calculado em R$ 47,9 para a mesma suposição de custo de capital, mas considerando que todo o caixa pode ser distribuído). E o valor presente, considerando o custo de capital do acionista variável para refletir a variação na estrutura de capital, é R$ 42,1 (também abaixo dos R$ 48,7 para a mesma suposição de custo de capital, mas considerando que todo o caixa pode ser distribuído). Nota-se, portanto, a importância de uma boa modelagem nesses casos.

Nesses casos, tentar conciliar a abordagem dos acionistas com a abordagem dos investidores seria bastante trabalhoso, pois nem todo o caixa disponível pode ser distribuído, o que exigiria ajustes no fluxo de caixa para os investidores, assim como fizemos no fluxo de caixa para os acionistas. Portanto, não se recomenda calcular o fluxo de caixa para os investidores quando houver distribuição parcial do fluxo de caixa (também não recomendamos a abordagem para os investidores para avaliar bancos ou determinados projetos de *project finance*).

Portanto, nesses casos, a recomendação é usar o fluxo de caixa para os acionistas considerando apenas o caixa que pode efetivamente ser distribuído. A parcela do caixa que pode ser efetivamente distribuída poderá seguir alguma destas lógicas: (i) todo o caixa; (ii) todo o caixa até o limite do capital social (ou seja, não deixa o capital social ficar negativo); (iii) todo o caixa até um limite mínimo de capital social ou (iv) apenas o lucro, entre outras.

Por fim, gostaríamos de comentar que algumas pessoas podem entender que o caixa retido na empresa não tem o mesmo risco da operação da empresa e, portanto, não tem o mesmo custo de capital da empresa e sim o custo de capital de um investimento com menos risco. Assim, não haveria uma perda do *spread* entre o custo desse capital e a remuneração obtida com a aplicação desse caixa retido. No entanto, como esse capital não pode ser retirado da empresa, ele tem um risco adicional pela falta de liquidez, pelo qual dificilmente será remunerado em uma aplicação financeira, resultando em uma perda pelo carregamento financeiro negativo. Sugerimos, portanto, que essa perda seja endereçada pelo seu modelo.

# 11

# Avaliação por Múltiplos

Para introduzirmos a avaliação por múltiplos, vamos retomar, do Capítulo 1, a ideia da compra de um apartamento. Para precificar o apartamento em questão reuniremos preços de quatro apartamentos parecidos com aquele em que temos interesse e suas respectivas áreas, conforme apresentado na Tabela 11.1.

Tabela 11.1 – Preços de apartamentos e suas respectivas áreas

| Apartamento | Preço (R$ mil) | Área (m²) | R$/m² |
|:---:|:---:|:---:|:---:|
| 1 | 700,0 | 100 | 7.000 |
| 2 | 585,0 | 90 | 6.500 |
| 3 | 832,6 | 115 | 7.240 |
| 4 | 714,0 | 105 | 6.800 |
| | | **Média** | **6.885** |

Assumindo que o fator determinante na avaliação do imóvel seja sua área, para precificarmos o apartamento em questão, inicialmente calcularíamos o índice preço/m² de cada apartamento da amostra (R$ 7.000, R$ 6.500, R$ 7.240 e R$ 6.800, respectivamente). Posteriormente, calcularíamos a média do preço/m² (R$ 6.885) para, em seguida, inferirmos o valor do apartamento pelo que temos interesse, no caso com uma área de 120 m², em R$ 826,2 mil.

A avaliação de uma empresa por múltiplos segue a mesma lógica. Imagine que queiramos precificar uma empresa com R$ 120 de lucro líquido. Reuniríamos o preço e o respectivo lucro líquido de empresas parecidas e seguiríamos a mesma ideia, calculando: (i) preço/lucro líquido de cada empresa, (ii) média do preço/lucro líquido e (iii) preço da nossa empresa.

Observe que essa técnica é simplesmente uma triangulação de dados, uma regra de 3. Esse comentário não é um demérito, é apenas uma constatação.

A suposição por trás da técnica é a de que o mercado, em média, proporciona referências interessantes para a avaliação tanto de apartamentos como de empresas. Portanto, ao calcular a média do índice (também chamado múltiplo), obteríamos uma importante referência de valor para o apartamento ou para a empresa sendo avaliados.

Assim como um apartamento precisa ter preço para entrar na amostra, uma empresa também precisa ter preço para entrar na amostra. Podemos obter empresas com preço de duas formas: (i) empresas listadas em bolsa de valores e (ii) por meio de transações privadas entre empresas que tenham tido seus termos divulgados ao público.

Diferentemente de uma avaliação por fluxo de caixa descontado, a análise por múltiplos deve ser entendida como uma avaliação relativa a uma amostra e, portanto, é essencial que as empresas componentes dessa amostra sejam similares à empresa que está sendo avaliada.

Na prática, é comum a utilização das duas técnicas (fluxo de caixa descontado e múltiplos) de forma complementar, extraindo de cada uma delas aspectos diferentes com relação à avaliação do ativo em questão. Além disso, o valor obtido por uma técnica pode ser confrontado com o valor obtido pela outra, sendo uma forma de checar a consistência desses valores.

## Parâmetros

Note que os múltiplos são compostos de um preço (valor) dividido por um parâmetro (p. ex.: R$/m$^2$). Para avaliar um apartamento, sua área (em m$^2$) é um parâmetro bem usual, entre os diversos parâmetros existentes (número de quartos, quantidade de vagas, altura do pé-direito etc.).

Assim, dentre as várias possibilidades de parâmetros de uma empresa, operacionais ou financeiros, queremos saber quais são usuais. Ou seja, o que usar no lugar de m$^2$ para formar o múltiplo?

Alguns parâmetros são obtidos na DRE da empresa, sendo os mais comuns: (i) lucro líquido (*earnings*), (ii) EBITDA e (iii) vendas. Lucro líquido: por ser uma ideia da parcela que remanesce para o acionista. EBITDA: por ser visto como uma primeira ideia, com críticas, de geração de caixa da empresa (e o valor de algo deveria ser estimado pela sua capacidade de gerar caixa). Vendas é um parâmetro apropriado em algumas situações, tais como (i) empresas novas que gerem vendas, mas eventualmente apresentem prejuízo, ou lucro ainda muito incipientes, e (ii) empresas em países nos quais você não conhece a contabilidade e, portanto, (a) você não conhece bem o que acontece entre vendas e lucro líquido ou (b) você sabe que o tratamento contábil difere do brasileiro.

Outros parâmetros são obtidos no balanço das empresas, sendo o mais comum: o patrimônio líquido.

Por fim, poderíamos considerar alguns parâmetros que seriam indicadores de capacidade de geração de vendas, tais como: número de usuários, tamanho de loja etc. O índice (múltiplo) seria, por exemplo: valor/número de assinantes (no caso de telefonia ou televisão por assinatura), valor/número de alunos (no caso de escola), valor/m$^2$ de loja (no caso de empresa de varejo), valor/m$^3$ de tanque de gasolina (no caso de posto de gasolina) ou valor/megawatt (no caso de empresa de geração de energia). Os múltiplos formados com esses parâmetros são chamados de múltiplos específicos. Esse nome dá-se pelo fato de m$^3$ de tanque de gasolina ou número de alunos serem parâmetros específicos de determinados setores, porém lucro líquido (ou prejuízo), EBITDA, vendas e patrimônio líquido são gerais para todos os setores. Atenção com os múltiplos específicos, pois pode ser que tenhamos pouca sensibilidade para eles. Ou seja, podemos até ter ideia de uma faixa razoável para o múltiplo valor/lucro líquido, sendo capazes de identificar distorções nele, mas pode ser que não tenhamos o mesmo conforto sobre uma faixa razoável para o múltiplo valor/usuários cadastrados (para avaliar uma empresa de vendas pela Internet) – assim, caso o mercado esteja otimista (pessimista) com determinado setor, ao avaliar empresas por múltiplos específicos, você poderá ser refém desse otimismo (pessimismo). Dada a natureza relativa da avaliação por múltiplos, esse deverá ser sempre um ponto importante para nossa atenção qualquer que seja o múltiplo escolhido. É o chamado efeito manada.

## Múltiplos

Até agora, referimo-nos aos múltiplos chamando genericamente o numerador de "valor". Pode-se pensar em termos de: (a) *firm value* ou *enterprise value* (valor relativo aos investidores: credores e acionistas) ou (b) *equity value* (valor relativo ao acionista).

Os parâmetros relativos aos investidores devem ser relacionados com *firm value* (FV) ou *enterprise value* (EV). Da DRE, todos os parâmetros até o resultado operacional (EBIT) seriam relativos aos investidores. A partir do EBIT é que existe a divisão entre credores e acionistas, sendo a despesa financeira do credor e o lucro líquido do acionista. Os parâmetros específicos, por serem características da empresa como um todo, também são dos investidores. Assim, os múltiplos são: FV/EBITDA, FV/Vendas, FV/Número de Assinantes, FV/Número de Alunos, FV/MW, e assim por diante.

Relativos aos acionistas têm-se: *Equity Value*/Lucro Líquido e *Equity Value*/Patrimônio Líquido. Como o *Equity Value* pode ser obtido, no mercado, por meio da multiplicação da quantidade de ações pelo preço, ele costuma ser chamado de preço ou *price*. Assim, o *Equity Value*/Lucro Líquido é conhecido como Preço/Lucro ou *Price/Earnings* e o *Equity Value*/Patrimônio Líquido é conhecido como Preço/Valor Patrimonial ou *Price/Book*, onde *book* é uma referência ao valor de livro (contábil) do patrimônio líquido.

Desses, os três principais, a nosso ver, são: FV/EBITDA, *Price/Earnings* e *Price/Book*, sendo o último bastante usual para avaliar bancos e empresas de incorporação (nesse caso, usando um valor para *book* ajustado) e os dois primeiros bastante usados de maneira geral.

*Exemplo 1*: vamos calcular o *firm value* e o *equity value* de uma empresa do setor de papel e celulose (JEL S.A.) que tenha um EBITDA de R$ 950 milhões e R$ 3.970MM de dívida líquida, considerando as empresas indicadas na Tabela 11.2. Suponha que estamos avaliando a empresa em outubro de 2008.

Tabela 11.2 – *Firm Value*, EBITDA e FV/EBITDA de empresas de papel e celulose

| Empresa | *Firm Value* (R$ MM) | EBITDA (R$ MM) | FV/EBITDA |
|---|---|---|---|
| Aracruz | 19.135,0 | 1.618,5 | 11,8 |
| Klabin | 10.600,0 | 742,8 | 14,3 |
| Suzano Papel e Celulose | 13.458,7 | 1.212,8 | 11,1 |
| Votorantim Celulose e Papel | 12.563,4 | 953,9 | 13,2 |

**Fonte:** Elaborada pelos autores com base em informações da Economática® em outubro de 2008.

O primeiro passo é verificar a comparabilidade das empresas da amostra com a empresa que está sendo avaliada. Normalmente consideram-se, na amostra, as empresas do mesmo setor.

O segundo passo é calcular a média (além da média, poderia ser usada a média ponderada ou a mediana, caso seja mais indicado) dos múltiplos das empresas na amostra, obtendo-se um FV/EBITDA médio de 12,6.

O terceiro passo é calcular o *firm value* (FV) da JEL, multiplicando o múltiplo médio (12,6) pelo EBITDA da JEL (R$ 950MM), obtendo R$ 11.970MM.

O quarto passo é calcular o *equity value*, subtraindo do *firm value* (R$ 11.970MM) a dívida líquida (R$ 3.970MM), obtendo R$ 8.000MM (Figura 11.1).

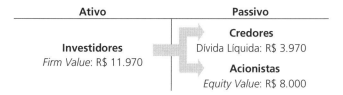

Figura 11.1 – *Firm Value* e *Equity Value* da JEL S.A., em R$ MM

Para montar a Tabela 11.2, foram necessárias as informações de *firm value* (FV) e EBITDA de cada uma das empresas da amostra. Como já comentado, pode-se formar a amostra a partir de empresas listadas em bolsa. O FV pode ser obtido multiplicando a quantidade de ações pelo preço por ação e, posteriormente, somando a dívida líquida da empresa. O EBITDA e a dívida líquida podem ser calculados com informações obtidas nas demonstrações financeiras da empresa que, por ser listada, são públicas.

*Exemplo 2*: vamos calcular o *firm value* e o *equity value* de uma empresa de ensino superior (MaSi) que terá lucro líquido em 2012 de R$ 30MM e tem dívida líquida de R$ 137MM. Considere as empresas listadas na Tabela 11.3. Suponha que estamos avaliando a empresa em agosto de 2011.

Tabela 11.3 – FV/EBITDA e *Price/Earnings* (P/E) de empresas de educação

| Empresa | FV/EBITDA | | P/E | |
|---|---|---|---|---|
| | 2011 | 2012 | 2011 | 2012 |
| Anhanguera | 12,7 | 9,6 | 19,0 | 14,0 |
| Estácio | 9,0 | 7,0 | 13,9 | 10,7 |
| Kroton | 12,2 | 8,4 | 30,7 | 14,7 |
| Abril | 6,2 | 4,9 | 12,3 | 8,1 |

**Fonte:** Elaborada pelos autores com base em informações do ItaúBBA em agosto de 2011.

O primeiro passo é verificar se todas as empresas da tabela são comparáveis a MaSi. Vamos considerar que, da lista, apenas a Abril não seja comparável por não ser uma empresa de ensino superior; seus negócios principais incluem a publicação de livros didáticos, desenvolvimento de sistemas de ensino para o segmento escolar e instituições de ensino fundamental, técnico e médio.

O segundo passo é calcular a média dos múltiplos das empresas mantidas na amostra. Considerando as três primeiras empresas da Tabela 11.3, obtém-se um $P/E_{2012}$ médio de 13,1. Observe que como o lucro da MaSi usado é de 2012, utiliza-se o P/E também de 2012.

O terceiro passo é calcular o *equity value* da MaSi, multiplicando o múltiplo médio (13,1) pelo lucro líquido da MaSi (R$ 30MM), obtendo R$ 393MM. Note que, ao usar o múltiplo P/E obtém-se o *equity value*, diferentemente do *firm value* obtido com a utilização do FV/EBITDA do Exemplo 1.

O quarto passo é calcular o *firm value*, somando ao *equity value* (R$ 393MM) a dívida líquida (R$ 137MM), obtendo R$ 530MM (Figura 11.2).

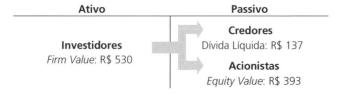

Figura 11.2 – *Firm Value* e *Equity Value* da MaSi S.A., em R$ MM

## Múltiplos Importados

Por vezes não se encontra um número suficiente de empresas brasileiras listadas na B3 para compor a amostra de empresas comparáveis. Nesse caso, costuma-se olhar para empresas de outros países.

Assim como pode ser desaconselhável usar o preço/m² de outros países para avaliar apartamentos no Brasil, importar múltiplos para avaliar empresas também pode sê-lo.

Imagine que você queira avaliar uma empresa no Brasil a partir do múltiplo de uma empresa nos Estados Unidos, ambas do mesmo setor. Considerando o fluxo de caixa (FC) como parâmetro, o múltiplo seria FV/FC. Considere que a empresa americana tenha fluxo de caixa de R\$ 100, i de 10% e não cresça, seu preço (FV) seria R\$ 1.000, calculado por fluxo de caixa descontado com $\frac{FC}{i} = \frac{100}{10\%}$. Portanto, o múltiplo da empresa americana seria 10x. Caso a empresa brasileira tenha FC de R\$ 10, seu valor, a partir do múltiplo da empresa americana, seria R\$ 100. Por outro lado, considerando suas características de i de 12% (o contexto brasileiro é mais arriscado do que o contexto americano) e sem crescimento, ela valeria, por fluxo de caixa descontado, R\$ 83,3 $\left( \frac{FC}{i} = \frac{10}{12\%} \right)$. Logo, calcular o valor da empresa no Brasil a partir do múltiplo importado dos Estados Unidos, nesse caso, sobreavaliaria a empresa brasileira (considerando apenas diferenças no custo de capital entre os dois países). Esse aspecto torna a utilização de múltiplos importados desaconselhável.

O fato de termos mais risco no Brasil, comparativamente aos Estados Unidos, faz com que, em geral e *ceteris paribus*, os múltiplos brasileiros sejam menores do que os múltiplos americanos. O maior risco no Brasil pode ser explicado por (colocado de uma forma um pouco diferente do que já foi colocado no Capítulo 6): (i) empresas no Brasil têm menor obrigação de transparência; (ii) as leis no Brasil costumam ter uma execução menos efetiva; (iii) as empresas brasileiras têm pior governança; (iv) a liquidez das ações das empresas no Brasil é menor; e (v) outros pontos, como risco cambial, risco econômico e risco político.

No entanto, além do custo de capital (risco), o crescimento real (acima da inflação) também é um importante direcionador de valor. Suponha que a empresa americana não crescerá e que a empresa brasileira crescerá 3% (por não ser um mercado maduro, o Brasil tem, em tese, um potencial de crescimento maior do que os Estados Unidos, um mercado maduro). A empresa americana continuaria valendo R\$ 1.000 e a empresa brasileira valeria R\$ 111,1 $\left( \frac{FC}{i - g} = \frac{10}{12\% - 3\%} \right)$. Nesse caso, importar um múltiplo americano subavaliaria a empresa brasileira (pois, calcularia seu FV em R\$ 100). Lembre-se de que (a) crescimento *per si* não aumenta o preço das empresas, mas sim crescimento acompanhado de retorno sobre o capital investido em excesso ao custo de capital (Capítulo 9) e (b) deveríamos verificar a consistência entre o fluxo de caixa e o crescimento, aspectos ignorados por não ser o foco da presente discussão.

Conclui-se que o valor de uma empresa no Brasil relativamente a uma empresa fora do Brasil pode ser menor ou maior, dependendo, entre outras coisas, da diferença nos dois países: (i) do custo de capital, (ii) do *spread* entre o retorno e o custo de capital e (iii) do crescimento real.

Portanto, os múltiplos importados deveriam sofrer um ajuste para serem aplicados no Brasil, que poderiam seguir a lógica da Equação 11.1.

$$\text{Múltiplo}_{\text{Importado}} \times (1 + FA) = \text{Múltiplo}_{\text{Brasil}} \qquad \text{Equação 11.1}$$

Em que Múltiplo$_{\text{Importado}}$ é o múltiplo calculado para uma empresa fora do Brasil, FA é o fator de ajuste entre os países e Múltiplo$_{\text{Brasil}}$ é o múltiplo a ser utilizado no Brasil (múltiplo importado contextualizado para o Brasil).

O problema é obter esse fator de ajuste (que pode ser um ágio e, portanto, positivo, ou um deságio e, portanto, negativo). Uma alternativa para a obtenção desse fator de ajuste, que é bastante criticada por embutir inúmeras simplificações, seria verificar qual o ágio ou deságio médio existente entre o múltiplo do índice da bolsa do país de origem do múltiplo *versus* o múltiplo do índice da bolsa do Brasil (Ibovespa). Além da crítica por se tratar de um ágio ou deságio médio, essa comparação embute importantes distorções advindas das diferenças estruturais das duas economias e das diferenças de composição setorial dos dois índices.

Caso consideremos adequada essa abordagem, por exemplo, ao importarmos um múltiplo de empresa americana, deveríamos olhar o múltiplo do índice da bolsa americana ($S\&P_{500}$) comparativamente ao múltiplo do índice da bolsa brasileira (Ibovespa) para verificarmos se, em média, as empresas no Brasil são negociadas com ágio ou deságio em relação às empresas nos Estados Unidos.

*Exemplo 3*: você quer importar o múltiplo (P/E) de uma empresa de papel e celulose americana para aplicar na avaliação de uma empresa no Brasil. O P/E da empresa americana é 15,3, o P/E do índice da bolsa americana é 12,5 e o P/E do índice da bolsa brasileira é 8,0. Qual seria o múltiplo ajustado a ser usado para avaliar a empresa brasileira?

O primeiro passo é descobrir o fator de ajuste (FA) médio entre as empresas americanas e as empresas brasileiras utilizando o P/E dos índices das duas bolsas. Esse cálculo poderia ser feito usando a lógica da Equação 11.1:

$$\text{Múltiplo}_{\text{Importado}} \times (1 + \text{FA}) = \text{Múltiplo}_{\text{Brasil}} \rightarrow 12,5 \times (1 + \text{FA}) = 8,0$$

$$\text{FA} = \frac{8,0}{12,5} - 1 = -36,0\%$$

Ou seja, em média, os múltiplos das empresas brasileiras têm 36% de deságio (fator de ajuste negativo) em relação aos múltiplos das empresas americanas.

O segundo passo é aplicar o deságio médio de 36% no múltiplo a ser importado, também utilizando a lógica da Equação 11.1:

$$\text{Múltiplo}_{\text{Importado}} \times (1 + \text{FA}) = \text{Múltiplo}_{\text{Brasil}} \rightarrow 15,3 \times (1 - 36\%) = \text{Múltiplo}_{\text{Brasil}}$$

$$\text{Múltiplo}_{\text{Brasil}} = 9,8$$

Logo, aplicaríamos na avaliação da empresa brasileira o múltiplo contextualizado 9,8 e não o múltiplo original 15,3.

Verifique que o raciocínio aqui também é o da regra de 3. O múltiplo médio americano é 12,5 e o múltiplo médio brasileiro é 8,0. O múltiplo da empresa nos Estados Unidos é 15,3 e quer-se saber qual seria o múltiplo de uma empresa no Brasil. Portanto:

$$\frac{12,5}{8,0} = \frac{15,3}{X} \rightarrow X = \frac{15,3 \times 8,0}{12,5} = 9,8$$

A Tabela 11.4 apresenta o fator de ajuste para determinados países em três datas distintas (outubro de 2011, março de 2009 e junho de 2006).

Tabela 11.4 – Ágio ou deságio entre a bolsa de determinados países e a bolsa brasileira em outubro de 2011, março de 2009 e junho de 2006. P/E das bolsas em outubro de 2011.

| País | P/E (Out. 2011) | P/E Ibovespa (Out. 2011) | Ágio (Out. 2011) | Ágio (Mar. 2009) | Ágio (Jun. 2006) |
|---|---|---|---|---|---|
| Estados Unidos | 12,5 | 8,0 | –36,0% | –13,7% | –41,2% |
| Canadá | 14,9 | 8,0 | –46,3% | 7,3% | –48,4% |
| Chile | 14,6 | 8,0 | –45,2% | –27,9% | –42,0% |
| Alemanha | 9,9 | 8,0 | –19,2% | –42,1% | –25,3% |
| Japão | 16,0 | 8,0 | –50,0% | –60,4% | –72,4% |
| Grã-Bretanha | 10,4 | 8,0 | –23,1% | –42,5% | –40,9% |
| México | 17,0 | 8,0 | –52,9% | –18,5% | –0,5% |

**Fonte:** Elaborada pelos autores com base em informações da Bloomberg® nas respectivas datas.

Em praticamente todos os casos da Tabela 11.4 o múltiplo brasileiro médio apresentava um deságio em relação aos múltiplos médios de outros países.

Considerar, para qualquer empresa brasileira, um fator de ajuste médio pode causar distorções. Como vimos, pelo menos dois aspectos causam a diferença nos múltiplos: a diferença no custo de capital e a diferença na taxa de crescimento. Para o fator de ajuste médio ser razoável, seria necessário que a diferença no custo de capital e a diferença na taxa de crescimento fossem as mesmas para as diversas empresas brasileiras em relação às empresas americanas correspondentes. Até poderíamos admitir que a diferença no custo de capital de uma empresa no Brasil do setor A e a sua correspondente nos Estados Unidos seja igual a diferença no custo de capital de uma empresa no Brasil do setor B e a sua correspondente nos Estados Unidos. No entanto, não seria razoável admitir o mesmo para a taxa de crescimento. Ou seja, não seria razoável admitir que a diferença no crescimento de uma empresa no Brasil do setor A e a sua correspondente nos Estados Unidos seja igual a diferença no crescimento de uma empresa no Brasil do setor B e a sua correspondente nos Estados Unidos. Seria melhor admitir que as diferenças de crescimento (entre Brasil e Estados Unidos) são semelhantes para empresas de um mesmo setor. Portanto, uma alternativa seria calcular o fator de ajuste por setor em vez de um único fator de ajuste médio com base em todos os setores (desde que o setor em questão, no Brasil, tenha mais de uma empresa).

Como já exemplificamos o caso do fator de ajuste negativo para o Brasil (deságio), em relação aos Estados Unidos, vamos exemplificar o caso de ágio. Segundo o laudo de avaliação da Tivit (elaborado pelo Credit Suisse em junho de 2010 e disponível em cvm.gov. br), os múltiplos FV/EBITDA$_{2011}$ de empresas comparáveis a Tivit tinham, em média, os seguintes valores, por país – Brasil: 7,5, Estados Unidos: 7,0, Índia: 11,5 e Chile: 7,6. Ou seja, se importássemos um múltiplo dos Estados Unidos poderíamos ter que adicionar um ágio para aplicá-lo no Brasil (a média brasileira foi calculada com duas empresas, a americana, com oito, a indiana, com três e a chilena, com uma). Não obstante o ágio para este setor em particular, o índice da bolsa brasileira, apresentava, na mesma data, deságio em relação ao Índice da bolsa americana.

O mesmo pode-se dizer com relação ao setor farmacêutico que, no Brasil e em novembro de 2015, era negociado a 14,8x o EBITDA (FV/EBITDA médio do setor farmacêutico brasileiro) e nos Estados Unidos era negociado a 12,5x o EBITDA (FV/EBITDA médio do setor farmacêutico americano). Note que as empresas do setor farmacêutico no Brasil negociavam com ágio em relação às empresas americanas do mesmo setor, embora a bolsa brasileira, em média e na mesma data, negociava com deságio em relação à bolsa americana.

*Exemplo 4*: vamos calcular o *firm value* e o *equity value* de uma loja de departamentos brasileira (DeptoBR) que tem EBITDA de R$ 360MM e dívida líquida de R$ 972MM. Considere as empresas chilenas listadas na Tabela 11.5. Utilize o deságio de 45,2% para importar os múltiplos chilenos (Tabela 11.4). Suponha que estamos avaliando a empresa em outubro de 2011.

Tabela 11.5 – *Firm Value*, EBITDA e FV/EBITDA de lojas de departamento chilenas.

| Empresa | Firm Value (MM) | EBITDA (MM) | FV/EBITDA |
|---:|---:|---:|---:|
| Ripley | 2.057 | 185 | 11,1 |
| Cencosud | 6.114 | 481 | 12,7 |
| Falabella | 8.644 | 500 | 17,3 |
| La Polar | 928 | 89 | 10,4 |

**Fonte:** Elaborada pelos autores com base em informações do Bloomberg®.

O primeiro passo é verificar a comparabilidade das empresas da amostra com a empresa sendo avaliada. Apesar das diferenças de tamanho, os negócios são bastante comparáveis. Como a DeptoBR é uma empresa mais comparável às empresas grandes da amostra (EBITDA de 360MM), optaremos por calcular a média ponderada no próximo passo, que privilegia as empresas grandes da amostra.

O segundo passo é calcular a média ponderada do múltiplo das empresas, obtendo-se um FV/EBITDA de 14,1.

O terceiro passo é aplicar o deságio médio de 45,2% ao múltiplo acima, obtendo-se um múltiplo contextualizado para o Brasil de 7,7 (14,1 × (1 − 45,2%)).

O quarto passo é calcular o *firm value* da DeptoBR, multiplicando o múltiplo médio ponderado e contextualizado (7,7) pelo EBITDA da DeptoBR (R$ 360MM), obtendo R$ 2.772MM.

O quinto passo é calcular o *equity value*, subtraindo do *firm value* (R$ 2.772MM) a dívida líquida (R$ 972MM), obtendo R$ 1.800MM (Figura 11.3).

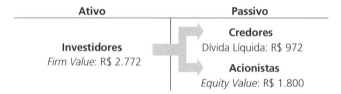

Figura 11.3 – *Firm Value* e *Equity Value* da DeptoBR S.A., em R$ MM

O único passo a mais que fizemos em relação ao que vínhamos fazendo foi ajustar o múltiplo importado para o contexto brasileiro.

## Aplicação

*Exemplo 5*: vamos calcular o *firm value* e o *equity value* de uma empresa do setor siderúrgico (GB S.A.), considerando as empresas brasileiras e as americanas, listadas na Tabela

CAP. 11 • AVALIAÇÃO POR MÚLTIPLOS **143**

11.6, as demonstrações financeiras da GB S.A., apresentadas na Tabela 11.7, o múltiplo médio do Ibovespa de 6,5 e o múltiplo médio do S&P$_{500}$ de 10,0.

Tabela 11.6 – Dados de empresas de siderurgia brasileiras e americanas

Painel 1 – Empresas Brasileiras

| Empresa | Qtde. de Ações (MM) | Preço por Ação (R$) | Dívida Líquida (R$ MM) | EBITDA (R$ MM) |
|---|---|---|---|---|
| Jack | 75,0 | 32,9 | 400,0 | 830,0 |
| Morg | 651,0 | 33,9 | 1.900,0 | 5.100,0 |
| Sidn | 272,0 | 61,3 | 5.200,0 | 4.300,0 |
| Jerd | 445,0 | 46,0 | 2.500,0 | 4.700,0 |
| Forj | 225,0 | 66,9 | 2.200,0 | 4.200,0 |
| Vili | 33,0 | 37,4 | 350,0 | 400,0 |

Painel 2 – Empresas Americanas

| Empresa | Qtde. de Ações (MM) | Preço por Ação (US$) | Dívida Líquida (US$ MM) | EBITDA (US$ MM) |
|---|---|---|---|---|
| Sixs | 2.200,0 | 47,3 | 40.710,0 | 17.700,0 |
| Mill | 2.020,0 | 45,3 | 36.000,0 | 16.200,0 |
| Acex | 1.380,0 | 58,0 | 33.500,0 | 14.600,0 |
| Trup | 700,0 | 86,9 | 29.800,0 | 11.900,0 |

Tabela 11.7 – Demonstrações Financeiras da GB S.A. (em R$ MM)

| Ativo | | Passivo | |
|---|---|---|---|
| Caixa Operacional | 1.500 | Contas a Pagar | 700 |
| Excesso de Caixa | 1.400 | Impostos a Pagar | 300 |
| Contas a Receber | 1.500 | Salários a Pagar | 200 |
| Estoque | 1.100 | Empréstimos | 6.200 |
| Máq. e Equip. Líq. | 12.200 | Patrimônio Líquido | 10.300 |
| **Total** | **17.700** | **Total** | **17.700** |

| DRE | |
|---|---|
| **Vendas Líquidas** | **17.300** |
| (–) CPV | 11.200 |
| (–) Despesas Operacionais | 2.500 |
| (–) Depreciação | 600 |
| **(=) Resultado Operacional** | **3.000** |
| (–) Despesa Financeira Líquida | 420 |
| (=) LAIR | 2.580 |
| (–) IR | 877 |
| **(=) Lucro Líquido** | **1.703** |

O primeiro passo é verificar a comparabilidade das empresas da amostra com a empresa sendo avaliada. A GB S.A. tem EBITDA de R$ 3.600MM, assim eliminaremos da amostra com as empresas brasileiras (painel 1 da Tabela 11.6) a primeira e a última empresas. Não eliminaremos nenhuma empresa americana.

O segundo passo é calcular o FV/EBITDA de cada empresa. Para tanto, precisa-se calcular o *firm value* de cada empresa, o que pode ser obtido multiplicando-se a quantidade de ações pelo preço por ação para posteriormente adicionar a dívida líquida.

O terceiro passo é calcular a média do múltiplo das empresas, obtendo-se um FV/EBITDA de 4,7 para a amostra de empresas brasileiras (desconsiderando a primeira e a última empresas brasileiras) e 7,9 para a amostra das empresas americanas.

O quarto passo é calcular o deságio médio entre as empresas brasileiras e as empresas americanas, de 35,0% $\left( \dfrac{6,5}{10,0} - 1 \right)$, e aplicar o deságio médio ao múltiplo das empresas americanas, obtendo-se um múltiplo ajustado para o Brasil de 5,1 (7,9 × (1 − 35,0%)).

O quinto passo é calcular o FV da GB S.A. Para dar transparência a sua análise, é melhor calcular separadamente (i) o *firm value* aplicando o múltiplo da amostra de empresas brasileiras e (ii) o *firm value* aplicando o múltiplo da amostra de empresas americanas. Considerando o EBITDA de R$ 3.600MM, obtêm-se (i) R$ 16.920MM e (ii) R$ 18.360MM, respectivamente.

O sexto passo é calcular a dívida líquida da GB S.A. subtraindo da dívida (6.200MM) o excesso de caixa (1.400MM), obtendo uma dívida líquida de R$ 4.800MM.

O último passo é calcular o *equity value*, subtraindo do *firm value* (R$ 16.920MM e R$ 18.360MM, calculado com base na amostra brasileira e americana, respectivamente) a dívida líquida (R$ 4.800MM), obtendo R$ 12.120MM e R$ 13.560MM.

## Múltiplos de Transações Precedentes

Para compor a amostra, a empresa tem que ter preço. Já comentamos que existem duas fontes de empresas para a amostra: (i) empresas listadas e (ii) empresas que foram compradas em transações privadas para as quais existam informações sobre o preço pago pelas mesmas. Aos múltiplos formados por (i) empresas listadas em bolsa chamam-se múltiplos de mercado ou múltiplos de negociação, e aos múltiplos formados por (ii) empresas da segunda amostra chamam-se múltiplos de transações ou múltiplos precedentes.

Na Tabela 11.8 verifica-se uma amostra formada a partir de transações de compra e venda de empresas.

Tabela 11.8 – Múltiplos de transações.

| Data | Comprador | Vendedor | Firm Value (US$ MM) | Firm Value / EBITDA |
|---|---|---|---|---|
| Jan. 2006 | Mittal | Arcelor | 25.932 | 3,1 |
| Nov. 2005 | Gerdau | Sidenor | 826 | 3,4 |
| Out. 2005 | Mittal | KryvorizhStal | 4.736 | 8,6 |
| Out. 2005 | Arcelor | Acesita | 1.662 | 3,9 |
| Maio 2005 | Techint | Hylsamex | 2.545 | 3,1 |

**Fonte:** Elaborada pelos autores com base no laudo de avaliação da Aços Villares elaborado pelo ItaúBBA datado de 3 de fevereiro de 2006.

Verifica-se na Tabela 11.8 que as transações ocorreram em datas distintas e, eventualmente, distantes da data da análise. Logo, os múltiplos de transações não traduzem o sentimento atual do mercado, mas sim nas respectivas datas das transações. Já o chamado múltiplo de mercado traduz o sentimento atual do mercado. Sob esse aspecto, os múltiplos de mercado podem ser mais adequados.

No entanto, a importância do múltiplo de transação está (i) na precificação feita por uma empresa que, muitas vezes, tem *expertise* no setor e também acesso a um maior conjunto de informações e (ii) na identificação de potencial ágio a ser pago pela compra de controle. Os compradores, quando negociando o controle, podem estar dispostos a pagar um ágio ou prêmio de controle. O múltiplo de mercado normalmente reflete negócios envolvendo minoritários e, portanto, não capturam nenhum dos aspectos descritos acima.

Vamos falar brevemente sobre o prêmio de controle, sem aprofundarmos ou avaliarmos o seu mérito. Podemos enxergar o preço a mais que o controlador estaria disposto a pagar como (i) um prêmio de controle por parte do controlador ou (ii) um desconto pelo não controle por parte do minoritário. (i) O prêmio de controle poderia ser justificado, entre outras justificativas, por (1) assimetria de informação ou (2) sinergias extraídas pelo controlador por conta de sua propriedade no negócio, pois a aquisição poderia proporcionar, por exemplo: (a) uma possível aceleração de planos de investimento ou (b) uma capacidade de negociação maior com os fornecedores ao negociar as demandas do conjunto das empresas combinadas, entre outras sinergias; tudo isso sendo bastante discutível. (ii) O desconto pelo não controle poderia ser justificado, entre outras justificativas, por uma maior percepção de risco por parte do minoritário que, portanto, desconta o mesmo fluxo de caixa por um custo de capital maior (comparativamente ao majoritário). A razão pela maior percepção de risco por parte do minoritário está no sentimento que ele tem de poder ser expropriado. A expropriação pode dar-se de várias maneiras, tais como: (a) desvio de fluxo de caixa, (b) contratação de pessoas ligadas aos controladores que, de fato, não trabalham na empresa, (c) contratação de pessoas ligadas aos controladores que, embora efetivamente trabalhem na empresa, têm salários acima do salário de mercado, (d) compra de produtos e/ou contratação de serviços de empresas ligadas aos controladores por preços superfaturados etc. A redução desse sentimento de expropriação do minoritário envolve (1) o aumento da transparência, (2) a equidade de votos e (3) o *tag-along*, que estipula um preço mínimo a ser pago pelas ações dos minoritários em relação ao preço pago para o controlador em uma transação, três pontos endereçados pelos segmentos diferenciados de governança corporativa no Brasil (N1, N2 e Novo Mercado).

O múltiplo de mercado, que traduz o preço pago pelos minoritários (que geralmente são os compradores e vendedores de ações na B3), não reflete esse prêmio. Os múltiplos de transações, desde que envolvam compra de controle, podem refletir esse prêmio. Logo, o múltiplo de transações é uma importante fonte de informação para quando desejamos calcular o valor de uma empresa a ser pago na compra do seu controle.

## Seleção de Empresas Comparáveis

O maior problema a ser enfrentado na aplicação da técnica de avaliação por múltiplos está na seleção de empresas para a amostra, que deve conter apenas empresas comparáveis à que está sendo avaliada. Uma solução bastante comum é escolher empresas do mesmo setor de atuação. No Brasil, em geral tem-se um baixo número de empresas listadas por setor de atuação, portanto, muitas vezes, esse é o único filtro aplicado. O ideal seria poder aplicar, entre as empresas do mesmo setor, outros filtros, como os apresentados no Quadro 11.1.

Quadro 11.1 – Filtros para a seleção de empresas comparáveis (elaborado pelos autores)

Painel 1 – Perfil de Negócio

| Filtro | Comentário |
|---|---|
| Setor | Empresas do mesmo setor tendem a ter direcionadores de valor, riscos e oportunidades similares. |
| Subsetor | Não basta ser do mesmo setor, idealmente deveríamos procurar empresas do mesmo subsetor – o que, muitas vezes, é difícil. Por exemplo, para avaliar uma empresa de transmissão de energia, não seria suficiente relacionar empresas do setor elétrico (setor), deveríamos relacionar apenas as empresas de transmissão de energia (subsetor). |
| Produtos e Serviços | As empresas deveriam seguir a mesma lógica em termos de (i) serem diversificadas ou focadas ou (ii) oferecerem produtos e serviços *commodities* ou diferenciados. |
| Estrutura de Mercado | O que se quer destacar aqui é que, por exemplo, empresas do setor de aço podem ser diferentes dependendo do mercado final, assim, uma empresa pode vender aço para montadoras de veículos e outra para empresas do setor de construção civil, o que as torna diferentes. Outro ponto é que mesmo que ambas vendam para o setor de construção civil, uma pode ter como consumidor direto as empresas de incorporação e outra as empresas de material de construção. Estes aspectos tornam empresas do mesmo setor diferentes em termos de riscos, oportunidades e custos (por exemplo, custo de distribuição). |
| Maturidade | As empresas deveriam estar em momentos similares do seu ciclo de desenvolvimento, pois este é determinante em termos de rentabilidade e dinâmica de crescimento. |

Painel 2 – Perfil Financeiro

| Filtro | Comentário |
|---|---|
| Tamanho | As empresas deveriam ter o mesmo tamanho (medido pelo valor de mercado ou vendas), pois empresas de diferentes tamanhos têm diferentes oportunidades e apresentam riscos diferentes. |
| Crescimento | As empresas deveriam ter a mesma taxa de crescimento, pois crescimento é um importante direcionador de valor. |
| Endividamento | As empresas deveriam ter estruturas de capital semelhantes, pois, caso contrário, tendem a ter riscos diferentes. |
| Rentabilidade | A diferença na rentabilidade indica diferente capacidade de agregação de valor. |
| Outros fatores | As empresas deveriam ser iguais em termos de liquidez, transparência, governança, estrutura de propriedade e base de investidores. |

Vale a pena destacar que existem pesquisas acadêmicas que analisam qual a melhor forma de identificação de empresas comparáveis, considerando dois potenciais agrupamentos: (i) setorial (*industry membership*) ou (ii) por fundamentos econômicos; sendo possível um agrupamento híbrido: aplicando-se um filtro econômico dentro do agrupamento setorial (por exemplo, os filtros apresentados no Quadro 11.1).

## Ajustes por Particularidades

Por se tratar de uma análise relativa por triangulação de dados (regra de 3), a avaliação por múltiplos é falha em capturar as particularidades das empresas. Vejamos um exemplo com a comparação direta entre duas empresas com características distintas.

*Exemplo 6*: vamos calcular o *firm value* de uma empresa de incorporação (ReEst) por meio do múltiplo FV/EBITDA de outra empresa do setor (BaMu). Suponha que a BaMu tenha *firm value* de R$ 5.000MM e EBITDA de R$ 500MM. Assim, o múltiplo FV/EBITDA da BaMu é 10x. Suponha que a ReEst tenha EBITDA de R$ 350MM. Aplicando o múltiplo da BaMu, a ReEst vale R$ 3.500MM (10 × 350).

Agora suponha que a BaMu tenha um banco de terrenos (*landbank*) que vale R$ 1.000MM e a ReEst tenha R$ 100MM de banco de terrenos. Para simplificar, o banco de terrenos de ambas as empresas já está totalmente pago. De posse dessa informação você ainda acha que a ReEst vale R$ 3.500MM?

Verifique que o EBITDA da ReEst é 70% do EBITDA da BaMu e, portanto, o *firm value* da ReEst é 70% do *firm value* da BaMu (por consequência de avaliação por múltiplos ser uma aplicação de uma regra de 3). Para uma "perfeita" adequação da técnica, a ReEst deveria ser, em "todos" os aspectos, 70% da BaMu; mas o banco de terrenos da ReEst não é 70% do banco de terrenos da BaMu, é menor. Portanto, a ReEst tem uma particularidade em relação à BaMu.

Devemos procurar harmonizar a comparabilidade das duas empresas para permitir uma melhor avaliação relativa. Uma forma de isolar o efeito dessa particularidade seria calcular o *firm value* da BaMu após expurgar o seu banco de terrenos – R$ 4.000MM (5.000 – 1.000). Em seguida, recalcular o FV/EBITDA ajustado, que seria 8,0x. Logo, poderíamos calcular o *firm value* ajustado da ReEst em R$ 2.800MM (8 × 350). Esse *firm value* ajustado não considera o banco de terrenos da ReEst, portanto, por último, temos que somar ao *firm value* ajustado da ReEst o seu banco de terrenos, obtendo um *firm value* de R$ 2.900MM (2.800 + 100). Esse valor seria mais condizendo com a particularidade da ReEst do que o valor de R$ 3.500MM anteriormente calculado.

Veja que se a ReEst tivesse um banco de terrenos equivalente a 70% do banco de terrenos da BaMu, ou seja, R$ 700MM, deveríamos somar R$ 700MM de banco de terrenos ao *firm value* ajustado de R$ 2.800MM, chegando ao valor de R$ 3.500MM, o mesmo valor caso não tivéssemos feito nenhum ajuste.

Percebe-se que a utilização do múltiplo puro não capturou a particularidade da ReEst de ter banco de terrenos desproporcionalmente menor do que a BaMu. Para capturar essa particularidade foi necessário calcular um múltiplo ajustado por essa particularidade.

Outra possibilidade, que permite a utilização do múltiplo puro, seria verificar que, para a ReEst ser 70% da BaMu, em todos os aspectos (ou seja, não apresentar particularidades), ela deveria ter R$ 700MM de banco de terrenos. Se fosse assim, ela valeria R$ 3.500MM (10 × 350). No entanto, como ela tem apenas R$ 100MM de banco de terrenos, seu preço deve ser abatido pela diferença de R$ 600MM, ou seja, ela vale R$ 2.900MM (3.500 – 600)

Alguns comentários:

1. Logicamente, as relações não são lineares, pode haver diferença qualitativa entre os bancos de terrenos e as operações das empresas que impacte o valor dos bancos.

2. Alguém poderia argumentar que o efeito ficaria diluído ao usar mais de uma empresa para formar o FV/EBITDA médio, o que pode atenuar as diferenças; porém, caso a ReEst não seja uma empresa média no setor, o valor atribuído a ela pode não capturar a sua particularidade.

3. No caso de haver mais de uma empresa na amostra, o ideal seria ajustar os múltiplos por particularidades antes de calcular o múltiplo médio, obtendo assim o múltiplo médio já ajustado por essas particularidades, para então aplicar esse múltiplo médio ajustado à empresa que está sendo avaliada.

4. Essa mesma ideia pode ser aplicada para outros contextos. Por exemplo: ao avaliar uma empresa de siderurgia que, em vez de distribuir o seu excesso de caixa, aplica-o na compra de matéria-prima. Essa empresa terá um estoque de matéria-prima maior do que aquele que seria o seu estoque operacional caso ela operasse como as demais empresas (a

particularidade). Se usarmos o múltiplo médio das demais empresas – que não operam com esse excesso de estoque – não computaremos essa particularidade da empresa. Assim, seria conveniente avaliar o estoque em excesso e atribuir esse valor adicional à empresa em questão.

5. O mesmo raciocínio é válido para qualquer ativo ou passivo (operacional ou não operacional) que a empresa tenha a mais ou a menos do que as demais empresas do setor.

## Fully Diluted Shares Outstanding

Até o momento tratamos os acionistas como um bloco único, com participação no fluxo de caixa residual da empresa após o serviço de seus demais investidores (credores). No entanto, também dentro desse grupo, existem distinções de acordo com certos termos contratuais e cláusulas entre os acionistas e a empresa. Por exemplo, crescentemente observamos empresas oferecendo programas de remuneração executiva com base em opções que permitem aos executivos participar em parcela do fluxo de caixa que seria originalmente destinada aos acionistas. Adicionalmente, com o desenvolvimento e a sofisticação do mercado de capitais brasileiro, também observamos o uso de uma maior variedade de instrumentos financeiros para financiar as atividades e projetos das empresas, como títulos de capital híbrido (também chamados de capital mezanino), que possuem características tanto de dívida quanto de ações. Nesse grupo de instrumentos, podemos citar os títulos de dívida conversíveis em ações e bônus de subscrição (*warrants*).

Para calcular o *equity value* de uma empresa, que lançou opções em programas de bonificação ou em títulos de dívida conversíveis, precisamos antes calcular a quantidade de ações existentes considerando o potencial exercício dessas opções. Caso as opções não sejam exercidas, nada muda em termos de ações existentes (*outstanding*); mas caso as opções sejam exercidas, os atuais acionistas são diluídos societariamente e o número total de ações emitidas em geral aumentará. Costuma-se referir ao número total de ações emitidas assumindo a conversão desses instrumentos como *fully diluted shares outstanding*. A ocorrência de diluição societária, onde os atuais acionistas terão uma participação menor na empresa no futuro, não implica necessariamente perda de valor econômico para eles. Para determinarmos a existência de transferência de valor econômico entre atuais e futuros acionistas é crítico entender o impacto econômico da diluição.

A prática de mercado é fazer os ajustes considerando o efeito no *equity value* apenas relativo às opções que seriam exercidas no momento do cálculo (parcela *in the money*). E o *equity value* calculado considerando esse efeito deve ser usado para calcular o P/E ou o FV/EBITDA da empresa, bem como outros múltiplos. O uso somente das opções *in the money* é uma simplificação de mercado que pode gerar importantes distorções. A simplificação advém (i) da premissa de que o preço reflete adequadamente o valor da empresa e o impacto econômico da diluição; (ii) da utilização apenas da parcela *in the Money*; e (iii) do exercício da opção na data da análise – a precificação de opções requer técnicas específicas que não serão cobertas no livro.

*Exemplo 7*: A Minerva S.A. é uma empresa de abate e processamento de carnes, além da venda e exportação de carnes *in natura* resfriadas, congeladas e processadas. Em setembro de 2009, a empresa promoveu um aumento de capital com o objetivo de reduzir sua alavancagem financeira. Como benefício adicional para os acionistas que participassem do aumento de capital, foi concedido a eles um bônus de subscrição que, simplificadamente, dava-lhes o direito de subscrever uma ação adicional da empresa ao preço de R$ 5,30 para cada ação integralizada no aumento de capital. Esse direito poderia ser exercido a qualquer momento dentro de um prazo de até dois anos (até 1º de setembro de 2011). Vamos calcular o *equity value* da Minerva em 30 de dezembro de 2010, quando suas ações eram negociadas no mercado a R$ 6,98. Existiam 105,8 milhões de ações no mercado e aproximadamente 30 milhões de bônus de subscrição ainda não convertidos (preço de exercício de R$ 5,30 cada).

Caso as opções vencessem em 30 de dezembro de 2010, elas dariam uma perda para os atuais acionistas de R$ 1,68 por opção, referente ao ganho dos detentores das opções, calculado por meio da diferença entre o preço da ação e o preço de exercício da opção. Como devemos esperar que o mercado antecipe essa perda, ela já deveria estar precificada no valor de R$ 6,98 por ação.

Se a empresa não tivesse lançado as opções, então, o valor de mercado dos acionistas atuais deveria ser maior do que os R$ 738,5 milhões, equivalentes a 105,8 milhões de ações a R$ 6,98 cada, pois como descrevemos acima, o atual valor de mercado das ações já deveria refletir a transferência de valor dos atuais acionistas para os futuros acionistas – os detentores das opções. E, de forma simplificada, o adicional de valor seria igual ao valor da perda total esperada, de R$ 50,4 milhões, equivalente a R$ 1,68 por opção. Portanto, o valor de mercado dos atuais acionistas, caso a empresa não tivesse lançado as opções, seria R$ 788,9 milhões. Esse é o *equity value* da empresa, que seria integralmente dos atuais acionistas caso a empresa não tivesse lançado opções, porém, como a empresa lançou opções, esse *equity value* é dos atuais e futuros acionistas. Assim, o *equity value* a ser considerado no cálculo do PE ou FV/EBITDA é R$ 788,9 milhões e não R$ 738,5 milhões.

Outra forma de calcular o *equity value* seria pensar em termos de número de ações líquidas a serem incorporadas ao número de ações existentes, e para isso vamos assumir que os recursos obtidos pela empresa com o exercício dos bônus de subscrição seriam utilizados para a recompra de ações, e não para suas atividades operacionais. Assim, caso as opções fossem exercidas, a empresa levantaria R$ 159 milhões (equivalente a R$ 5,30 por opção), emitindo 30 milhões de novas ações. Com os R$ 159 milhões levantados, a empresa seria capaz de recomprar no mercado 22,8 milhões de ações a R$ 6,98, que é o preço no mercado de cada ação. Assim, o aumento líquido no número de ações é 7,2 milhões de ações, equivalente as 30 milhões de ações emitidas e as 22,8 milhões de ações recompradas. Portanto, para se calcular o *equity value* da empresa deveríamos considerar 113 milhões de ações (105,8 + 7,2), obtendo R$ 788,7 milhões (113 × 6,98), o mesmo calculado no parágrafo anterior (exceto por arredondamentos).

Para termos conforto quanto a essas duas formas de refletir o impacto das opções, façamos o exercício de trás para a frente. Considere que o *equity value* seja R$ 788,7 milhões. Caso não existissem as opções, cada ação valeria R$ 7,45 (788,7 milhões/105,8 milhões). A existência de 30 milhões de opções a R$ 5,30 representa uma perda para os atuais acionistas de R$ 50,4 milhões (igual ao ganho dos detentores das opções), portanto, o valor deles é R$ 738,5 milhões que, considerando as suas 105,8 milhões de ações, representam R$ 6,98 por ação.

No caso em questão podemos fazer uso de uma informação adicional para nossa análise. Os bônus de subscrição emitidos foram admitidos para negociação na B3 de forma que também temos um valor de mercado atribuído a eles. Seu preço era de R$ 1,77/bônus em 30/12/2010, totalizando aproximadamente R$ 53,1 milhões. Conforme descrevemos anteriormente, a avaliação mais precisa de um instrumento com opcionalidade deve ser feita idealmente com modelos de precificação para opções e deve diferir do cálculo de seu valor assumindo sua conversão em um momento específico. O valor atribuído pelo mercado ao instrumento, assumindo que ele possui representatividade e negociabilidade adequadas, passa a ser uma melhor estimativa do valor transferido para os futuros acionistas em uma data anterior à conversão. Assim, podemos somar o valor de mercado dos bônus de subscrição ao valor de mercado das ações da empresa de forma a obter uma referência mais precisa do que seria seu *equity value* para cálculo de múltiplos (738,5 milhões + 53,1 milhões = R$ 791,6 milhões).

*Exemplo 8*: Em abril de 2009, a PDG Realty S.A., incorporadora com ampla atuação em diversos segmentos do mercado imobiliário brasileiro, concluiu uma emissão de R$ 276 milhões em debêntures conversíveis em ações, cujos recursos foram destinados para usos corporativos gerais e fortalecimento de sua estrutura de capital. Vamos calcular o *equity value* da PDG Realty S.A. em 30 de junho de 2009, quando suas ações eram negociadas no mercado a R$ 21,29, havia 154,1 milhões de ações em circulação (líquidas de ações recompradas pela empresa e debêntures já convertidas em ações) e as debêntures eram sujeitas a conversão a um preço de R$ 17,0. Assumiremos, para efeito do exemplo, que o total de debêntures ainda não convertidas era de aproximadamente R$ 215 milhões (já ajustado pelas conversões realizadas até a data).

Caso pensemos apenas em termos de 154,1 milhões de ações a R$ 21,29 cada, o *equity value* seria de R$ 3.280,8 milhões. Porém, caso a opção de conversão fosse exercida em 30 de junho, a dívida conversível de R$ 215 milhões deixaria de ser dívida para compor o *equity value*. Em contrapartida, a empresa lançaria 12,6 milhões de novas ações (215/17). Como o mercado já deveria ter antecipado a conversão, o fato em si não mudaria o preço das ações. Logo, o *equity value* deve ser calculado com o total de ações potenciais após a conversão de 166,7 milhões de ações (154,1 + 12,6) a R$ 21,29 cada, resultando em R$ 3.549,0 milhões. Portanto, o *equity value* a ser considerado no cálculo do P/E ou FV/EBITDA deveria ser R$ 3.549,0 milhões e não R$ 3.280,8 milhões.

Vale a pena aprofundarmos um pouco mais neste exemplo. Suponha as demonstrações financeiras da PDG Realty apresentadas na Tabela 11.9 (antes da conversão da dívida).

Tabela 11.9 – Demonstrações Financeiras da PDG Realty S.A. em 30 de junho de 2009. Valores em R$ milhões

| Ativo | | Passivo | |
|---|---|---|---|
| Caixa | 359,7 | Fornecedores | 70,2 |
| Recebíveis | 1.803,1 | Empréstimos | 1.277,4 |
| Estoque | 1.082,0 | Obrigações (Clientes/Terrenos) | 315,5 |
| Outros | 734,6 | Outros | 548,0 |
| Imobilizado | 68,4 | Patrimônio Líquido | 1.836,7 |
| **Total** | **4.047,8** | **Total** | **4.047,8** |

| DRE (no 2º trimestre de 2009) | |
|---|---|
| **Vendas Líquidas** | **501,4** |
| (–) CPV | 354,5 |
| (–) Despesas Operacionais | 67,3 |
| (–) Depreciação | 0,9 |
| **(=) Resultado Operacional** | **78,7** |
| (–) Despesa (Receita) Financeira Líquida | (7,6) |
| (=) LAIR | 86,3 |
| (–) IR (40%) | 14,4 |
| **(=) Lucro Líquido** | **71,9** |

CAP. 11 • AVALIAÇÃO POR MÚLTIPLOS **151**

Para calcular o P/E da empresa já temos o *equity value* (R$ 3.549,0 milhões), que considera que parte da dívida foi convertida em ações. Assim, se essa dívida tivesse sido convertida em ações, a despesa (receita) financeira líquida da empresa não se manteria nos níveis atuais. Assumindo que a dívida conversível paga juros equivalentes a CDI + 2% a.a. (aproximadamente 2,75% no período de abril a junho), a conversão em capital levaria a uma economia de R$ 5,9 milhões em juros (215 × 2,75%). Para efeitos ilustrativos vamos considerar que o maior lucro antes de impostos em função da redução de juros (LAIR = 92,2) levaria a um aumento nos impostos pagos proporcionalmente maior, o que implicaria um imposto de R$ 15,4 milhões (a alíquota de 14,4/86,3 = 16,7% multiplicada pelo novo LAIR de 92,2). O lucro líquido recalculado para essa condição (sem a dívida conversível) seria de R$ 76,8 (92,2 – 15,4). Portanto, anualizando o resultado trimestral (sem considerar nenhuma sazonalidade), teríamos um lucro de R$ 307,2 milhões, o que representaria um P/E de 11,6x (3.549,0/307,2).

Caso queiramos calcular o FV/EBITDA, precisaríamos do *firm value* da empresa. Para tanto, devemos também considerar que parte da dívida não é mais dívida, ou seja, a dívida líquida seria de R$ 702,7 (1.277,4 – 359,7 – 215,0; considerando, simplificadamente, que o caixa operacional seja zero). Logo, o *firm value* seria de R$ 4.251,7 (3.549,0 + 702,7). O EBITDA da empresa no trimestre é R$ 79,6 milhões (R$318,4 milhões no ano), portanto, o FV/EBITDA é 13,4x (4.251,7/318,4).

Novamente, para termos conforto na metodologia de cálculo do ajuste, imagine que a empresa tenha, antes da conversão da dívida, R$ 3.334,0 milhões de *equity value* e 154,1 milhões de ações. Com a conversão da dívida, a opção de conversão de R$ 215 milhões de dívida em *equity* aumenta o *equity* nesses mesmos R$ 215 milhões, totalizando R$ 3.549,0 milhões, agora representados por 166,7 milhões de ações (154,1 + 12,6). Assim, cada ação vale R$ 21,29 (3,549/166,7). Como os credores convertem R$ 215 milhões por *equity* no valor de R$ 268,2 milhões (12,6 × 21,29), realizam um ganho de R$ 53,2 milhões (268,2 – 215,0), que é igual à perda dos acionistas atuais. Assim, a parcela do *equity* dos acionistas atuais, que era de R$ 3.334,0 milhões, passa a ser de R$ 3.280,8 milhões (equivalente a 154,1 milhões de ações a R$ 21,29).

Vale a pena destacarmos ainda que a conversão de dívida em ações não deve mudar o *firm value* (ao olharmos para o *firm value* não estamos preocupados com quem aportou o capital – credor ou acionista). Assim, o *firm value* considerando a conversão ou não deve ser o mesmo. Com a conversão já vimos que o *firm value* é R$ 4.251,7 milhões. Sem a conversão o *equity value* seria de R$ 3.334,0 milhões (sem a conversão os atuais acionistas não teriam a perda de R$ 53,2 milhões), a dívida líquida é R$ 917,7 milhões (1.277,4 – 359,7) e o *firm value* é R$ 4.251,7 milhões.

É interessante observarmos que, nos dois casos retratados, houve uma transferência de valor dos atuais acionistas para os futuros acionistas. Esse é normalmente o caso, pois na maioria dos instrumentos conversíveis a opção de conversão é um direito do detentor da opção, que racionalmente só efetivará a conversão caso possa auferir um ganho com essa decisão. No entanto, existem situações particulares a determinados instrumentos que tornam o evento de conversão mandatório, de forma que também abrem a possibilidade para a eventual transferência de valor dos acionistas futuros para os acionistas atuais (caso o preço de conversão mandatória seja mais alto que o valor econômico das ações).

## PEG

O preço de uma perpetuidade com crescimento pode ser calculado conforme a Equação 11.2:

$$\text{preço} = \frac{LL \times \left(1 - \dfrac{g}{r}\right)}{(i - g)}$$

Equação 11.2

Observa-se que: o nível de lucro líquido (LL), a taxa de crescimento (g), o retorno sobre o capital investido (r) e o custo de capital (i) são importantes no preço.

Essa formulação pode ser obtida das discussões que fizemos no Capítulo 9, quando conversamos que para uma empresa crescer (quantidade), salvo exceções, terá que investir. Portanto, se a empresa tem expectativa de crescimento, não poderá distribuir todo o seu lucro. Também vimos que o investimento necessário para crescer g é dado por ROL × g/r (veja Capítulo 9), que, adaptado para o ponto de vista dos acionistas, resulta em LL × g/r (no primeiro caso r é o RoIC e no segundo caso r é RoE). Assim, a parcela distribuída, que corresponde ao lucro líquido menos o investimento, é LL × (1 – g/r), conforme usado na Equação 11.2.

O índice preço/lucro, consequentemente, é dado pela Equação 11.3.

$$\frac{P}{E} = \frac{\dfrac{LL \times \left(1 - \dfrac{g}{r}\right)}{(i - g)}}{LL} = \frac{r - g}{r \times (i - g)} = \frac{1}{r} \times \left(1 + \frac{r - i}{i - g}\right)$$

Equação 11.3

Assim como na avaliação por fluxo de caixa descontado, a avaliação por múltiplos também embute expectativas do crescimento, do retorno sobre o capital investido e do custo de capital. A diferença é que (i) em uma técnica – fluxo de caixa descontado –, essas expectativas devem ser elaboradas pelo analista, e (ii) pela outra técnica – avaliação por múltiplos –, essas expectativas são elaboradas pelo mercado, ou pelo conjunto de participantes do mercado.

Sendo o índice P/E dependente dessas variáveis, as diferenças de expectativas individuais de cada empresa nessas variáveis podem fazer com que a avaliação por múltiplos fique distorcida.

Portanto, caso as empresas de uma amostra tenham expectativas de crescimento diferentes entre si e/ou com a empresa que queremos avaliar, a avaliação por múltiplos pode ficar distorcida.

Um índice que tenta normalizar o P/E pelo crescimento de cada empresa de maneira a torná-los comparáveis é o PEG, comumente calculado como expresso na Equação 11.4.

$$PEG = \frac{\dfrac{P}{E}}{g} = \frac{P}{g \times E}$$

Equação 11.4

Verifica-se que o ajuste proposto no PEG considera que a relação entre o crescimento e o P/E é linear. Assim, suponha duas empresas do mesmo setor: HighG e LowG. Pela lógica da formulação, caso a HighG tenha o dobro do crescimento da LowG, a primeira deveria ter o dobro do P/E da segunda e o mesmo PEG. Por exemplo: a HighG tem *equity value* de R$ 100, *earnings* de R$ 5, crescimento de 2%, P/E de 20 e PEG de 10; e a LowG tem *equity value* de R$ 70, *earnings* de R$ 7, crescimento de 1%, P/E de 10 e PEG de 10. Para precificar uma terceira empresa: TargetCo, com g diferente das duas primeiras, bastaria usar o PEG médio da HighG e da LowG, o lucro e o crescimento da TargetCo. Suponha que a TargetCo tenha *earnings* de R$ 3 e crescimento de 3%, o seu *equity value* seria R$ 90 (10 × 3 × 3).

No entanto, a relação entre crescimento e valor não é linear conforme se pode analisar pela Equação 11.2.

Vamos analisar o ajuste proposto pelo PEG por meio de uma simulação.

CAP. 11 • AVALIAÇÃO POR MÚLTIPLOS **153**

Primeiramente, simulamos os preços de dez empresas calculados conforme a Equação 11.2, considerando parâmetros sorteados – segundo uma função linear – de Lucro Líquido (entre R$ 90 e R$ 110), retorno (ROE, entre 10% e 16%), custo de capital (entre 9,0% e 12,0%) e crescimento (entre 0,25% e 4,0%). Com base nesses preços, calculamos o P/E e o PEG de cada empresa. Veja essas informações na Tabela 11.10.

Tabela 11.10 – Características das empresas

| Empresa | Lucro | ROE (r) | Custo de Capital (i) | Crescimento (g) | Preço | P/E | PEG |
|---------|-------|---------|----------------------|-----------------|-------|-----|-----|
| 1 | 99,0 | 10,9% | 11,5% | 0,9% | 856,8 | 8,7 | 9,6 |
| 2 | 105,7 | 15,6% | 10,0% | 3,7% | 1.279,8 | 12,1 | 3,3 |
| 3 | 91,4 | 12,4% | 10,6% | 1,5% | 882,9 | 9,7 | 6,4 |
| 4 | 97,7 | 14,9% | 10,0% | 3,7% | 1.165,7 | 11,9 | 3,2 |
| 5 | 93,7 | 10,5% | 9,4% | 2,2% | 1.028,7 | 11,0 | 5,0 |
| 6 | 92,1 | 12,2% | 11,1% | 1,6% | 842,3 | 9,1 | 5,7 |
| 7 | 108,2 | 12,0% | 9,5% | 1,2% | 1.173,3 | 10,8 | 9,0 |
| 8 | 103,3 | 11,5% | 11,7% | 2,6% | 878,5 | 8,5 | 3,3 |
| 9 | 105,8 | 14,7% | 11,6% | 2,5% | 964,9 | 9,1 | 3,6 |
| 10 | 105,3 | 12,9% | 10,2% | 3,1% | 1.126,7 | 10,7 | 3,5 |
| | | | | | **Média** | **10,2** | **5,3** |

O P/E médio dessas dez empresas é 10,2 e o PEG médio é 5,3. Assim, avaliaríamos uma empresa com lucro de R$ 104 e crescimento de 3,1%, por meio do P/E em R$ 1.060,8 (10,2 × 104) e por meio do PEG em R$ 1.708,7 (5,3 × 3,1 × 104).

Alternativamente, poderíamos calcular o P/E em função do crescimento. Assim, em vez de utilizarmos um P/E médio para calcular o preço de toda e qualquer empresa, primeiro calcularíamos o P/E em função do crescimento da empresa para posteriormente calcular o seu preço. Para tanto, precisamos conhecer a relação entre P/E e crescimento, o que pode ser obtido por meio de uma regressão linear estimada com as empresas da Tabela 11.10 e expressa na Equação 11.5. Idealmente, seria melhor termos mais empresas para estimar a regressão. Porém, do ponto de vista pragmático, poucos setores no Brasil têm mais do que 10 empresas listadas na B3.

$$\frac{P}{E} = 8,29 + 81,31 \times g \qquad \text{Equação 11.5}$$

Essa regressão tem coeficiente de explicação ($r^2$) de 38%. A crítica da relação linear do P/E com o g continua válida em uma regressão linear.

Logo, para precificarmos a mesma empresa com lucro R$ 104 e crescimento 3,1%, primeiramente calcularíamos o seu P/E em 10,8 (8,29 + 81,31 × 0,031) para posteriormente calcularmos o seu preço em R$ 1.123,2.

Como se verifica grande distorção nos preços calculados: (i) por P/E em R$ 1.061; (ii) por PEG em R$ 1.709; e (ii) pela regressão em R$ 1.123, seria interessante verificar se essa distorção é um caso isolado ou generalizado. Para isso, seria necessário calcular (i) pelo P/E médio de 10,2; (ii) pelo PEG médio de 5,3; e (iii) pela regressão da Equação 11.5, o preço de várias empresas.

Para tanto, sorteamos parâmetros (lucro líquido, retorno, custo de capital e crescimento) para 10.000 empresas e calculamos o seu preço por meio das três alternativas discutidas acima: (i) pelo P/E médio (Preço P/E); (ii) pelo PEG médio (Preço PEG); e (iii) pela regressão expressa na Equação 11.5 (Preço Regr.). Para contraponto, também calculamos os preços das 10.000 empresas pela Equação 11.2 (Preço P). Os parâmetros sorteados seguiram a mesma faixa utilizada para o sorteio das 10 empresas da amostra apresentadas na Tabela 11.10. Na Tabela 11.11 apresentamos, das 10.000 empresas sorteadas, as oito primeiras e a última, seus parâmetros e preços. Verifique que a primeira empresa é a que vínhamos discutindo acima.

Tabela 11.11 – Características simuladas para 10.000 empresas e seus preços calculados a partir das quatro alternativas discutidas anteriormente

| Empresa | Lucro | ROE (r) | Custo de Capital (i) | Crescimento (g) | Preço (P) | Preço (P/E) | Preço (PEG) | Preço (Regr.) |
|---|---|---|---|---|---|---|---|---|
| 1 | 104 | 13,4% | 11,3% | 3,1% | 975 | 1.061 | 1.709 | 1.123 |
| 2 | 96 | 12,8% | 10,6% | 0,7% | 918 | 977 | 351 | 851 |
| 3 | 98 | 14,3% | 9,6% | 0,8% | 1.047 | 991 | 397 | 870 |
| 4 | 97 | 12,5% | 10,7% | 3,1% | 964 | 985 | 1.584 | 1.048 |
| 5 | 94 | 15,7% | 11,0% | 2,3% | 922 | 956 | 1.117 | 952 |
| 6 | 102 | 11,5% | 10,0% | 0,3% | 1.034 | 1.042 | 162 | 874 |
| 7 | 91 | 11,8% | 9,8% | 1,0% | 943 | 920 | 468 | 823 |
| 8 | 109 | 13,8% | 10,6% | 2,6% | 1.112 | 1.108 | 1.505 | 1.136 |
| ... | ... | ... | ... | ... | ... | ... | ... | ... |
| 10.000 | 108 | 11,4% | 10,5% | 2,8% | 1.059 | 1.100 | 1.610 | 1.146 |

A Figura 11.4 sumariza os resultados.

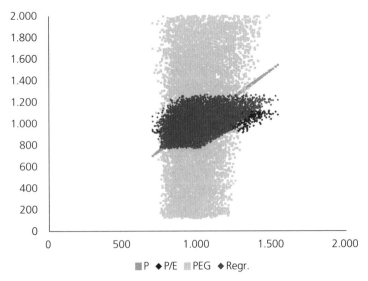

Figura 11.4 – Preço de 10.000 empresas calculado de quatro maneiras: pela Equação 11.2 (P), pelo múltiplo P/E médio das empresas da Tabela 11.10 (P/E), pelo múltiplo PEG médio das empresas da Tabela 11.10 (PEG) e pela Equação 11.5 (Regr.). O eixo X representa o preço calculado pela Equação 11.2 e o eixo Y representa o preço calculado por cada uma das quatro formas, incluindo a Equação 11.2.

CAP. 11 • AVALIAÇÃO POR MÚLTIPLOS **155**

Verifica-se, pela Figura 11.4, que utilizar o PEG geraria preços para as 10.000 empresas simuladas bastante distantes do preço que seria obtido pela Equação 11.2. O P/E médio e o P/E obtido pela regressão expressa pela Equação 11.5 gerariam valores mais próximos àqueles gerados pela Equação 11.2.

## Regressão Multivariada

Até agora consideramos, em grande parte do capítulo, que o valor do apartamento depende – ou pode ser explicado – exclusivamente ou em grande parte pela sua área ($m^2$). No entanto, o valor de um apartamento pode depender de outras características do apartamento, além da área, tais como idade, número de vagas na garagem, número de quartos etc.

A Tabela 11.12 apresenta 18 apartamentos de prédios diferentes de uma mesma rua, seus preços, áreas, idades, número de vagas e número de quartos. Aplicando uma regressão multivariada obtém-se o modelo expresso pela Equação 11.6.

$$\text{preço} = 644{,}8 + 8{,}7 \times m^2 - 34{,}3 \times \text{idade} + 272{,}9 \times \text{garagem} \qquad \text{Equação 11.6}$$

A variável número de quartos não é estatisticamente significativa e o coeficiente de explicação ($r^2$ ajustado) do modelo da Equação 11.6 é 89%. A título de comparação, o modelo tendo apenas $m^2$ como variável explicativa tem coeficiente de explicação ($r^2$) 81%.

Tabela 11.12 – Características de diversos apartamentos de prédios diferentes em uma mesma rua

| Apartamento | Preço (R$mil) | Área (m²) | Idade (anos) | Número de Vagas | Número de Quartos |
|:---:|:---:|:---:|:---:|:---:|:---:|
| 1 | 1.483 | 170 | 45 | 2 | 3 |
| 2 | 6.174 | 365 | 7 | 5 | 4 |
| 3 | 993 | 162 | 40 | 2 | 3 |
| 4 | 1.041 | 170 | 41 | 1 | 3 |
| 5 | 765 | 125 | 38 | 3 | 3 |
| 6 | 735 | 120 | 58 | 1 | 3 |
| 7 | 980 | 160 | 36 | 1 | 4 |
| 8 | 1.372 | 160 | 27 | 1 | 4 |
| 9 | 839 | 137 | 46 | 1 | 3 |
| 10 | 1.011 | 165 | 36 | 2 | 3 |
| 11 | 1.951 | 245 | 38 | 2 | 4 |
| 12 | 1.544 | 180 | 28 | 1 | 3 |
| 13 | 3.873 | 365 | 23 | 4 | 4 |
| 14 | 3.368 | 290 | 19 | 4 | 4 |
| 15 | 2.918 | 275 | 25 | 4 | 4 |
| 16 | 2.007 | 234 | 31 | 1 | 2 |
| 17 | 2.145 | 250 | 26 | 2 | 4 |
| 18 | 3.395 | 400 | 36 | 3 | 4 |

**Fonte:** Elaborada pelos autores com base em informações do site www.123i.com.br (fev. 2011).

A partir do modelo de regressão expresso pela Equação 11.6 e conhecendo as características de um apartamento pelo que temos interesse, seríamos capazes de precificá-lo. Suponha que o nosso apartamento tenha 215 $m^2$, 17 anos e 2 vagas, o seu preço seria, pelo modelo,

R$ 2.478 mil. Se usássemos apenas o m$^2$ como parâmetro para a avaliação, tomando por base o R$/m$^2$ médio de R$ 8.450, precificaríamos nosso apartamento em R$ 1.817 mil. Em favor do nosso apartamento teríamos a idade, que é praticamente metade da idade média (33,3). Pelo modelo, 16,3 anos a menos representam uma adicional de R$ 560 mil no valor (16,3 × 34,3), o que já justificaria aproximadamente 85% da diferença do preço obtido pelo modelo multivariado e o preço obtido pela média do R$/m$^2$.

Esse raciocínio também pode ser usado para avaliar empresas. Podemos pensar no múltiplo em função de algumas características da empresa. Para tanto, vamos retomar a Equação 11.3:

$$\frac{P}{E} = \frac{\dfrac{LL \times \left(1 - \dfrac{g}{r}\right)}{(i - g)}}{LL} = \frac{r - g}{r \times (i - g)} = \frac{1}{r} \times \left(1 + \frac{r - i}{i - g}\right)$$

Logo, se fôssemos calcular o P/E por meio de uma regressão multivariada, deveríamos pensar em incluir as variáveis explicativas: retorno (r), taxa de crescimento (g) e custo de capital (i), e não apenas o crescimento (g), como fizemos na regressão expressa pela Equação 11.5.

Considerando as empresas da Tabela 11.10, obtém-se o modelo de regressão expresso na Equação 11.7. Note as relações positivas entre r e P/E e entre g e P/E e a relação negativa entre i e P/E, conforme esperado. O r$^2$ ajustado do modelo é 96%. Observe que o alto r$^2$ ajustado deve-se ao fato de o preço das empresas da Tabela 11.10 terem sido calculados de acordo com a Equação 11.2 e não observados no mercado. O r$^2$ ajustado só não é mais alto pois a relação entre os direcionadores de valor e o P/E não é linear.

$$\frac{P}{E} = 19,36 + 22,56 \times r - 120,73 \times i + 29,17 \times g \qquad \text{Equação 11.7}$$

Assim, nossa empresa com r de 13,4%, i de 11,3% e g de 3,1% (primeira empresa da Tabela 11.11) teria um preço/lucro de 9,64x, o que indicaria um preço de R$ 1.002,6 (104 × 9,64). A alternativa seria usar o preço/lucro médio da amostra da Tabela 11.10 de 10,2x.

A figura similar à Figura 11.4 mostraria os preços obtidos pela Equação 11.7 bem próximos aos preços obtidos pela Equação 11.2 (optamos por não mostrar essa figura). Sabemos que esse resultado é enviesado, pois os preços foram formados a partir dos mesmos parâmetros usados na regressão.

Um dos argumentos a favor da regressão multivariada é o de que podemos colocar na amostra empresas que tenham direcionadores de valor (*drivers*) similares aos da empresa sendo avaliada. Nesse sentido, em vez de montar a amostra apenas com empresas do mesmo setor, montaríamos a amostra com empresas que têm os mesmos *drivers*, o que possibilitaria aumentar o número de empresas da amostra.

As ideias desenvolvidas nesta seção enfatizam a busca de alternativas para a identificação de empresas comparáveis, além da clássica identificação setorial.

## Prós e Contras de Avaliação por Múltiplos e Avaliação por Fluxo de Caixa Descontado

As duas técnicas são importantes e, usadas em conjunto, oferecem a possibilidade de confrontar o valor obtido por uma técnica com o valor obtido pela outra, sendo uma forma de checar a razoabilidade dos valores obtidos.

Os pontos fortes da avaliação por múltiplos são: simplicidade do cálculo e disponibilidade de informações. Os pontos fracos são: a dificuldade de obtenção de empresas comparáveis, a não captura de particularidades da empresa e a ausência de teoria financeira direta.

Os pontos fortes da avaliação por fluxo de caixa descontado são: a captura de particularidades da empresa e a existência de um arcabouço financeiro teórico. Os pontos fracos são: a necessidade de tempo, a complexidade do maior número de premissas, a subjetividade do analista e a falsa sensação de precisão advinda de um modelo aparentemente robusto.

# Estudo de Caso Teórico: Centi S.A.

A Centi S.A. (*ticker*: CENT3), uma empresa de alimentos, está a venda. O CEO da empresa, o Sr. Alberto Gaderra, contratou você para assessorá-lo nesse processo.

Você avaliou a empresa utilizando-se da técnica fluxo de caixa para os investidores. O seu horizonte de projeção foi de 5 anos findos em 2022 e a sua perpetuidade começou em 2023. Você está entregando o trabalho, para discussão com o CFO, datado de 12/mar/2018, e a data base da avaliação é 31/dez/2017.

O trabalho foi dividido em duas partes: (i) estimação do custo de capital e (ii) estimação do fluxo de caixa para os investidores (ou fluxo de caixa do negócio).

## (i) Custo de Capital

Para determinar o custo de capital da empresa você reuniu as informações apresentadas nas: Tabela 12.1 (taxa livre de risco e prêmio-país), Tabela 12.2 (prêmio de mercado), Tabela 12.3 (histórico de preço da CENT3 e do índice de mercado) e Tabela 12.4 (histórico de preço do eurobônus da empresa). Além dessas informações, sabe-se que as empresas do mesmo segmento de atuação da Centi têm, em média, 25% de dívida na sua estrutura de capital (D/(D + E) = 25%).

Tabela 12.1 – Taxa Livre de Risco (T-Bond) e Prêmio-país (EMBI). Série histórica de 20/fev/2018 a 12/mar/2018.

| Data | T-Bond (%) | Data | EMBI (pontos base) |
|------------|------|------------|-----|
| 12/03/2018 | 2,87 | 12/03/2018 | 235 |
| 09/03/2018 | 2,90 | 09/03/2018 | 233 |
| 08/03/2018 | 2,86 | 08/03/2018 | 242 |
| 07/03/2018 | 2,89 | 07/03/2018 | 239 |
| 06/03/2018 | 2,88 | 06/03/2018 | 235 |
| 05/03/2018 | 2,88 | 05/03/2018 | 237 |
| 02/03/2018 | 2,86 | 02/03/2018 | 240 |
| 01/03/2018 | 2,81 | 01/03/2018 | 243 |
| 28/02/2018 | 2,87 | 28/02/2018 | 238 |
| 27/02/2018 | 2,90 | 27/02/2018 | 229 |
| 26/02/2018 | 2,86 | 26/02/2018 | 231 |
| 23/02/2018 | 2,88 | 23/02/2018 | 236 |
| 22/02/2018 | 2,92 | 22/02/2018 | 238 |
| 21/02/2018 | 2,94 | 21/02/2018 | 233 |
| 20/02/2018 | 2,88 | 20/02/2018 | 235 |

**Fonte:** Bloomberg® e IPEA.

Tabela 12.2 – Prêmio de Mercado. A coluna *PM (até data)* representa o prêmio médio (calculado com média geométrica) para o período histórico de 1928 até o respectivo ano – por exemplo, considerando o período de 1928 a 2013, o prêmio de mercado médio é 4,59%

|  | Retorno | | |
| --- | --- | --- | --- |
| Ano | Mercado (S&P) | T-Bond | PM (até data) |
| 1928 | 43,81% | 0,84% | |
| 1929 | –8,30% | 4,20% | |
| 1930 | –25,12% | 4,54% | |
| . . . | . . . | . . . | |
| 2010 | 14,82% | 8,46% | 4,28% |
| 2011 | 2,10% | 16,04% | 4,07% |
| 2012 | 15,89% | 2,97% | 4,17% |
| 2013 | 32,15% | –9,10% | 4,59% |
| 2014 | 13,52% | 10,75% | 4,57% |
| 2015 | 1,38% | 1,28% | 4,52% |
| 2016 | 11,77% | 0,69% | 4,59% |
| 2017 | 21,64% | 2,80% | 4,74% |

**Fonte:** Damodaran.

A Centi é uma empresa listada em bolsa de valores e suas ações têm negociação todos os dias com razoável volume desde a sua inclusão no índice há 3,5 anos. Com base nos números apresentados na Tabela 12.3 você calculou o beta da CENT3 em 1,15 (histórico de retorno de dois anos e periodicidade de retorno diária). Durante esse período, a alavancagem da empresa permaneceu em torno de 20% (D/(D + E) = 20%).

Tabela 12.3 – Histórico de preço da ação (em R$) e Índice de Mercado (em pontos). A série histórica completa, não apresentada, é de 11/mar/2016 a 12/mar/2018

| Data | Índice | CENT3 | | Data | Índice | CENT3 |
| --- | --- | --- | --- | --- | --- | --- |
| 12/03/2018 | 86.900,4 | 22,00 | | 01/04/2016 | 50.561,0 | 11,94 |
| 09/03/2018 | 86.371,4 | 21,85 | | 31/03/2016 | 50.055,0 | 11,81 |
| 08/03/2018 | 84.984,6 | 21,43 | | 30/03/2016 | 51.248,0 | 12,15 |
| 07/03/2018 | 85.483,6 | 21,59 | | 29/03/2016 | 51.154,0 | 12,13 |
| 06/03/2018 | 85.653,0 | 21,64 | | 28/03/2016 | 50.838,0 | 12,04 |
| 05/03/2018 | 86.022,8 | 21,71 | | 24/03/2016 | 49.657,0 | 11,73 |
| 02/03/2018 | 85.761,3 | 21,64 | | 23/03/2016 | 49.690,0 | 11,73 |
| 01/03/2018 | 85.377,8 | 21,50 | . . . | 22/03/2016 | 51.010,0 | 12,07 |
| 28/02/2018 | 85.353,6 | 21,48 | | 21/03/2016 | 51.171,0 | 12,12 |
| 27/02/2018 | 86.935,4 | 21,94 | | 18/03/2016 | 50.814,0 | 12,01 |
| 26/02/2018 | 87.652,6 | 22,16 | | 17/03/2016 | 50.913,0 | 12,05 |
| 23/02/2018 | 87.293,2 | 22,06 | | 16/03/2016 | 47.763,0 | 11,21 |
| 22/02/2018 | 86.686,5 | 21,88 | | 15/03/2016 | 47.130,0 | 11,03 |
| 21/02/2018 | 86.051,8 | 21,69 | | 14/03/2016 | 48.867,0 | 11,51 |
| 20/02/2018 | 85.804,0 | 21,61 | | 11/03/2016 | 49.638,0 | 11,73 |

Em 1º de fevereiro de 2015, a empresa lançou seu primeiro eurobônus. Ele é denominado em US$ e vence em oito anos (1º de fevereiro de 2023). Os juros são pagos semestralmente a uma taxa anual de 8,0% (ou 4,0% a.s., considerando juros simples). O principal é amortizado integralmente no vencimento. A Centi paga 15% de IR na remessa dos juros, ou seja, o desembolso efetivo da empresa é maior do que o cupom (para simplificação, você fez o "*Gross Up*" do imposto direto no YTM). Você está considerando que os credores não perceberão mais risco caso a empresa passe de 20% para 25% de dívida.

Tabela 12.4 – Histórico de preço e *yield to maturity* (YTM) do eurobônus da Centi. A série histórica de 20/fev/2018 a 12/mar/2018

| Data | Centi ($) | YTM (a.a.) |
|---|---|---|
| 12/03/2018 | 110,06 | 5,90% |
| 09/03/2018 | 109,82 | 5,95% |
| 08/03/2018 | 109,79 | 5,95% |
| 07/03/2018 | 109,34 | 6,05% |
| 06/03/2018 | 109,53 | 6,00% |
| 05/03/2018 | 109,72 | 5,95% |
| 02/03/2018 | 109,69 | 5,95% |
| 01/03/2018 | 110,10 | 5,85% |
| 28/02/2018 | 109,86 | 5,90% |
| 27/02/2018 | 110,05 | 5,85% |
| 26/02/2018 | 110,24 | 5,80% |
| 23/02/2018 | 110,22 | 5,80% |
| 22/02/2018 | 110,41 | 5,75% |
| 21/02/2018 | 110,17 | 5,80% |
| 20/02/2018 | 110,14 | 5,80% |

## (ii) Fluxo de Caixa

Para suportar suas projeções, você obteve, com duas instituições financeiras de seu relacionamento, projeções macroeconômicas datadas de março de 2018 (Tabela 12.5 e Tabela 12.6).

Tabela 12.5 – Projeções macroeconômicas - Instituição financeira 1

| | Histórico | | Projeção | | | | |
|---|---|---|---|---|---|---|---|
| | 2016 | 2017 | 2018P | 2019P | 2020P | 2021P | 2022P |
| IPCA | 6,29% | 2,95% | 3,75% | 4,00% | 4,00% | 4,00% | 4,00% |
| PIB | –3,47% | 0,98% | 2,20% | 2,90% | 3,45% | 3,55% | 3,10% |
| Selic | 13,80% | 7,00% | 6,20% | 7,80% | 8,20% | 8,90% | 9,50% |
| CPI | | | 2,50% | 2,40% | 2,30% | 2,20% | 2,10% |
| Câmbio | 3,26 | 3,31 | 3,70 | 3,75 | 3,90 | 4,00 | 4,10 |
| Câmbio Médio | 3,61 | 3,28 | 3,51 | 3,73 | 3,83 | 3,95 | 4,05 |

# 162 VALUATION • SERRA / WICKERT

Tabela 12.6 – Projeções macroeconômicas – Instituição financeira 2

|  | Histórico | | Projeção | | | | |
|---|---|---|---|---|---|---|---|
|  | 2016 | 2017 | 2018P | 2019P | 2020P | 2021P | 2022P |
| IPCA | 6,29% | 2,95% | 3,65% | 4,00% | 4,00% | 4,00% | 4,00% |
| PIB | –3,47% | 0,98% | 1,80% | 2,70% | 3,35% | 3,65% | 3,30% |
| Selic | 13,80% | 7,00% | 6,40% | 8,20% | 8,40% | 9,10% | 9,50% |
| CPI |  |  | 2,50% | 2,40% | 2,30% | 2,20% | 2,10% |
| Câmbio | 3,26 | 3,31 | 3,60 | 3,65 | 3,80 | 3,90 | 4,00 |
| Câmbio Médio | 3,61 | 3,28 | 3,46 | 3,63 | 3,73 | 3,85 | 3,95 |

Para sua avaliação e embasamento para as projeções, você reuniu, a partir de informações públicas da Centi, o seu balanço (Tabela 12.7) e a sua DRE (Tabela 12.8) históricos para os períodos findos em 31 de dezembro de 2015, 2016 e 2017. Você notou que a alíquota de IR da empresa é 34% a.a.

Tabela 12.7 – Balanço histórico da Centi S.A.

| **BALANÇO** | **Histórico** | | |
|---|---|---|---|
| **R$ Milhões** | **2015** | **2016** | **2017** |
| Caixa Operacional | 4,8 | 5,1 | 5,5 |
| Excesso de Caixa | 3,0 | 33,4 | 68,6 |
| Estoque | 11,7 | 12,3 | 12,6 |
| Contas a Receber | 19,5 | 20,6 | 21,6 |
| Depósitos Judiciais | 23,0 | 17,0 | 31,0 |
| Ativo Fixo Bruto | 391,8 | 406,6 | 422,4 |
| (–) Depreciação Acumulada | (98,9) | (127,2) | (156,6) |
| **Total de Ativo** | **354,9** | **367,8** | **405,1** |
| | | | |
| Contas a Pagar | 8,9 | 9,8 | 10,1 |
| Empr. e Financ. CP | 10,2 | 10,9 | 11,3 |
| Sal., Enc. e IR a Pagar | 4,3 | 4,9 | 5,3 |
| Provisões Ambientais | 32,9 | 24,3 | 44,3 |
| Empr. e Financ. LP | 121,8 | 128,7 | 132,3 |
| Patrimônio Líquido | 176,8 | 189,2 | 201,8 |
| **Total de Passivo** | **354,9** | **367,8** | **405,1** |

## CAP. 12 • ESTUDO DE CASO TEÓRICO: CENTI S.A. **163**

Tabela 12.8 – Demonstrações de Resultados da Centi S.A.

| DRE | Histórico | | |
|---|---|---|---|
| **R$ Milhões** | **2015** | **2016** | **2017** |
| **Receita Bruta** | **302,3** | **325,5** | **348,4** |
| (–) Deduções (Imp. Ind., Devol.) | (63,5) | (68,4) | (73,2) |
| ...% Receita Bruta | 21,0% | 21,0% | 21,0% |
| **(=) Receita Líquida** | **238,8** | **257,1** | **275,2** |
| (–) CPV (ex depreciação) | (137,2) | (138,6) | (153,3) |
| **(=) Resultado Bruto** | **101,6** | **118,5** | **121,9** |
| ...Margem Bruta (ex depreciação) | 42,5% | 46,1% | 44,3% |
| (–) Despesas com Vendas | (10,5) | (12,4) | (11,8) |
| ...% Receita Líquida | 4,4% | 4,8% | 4,3% |
| (–) Despesas Gerais e Administrativas | (37,8) | (43,4) | (45,6) |
| **(=) EBITDA** | **53,3** | **62,7** | **64,5** |
| ...Margem EBITDA | 22,3% | 24,4% | 23,4% |
| (–) Depreciação | (27,8) | (28,3) | (29,4) |
| **(=) Resultado Operacional** | **25,5** | **34,4** | **35,1** |
| ...Margem Operacional | 10,7% | 13,4% | 12,8% |
| (–) Despesa Financeira | (10,2) | (11,6) | (12,3) |
| (+) Receita Financeira | 0,6 | 3,0 | 5,7 |
| (+) Result. Não Operac. e Equiv. | (0,3) | (0,3) | 0,6 |
| **(=) LAIR** | **15,6** | **25,5** | **29,1** |
| (–) IR | (5,3) | (8,7) | (9,9) |
| **(=) Lucro Líquido** | **10,3** | **16,8** | **19,2** |

Em 2014, a título de informação complementar, a empresa apresentou margem bruta de 46,0%, margem EBITDA de 24,7%, margem operacional de 13,4% e despesa de vendas de 5,4% da receita líquida.

Além desses números, você também pediu a abertura da receita bruta em quantidade vendida e preço de venda (Tabela 12.9). A empresa informou que atualiza seus preços no primeiro dia de cada ano repondo a inflação do ano anterior. Você conseguiu verificar que nos últimos cinco anos a empresa foi capaz de repor toda a inflação nos seus preços.

Tabela 12.9 – Abertura da Receita Bruta da Centi S.A. Quantidade vendida considera todos os produtos oferecidos pela Centi e o preço representa o preço médio

| Receita Bruta | Histórico | | |
|---|---|---|---|
| | **2015** | **2016** | **2017** |
| Quantidade Vendida (milhões) | 138,7 | 135,1 | 136,1 |
| Preço de Venda (R$) | 2,18 | 2,41 | 2,56 |

Para fazer uma análise do crescimento histórico da empresa, você pediu que ela fornecesse a receita líquida dos últimos 11 anos. O ideal seria que a empresa pudesse fornecer o histórico de quantidade vendida, mas ela não pode.

Sua ideia foi comparar o crescimento da empresa ano a ano com o crescimento do PIB do país. Para analisar o crescimento da quantidade vendida é necessário expurgar do crescimento da receita líquida a inflação, ou seja, é necessário trabalhar com a receita líquida real (em oposição a receita líquida nominal). Para tanto, você montou a Tabela 12.10. Para transformar o crescimento nominal da receita em crescimento real, você usou a inflação do ano anterior, uma vez que a empresa atualiza seus preços no primeiro dia de cada ano com a inflação do ano anterior.

Tabela 12.10 – Variação do PIB (em moeda constante) e crescimento real da receita líquida histórica da Centi S.A.

| Ano | Δ PIB | Δ Receita |
| --- | --- | --- |
| 2008 | 5,09% | 4,19% |
| 2009 | –0,13% | –1,42% |
| 2010 | 7,53% | 4,66% |
| 2011 | 3,97% | 2,80% |
| 2012 | 1,92% | 3,75% |
| 2013 | 3,00% | 3,22% |
| 2014 | 0,50% | 0,51% |
| 2015 | –3,77% | –0,48% |
| 2016 | –3,47% | –2,72% |
| 2017 | 0,98% | 0,71% |

**Fonte:** Elaborada pelos autores e adaptada do Banco Central do Brasil.

Finalmente, você também reuniu informação a respeito do investimento em ativo fixo da empresa. Ela pretende investir R$ 33 milhões em 2018 e R$ 35 milhões em 2019 e com isso ela contará com a capacidade suficiente para o crescimento da empresa até 2022. Em 2020, 2021 e 2022, a empresa pretende investir o equivalente à depreciação do próprio ano.

Com base nessas informações você calculou o valor da Centi para uma primeira discussão com o diretor financeiro da empresa (considere que ela tem 10,1 milhões de ações).

## Solução

### Custo de Capital

Você adotou os seguintes parâmetros para o WACC (Tabela 12.11).

Tabela 12.11 – Parâmetros do WACC da Centi

| Parâmetro | Valor | Fonte |
| --- | --- | --- |
| Taxa livre de risco | 2,87% | Média de dez dias úteis do YTM do T-bond americano (Tabela 12.1) |
| Prêmio-país | 2,37% | Média de dez dias úteis do EMBI (Tabela 12.1) |

*(Continua)*

Tabela 12.11 – (Continuação)

| | | |
|---|---|---|
| Prêmio de mercado | 4,74% | Prêmio de mercado histórico da bolsa americana de 1928 a 2017 (Tabela 12.2) |
| Custo da dívida bruto | 6,98% | Média de 10 dias úteis do YTM do *eurobond* da Centi (5,94%) considerando o *gross up* dos impostos (15%), portanto, 5,94%/0,85 (Tabela 12.4) |
| Beta desalavancado | 0,987 | Beta desalavancado da Centi considerando o beta alavancado de 1,15 e a alavancagem média de 20% ao longo do período de estimação do beta |
| D/(D + E) | 25,0% | Média da alavancagem das empresas do setor de atuação da Centi |

O beta alavancado da Centi, para 25% de dívida na estrutura de capital, é 1,204:

$$\beta_{alav} = \beta_{desalav} \times \left[1 + \frac{D}{E} \times (1-t)\right] = 0,987 \times \left[1 + \frac{25}{75} \times (1-34\%)\right] = 1,204$$

Assim, o WACC da empresa é 9,4%, em US$ (Figura 12.1).

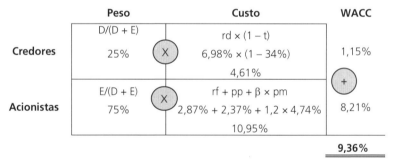

Figura 12.1 – WACC da Centi.

## Projeções Macroeconômicas

Você consolidou os dois cenários macroeconômicos recebidos (Tabela 12.5 e Tabela 12.6) em um único cenário apresentado na Tabela 12.12.

Tabela 12.12 – Projeção macroeconômica consolidada

| | Histórico | | Projeção | | | | |
|---|---|---|---|---|---|---|---|
| | 2016 | 2017 | 2018P | 2019P | 2020P | 2021P | 2022P |
| IPCA | 6,29% | 2,95% | 3,70% | 4,00% | 4,00% | 4,00% | 4,00% |
| PIB | –3,47% | 0,98% | 2,00% | 2,80% | 3,40% | 3,60% | 3,20% |
| Selic | 13,80% | 7,00% | 6,30% | 8,00% | 8,30% | 9,00% | 9,50% |
| CPI | | | 2,50% | 2,40% | 2,30% | 2,20% | 2,10% |
| Desval. Real | | | 9,00% | –0,19% | 2,35% | 0,82% | 0,66% |
| Câmbio | 3,26 | 3,31 | 3,65 | 3,70 | 3,85 | 3,95 | 4,05 |
| Câmbio Médio | 3,61 | 3,28 | 3,48 | 3,68 | 3,78 | 3,90 | 4,00 |

## Projeção da Receita Bruta

Você projetou a atualização do preço dos produtos vendidos para o dia 1º de janeiro de cada ano pela inflação (IPCA) do ano anterior. Projetou a atualização da quantidade vendida por um crescimento composto do PIB multiplicado por uma elasticidade. Para calcular a elasticidade você regrediu o crescimento histórico do PIB real com o crescimento histórico da receita real disponibilizados na Tabela 12.10, obtendo uma elasticidade de 0,6396 (Figura 12.2).

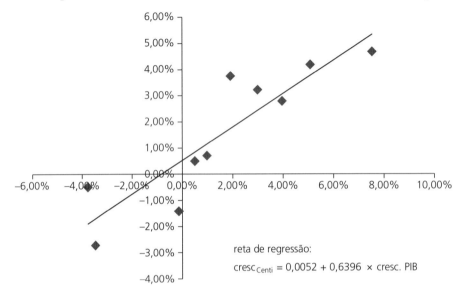

Figura 12.2 – Elasticidade de venda da Centi.

Com essas informações você projetou a receita bruta da Centi (Tabela 12.13).

Tabela 12.13 – Projeções da receita bruta da Centi

|  | Histórico ||| Projeção |||||
|---|---|---|---|---|---|---|---|---|
|  | 2015 | 2016 | 2017 | 2018P | 2019P | 2020P | 2021P | 2022P |
| Qtde Vendida (milhões) | 138,7 | 135,1 | 136,1 | 137,8 | 140,3 | 143,4 | 146,7 | 149,7 |
| ...PIB | -3,8% | -3,5% | 1,0% | 2,0% | 2,8% | 3,4% | 3,6% | 3,2% |
| ...Elasticidade |  | 0,7x | 0,8x | 0,64x | 0,64x | 0,64x | 0,64x | 0,64x |
| Preço de Venda (R$) | 2,18 | 2,41 | 2,56 | 2,64 | 2,73 | 2,84 | 2,96 | 3,07 |
| ...IPCA | 10,7% | 6,3% | 3,0% | 3,7% | 4,0% | 4,0% | 4,0% | 4,0% |
| **Receita Bruta (R$ Milhões)** |  |  |  | 363,3 | 383,5 | 407,5 | 433,5 | 460,1 |

## Projeção do EBITDA

As deduções foram calculadas considerando a alíquota média dos anos de 2015 a 2017 (21,0%). Com esse parâmetro, você projetou as deduções e a receita líquida.

Você projetou uma margem bruta constante e igual à média de 2015 a 2017 (44,3%). Com isso, foi possível projetar o CPV e o resultado bruto.

As despesas com vendas foram consideradas despesas variáveis, portanto, você utilizou o índice vendas/receita líquida médio de 2015 a 2017 (4,5%). As despesas gerais e administrativas foram atualizadas com a inflação (IPCA) do ano anterior. Assim, foi possível projetar o EBITDA e a margem EBITDA (Tabela 12.14). A sua projeção recompõe a margem EBITDA de 2014 em 2022P.

Tabela 12.14 – Projeção do EBITDA da Centi

| R$ Milhões | Histórico | | | Projeção | | | | |
|---|---|---|---|---|---|---|---|---|
| | 2015 | 2016 | 2017 | 2018P | 2019P | 2020P | 2021P | 2022P |
| **Receita Bruta** | **302,3** | **325,5** | **348,4** | **363,3** | **383,5** | **407,5** | **433,5** | **460,1** |
| (–) Deduções | (63,5) | (68,4) | (73,2) | (76,3) | (80,6) | (85,6) | (91,1) | (96,7) |
| ...% Receita Bruta | 21,0% | 21,0% | 21,0% | 21,0% | 21,0% | 21,0% | 21,0% | 21,0% |
| **(=) Receita Líquida** | **238,8** | **257,1** | **275,2** | **286,9** | **302,9** | **321,9** | **342,4** | **363,4** |
| (–) CPV (ex depreciação) | (137,2) | (138,6) | (153,3) | (159,8) | (168,7) | (179,2) | (190,7) | (202,4) |
| **(=) Resultado Bruto** | **101,6** | **118,5** | **121,9** | **127,1** | **134,2** | **142,6** | **151,7** | **161,0** |
| ...Margem Bruta | 42,5% | 46,1% | 44,3% | 44,3% | 44,3% | 44,3% | 44,3% | 44,3% |
| (–) Despesas com Vendas | (10,5) | (12,4) | (11,8) | (12,9) | (13,6) | (14,5) | (15,4) | (16,4) |
| ...% Receita Líquida | 4,4% | 4,8% | 4,3% | 4,5% | 4,5% | 4,5% | 4,5% | 4,5% |
| (–) Despesas Gerais e Adm. | (37,8) | (43,4) | (45,6) | (46,9) | (48,7) | (50,6) | (52,7) | (54,8) |
| **(=) EBITDA** | **53,3** | **62,7** | **64,5** | **67,3** | **71,9** | **77,5** | **83,7** | **89,9** |
| ...Margem EBITDA | 22,3% | 24,4% | 23,4% | 23,4% | 23,7% | 24,1% | 24,4% | 24,7% |

Para a projeção do resultado operacional, você ainda precisa da projeção da depreciação.

## Projeção do CAPEX e da depreciação

A alíquota de depreciação (aliq deprec) foi calculada em 7,1% conforme apresentado a seguir:

$$\text{aliq deprec} = \frac{\text{despesa de depreciação}_{2017}}{\left( \dfrac{\text{imob bruto}_{2016} + \text{imob bruto}_{2017}}{2} \right)} = \frac{29,4}{\left( \dfrac{406,6 + 422,8}{2} \right)} = 7,1\%$$

A despesa de depreciação de cada período (deprec$_t$) foi calculada a partir da abertura do imobilizado em dois grupos: (i) o já existente no início do ano (imob bruto$_{t-1}$) e (ii) o novo ativo de cada ano (CAPEX$_t$). Admitindo que (i) o ativo existente estava em operação durante o ano todo, aplicou-se sobre ele a alíquota de depreciação cheia, e (ii) o ativo novo estava em operação durante meio ano (por falta de melhor informação sobre o início de operação dos novos investimentos), aplicou-se sobre ele meia alíquota de depreciação, conforme a Equação 12.1.

$$\text{deprec}_t = \text{aliq deprec} \times \text{imob bruto}_{t-1} + \frac{\text{aliq deprec}}{2} \times \text{CAPEX}_t \qquad \text{Equação 12.1}$$

O CAPEX dos dois primeiros anos foi fornecido pela própria empresa: R\$ 33MM e R\$ 35MM para 2018 e 2019, respectivamente. O CAPEX dos anos seguintes foi projetado igualando-se à depreciação do mesmo período (t). Como a depreciação$_t$ foi calculada dependendo do CAPEX$_t$, e agora você quer calcular o CAPEX$_t$ igual à depreciação$_t$, o seu modelo terá uma circularidade. Para evitar essa circularidade, sugerimos calcular o CAPEX$_t$ a partir da equação: CAPEX$_t$ = (imob bruto$_{t-1}$ × aliq deprec)/(1 − aliq deprec/2).

As projeções do CAPEX e da depreciação da empresa estão apresentadas na Tabela 12.15.

Tabela 12.15 – Projeções do CAPEX e da depreciação da Centi

| | Histórico | | | Projeção | | | | |
|---|---|---|---|---|---|---|---|---|
| R\$ Milhões | 2015 | 2016 | 2017 | 2018P | 2019P | 2020P | 2021P | 2022P |
| Imobilizado Bruto | | 406,6 | 422,4 | 455,4 | 490,4 | 526,5 | 565,2 | 606,7 |
| (–) Depreciação Acumulada | | (127,2) | (156,6) | (187,7) | (221,3) | (257,3) | (296,0) | (337,6) |
| (=) Imobilizado Líquido | | 279,4 | 265,8 | 267,7 | 269,1 | 269,1 | 269,1 | 269,1 |
| CAPEX | | | | 33,0 | 35,0 | 36,1 | 38,7 | 41,6 |
| Depreciação | | | 29,4 | 31,1 | 33,5 | 36,1 | 38,7 | 41,6 |
| Alíquota de Depreciação | | | 7,1% | 7,1% | 7,1% | 7,1% | 7,1% | 7,1% |

Com a depreciação, você concluiu a projeção do resultado operacional (Tabela 12.16).

Tabela 12.16 – Projeção do resultado operacional da Centi

| | Histórico | | | Projeção | | | | |
|---|---|---|---|---|---|---|---|---|
| R\$ Milhões | 2015 | 2016 | 2017 | 2018P | 2019P | 2020P | 2021P | 2022P |
| (=) EBITDA | 53,3 | 62,7 | 64,5 | 67,3 | 71,9 | 77,5 | 83,7 | 89,9 |
| ...Margem EBITDA | 22,3% | 24,4% | 23,4% | 23,4% | 23,7% | 24,1% | 24,4% | 24,7% |
| (–) Depreciação | (27,8) | (28,3) | (29,4) | (31,1) | (33,5) | (36,1) | (38,7) | (41,6) |
| (=) Resultado Operacional | 25,5 | 34,4 | 35,1 | 36,2 | 38,4 | 41,4 | 44,9 | 48,4 |
| ...Margem Operacional | 10,7% | 13,4% | 12,8% | 12,6% | 12,7% | 12,9% | 13,1% | 13,3% |

## Projeção do investimento em capital de giro líquido

Olhando o balanço da Centi, pode-se identificar as contas do capital de giro líquido. As contas do capital de giro: ativo são: (i) caixa operacional, (ii) estoque e (iii) contas a receber. As contas do capital de giro: passivo são: (iv) contas a pagar e (v) salários, encargos e ir a pagar.

Você usou para projetar (ii) estoque: o índice dias de estoque, (iii) contas a receber: o índice dias de recebível e (iv) contas a pagar: o índice dias de fornecedores (Quadro 12.1). A ideia é calcular o histórico desses índices e formular a sua premissa por meio de uma média histórica. Você optou por uma média dos últimos três anos e manter esse parâmetro médio constante ao longo de todo o horizonte de projeção.

CAP. 12 • ESTUDO DE CASO TEÓRICO: CENTI S.A. **169**

Quadro 12.1 – Projeção das contas: estoque, contas a receber e contas a pagar, em que RL é receita líquida e CPV é o custo do produto vendido. No histórico apresentamos o cálculo mais usual para os índices formalizados para o ano de 2017. Os índices para os demais anos do histórico (2015 e 2016) seguem o mesmo cálculo. A partir do histórico, formulam-se os índices a serem utilizados como premissa para a projeção das contas em questão, formalizados para 2018. Os demais índices seguem o mesmo cálculo (elaborado pelos autores)

| Histórico | Projeção |
|---|---|
| $\text{dias de estoque}_{2017} = \dfrac{\text{estoque}_{2017}}{\left(\dfrac{CPV_{2017}}{365}\right)}$ | $\text{estoque}_{2018} = \text{dias de estoque}_{premissa} \times \left(\dfrac{CPV_{2018}}{365}\right)$ |
| $\text{dias de receb}_{2017} = \dfrac{\text{ctas receb}_{2017}}{\left(\dfrac{RL_{2017}}{365}\right)}$ | $\text{contas receb}_{2018} = \text{dias de receb}_{premissa} \times \left(\dfrac{RL_{2018}}{365}\right)$ |
| $\text{dias de fornec}_{2017} = \dfrac{\text{ctas pagar}_{2017}}{\left(\dfrac{CPV_{2017}}{365}\right)}$ | $\text{contas pagar}_{2018} = \text{dias de fornec}_{premissa} \times \left(\dfrac{CPV_{2018}}{365}\right)$ |

Por exemplo, você calculou o índice dias de recebível para os anos 2015 (29,8 dias), 2016 (29,2 dias) e 2017 (28,6 dias) e, posteriormente, calculou a média (29,2 dias), que serviu de premissa para projetar o contas a receber dos anos de projeção. Lembre-se de que você já tem a projeção da receita líquida de cada ano da projeção (Tabela 12.14).

A conta (i) caixa operacional você projetou como percentual de receita. A conta (v) salários, encargos e IR a pagar você projetou utilizando um índice de dias com base em receita líquida diária (RL/365). Assim, você projetou o capital de giro líquido e o investimento em capital de giro líquido (Tabela 12.17).

Tabela 12.17 – Projeção do investimento em capital de giro líquido da Centi

| R$ Milhões | Histórico | | | Projeção | | | | |
|---|---|---|---|---|---|---|---|---|
| | 2015 | 2016 | 2017 | 2018P | 2019P | 2020P | 2021P | 2022P |
| (+) Caixa Operacional | 4,8 | 5,1 | 5,5 | 5,7 | 6,0 | 6,4 | 6,8 | 7,3 |
| (Cx. Operac./Receita Líquida) | 2,0% | 2,0% | 2,0% | 2,0% | 2,0% | 2,0% | 2,0% | 2,0% |
| (+) Estoque | 11,7 | 12,3 | 12,6 | 13,6 | 14,4 | 15,3 | 16,3 | 17,3 |
| (Estoque/(CPV/365)) | 31,1 | 32,4 | 30,0 | 31,2 | 31,2 | 31,2 | 31,2 | 31,2 |
| (+) Contas a Receber | 19,5 | 20,6 | 21,6 | 23,0 | 24,3 | 25,8 | 27,4 | 29,1 |
| (Contas Receber/(RL/365)) | 29,8 | 29,2 | 28,6 | 29,2 | 29,2 | 29,2 | 29,2 | 29,2 |
| (=) Cap. de Giro: Ativo (A) | 36,0 | 38,0 | 39,7 | 42,4 | 44,7 | 47,5 | 50,6 | 53,7 |
| | | | | | | | | |
| (+) Contas a Pagar | 8,9 | 9,8 | 10,1 | 10,7 | 11,3 | 12,0 | 12,8 | 13,6 |
| (Contas Pagar/(CPV/365)) | 23,7 | 25,8 | 24,0 | 24,5 | 24,5 | 24,5 | 24,5 | 24,5 |
| (+) Sal., Enc. e IR a Pagar | 4,3 | 4,9 | 5,3 | 5,4 | 5,7 | 6,0 | 6,4 | 6,8 |
| ((Sal., Enc. e IR)/(RL/365)) | 6,6 | 7,0 | 7,0 | 6,9 | 6,9 | 6,9 | 6,9 | 6,9 |
| (=) Cap. de Giro: Passivo (P) | 13,2 | 14,7 | 15,4 | 16,1 | 17,0 | 18,1 | 19,2 | 20,4 |
| | | | | | | | | |
| (=) Capital de Giro Líq. (A-P) | 22,8 | 23,3 | 24,3 | 26,2 | 27,7 | 29,4 | 31,3 | 33,2 |
| **(=) Inv. Capital de Giro Líq. (final-inicial)** | | | | **1,9** | **1,5** | **1,7** | **1,9** | **1,9** |

## Projeção do fluxo de caixa para os investidores

Reunidas todas as informações, você projetou o fluxo de caixa da Centi de 2018 a 2022 (Tabela 12.18). Embora o CAPEX já tenha sido projetado igual à depreciação em 2022P, o seu modelo tem a coluna 2022P Aj, que força essa igualdade – não necessária para a avaliação da Centi com as premissas atuais.

Tabela 12.18 – Projeção do fluxo de caixa da Centi

| R$ Milhões | Projeção | | | | | |
| --- | --- | --- | --- | --- | --- | --- |
| | 2018P | 2019P | 2020P | 2021P | 2022P | 2022P Aj |
| Resultado Operacional | 36,2 | 38,4 | 41,4 | 44,9 | 48,4 | 48,4 |
| (–) Imposto Operacional | (12,3) | (13,0) | (14,1) | (15,3) | (16,4) | (16,4) |
| (+) Depreciação e Amortização | 31,1 | 33,5 | 36,1 | 38,7 | 41,6 | 41,6 |
| (–) CAPEX | (33,0) | (35,0) | (36,1) | (38,7) | (41,6) | (41,6) |
| (–) Inv. Capital de Giro Líq. | (1,9) | (1,5) | (1,7) | (1,9) | (1,9) | (1,9) |
| (=) Flx. de Cx. para os Investidores | 20,0 | 22,4 | 25,6 | 27,8 | 30,0 | 30,0 |

Como seu WACC está em US$, você optou por colocar o fluxo de caixa em US$ (Tabela 12.19). Para isso, você utilizou as projeções do câmbio médio de cada ano – a ideia de usar o câmbio médio é a de que o fluxo de caixa não acontece apenas no final de cada ano, mas sim ao longo do ano, portanto, a distribuição e a sua conversão para US$ será feita ao longo do ano. Por essa mesma razão, para calcular o valor presente, você não considerou que o fluxo de caixa projetado estivesse em dezembro de cada ano, mas sim em junho. Logo, o fluxo de caixa de 2018P foi trazido a valor presente por 0,5 ano em vez de um ano, o fluxo de caixa de 2019P foi trazido a valor presente por 1,5 ano em vez de dois anos e assim por diante. Esse procedimento tem sido chamado de *mid-year convention*. O valor presente do fluxo de caixa de 2018 a 2022 está em US$ e foi convertido para R$ pelo câmbio de 31 de dezembro de 2017, que é a data da avaliação (3,31 R$/US$, conforme a Tabela 12.12).

Tabela 12.19 – Projeção do fluxo de caixa da Centi

| US$ Milhões | | Projeção | | | | |
| --- | --- | --- | --- | --- | --- | --- |
| | | 2018P | 2019P | 2020P | 2021P | 2022P |
| Câmbio Médio | | 3,48 | 3,68 | 3,78 | 3,90 | 4,00 |
| Flx. Cx. p/ Investidor | | 5,8 | 6,1 | 6,8 | 7,1 | 7,5 |
| Período de desconto | | 0,50 | 1,50 | 2,50 | 3,50 | 4,50 |
| Valor Presente | | 5,5 | 5,3 | 5,4 | 5,2 | 5,0 |
| VP 2018-2022 | 26,4 | | | | | |
| VP 2018-2022 (R$ Milhões) | 87,5 | | | | | |

## Cálculo da perpetuidade

A perpetuidade foi calculada considerando o crescimento igual à inflação americana de 2022P (2,1%, conforme a Tabela 12.12). Note que o fluxo de caixa 2022 ajustado ($FC_{2022P\ Aj}$) considera o CAPEX igual à depreciação.

$$\text{Perp}_{2022} = \frac{FC_{2023}}{(WACC - g)} = \frac{FC_{2022\ AJ} \times (1 + \text{infl}_{EUA})}{(WACC - g)} = \frac{7,498 \times (1 + 2,1\%)}{(9,4\% - 2,1\%)} = 104,9$$

Você resolveu comparar o valor da perpetuidade com o capital existente (ou ativo operacional total, calculado por meio da soma do capital de giro líquido e do imobilizado líquido). Pela Tabela 12.17 verifica-se que o capital de giro líquido em 2022P é R$ 33,2MM e pela Tabela 12.15 verifica-se que o imobilizado líquido é R$ 269,1MM. Assim, o capital existente é R$ 302,3MM (Tabela 12.20). A perpetuidade está avaliada em US$ 104,9 que, convertida pelo câmbio médio de 2022P de 4,00 R$/US$, equivale a R$ 419,5, 38,7% a mais do que o capital existente.

Para analisar o retorno (ROIC), o giro e a margem, você montou a Tabela 12.20.

Tabela 12.20 – Evolução do retorno (ROIC), do giro e da margem da Centi

| | Histórico | | | Projeção | | | | |
|---|---|---|---|---|---|---|---|---|
| R$ Milhões | 2015 | 2016 | 2017 | 2018P | 2019P | 2020P | 2021P | 2022P |
| Resultado Operac. Líquido | | 22,7 | 23,2 | 23,9 | 25,4 | 27,3 | 29,6 | 32,0 |
| Ativo Operacional Total | | 302,7 | 290,1 | 293,9 | 296,8 | 298,6 | 300,4 | 302,3 |
| (=) ROIC | | 7,5% | 8,0% | 8,1% | 8,6% | 9,1% | 9,9% | 10,6% |
| | | | | | | | | |
| Receita Líquida | | 257,1 | 275,2 | 286,9 | 302,9 | 321,9 | 342,4 | 363,4 |
| Giro (x) | | 0,85 | 0,95 | 0,98 | 1,02 | 1,08 | 1,14 | 1,20 |
| | | | | | | | | |
| Margem Resultado Oper. Líquido | | 8,8% | 8,4% | 8,3% | 8,4% | 8,5% | 8,6% | 8,8% |

Observe que o retorno (ROIC) estava baixo em 2016 (7,5%) e você projetou melhora até 2022P (10,6%).

O retorno deve ser comparado com o custo do capital. Para essa comparação, os dois devem estar na mesma moeda. Assim, converteu-se o custo de capital para R$, sendo 11,4%:

$$\text{WACC}_{R\$} = (1 + 9,4\%) \times \frac{(1 + 4,0\%)}{(1 + 2,1\%)} - 1 = 11,4\%$$

Aparentemente, o retorno projetado para a perpetuidade é inferior ao custo de capital (10,6% *versus* 11,4%), no entanto, o valor calculado para a perpetuidade é maior do que o capital existente. Isso chama a atenção e causa estranheza. Para igualar, matematicamente, a perpetuidade ao valor dos ativos no último ano, deve-se utilizar um ROIC igual ao WACC real. O WACC real é de 7,15% (tirada a inflação brasileira de 4,0% do WACC nominal em R$). Perceba que, se o resultado operacional líquido fosse igual ao WACC real multiplicado pelo capital existente: 7,15% × 302,3MM = R$ 21,62MM, a perpetuidade valeria o mesmo capital existente. Verifique que, se ROL = R$ 21,62MM, o que equivale a US$ 5,41MM $\left(\dfrac{21,62}{4,00}\right)$, a perpetuidade em US$ valeria US$ 75,67MM $\left(\dfrac{5,41\times(1+2,1\%)}{9,4\%-2,1\%}\right)$, equivalente a R$ 302,7 (75,67 × 4,00), igual ao capital existente (exceto por erros de arredondamento).

Após essa análise, mesmo a perpetuidade valendo mais do que o capital investido, você considerou que o valor da perpetuidade em 2022 de US$ 104,9MM é satisfatório. Trazendo a valor presente a perpetuidade obtém-se US$ 70,0MM $\left(\dfrac{104,9}{(1+9,4\%)^{4,5}}\right)$ ou R$ 231,7MM (convertido pelo câmbio de 3,31 R$/US$, conforme a Tabela 12.12).

O *firm value* da Centi é R$ 319,2MM (87,5 + 231,7), 1,1x maior do que o capital existente (ativo operacional total) em 2017, calculado em R$ 290,1 (Tabela 12.20).

A dívida líquida da Centi é R$ 75,0MM (11,3 + 132,3 – 68,6), todos os números obtidos no balanço de 2017 (Tabela 12.7).

Por fim, devem-se considerar os ativos e passivos não operacionais, pois estes não compõem o *firm value* por não estarem refletidos no fluxo de caixa operacional. O ideal seria conhecer o valor de mercado desses ativos e passivos, mas, na ausência deste, você trabalhou com os valores contábeis. No caso da Centi, são Depósitos Judiciais de R$ 31,0MM no ativo e Provisões Ambientais de R$ 44,3MM no passivo, gerando um ajuste líquido de –R$ 13,3MM.

Portanto, o *equity value* da Centi é R$ 230,9MM (319,2 – 75,0 – 13,3), 1,1x o valor contábil (R$ 201,8MM). Considerando 10,1 milhões de ações, o preço por ação da Centi é R$ 22,86 (*upside* de 20,8% a partir do preço de 28 de dezembro de 2017 (R$ 18,92) e 3,9% a partir do último preço (R$ 22,00)). Com esse número você partiu para a reunião com o CFO da Centi.

## *Adendo*

A formulação das premissas é a parte da arte do *valuation*. Logicamente, existe um grande número de possibilidades que dependem muito do conhecimento que o analista tem da dinâmica do setor de atuação da empresa e da própria empresa:

(i) A receita bruta pode ser projetada de forma diferente, sem utilizar a variação do PIB, por exemplo: (a) para uma empresa de telecomunicação móvel como a Telemig, poder-se-ia projetar a receita utilizando (1) a população de Minas Gerais, a densidade de celulares (número de celulares por 100 habitantes) e o *market share* para projetar a quantidade de assinantes e (2) um *ticket* médio (*average revenue per usuer* – ARPU), evoluindo com alguma lógica que reflita a convergência de tecnologias para projetar o preço; (b) para uma bolsa de valores como a B3 poder-se-ia projetar a receita utilizando (1) o PIB brasileiro (em R$ trilhões), a relação capitalização de mercado da bolsa/PIB e o giro da bolsa para projetar a quantidade e (2) os emolumentos como percentual fixo para projetar o preço; (c) para uma empresa de um setor regulado, (1) a quantidade pode ter que seguir determinações do regulador e (2) certamente a tarifa deve seguir as regras vigentes do reposicionamento tarifário.

(ii) A margem bruta poderia sofrer melhoras ou pioras dependendo da sua margem bruta em relação às margens dos concorrentes e às perspectivas do setor – lembrando que a projeção de aumento de margem deve ser feita com bastante critério para não projetar um retorno sobre o capital investido que não seja razoável, o que levaria a distorções na precificação da empresa.

(iii) As despesas com vendas podem ser consideradas fixas, o que poderia contribuir para um ganho de escala e para uma melhora de retorno sobre o capital investido. Pense, entretanto, na possibilidade de o ganho de escala, em um mercado competitivo, acabar beneficiando os consumidores e não a empresa. Nessa situação, para a avaliação da empresa, esse ganho de escala poderia ser ignorado.

(iv) As despesas gerais e administrativas foram consideradas fixas por todo o período de projeção – mas poderiam seguir (a) uma lógica de saltos, ou seja, para cada x% de aumento acumulado de quantidade vendida seriam necessários mais pessoas ou espaço de escritório corporativo, portanto, haveria um aumento real acima da inflação nessas despesas a cada período de y anos, gerando os saltos mencionados; ou (b) crescer, a cada ano, além da inflação, um percentual do crescimento real da receita.

(v) O CAPEX é um item bastante importante e muito difícil de ser projetado e, portanto, poderia (a) ser projetado com a ajuda de engenheiros e técnicos (se você estiver fazendo o *valuation* da empresa onde trabalha ou o seu cliente é da empresa ou de uma possível compradora da empresa, talvez você tenha acesso a um time de engenharia que lhe possa auxiliar na determinação do CAPEX); ou (b) você pode seguir alguma lógica, por exemplo, para uma rede de lojas de departamentos: a cada R$ 1 milhão de crescimento de receita real você precisa de X $m^2$ a mais de loja e cada 1 $m^2$ a mais de loja precisa de um investimento de R$ Y, o que permite projetar o CAPEX em função do crescimento real projetado para a receita.

(vi) Uma alternativa para a definição da alíquota de depreciação pode ser a média ponderada das alíquotas de depreciação dos itens do imobilizado bruto.

(vii) Outro cuidado relacionado com a depreciação seria o de projetar cada item separadamente, pois pode ser que um item se deprecie totalmente antes do término do seu horizonte de projeção. Nosso modelo da Centi continuaria depreciando os ativos mesmo após a sua total depreciação.

(viii) Quanto ao início de operação do CAPEX, que supusemos ser no meio do próprio ano, o que deu origem a utilizarmos meia alíquota de depreciação no cálculo da depreciação do período, pode ter uma premissa diferente, por exemplo, que entre em operação somente no ano seguinte. Essa premissa de início de operação pode inclusive estar mais diretamente relacionada com o crescimento real projetado para a receita. Sendo relevante, o melhor é perguntar quando cada investimento entrará em operação e qual aumento de capacidade gerará.

(ix) Tanto o CAPEX quanto a depreciação poderiam seguir uma lógica mais geral como um percentual da receita ou aquele necessário para manter constante o giro de ativos (receita de vendas/imobilizado líquido).

(x) A formação de premissas médias históricas não precisa ser baseada necessariamente nos últimos três anos. Tampouco os valores atribuídos a elas no horizonte de projeção precisam ser fixos – esses valores podem partir da média história no primeiro ano de projeção e chegar a um patamar desejado no futuro, por exemplo, poderíamos partir de 29,2 dias de receita para o contas a receber de 2018P e chegar em 2022P com 25,0 dias, caso tenhamos essa perspectiva de redução dele por política da empresa ou por comparação com empresas similares.

(xi) O capital de giro líquido poderia seguir uma lógica mais simplificada e ser projetado como percentual de receita.

(xii) Como os anos de 2015 a 2017 não foram exatamente bons para o país, pode ser que você preferisse formar suas premissas para o futuro olhando um histórico mais longo e também não as mantivesse fixas ao longo do horizonte de projeção.

(xiii) O CAPEX de manutenção da perpetuidade pode ser ajustado para compensar o "atrito" gerado pelo fato de a contabilidade não ajustar o imobilizado pela inflação.

Na Parte II do livro, trataremos de alguns dos pontos comentados acima.

# 13

# Estudo de Caso Real

Neste capítulo, apresentaremos, a título ilustrativo, quatro estudos de casos (Raia – *ticker*: RAIA3, quando da abertura de capital, Brasil Foods – *ticker*: BRFS3, AmBev – *ticker*: ABEV3 e Carrefour – *ticker*: CRFB3) a partir de informações reais. O objetivo é didático e não nos obrigamos a sermos integralmente fiéis à realidade. Não interprete os resultados apresentados como uma recomendação de compra e/ou venda das ações dessas empresas.

O estudo de caso Raia se passa em dezembro de 2010, quando da abertura de capital da empresa. O estudo de caso Brasil Foods se passa em março de 2012. O estudo de caso da AmBev se passa em março de 2018. O estudo de caso do Carrefour se passa em abril de 2019. Os casos estão baseados em informações públicas, inclusive, no caso da Raia, do prospecto de sua oferta inicial de ações (IPO).

## Estudo de Caso: Raia S.A.

A Raia S.A. (Raia ou Empresa) tem mais de 100 anos de atuação no mercado e é, segundo a Associação Brasileira de Redes de Farmácias e Drogarias, uma das cinco maiores redes de drogarias do País em receita e uma das três maiores em número de lojas.

Com 326 lojas em 30 de setembro de 2010, a Empresa opera nos estados de São Paulo, Rio de Janeiro, Minas Gerais, Paraná e Rio Grande do Sul.

A receita bruta da empresa deriva dos segmentos: (i) medicamentos sujeitos a prescrição médica de marca e genérico; (ii) vendas no balcão (produtos *over the counter*, incluindo medicamentos isentos de prescrição médica e produtos de saúde); (iii) produtos de perfumaria (incluindo higiene e limpeza); e (iv) serviços.

O setor é bastante fragmentado. De acordo com a IMS Health, em 2010 existiam mais de 60.000 drogarias no Brasil, das quais apenas uma pequena parcela pertence a uma rede. As redes já estabelecidas têm boas perspectivas de crescimento, orgânico ou por aquisições.

Entre 2004 e 2009, o setor farmacêutico cresceu 11,8% a.a. Ainda assim, o Brasil apresentava, em 2009, um consumo anual *per capita* de medicamentos de R\$ 68 comparativamente a R\$ 142 na Argentina e R\$ 988 nos Estados Unidos (IMS Health). Diversos fatores impulsionaram e continuam impulsionando esse crescimento: (i) melhoria da distribuição da renda; (ii) envelhecimento da população; (iii) introdução de novos medicamentos genéricos; (iv) controle preventivo de patologias; e (v) programas de acesso aos medicamentos.

Entre 2004 e 2009, o segmento de higiene e beleza cresceu 13,0% a.a. (ABIHPEC – Associação Brasileira da Indústria de Higiene Pessoal, Perfumaria ou Cosméticos), sendo o terceiro maior mercado mundial de higiene pessoal, perfumaria e cosméticos, atrás apenas de Estados Unidos e Japão (Euromonitor). Os canais de distribuição são (i) o varejo (incluindo drogarias, que apresentaram crescimento superior aos demais), com 52% do mercado; (ii) as empresas de vendas diretas, com 41% do mercado; e (iii) as redes de franquias, com 7% do mercado.

## Informações Financeiras

As informações financeiras reunidas para a avaliação da Raia estão dispostas a seguir. As informações relativas a 2007, 2008 e 2009 foram obtidas nas demonstrações financeiras dos períodos findos em 31 de dezembro e as informações relativas a 2010 foram obtidas nas demonstrações financeiras do período findo em 30 de setembro.

Demonstrativos de Resultados:

| DRE (R$ mil) | 2007 | 2008 | 2009 | 9M2010 |
|---|---|---|---|---|
| Receita Bruta | 828.705 | 1.147.626 | 1.594.564 | 1.350.906 |
| (–) Deduções | (175.087) | (71.652) | (60.368) | (47.998) |
| (=) Receita Líquida | 653.618 | 1.075.974 | 1.534.196 | 1.302.908 |
| (–) CPV e CSP | (472.460) | (820.804) | (1.203.796) | (996.433) |
| (=) Lucro Bruto | 181.158 | 255.170 | 330.400 | 306.475 |
| (–) Despesas Operacionais | | | | |
| Vendas | (132.085) | (185.671) | (243.413) | (219.667) |
| Gerais e Administrativas | (45.027) | (52.761) | (58.709) | (61.234) |
| Outras Receitas (Despesas) Operacionais | 15.184 | 20.551 | 33.873 | 34.233 |
| Despesas Pré-operacionais | | | (3.959) | (2.804) |
| (–) Depreciação | (15.430) | (27.911) | (36.483) | (31.998) |
| (+) Venda de Imobilizado | (426) | (1.236) | (1.205) | 186 |
| (–) Resultado de Equivalência | | | (206) | |
| (–) Despesas Financeiras Líquidas | (8.908) | (22.964) | (21.528) | (22.332) |
| (=) LAIR | (5.534) | (14.822) | (1.230) | 2.859 |
| (–) IR | 872 | 4.748 | 1.270 | (1.096) |
| (=) Lucro Líquido | (4.662) | (10.074) | 40 | 1.763 |

Abertura da Receita Bruta por segmento de atuação:

| Receita Bruta – Abertura (R$ mil) | 2007 | 2008 | 2009 | 9M2010 |
|---|---|---|---|---|
| Medicamentos Prescrição – Marca | 367.398 | 504.610 | 693.452 | 581.434 |
| Medicamentos Prescrição – Genérico | 81.742 | 109.811 | 148.778 | 125.760 |
| Produtos *Over the Counter* | 173.658 | 228.127 | 307.779 | 262.330 |
| Perfumaria | 204.437 | 303.449 | 442.618 | 380.009 |
| Serviços | 1.470 | 1.629 | 1.937 | 1.373 |
| Receita Bruta | 828.705 | 1.147.626 | 1.594.564 | 1.350.906 |

Abertura do CPV (custo do produto vendido) e do CSP (custo do serviço prestado) por segmento de atuação:

| CPV e CSP – Abertura (R$ mil) | 2007 | 2008 | 2009 | 9M2010 |
|---|---|---|---|---|
| Medicamentos Prescrição – Marca | 259.603 | 411.647 | 595.340 | 499.869 |
| Medicamentos Prescrição – Genérico | 44.287 | 62.344 | 83.657 | 75.004 |
| Produtos *Over the Counter* | 98.329 | 147.217 | 212.883 | 177.380 |
| Perfumaria | 118.800 | 225.904 | 345.417 | 289.218 |
| (–) Bonificações Comerciais | (48.559) | (26.308) | (33.501) | (45.038) |
| **CPV e CSP** | **472.460** | **820.804** | **1.203.796** | **996.433** |

As despesas pré-operacionais deixaram de ser diferidas a partir de 2009. Outras Receitas (Despesas) Operacionais referem-se a receitas comerciais com exposição de produtos, ofertas e *marketing* em geral. O número originalmente apresentado também continha ganhos (perdas) na venda de imobilizado que foram destacados para efeito do caso em questão.

Balanço Patrimonial:

| Balanço – Ativo (R$ mil) | 2007 | 2008 | 2009 | Set. 2010 |
|---|---|---|---|---|
| Caixa e Equivalentes | 10.668 | 53.226 | 23.043 | 17.158 |
| Contas a Receber | 53.761 | 68.655 | 91.254 | 100.240 |
| Estoque | 90.305 | 154.832 | 199.104 | 230.774 |
| Impostos a Compensar | 6.241 | 17.861 | 44.462 | 29.484 |
| IR e CS Diferidos | 431 | 1.216 | 5.848 | 3.059 |
| Outras | 13.388 | 18.350 | 22.451 | 38.591 |
| Depósitos Judiciais | 582 | 964 | 1.391 | 2.105 |
| Aplicação Financeira | | 1.876 | 2.065 | |
| Partes Relacionadas | 464 | 595 | | |
| Impostos a Compensar | | | 11.290 | |
| IR e CS Diferidos | 5.831 | 10.021 | 37.430 | 39.123 |
| Outras | 580 | 1.088 | 946 | 597 |
| Investimento | 3.422 | 3.422 | | |
| Imobilizado Bruto | 119.471 | 185.317 | 234.173 | 280.557 |
| Depreciação Acumulada | (57.477) | (79.570) | (108.324) | (133.877) |
| Intangível | 16.460 | 22.154 | 25.495 | 29.382 |
| Diferido | 3.879 | 9.397 | 7.287 | 5.888 |
| **Total do Ativo** | **268.006** | **469.404** | **597.915** | **643.081** |

| Balanço – Passivo (R$ mil) | 2007 | 2008 | 2009 | Set. 2010 |
|---|---|---|---|---|
| Contas a Pagar | 139.719 | 188.055 | 253.430 | 257.891 |
| Empréstimos e Financiamentos | 50.210 | 97.568 | 54.333 | 82.555 |
| Salários e Encargos a Pagar | 14.435 | 19.583 | 26.409 | 41.975 |
| Impostos a Pagar | 11.258 | 5.585 | 6.010 | 8.490 |

*(Continua)*

(*Continuação*)

| | | | | |
|---|---|---|---|---|
| Programa de Recuperação Fiscal | 1.011 | 1.083 | 929 | 1.006 |
| Outras | 4.789 | 5.879 | 8.796 | 11.519 |
| Empréstimos e Financiamentos | 12.122 | 84.921 | 150.624 | 138.297 |
| Programa de Recuperação Fiscal | 8.398 | 7.819 | 7.378 | 7.212 |
| Provisões para Contingências Legais | 11.955 | 5.248 | 3.324 | 4.099 |
| Outras | 850 | 488 | 2.696 | 4.288 |
| Patrimônio Líquido | 13.259 | 53.175 | 83.986 | 85.749 |
| **Total do Passivo** | **268.006** | **469.404** | **597.915** | **643.081** |

Em 2007 e 2008, a empresa detinha 100% de participação em Porto San Giorgio Empreendimentos Ltda., uma SPE cuja atividade era a compra e locação de bens e realização de benfeitorias. Até 30 de novembro de 2009, quando foi incorporada, encontrava-se em fase pré-operacional.

Abertura do Ativo Fixo Bruto em 30 de setembro de 2010, com as respectivas alíquotas de depreciação e a alíquota média ponderada (calculada pelos autores):

| Ativo Fixo Bruto – Abertura (R$ mil) | Set. 2010 | Alíquota de Deprec. (%) |
|---|---|---|
| Terreno | 3.088 | 0 |
| Edificações | 150.142 | 17 |
| Equipamentos | 70.133 | 10 |
| Veículos | 8.965 | 20 |
| Móveis e Utensílios | 48.229 | 10 |
| **Imobilizado Bruto** | **280.577** | **14,0** |

Abertura do Endividamento em 30 de setembro de 2010, com as respectivas taxas e o cálculo do custo médio ponderado (calculado pelos autores considerando o CDI de 9,5% projetado para os próximos anos e a TJLP de 5,5% ao longo dos próximos anos).

| Endividamento – Abertura (R$ mil) | Set. 2010 | Custo |
|---|---|---|
| Capital de Giro – Indusval | 12.462 | 1,153% a.m. |
| Capital de Giro – Santander | 20.079 | CDI + 3,20% a.a. |
| Arrendamento | 3.181 | 1,74% a.m. |
| BNDES | 77.351 | TJLP + 3,81% a.a. |
| Capital de Giro – Banco do Brasil | 107.671 | CDI + 3,85% a.a. |
| Conta Garantida – Santander | 29 | CDI + 3,00% a.a. |
| Saldo Devedor – CEF | | |
| Conta Garantida – Safra | 51 | CDI + 6,16% a.a. |
| Conta Garantida – Indusval | 28 | 130% do CDI |
| **Empréstimos e Financiamentos** | **220.852** | **12,4%** |

## Informações para o Custo de Capital

O YTM (*yield to maturity*) dos títulos de dez anos do governo americano é, em 15 de dezembro de 2010, 3,2% (média dos dez dias úteis, de 2 de dezembro a 15 de dezembro).

O EMBI+ Brasil é, em 15 de dezembro de 2010, 167 pontos-base (média dos dez dias úteis, de 2 de dezembro a 15 de dezembro).

O prêmio de mercado inferido é 5,2% (Damodaran).

O beta desalavancado para a empresa é 0,72 (baseado em empresas similares).

Será utilizado um prêmio pelo tamanho de 3,7%.

Serão considerados um custo de dívida igual à média ponderada da dívida atual da empresa e uma alavancagem de 30% (D/(D + E)). A suposição é a de que a abertura de capital e a mudança de endividamento não causarão mudança no custo de dívida da empresa.

Para converter um custo de capital em US$ para um custo de capital em R$, serão consideradas a inflação americana de longo prazo de 2,1% e a inflação brasileira de longo prazo de 4,5%.

## Cálculo do Custo de Capital

Abaixo é apresentado o cálculo do WACC em R$ (13,7%):

| Cálculo do WACC | Parâmetro |
|---|---|
| Taxa Livre de Risco | 3,2% |
| Prêmio-país | 1,7% |
| Beta Desalavancado | 0,72 |
| Beta Alavancado | 0,92 |
| Prêmio de Mercado | 5,2% |
| Prêmio pelo Tamanho | 3,7% |
| Custo do Capital Próprio (US$) | 13,4% |
| Custo do Capital Próprio (R$) | 16,0% |
| | |
| Custo da Dívida (R$) | 12,4% |
| Alíquota do IR | 34,0% |
| Custo da Dívida Líquido do Benefício Fiscal | 8,2% |
| | |
| D/(D + E) | 30,0% |
| | |
| **WACC (R$)** | **13,7%** |

## Projeção do EBITDA

A **receita bruta** será projetada evoluindo a inflação (dos últimos 12 meses) e um crescimento real. O crescimento real será calculado conforme os dados a seguir:

| Crescimento Real da Receita Bruta | 2010 | CAGR 2011–2018 | Acumulado 2011–2018 |
|---|---|---|---|
| Medicamentos Prescrição – Marca | 8,9% | 7,1% | 73,1% |
| Medicamentos Prescrição – Genérico | 14,7% | 14,0% | 185,3% |
| Produtos *Over the Counter* | 9,7% | 8,3% | 89,2% |
| Perfumaria | 15,5% | 7,5% | 78,3% |

A coluna 2010 refere-se ao crescimento entre 2009 e 2010, a coluna CAGR 2011–2018 refere-se ao crescimento anual entre 2011 e 2018 e a coluna Acumulado 2011–2018 refere-se ao crescimento acumulado entre 2011 e 2018. Considerou-se, no modelo, um crescimento anual mais alto em 2011, caindo – mais acentuadamente no início – até atingir 4,5% de crescimento em 2019 (igual ao crescimento do PIB projetado para 2019), de maneira a obter o crescimento acumulado entre 2011 e 2018 apresentado na tabela.

A inflação (IPCA) considerada foi de: 4,3%; 5,1%; 5,0%; 4,7%, respectivamente, para 2009 a 2012 e 4,5% nos demais anos.

A receita bruta de serviço foi projetada, a cada ano, considerando o crescimento médio ponderado dos demais segmentos.

Considerando todos os segmentos, a receita bruta cresceu, no período acumulado de 2011 a 2019, 12,8% a.a.

Alternativamente, fez-se uma regressão linear entre o crescimento do PIB e o crescimento da receita bruta da empresa de 2002 e 2010, expurgando subjetivamente o ano 2009, obtendo a equação $y = 0,051 + 1,67 \times PIB$ (coeficientes não significativos). Por meio dessa equação (considerando que os coeficientes a e b caem até 2019 para 0 e 1, respectivamente), a receita bruta média teria crescido 12,1% a.a. no período de 2011 a 2019.

As **deduções** foram calculadas com o percentual médio de 2009 (3,8%) e de 2010 (3,6%), este último calculado para os nove primeiros meses do ano.

O **CPV** e o **CSP** foram calculados, para o ano inteiro de 2010, com as mesmas margens brutas obtidas até setembro de 2010. As margens brutas de 2009 (ano inteiro) são bem próximas às margens do período findo em 30 de setembro de 2009, assim, considerou-se que os números até setembro de 2010 são bem representativos do que seria o ano inteiro de 2010. Para os anos seguintes, considerou-se a margem bruta média de 2008, 2009 e 2010 para cada segmento. Como essas margens, para os três primeiros segmentos, eram superiores às margens apresentadas pela Empresa em 2010, considerou-se que estas serão atingidas em 2012. Para o quarto segmento (Perfumaria), adotou-se a margem bruta de 2010 para todos os anos de projeção. As bonificações comerciais foram calculadas acompanhando o crescimento dos demais itens. Considerando a mudança de *mix* de venda, a margem bruta da empresa salta de 21,5% em 2009 (23,5% em setembro de 2010, mesma margem mantida para dezembro de 2010) para 25,6% em 2019. Observação: para efeito de projeção, a margem bruta por segmento foi calculada com base na receita bruta e não na receita líquida. Apenas a margem bruta da Empresa foi calculada com base na receita líquida.

As **despesas operacionais** foram consideradas variáveis com a receita, no mesmo patamar de setembro de 2010 para o ano de 2010 e a média de 2009 e 2010 a partir de 2012, passando por um ano intermediário de 2011.

A exceção é a despesa geral e administrativa. O ano de 2010 foi calculado a partir do já realizado até setembro de 2010. Para os demais anos ela evoluiu a inflação do ano anterior e somente 18% do crescimento real da receita, com base no histórico de 2008 e 2009.

Dessa forma, a queda das despesas operacionais apresentada de 2007 a 2009, que já havia sido interrompida em setembro de 2010, é retomada em 2011, porém, a partir de um patamar mais alto de 19,1% da receita líquida em dezembro de 2010 (17,4% em 2019).

A melhora na margem EBITDA (4,4% em setembro de 2010 e 8,3% em 2019) reflete a melhora na margem bruta em função da mudança no *mix* de vendas e também de uma queda nas despesas operacionais, principalmente à despesa geral e administrativa, que é considerada uma despesa fixa. Isso pode ser sustentado com o ganho de eficiência das lojas, todavia aproximadamente metade delas ainda não estavam maduras em setembro de 2010 por ter menos de três anos de funcionamento.

## Projeção dos Investimentos

O ativo operacional total (AOT, constituído da soma do capital de giro líquido e do ativo fixo líquido) da Empresa foi projetado de forma a manter o giro de ativo (receita líquida/AOT) constante ao longo do período de projeção. Não foi considerado qualquer potencial ganho de giro devido às lojas não maduras.

Com a manutenção do giro e a variação positiva da margem EBITDA, há uma variação no retorno (margem × giro) da Empresa. Não fosse a depreciação ser calculada isoladamente, o retorno (ROIC) evoluiria positivamente durante todo o período de projeção (como reflexo do aumento da margem EBITDA). O ROIC, que foi de 6,9% em 2009 e 10,2% em setembro de 2010 (anualizado) – já bem superior ao patamar de 2007 e 2008, termina o ano de 2010 em 11,5%, evoluindo para o patamar máximo de 24,3% em 2015 e recuando para 22,0% em 2019. Esse ROIC, em 2019, contribui para o valor da perpetuidade ser 131% acima do ativo operacional total a valor contábil.

Para a manutenção do giro de ativo, o capital de giro líquido de cada ano foi calculado como um percentual da receita líquida. A projeção foi baseada na média dos anos 2009 e 2010 (setembro). As contas que foram consideradas no capital de giro líquido estão apresentadas a seguir (os índices da coluna Set. 2000 considera os números da DRE de Set. 2010 anualizados):

| Capital de Giro Líquido (R$ mil) | 2007 | 2008 | 2009 | Set. 2010 |
|---|---|---|---|---|
| (+) Caixa Operacional | 10.668 | 17.068 | 23.043 | 17.158 |
| % Receita Líquida | 1,6% | 1,6% | 1,5% | 1,0% |
| (+) Contas a Receber | 53.761 | 68.655 | 91.254 | 100.240 |
| Dias de Receita | 30,0 | 23,3 | 21,7 | 21,1 |
| (+) Estoque | 90.305 | 154.832 | 199.104 | 230.774 |
| Dias de CPV e CSP | 69,8 | 68,9 | 60,4 | 63,4 |
| (+) Impostos a Compensar (CP e LP) | 6.241 | 17.861 | 55.752 | 29.484 |
| % Receita Líquida | 1,0% | 1,7% | 3,6% | 1,7% |
| (–) Contas a Pagar | 139.719 | 188.055 | 253.430 | 257.891 |
| Dias de CPV e CSP | 107,9 | 83,6 | 76,8 | 70,9 |
| (–) Salários e Encargos a Pagar | 14.435 | 19.583 | 26.409 | 41.975 |
| % CPV e CSP + Despesas Operac. | 2,3% | 1,9% | 1,8% | 2,5% |

(Continua)

*(Continuação)*

| | | | | |
|---|---|---|---|---|
| (–) Impostos a Pagar | 11.258 | 5.585 | 6.010 | 8.490 |
| % Receita Líquida | 1,7% | 0,5% | 0,4% | 0,5% |
| **(=) Capital de Giro Líquido** | **(4.437)** | **45.193** | **83.304** | **69.300** |
| % Receita Líquida | –0,7% | 4,2% | 5,4% | 4,0% |

O imobilizado líquido foi projetado considerando o giro de ativo fixo (receita líquida/imobilizado líquido) constante no nível da média de 2009 e 2010 (setembro).

O imobilizado líquido foi, posteriormente, desmembrado em imobilizado bruto e depreciação acumulada. Esse desmembramento foi necessário para calcular a depreciação do período, necessária para encerrarmos o cálculo do resultado operacional (EBIT), tendo em vista que projetamos até o EBITDA.

O primeiro passo para o desmembramento foi o cálculo da alíquota de depreciação, obtida com base na abertura do imobilizado bruto de setembro de 2010, já apresentado acima. Posteriormente, utilizaram-se as lógicas abaixo:

$$\mathrm{deprec}_t = \mathrm{aliq\ deprec} \times \mathrm{Imob\ Bruto}_{t-1} + \frac{\mathrm{aliq\ deprec}}{2} \times \mathrm{CAPEX}_t$$

e

$$\mathrm{Imob\ Bruto}_t = \mathrm{Imob\ Bruto}_{t-1} + \mathrm{CAPEX}_t$$

Para checarmos o CAPEX obtido pela modelagem acima, utilizamos os valores informados no prospecto (i) de R$ 797 mil de investimento médio em ativos fixos por loja em 2009 e (ii) de R$ 484,2 mil de receita bruta média por loja no período findo em setembro de 2010. Seguindo essa lógica, a necessidade de CAPEX para novas lojas seria 5,2% menor do que o valor usado na nossa modelagem e o valor por ação seria aproximadamente 7,6% maior do que o obtido na nossa modelagem.

## Cálculo da Perpetuidade

Para calcular a perpetuidade, consideramos que, ao final do período explícito de projeção (ano 2019), o retorno marginal sobre os novos investimentos será igual ao WACC, de forma que o crescimento de quantidade não mais agregará valor. Portanto, ele pode ser ignorado.

Logo, considerou-se que (i) o fluxo de caixa cresce a inflação brasileira de longo prazo (4,5%) e que (ii.1) a empresa não precisa investir além do necessário para a manutenção da base de ativos fixos existentes, o que foi feito igualando-se o CAPEX à depreciação, e (ii.2) o capital de giro líquido cresce a própria inflação, de forma que o investimento em capital de giro líquido é igual à inflação multiplicada pelo capital de giro líquido do último ano do período explícito. Ignorou-se o "atrito" causado pelo fato de a contabilidade não ajustar o imobilizado pela inflação, o que pode demandar ajustes no CAPEX de manutenção.

Note que a premissa de não agregação de valor está restrita ao crescimento, não sendo válida para a base de ativos existentes ao término do horizonte de projeção explícito. Essa afirmação pode ser confirmada ao confrontar o valor atribuído à perpetuidade em 2019 e a base de ativos naquela mesma data, verificando-se um ágio de 131%. No entanto, vale destacar que essa análise é distorcida pelo fato de ser feita em cima de uma base de ativos que não é atualizada pela inflação, enquanto diversas outras premissas do modelo o são.

## Cálculo do Valor

Após calcular o fluxo de caixa para o horizonte de projeção de set. 2010 a dez. 2019 e a perpetuidade, calculam-se o *firm value*, a dívida líquida e os passivos e ativos não operacionais, para, por fim, calcular o *equity value*.

Os passivos não operacionais são todos os passivos não levados em consideração para o cálculo do *firm value* ou da dívida líquida, portanto, são todos os passivos excluídos dos passivos do capital de giro líquido e dos passivos ligados aos credores. Os ativos não operacionais são todos os ativos não levados em consideração para o cálculo do *firm value* ou da dívida líquida, portanto, são todos os ativos excluídos dos ativos do capital de giro líquido, do excesso de caixa e dos ativos ligados ao imobilizado operacional líquido. Foi atribuído um valor presente para o crédito fiscal considerando o seu aproveitamento ao longo do tempo e não se atribuiu valor para o intangível nem para o diferido.

Dividindo-se o *equity value* pelo número de ações (20.056.265) obtém-se um valor por ação, em 30 de setembro de 2010, de R$ 28,4, 18,4% acima dos R$ 24,0 da oferta.

Observe que esse preço representa um múltiplo *Price/Book* de 6,6x (analisando o múltiplo na sua variante para o ativo, encontra-se um *Firm Value/*AOT de 3,5x).

| | |
|---|---|
| *Firm Value* **(R$ mil)** | **749.558** |
| (–) Dívida Bruta | (220.852) |
| (+) Excesso de Caixa | 0 |
| (–) Passivos Não Operacionais | (28.124) |
| (+) Ativos Não Operacionais | 69.518 |
| **(=) *Equity Value* (R$ mil)** | **570.099** |
| Patrimônio Líquido (*Book* – R$ mil) | 85.749 |
| | |
| *Price/Book* [set. 2010] | 6,6 |
| *Firm Value/*EBITDA [set. 2010] | 13,1 |
| *Firm Value/*EBITDA [2011] | 6,5 |
| *Firm Value/*AOT [set. 2010] | 3,5 |
| | |
| Quantidade de Ações | 20.056 |
| **Preço por Ação (R$)** | **28,4** |

## Capital de Giro Líquido (R$ mil)

| | 2007 | 2008 | 2009 | 2010P | 2011P | 2012P | 2013P | 2014P | 2015P | 2016P | 2017P | 2018P | 2019P |
|---|---|---|---|---|---|---|---|---|---|---|---|---|---|
| % Receita Líquida | | | | 4,7% | 4,7% | 4,7% | 4,7% | 4,7% | 4,7% | 4,7% | 4,7% | 4,7% | 4,7% |
| Capital de Giro Líquido | (4.437) | 45.193 | 83.304 | 83.879 | 99.852 | 116.883 | 134.424 | 152.245 | 170.423 | 188.930 | 207.890 | 227.599 | 248.544 |
| Investimento em Capital de Giro Líquido | | | | 575 | 15.973 | 17.031 | 17.541 | 17.822 | 18.178 | 18.507 | 18.960 | 19.710 | 20.945 |

## Imobilizado Líquido (R$ mil)

| | 2007 | 2008 | 2009 | 2010P | 2011P | 2012P | 2013P | 2014P | 2015P | 2016P | 2017P | 2018P | 2019P |
|---|---|---|---|---|---|---|---|---|---|---|---|---|---|
| Imobilizado Bruto | 119.471 | 185.317 | 234.173 | 293.791 | 368.427 | 456.312 | 558.398 | 676.386 | 812.814 | 970.406 | 1.152.584 | 1.363.615 | 1.608.765 |
| (-) Depreciação Acumulada | (57.477) | (79.570) | (108.324) | (145.282) | (191.637) | (249.369) | (320.398) | (406.833) | (511.077) | (635.903) | (784.512) | (960.646) | (1.168.712) |
| (=) Imobilizado Líquido | 61.994 | 105.747 | 125.849 | 148.510 | 176.790 | 206.944 | 237.999 | 269.553 | 301.737 | 334.504 | 368.072 | 402.969 | 440.052 |
| Receita / Imobilizado Líquido | 10,5x | 10,2x | 12,2x | 12,0x | 12,0x | 12,0x | 12,0x | 12,0x | 12,0x | 12,0x | 12,0x | 12,0x | 12,0x |

## DRE (R$ mil)

| | 2007 | 2008 | 2009 | 2010P | 2011P | 2012P | 2013P | 2014P | 2015P | 2016P | 2017P | 2018P | 2019P |
|---|---|---|---|---|---|---|---|---|---|---|---|---|---|
| Receita Bruta | 828.705 | 1.147.626 | 1.594.564 | 1.853.237 | 2.206.140 | 2.582.423 | 2.969.965 | 3.363.717 | 3.765.343 | 4.174.231 | 4.593.130 | 5.028.599 | 5.491.355 |
| Medicamentos Prescrição – Marca | 367.398 | 504.610 | 693.452 | 787.642 | 917.090 | 1.053.349 | 1.192.918 | 1.335.341 | 1.482.587 | 1.635.251 | 1.794.685 | 1.963.115 | 2.143.771 |
| Medicamentos Prescrição – Genérico | 81.742 | 109.811 | 148.778 | 177.986 | 239.253 | 308.239 | 381.300 | 455.237 | 528.051 | 598.165 | 665.400 | 731.153 | 798.438 |
| Produtos Over the Counter | 173.658 | 228.127 | 307.779 | 352.152 | 420.854 | 493.437 | 567.634 | 642.634 | 718.953 | 796.647 | 876.348 | 959.337 | 1.047.620 |
| Perfumaria | 204.437 | 303.449 | 442.618 | 533.206 | 626.262 | 724.261 | 824.506 | 926.419 | 1.031.117 | 1.139.097 | 1.251.117 | 1.368.885 | 1.494.856 |
| Serviços | 1.470 | 1.629 | 1.937 | 2.251 | 2.680 | 3.137 | 3.608 | 4.086 | 4.574 | 5.071 | 5.580 | 6.109 | 6.671 |
| (-) Deduções | (175.087) | (71.652) | (60.368) | (68.570) | (81.627) | (95.550) | (109.889) | (124.458) | (139.318) | (154.447) | (169.946) | (186.058) | (203.180) |
| % Receita Bruta | 21,1% | 6,2% | 3,8% | 3,7% | 3,7% | 3,7% | 3,7% | 3,7% | 3,7% | 3,7% | 3,7% | 3,7% | 3,7% |
| (=) Receita Líquida | 653.618 | 1.075.974 | 1.534.196 | 1.784.667 | 2.124.512 | 2.486.874 | 2.860.077 | 3.239.260 | 3.626.025 | 4.019.785 | 4.423.184 | 4.842.540 | 5.288.175 |
| (-) CPV e CSP | (472.460) | (820.804) | (1.203.796) | (1.365.510) | (1.609.126) | (1.865.160) | (2.138.811) | (2.416.981) | (2.701.349) | (2.991.794) | (3.290.399) | (3.601.754) | (3.933.206) |
| Medicamentos Prescrição – Marca | (259.603) | (411.647) | (595.340) | (677.149) | (781.538) | (889.731) | (1.007.620) | (1.127.921) | (1.252.295) | (1.381.246) | (1.515.915) | (1.658.182) | (1.810.777) |
| Medicamentos Prescrição – Genérico | (44.287) | (62.344) | (83.657) | (106.152) | (140.188) | (177.386) | (219.430) | (261.980) | (303.883) | (344.232) | (382.924) | (420.764) | (459.485) |
| Produtos Over the Counter | (98.329) | (147.217) | (212.883) | (238.115) | (283.494) | (331.125) | (380.915) | (431.245) | (482.459) | (534.597) | (588.081) | (643.771) | (703.014) |
| Perfumaria | (118.800) | (225.904) | (345.417) | (405.814) | (476.637) | (551.222) | (627.517) | (705.081) | (784.810) | (866.946) | (952.202) | (1.041.833) | (1.137.708) |
| (-) Bonificações Comerciais | 48.559 | 26.308 | 33.501 | 61.720 | 72.731 | 84.304 | 96.673 | 109.246 | 122.099 | 135.227 | 148.723 | 162.797 | 177.778 |
| (=) Lucro Bruto | 181.158 | 255.170 | 330.400 | 419.157 | 515.386 | 621.714 | 721.266 | 822.279 | 924.676 | 1.027.991 | 1.132.785 | 1.240.786 | 1.354.970 |
| Margem Bruta | 27,7% | 23,7% | 21,5% | 23,5% | 24,3% | 25,0% | 25,2% | 25,4% | 25,5% | 25,6% | 25,6% | 25,6% | 25,6% |
| (-) Despesas Operacionais | (161.928) | (217.881) | (272.208) | (341.716) | (399.335) | (461.026) | (522.037) | (583.845) | (646.886) | (711.098) | (776.911) | (845.301) | (917.849) |
| Vendas | (132.085) | (185.671) | (243.413) | (300.890) | (356.071) | (414.327) | (476.505) | (539.679) | (604.116) | (669.718) | (736.927) | (806.794) | (881.039) |
| Gerais e Administrativas | (45.027) | (52.761) | (58.709) | (83.876) | (90.258) | (96.730) | (103.071) | (109.334) | (115.718) | (122.250) | (128.969) | (135.929) | (143.197) |
| Outras Receitas (Despesas) Operacionais | 15.184 | 20.551 | 33.873 | 46.891 | 51.794 | 55.916 | 64.307 | 72.832 | 81.529 | 90.382 | 99.452 | 108.881 | 118.901 |
| Despesas Pré-Operacionais | | | (3.959) | (3.841) | (4.800) | (5.885) | (6.768) | (7.665) | (8.580) | (9.512) | (10.467) | (11.459) | (12.513) |
| (=) EBITDA | 19.230 | 37.289 | 58.192 | 77.441 | 116.051 | 160.688 | 199.230 | 238.434 | 277.790 | 316.892 | 355.874 | 395.485 | 437.121 |
| Margem EBITDA | 2,9% | 3,5% | 3,8% | 4,3% | 5,5% | 6,5% | 7,0% | 7,4% | 7,7% | 7,9% | 8,0% | 8,2% | 8,3% |
| (-) Depreciação | (15.430) | (27.911) | (36.483) | (36.958) | (46.355) | (57.732) | (71.030) | (86.435) | (104.244) | (124.825) | (148.609) | (176.134) | (208.067) |
| (=) EBIT | 3.800 | 9.378 | 21.709 | 40.484 | 69.696 | 102.956 | 128.200 | 151.999 | 173.546 | 192.067 | 207.265 | 219.351 | 229.054 |
| Margem Operacional | 0,6% | 0,9% | 1,4% | 2,3% | 3,3% | 4,1% | 4,5% | 4,7% | 4,8% | 4,8% | 4,7% | 4,5% | 4,3% |

**Fluxo de Caixa (R$ mil)**

| | 4T2010P | 2011P | 2012P | 2013P | 2014P | 2015P | 2016P | 2017P | 2018P | 2019P |
|---|---|---|---|---|---|---|---|---|---|---|
| Resultado Operacional | 15.479 | 69.696 | 102.956 | 128.200 | 151.999 | 173.546 | 192.067 | 207.265 | 219.351 | 229.054 |
| (-) Imposto Operacional | (5.263) | (23.697) | (35.005) | (43.588) | (51.680) | (59.006) | (65.303) | (70.470) | (74.579) | (77.879) |
| (+) Depreciação | 4.960 | 46.355 | 57.732 | 71.030 | 86.435 | 104.244 | 124.825 | 148.609 | 176.134 | 208.067 |
| (-) CAPEX | (13.234) | (74.635) | (87.885) | (102.086) | (117.988) | (136.428) | (157.592) | (182.178) | (211.030) | (245.150) |
| (-) Invest Capital de Giro Líquido | (14.579) | (15.973) | (17.031) | (17.541) | (17.822) | (18.178) | (18.507) | (18.960) | (19.710) | (20.945) |
| (=) Fluxo de Caixa para os Investidores | (12.638) | 1.746 | 20.766 | 36.016 | 50.944 | 64.178 | 75.491 | 84.267 | 90.165 | 93.148 |
| | | | | | | | | | | |
| Período de Desconto | 0,125 | 0,750 | 1,750 | 2,750 | 3,750 | 4,750 | 5,750 | 6,750 | 7,750 | 8,750 |
| WACC | 13,70% | | | | | | | | | |
| Valor Presente | (12.437) | 1.586 | 16.587 | 25.302 | 31.477 | 34.876 | 36.080 | 35.422 | 33.335 | 30.288 |

**Perpetuidade (R$ mil)**

| | |
|---|---|
| Crescimento | 4,5% |
| Fluxo Ano 2019 Normalizado | 139.991 |
| Perpetuidade em 2019 | 1.590.120 |
| Perp 2019 / AOT 2019 | **2,31** |
| Perp 2019 / EBITDA 2019 | **3,64** |
| Valor Presente | 517.042 |
| Valor Presente Perp / Firm Value | 69,0% |

**Firm Value (R$ mil)** 749.558

**ROIC**

| | 2007 | 2008 | 2009 | 2010P | 2011P | 2012P | 2013P | 2014P | 2015P | 2016P | 2017P | 2018P | 2019P |
|---|---|---|---|---|---|---|---|---|---|---|---|---|---|
| Capital de Giro Líquido (R$ mil) | (4.437) | 45.133 | 83.304 | 83.879 | 99.852 | 116.883 | 134.424 | 152.245 | 170.423 | 188.930 | 207.890 | 227.599 | 248.544 |
| % AOT | -7,7% | 29,5% | 39,8% | 36,1% | 36,1% | 36,1% | 36,1% | 36,1% | 36,1% | 36,1% | 36,1% | 36,1% | 36,1% |
| (+) Imobilizado Líquido (R$ mil) | 61.994 | 105.247 | 125.849 | 148.510 | 176.790 | 206.944 | 237.999 | 269.553 | 301.737 | 334.504 | 368.072 | 402.969 | 440.052 |
| % AOT | 107,7% | 70,5% | 60,2% | 63,9% | 63,9% | 63,9% | 63,9% | 63,9% | 63,9% | 63,9% | 63,9% | 63,9% | 63,9% |
| (=) Ativo Operacional Total: AOT (R$ mil) | 57.557 | 150.540 | 209.153 | 232.389 | 276.642 | 323.827 | 372.423 | 421.798 | 472.161 | 523.434 | 575.962 | 630.568 | 688.596 |
| | | | | | | | | | | | | | |
| Resultado Operacional (R$ mil) | 3.800 | 9.318 | 21.709 | 40.484 | 69.696 | 102.956 | 128.200 | 151.999 | 173.546 | 192.067 | 207.265 | 219.351 | 229.054 |
| (-) IR Operacional (R$ mil) | (1.292) | (3.129) | (7.381) | (13.765) | (23.697) | (35.005) | (43.588) | (51.680) | (59.006) | (65.303) | (70.470) | (74.579) | (77.879) |
| (=) Resultado Oper. Líq.: ROL (R$ mil) | 2.508 | 6.189 | 14.328 | 26.719 | 45.999 | 67.951 | 84.612 | 100.319 | 114.541 | 126.764 | 136.795 | 144.772 | 151.176 |
| | | | | | | | | | | | | | |
| Margem ROL | 0,4% | 0,6% | 0,9% | 1,5% | 2,2% | 2,7% | 3,0% | 3,1% | 3,2% | 3,2% | 3,1% | 3,0% | 2,9% |
| Giro (Receita Líquida / AOT) | 11,4x | 7,1x | 7,3x | 7,7x | 7,7x | 7,7x | 7,7x | 7,7x | 7,7x | 7,7x | 7,7x | 7,7x | 7,7x |
| | | | | | | | | | | | | | |
| **ROIC (ROL/AOT)** | 4,4% | 4,1% | 6,9% | 11,5% | 16,6% | 21,0% | 22,7% | 23,8% | 24,3% | 24,2% | 23,8% | 23,0% | 22,0% |

## Mix de Venda

| | 2007 | 2008 | 2009 | 2010P | 2011P | 2012P | 2013P | 2014P | 2015P | 2016P | 2017P | 2018P | 2019P |
|---|---|---|---|---|---|---|---|---|---|---|---|---|---|
| Medicamentos Prescrição – Marca | 44,3% | 44,0% | 43,5% | 42,5% | 41,6% | 40,8% | 40,2% | 39,7% | 39,4% | 39,2% | 39,1% | 39,0% | 39,0% |
| Medicamentos Prescrição – Genérico | 9,9% | 9,6% | 9,3% | 9,6% | 10,8% | 11,9% | 12,8% | 13,5% | 14,0% | 14,3% | 14,5% | 14,5% | 14,5% |
| Produtos Over the Counter | 21,0% | 19,9% | 19,3% | 19,0% | 19,1% | 19,1% | 19,1% | 19,1% | 19,1% | 19,1% | 19,1% | 19,1% | 19,1% |
| Perfumaria | 24,7% | 26,4% | 27,8% | 28,8% | 28,4% | 28,0% | 27,8% | 27,5% | 27,4% | 27,3% | 27,2% | 27,2% | 27,2% |
| Serviços | 0,2% | 0,1% | 0,1% | 0,1% | 0,1% | 0,1% | 0,1% | 0,1% | 0,1% | 0,1% | 0,1% | 0,1% | 0,1% |

## Margem Bruta por Segmento

| | 2007 | 2008 | 2009 | 2010P | 2011P | 2012P | 2013P | 2014P | 2015P | 2016P | 2017P | 2018P | 2019P |
|---|---|---|---|---|---|---|---|---|---|---|---|---|---|
| Medicamentos Prescrição - Marca | 29,3% | 18,4% | 14,1% | 14,0% | 14,8% | 15,5% | 15,5% | 15,5% | 15,5% | 15,5% | 15,5% | 15,5% | 15,5% |
| Medicamentos Prescrição - Genérico | 45,8% | 43,2% | 43,8% | 40,4% | 41,4% | 42,5% | 42,5% | 42,5% | 42,5% | 42,5% | 42,5% | 42,5% | 42,5% |
| Produtos Over the Counter | 43,4% | 35,5% | 30,8% | 32,4% | 32,6% | 32,9% | 32,9% | 32,9% | 32,9% | 32,9% | 32,9% | 32,9% | 32,9% |
| Perfumaria | 41,9% | 25,6% | 22,0% | 23,9% | 23,9% | 23,9% | 23,9% | 23,9% | 23,9% | 23,9% | 23,9% | 23,9% | 23,9% |
| **Total** | 27,7% | 23,7% | 21,5% | 23,5% | 24,3% | 25,0% | 25,2% | 25,4% | 25,5% | 25,6% | 25,6% | 25,6% | 25,6% |

Margem Bruta por Segmento calculado sobre a Receita Bruta (que é aberta por segmento) e Margem Bruta Total calcualda sobre a Receita Líquida

## Despesas Operacionais (% Receita Líquida)

| | 2007 | 2008 | 2009 | 2010P | 2011P | 2012P | 2013P | 2014P | 2015P | 2016P | 2017P | 2018P | 2019P |
|---|---|---|---|---|---|---|---|---|---|---|---|---|---|
| Vendas | 20,2% | 17,3% | 15,9% | 16,9% | 16,8% | 16,7% | 16,7% | 16,7% | 16,7% | 16,7% | 16,7% | 16,7% | 16,7% |
| Gerais e Administrativas | 6,9% | 4,9% | 3,8% | 4,7% | 4,2% | 3,9% | 3,6% | 3,4% | 3,2% | 3,0% | 2,9% | 2,8% | 2,7% |
| Outras Receitas (Despesas) Operacionais | -2,3% | -1,9% | -2,2% | -2,6% | -2,4% | -2,2% | -2,2% | -2,2% | -2,2% | -2,2% | -2,2% | -2,2% | -2,2% |
| Despesas Pré-Operacionais | 0,0% | 0,0% | 0,3% | 0,2% | 0,2% | 0,2% | 0,2% | 0,2% | 0,2% | 0,2% | 0,2% | 0,2% | 0,2% |
| **Total** | 24,8% | 20,2% | 17,7% | 19,1% | 18,8% | 18,5% | 18,3% | 18,0% | 17,8% | 17,7% | 17,6% | 17,5% | 17,4% |

## Amortização de Ágio e Crédito Fiscal

| | 2007 | 2008 | 2009 | 2010P | 2011P | 2012P | 2013P | 2014P | 2015P | 2016P | 2017P | 2018P | 2019P |
|---|---|---|---|---|---|---|---|---|---|---|---|---|---|
| Resultado Operacional | 3.800 | 9.378 | 21.709 | 40.484 | 69.696 | 102.956 | 128.200 | 151.999 | 173.546 | 192.067 | 207.265 | 219.351 | 229.054 |
| (-) Desp Financ | | | | (29.776) | (35.446) | (41.492) | (47.718) | (54.045) | (60.498) | (67.067) | (73.798) | (80.795) | (88.230) |
| (=) LAIR | | | | 10.708 | 34.250 | 61.464 | 80.481 | 97.954 | 113.048 | 124.999 | 133.467 | 138.556 | 140.825 |
| (-) IR | | | | (3.641) | (11.645) | (20.898) | (27.364) | (33.304) | (38.436) | (42.500) | (45.379) | (47.109) | (47.880) |
| (=) LL | | | | 7.067 | 22.605 | 40.566 | 53.118 | 64.650 | 74.612 | 82.500 | 88.088 | 91.447 | 92.944 |
| Utilização do Crédito Fiscal | | | | 1.092 | 3.493 | 6.269 | 8.209 | 9.991 | 11.531 | 1.596 | 0 | 0 | 0 |

VP Crédito Fiscal: 28.225

A despesa financeira, desnecessária para o cálculo do *Firm Value*, foi calculada simplificadamente.

## Estudo de Caso: BRF – Brasil Foods S.A.

A BRF – Brasil Foods S.A. (BRF ou Empresa) é uma das maiores empresas brasileiras e globais do setor alimentício, atuando principalmente nos segmentos de carnes e lácteos. A companhia foi criada em 2009 com a fusão de dois gigantes do setor no Brasil, Sadia e Perdigão.

Seu *portfolio* inclui algumas das marcas mais renomadas e conhecidas do país, como Sadia, Perdigão, Batavo, Elegê e Qualy, entre outras.

A empresa atingiu receitas líquidas totais de R$ 25,7 bilhões em 2011, das quais aproximadamente 39% foram destinadas ao mercado internacional, posicionando a BRF como um dos maiores exportadores brasileiros e representando 9% das exportações mundiais de proteína animal.

O negócio de carnes da BRF consiste basicamente na compra/criação de animais e seu abate, industrialização e processamento. Ele é dividido em produção de carne *in natura* e processados, ambos para frangos, suínos e bovinos.

Sua operação é bastante verticalizada, principalmente no segmento de frangos, sendo responsável pela produção de matrizes que dão origem aos ovos/pintos de corte que posteriormente são levados para engorda em aviários terceirizados (integradores) para então serem abatidos e industrializados em seus frigoríficos.

A integração entre os diversos elos da cadeia é chave para a eficiência operacional e controle de qualidade na Brasil Foods, que fica responsável também por fornecer a ração para engorda dos frangos (composta principalmente por milho e soja).

O segmento de suínos funciona de forma bastante similar, com grande verticalização e participação de produtores integrados no processo produtivo.

Já no segmento de bovinos, observamos uma menor participação de terceiros integrados, sendo a maior parte do abate feito com gado comprado de terceiros não integrados.

O consumo de proteínas no Brasil é alto em relação aos principais mercados no mundo. Considerando a carne de frango, suína e bovina, o consumo *per capita* ao ano é de 98kg no Brasil, abaixo apenas dos EUA, com 108kg *per capita* ao ano, mas à frente da União Europeia (74kg) e Rússia (61kg). A tabela a seguir indica o consumo *per capita* em 2011 (fonte: *United States Department of Agriculture* – USDA).

| País | Boi | Frango | Porco | Total |
|---|---|---|---|---|
| Brasil | 38 | 47 | 13 | 98 |
| Arábia Saudita | 7 | 52 | – | 59 |
| China | 4 | 10 | 37 | 51 |
| Coreia do Sul | 14 | 16 | 31 | 61 |
| Emirados Árabes | 19 | 66 | – | 85 |
| EUA | 37 | 44 | 27 | 108 |
| Japão | 10 | 17 | 20 | 47 |
| Rússia | 18 | 22 | 21 | 61 |
| União Europeia | 16 | 18 | 16 | 50 |

O Brasil também é um dos maiores produtores de carne do mundo. A tabela a seguir indica a posição relativa do Brasil na produção mundial em 2011 (fonte: USDA).

| País | Boi | Frango | Porco | Total |
|---|---|---|---|---|
| **Brasil** | **16%** | **16%** | **3%** | **12%** |
| China | 10% | 16% | 49% | 32% |
| Estados Unidos | 21% | 21% | 10% | 18% |
| Rússia | 2% | 3% | 2% | 3% |
| União Europeia | 14% | 12% | 22% | 19% |

No entanto, essa realidade é bastante distinta quando analisamos o consumo de carne processada *per capita*, que indica que o Brasil está significativamente abaixo de mercados desenvolvidos. A tabela a seguir indica o quanto o consumo *per capita* ao ano de diversos países é maior do que o consumo brasileiro de carne processada. (Fonte: Empresa e AC Nielsen.)

| País | % Superior ao Brasil |
|---|---|
| México | 23% |
| Bulgária | 129% |
| Eslováquia | 191% |
| Espanha | 241% |
| Estados Unidos | 286% |
| França | 320% |
| Reino Unido | 523% |
| Alemanha | 600% |

## Informações Financeiras

As informações financeiras reunidas para a avaliação da Brasil Foods estão dispostas a seguir, tendo sido obtidas nas demonstrações financeiras dos períodos findos em 31 de dezembro.

Demonstrativos de Resultados:

| DRE (R$ milhões) | 2010 | 2011 |
|---|---|---|
| **Receita Bruta** | **26.033** | **29.361** |
| (–) Deduções | (3.352) | (3.654) |
| Deduções/Receita Bruta | 12,9% | 12,4% |
| **(=) Receita Líquida** | **22.681** | **25.706** |
| Mercado Interno | 10.175 | 11.630 |
| Mercado Externo | 8.987 | 10.092 |
| Lácteos | 2.312 | 2.539 |
| *Food Service* | 1.207 | 1.445 |
| (–) CPV | (16.171) | (18.161) |
| **(=) Lucro Bruto** | **6.510** | **7.546** |
| Margem Bruta | 28,7% | 29,4% |

(*Continua*)

*(Continuação)*

| | | |
|---|---|---|
| (–) Despesas Operacionais | (4.246) | (4.658) |
| Vendas | (3.523) | (3.838) |
| Gerais e Administrativas | (333) | (427) |
| Outras Receitas (Despesas) Oper. | (390) | (394) |
| **(=) EBITDA** | **2.265** | **2.887** |
| Margem EBITDA | 10,0% | 11,2% |
| (–) Depreciação | (780) | (886) |
| **(=) EBIT** | **1.485** | **2.001** |
| Margem Operacional | 6,5% | 7,8% |
| (–) Despesa Financeira | (1.254) | (1.325) |
| (+) Receita Financeira | 770 | 846 |
| (=) LAIR | 1.001 | 1.522 |
| (–) IR Corrente | (135) | (40) |
| (–) IR Diferido | (61) | (117) |
| **(=) Lucro Líquido** | **804** | **1.365** |
| Margem Líquida | 3,5% | 5,3% |

As tabelas a seguir indicam a receita líquida por mercado e por segmento.

| Receita Líquida (R$ milhões) | Mercado Interno | |
|---|---|---|
| | 2010 | 2011 |
| Carnes | 7.650 | 9.032 |
| *In Natura* | 1.630 | 1.886 |
| Frangos | 932 | 1.112 |
| Suínos/Bovinos | 698 | 774 |
| Elaborados/Processados | 6.020 | 7.146 |
| Outros Processados | 1.995 | 2.043 |
| Outras Vendas | 530 | 555 |

| Receita Líquida (R$ milhões) | Mercado Externo | |
|---|---|---|
| | 2010 | 2011 |
| Carnes | 8.987 | 10.092 |
| *In Natura* | 8.893 | 9.875 |
| Frangos | 7.241 | 8.126 |
| Suínos/Bovinos | 5.727 | 6.572 |
| Elaborados/Processados | 1.514 | 1.554 |
| Outros Processados | 1.652 | 1.749 |
| Outras Vendas | 90 | 175 |

| Lácteos | | |
| --- | --- | --- |
| **Receita Líquida (R$ milhões)** | **2010** | **2011** |
| Leites | 1.586 | 1.721 |
| Processados de Leite | 726 | 818 |

| *Food Service* | | |
| --- | --- | --- |
| **Receita Líquida (R$ milhões)** | **2010** | **2011** |
| *Food Service* | 1.207 | 1.445 |

As tabelas a seguir explicitam a quantidade vendida por mercado e por segmento.

| Mercado Interno | | |
| --- | --- | --- |
| **Quantidade Vendida (mil t)** | **2010** | **2011** |
| Carnes | 1.665 | 1.760 |
| *In Natura* | 352 | 379 |
| Frangos | 233 | 251 |
| Suínos/Bovinos | 119 | 128 |
| Elaborados/Processados | 1.313 | 1.381 |
| Outros Processados | 446 | 429 |
| Outras Vendas | 389 | 440 |

| Mercado Externo | | |
| --- | --- | --- |
| **Quantidade Vendida (mil t)** | **2010** | **2011** |
| Carnes | 2.221 | 2.152 |
| *In Natura* | 1.875 | 1.839 |
| Frangos | 1.594 | 1.581 |
| Suínos/Bovinos | 281 | 258 |
| Elaborados/Processados | 346 | 313 |
| Outros Processados | 18 | 24 |
| Outras Vendas | 6 | 40 |

| Lácteos | | |
| --- | --- | --- |
| **Quantidade Vendida (mil t)** | **2010** | **2011** |
| Leites | 874 | 861 |
| Processados de Leite | 205 | 209 |

| *Food Service* | | |
| --- | --- | --- |
| **Quantidade Vendida (mil t)** | **2010** | **2011** |
| Volume (em mil t) | 239 | 275 |

O Custo do Produto Vendido será aberto em grãos (25,35%), leite (8,00%), outros insumos (27,50%) e outros custos (34,50%). O total de 100% obtém-se considerando 4,65% de depreciação, já destacada do CPV na DRE anteriormente apresentada.

Balanço Patrimonial:

| Balanço – Ativo (R$ milhões) | 2010 | 2011 |
|---|---|---|
| Caixa e Equivalentes | 3.343 | 2.739 |
| Contas a Receber | 2.607 | 3.265 |
| Estoque | 2.136 | 2.679 |
| Ativos Biológicos | 901 | 1.156 |
| Impostos a Compensar | 696 | 908 |
| Outras | 339 | 376 |
| | | |
| Aplicação Financeira | 209 | 153 |
| Contas a Receber | 100 | 150 |
| Tributos Diferidos | 2.488 | 2.629 |
| Impostos a Compensar | 767 | 745 |
| Ativos Biológicos | 378 | 387 |
| Outras | 457 | 591 |
| | | |
| Investimento | 17 | 20 |
| Imobilizado Bruto | 12.410 | 13.509 |
| Depreciação Acumulada | (3.343) | (3.711) |
| Intangível | 4.247 | 4.386 |
| **Total do Ativo** | **27.752** | **29.983** |

| Balanço – Passivo (R$ milhões) | 2010 | 2011 |
|---|---|---|
| Contas a Pagar | 2.059 | 2.681 |
| Empréstimos e Financiamentos | 2.228 | 3.452 |
| Salários e Encargos a Pagar | 133 | 117 |
| Impostos a Pagar | 211 | 225 |
| Provisões | 319 | 436 |
| Outras | 736 | 1.077 |
| | | |
| Empréstimos e Financiamentos | 4.975 | 4.601 |
| Impostos Diferidos | 1.636 | 1.792 |
| Provisões | 1.328 | 1.101 |
| Outras | 490 | 391 |
| | | |
| Patrimônio Líquido | 13.637 | 14.110 |
| **Total do Passivo** | **27.752** | **29.983** |

Abertura do Imobilizado Bruto em 31 de dezembro de 2011, com as respectivas alíquotas de depreciação e a alíquota média ponderada (calculada pelos autores):

| Balanço – Imobilizado Bruto (R$ milhões) | 2011 | Alíquota de Deprec. (%) |
|---|---|---|
| Terrenos | 635 | 0,0 |
| Edificações e Benfeitorias | 4.946 | 3,0 |
| Máquinas e Equipamentos | 5.603 | 5,3 |
| Instalações | 1.315 | 3,4 |
| Móveis e Utensílios | 87 | 5,8 |
| Veículos e Aeronaves | 78 | 14,5 |
| Outros | 191 | 5,0 |
| Imobilizações em Andamento | 620 | 0,0 |
| Adiantamento a Fornecedores | 33 | 0,0 |
| **Total Imobilizado** | **13.509** | **3,82** |

Abertura do Endividamento em 31 de dezembro de 2011, com as respectivas taxas e o cálculo do custo médio ponderado (calculado pelos autores). Não se ajustou o cupom dos *bonds* (i) por eventuais encargos na remessa dos juros – o que representaria um acréscimo nos custos marginais de financiamento; (ii) nem pelo fato de eles estarem negociando com ágio indicando um *yield to maturity* abaixo do cupom – o que representaria um decréscimo nos custos marginais de financiamento. O custo de dívida de 7,6% em R$ equivale a 5,0% em US$ (custos em US$ foram convertidos para R$ e vice-versa considerando o diferencial de inflação dos dois países, sendo a inflação brasileira de 4,5% e a inflação americana de 2,0%).

| Endividamento (R$ milhões) | 2011 | Taxa |
|---|---|---|
| Moeda Nacional | | |
| Capital de Giro | 955 | 6,8% |
| BNDES, FINEM, Bancos de Desenv. | 1.441 | 8,4% |
| Linha de Crédito a Exportação | 737 | 10,2% |
| Incentivos Fiscais | 15 | 1,1% |
| PESA | 181 | 3,5% |
| **Total** | **3.329** | **8,1%** |
| % Moeda Nacional | 41,3% | |
| | | |
| Moeda Estrangeira | | |
| ACCs | 150 | 1,2% |
| Bonds | 1.904 | 7,3% |
| Linha de Crédito a Exportação | 2.506 | 2,8% |
| Capital de Giro | 4 | 8,3% |
| BNDES, FINEM, Bancos de Desenv. | 160 | 5,9% |
| **Total** | **4.724** | **4,7%** |
| % Moeda Estrangeira | 58,7% | |
| **Total** | **8.053** | **7,6%** |

## Informações para o Custo de Capital

O YTM (*yield to maturity*) dos títulos de dez anos do governo americano é, em 15 de março de 2012, 2,07% (média dos dez dias úteis, de 2 de março a 15 de março).

O EMBI+ Brasil é, em 15 de março de 2012, 1,8% (média dos dez dias úteis, de 2 de março a 15 de março).

O prêmio de mercado implícito em 1º de janeiro de 2012 é 6,0% (Damodaran).

O beta alavancado da empresa é 0,75.

Serão considerados um custo de dívida igual à média ponderada da dívida atual da empresa (US$ + 5,0%) e uma alavancagem de 17,0% (D/(D + E)) – a sua alavancagem atual.

A alíquota de IR é de 20%, considerando as operações no exterior, com menor alíquota do que no Brasil (veja discussão mais à frente).

## Cálculo do Custo de Capital

A seguir é apresentado o cálculo do WACC em US$ (7,7%):

| Cálculo do WACC | Parâmetro |
|---|---|
| Taxa Livre de Risco | 2,1% |
| Prêmio-país | 1,8% |
| Beta Desalavancado | 0,655 |
| Beta Alavancado | 0,750 |
| Prêmio de Mercado | 6,0% |
| Custo do Capital Próprio (US$) | 8,4% |
| Custo da Dívida (US$) | 5,0% |
| Alíquota de IR | 20,0% |
| Custo da Dívida Líquido do Benefício Fiscal | 4,0% |
| D/(D + E) | 17,0% |
| **WACC (US$)** | **7,7%** |

## Projeção do EBITDA

A **receita líquida** foi projetada para cada um dos mercados abaixo separadamente.

- Mercado Interno
  O crescimento do volume para os produtos *in natura* (frangos, suínos e bovinos) foi projetado igual ao crescimento do PIB brasileiro. Essa dinâmica se deve ao alto consumo de proteínas *in natura* no Brasil comparativamente aos demais mercados mundiais.
  O crescimento do volume dos produtos elaborados/processados foi projetado considerando uma elasticidade sobre o PIB brasileiro. A elasticidade de 2,0x o PIB em 2012 cai (mais acentuadamente nos primeiros anos) para 1,0x o PIB em 2021. Essa dinâmica deve-se ao fato do crescimento do segmento de produtos elaborados/processados, nos últimos anos, ter sido substancialmente superior

ao mercado de carnes *in natura* em geral. Esse consumo tem sido impulsionado pelo crescimento da renda, nível de emprego e estilo de vida observados nos últimos anos.

Os preços para os produtos *in natura* serão mantidos para 2012 no mesmo nível de 2011, de forma que a Empresa não repassará o eventual aumento de seus custos com insumos nesse ano. Essa postura justifica-se devido à necessidade de captura de mercado anteriormente servido por marcas da BRF que deixarão de ser comercializadas de acordo com os termos estabelecidos pelo CADE quando da aprovação da fusão entre Sadia e Perdigão, em julho de 2011. Em 2013, os preços subirão a inflação acumulada de dois anos e, de 2014 em diante, subirão a inflação anual.

Os preços para os produtos elaborados/processados serão projetados da mesma maneira que os preços para os produtos *in natura*.

- Mercado Externo
  Os principais mercados externos de atuação da Empresa incluem a Ásia (principalmente Japão), Oriente Médio e Europa. Essas regiões apresentam, atualmente, realidades de consumo bastante distintas entre si. Enquanto a Europa atravessa grave crise econômica, com retração de seu consumo, os mercados do Oriente Médio e Asiático, com destaque para China, continuam a apresentar sólidas perspectivas de crescimento.

  Assumiremos, portanto, que no agregado, o mercado externo dos produtos *in natura* apresentará um crescimento real equivalente ao crescimento do PIB mundial, com os mercados emergentes liderando essa evolução e compensando uma maior estagnação nos mercados já desenvolvidos e maduros.

  Esperamos que o crescimento do consumo de processados no mercado externo seja mais acentuado que o de carnes *in natura*, mas em proporção menor do que no mercado interno devido à maior participação de mercados maduros. Estimamos, portanto, uma elasticidade de 1,5x sobre o PIB mundial em 2012 caindo (mais acentuadamente nos primeiros anos) para 1,0x o PIB mundial em 2021.

  Os preços, em US$, no mercado externo também não serão reajustados no ano de 2012 devido à continuada fraqueza econômica observada nos principais mercados internacionais. Em 2013, haverá uma recuperação do patamar praticado em 2011, ou seja, consideraremos a inflação acumulada de dois anos. De 2014 em diante os preços serão reajustados pela inflação anual (histórica). Os preços em US$ serão convertidos para R$ pelo câmbio médio de cada ano.

- Lácteos
  Os volumes e preços dos produtos processados de leite terão a mesma dinâmica dos produtos *in natura* do mercado interno e os volumes e preços dos produtos processados de leite terão a mesma dinâmica dos produtos elaborados/processados do mercado interno.

- *Food Service*
  Os volumes e preços do segmento *food service* terão a mesma dinâmica dos produtos elaborados/processados do mercado interno.

- Ajuste TCD com CADE
  Não refletiremos nas projeções os possíveis efeitos de perda de receita gerados pelo compromisso de suspensão de marcas e venda de ativos assumido pela

empresa junto ao CADE quando da aprovação da fusão. Estimamos que esses volumes serão em grande parte recuperados com os ativos/marcas que serão recebidos em contrapartida e pela postura comercial da empresa.

O **CPV** foi calculado por item, considerando, de maneira geral, aumento de volume e preço:

- O custo de grãos, em US$, considera o crescimento do volume de venda de carnes (incluindo mercado interno, mercado externo e *food service*) e o aumento do custo da soja e do milho no mercado internacional, considerado como a inflação americana. Esses custos serão convertidos para R$ pelo câmbio médio de cada ano.
- O custo do leite considera o crescimento do volume de venda do segmento lácteo e a inflação brasileira.
- Os demais custos consideram o crescimento do volume total de vendas e a inflação brasileira.

As **despesas operacionais** foram consideradas variáveis com a receita, no mesmo patamar do ano de 2011, porém, considerando uma economia de R$ 250 milhões em 2012 devido à conclusão dos ganhos de sinergia com a fusão, representando aproximadamente 1 ponto percentual, diminuindo as despesas operacionais de 18,1% da receita em 2011 para 17,1% já em 2012. Essa estimativa pode ser considerada conservadora, pois a Empresa tem comunicado uma expectativa de ganhos de aproximadamente R$ 500 milhões ao longo do ano.

## Impostos

Observa-se que a alíquota efetiva de imposto de renda da empresa não é a taxa de 34%, comum para empresas brasileiras. Os potenciais motivos para essa diferença são:

1. Reconhecimento de parcela do lucro da empresa em jurisdições fora do Brasil, com alíquotas efetivas menores. Dada a extensão global dos negócios da BRF, a sua alíquota média é 20%.

2. Uso do benefício fiscal de dedutibilidade dos pagamentos de juros sobre capital próprio (JSCP) para os acionistas. De acordo com a legislação em vigor, esses pagamentos são dedutíveis de imposto de renda e contribuição social.

3. A amortização de parcela do ágio pago na compra e incorporação de sociedades atualmente controladas pela empresa (exemplo: Sadia), estimado em aproximadamente R$ 3 bilhões, o que levará a uma redução da base de cálculo de IR/CS (observa-se que a fusão foi autorizada pelo CADE em julho de 2011). Os demais itens do intangivel, além do ágio, são marcas, *software*, fidelização, relacionamento com fornecedores e patentes. Marcas (R$ 1.256 milhão), que derivam da combinação de negócios com a Sadia, têm, conforme notas explicativas das demonstrações financeiras da empresa, vida útil indefinida e, portanto, não serão amortizadas. As demais contas estão amortizadas em custos ou despesas operacionais. Portanto, o único ajuste necessário, em relação ao intangível, é a amortização do ágio, pois os demais itens já estão endereçados no fluxo de caixa.

4. O aproveitamento futuro de créditos fiscais (estimados em R$ 847 milhões) originados de base negativa de imposto de renda e contribuição social. O saldo de R$ 2.629 milhões de Tributos Diferidos considera, além dos créditos fiscais mencionados, impostos diferidos com valor praticamente igual àquele registrado no passivo e, portanto, ignorados na análise.

Pode-se identificar a natureza distinta de cada um dos aspectos tributários mencionados acima e dividi-los em dois grupos. O primeiro grupo gera impactos que reduzem o imposto em relação à sua base de cálculo, isto é, reduzem a alíquota efetiva de imposto devido pela empresa, e que, portanto, tem efeito sobre o cálculo do *tax shield* de sua dívida (aspecto 1: alíquota menor). O segundo grupo gera impactos que reduzem a base de imposto e, portanto, não têm efeitos sobre o *tax shield* (aspectos 2: JSCP; 3: amortização de ágio; e 4: aproveitamento de crédito fiscal). Observa-se que todos os aspectos impactam o fluxo de caixa da empresa por proporcionarem economia de imposto, quer seja por mudança de alíquota, quer seja por "compensações fiscais".

Assim, para efeito de modelagem, apenas o primeiro aspecto será considerado na alíquota de imposto e os últimos três aspectos serão modelados separadamente para a atribuição de seus respectivos valores. Para calcular o aspecto 3, consideraremos que o ágio será amortizado, para fins fiscais, em dez anos – sendo interessante destacar que, na data do caso, existiam significativos questionamentos quanto à dedutibilidade do ágio gerado pela implementação de uma incorporação. Para calcular os aspectos 2 e 4, será necessário projetar a despesa financeira – desnecessária para cálculo do valor pela abordagem para os investidores –, sendo assim, ela será projetada simplificadamente a partir da despesa financeira líquida de 2011, considerando um crescimento igual ao crescimento da base de ativos (ajustada pela inflação). Esse cálculo considera, simplificadamente, que a dívida da empresa aumentará no mesmo percentual do aumento da base de ativo, uma vez que a alavancagem da empresa é fixa nos níveis de 2011 (premissa embutida no cálculo do WACC).

## Projeção dos Investimentos Líquidos (capital de giro líquido, depreciação e CAPEX)

### Capital de Giro Líquido

O capital de giro líquido da Empresa foi calculado considerando as contas apresentadas a seguir:

| Capital de Giro Líquido (R$ milhões) | 2010 | 2011 |
|---|---|---|
| (+) Caixa Operacional | 454 | 514 |
| % Receita Líquida | 2,0% | 2,0% |
| (+) Contas a Receber (CP e LP) | 2.707 | 3.414 |
| Dias de Receita | 43,6 | 48,5 |
| (+) Estoque | 2.136 | 2.679 |
| Dias de CPV | 48,2 | 53,8 |
| (+) Ativos Biológicos (CP) | 901 | 1.156 |
| Dias de CPV | 20,3 | 23,2 |
| (+) Impostos a Compensar (CP e LP) | 1.463 | 1.653 |
| % Receita Líquida | 6,5% | 6,4% |
| (–) Contas a Pagar | 2.059 | 2.681 |
| Dias de CPV | 46,5 | 53,9 |
| (–) Salários e Encargos a Pagar | 133 | 117 |
| % CPV e Despesas Operacional | 0,7% | 0,5% |
| (–) Impostos a Pagar | 211 | 225 |
| % Receita Líquida | 0,9% | 0,9% |
| **(=) Capital de Giro Líquido** | **5.257** | **6.394** |
| % Receita Líquida | 23,2% | 24,9% |

As lógicas de projeção são as apresentadas a seguir de cada conta, assumindo os mesmos níveis de 2011. Dessa forma, o capital de giro líquido, que representava 24,9% da receita líquida em 2011, foi projetado como 24,8% da receita líquida em 2021, ou seja, praticamente constante em relação à receita líquida durante o período de projeção.

## Ativo Operacional Fixo

O ativo biológico de longo prazo, representando matrizes não consumíveis, foi considerado integrante do ativo operacional fixo, assim como o imobilizado.

## Depreciação

Consideramos a alíquota de depreciação do imobilizado em 3,82%, conforme já demonstrado anteriormente. Para as matrizes não consumíveis foi aplicada uma alíquota de depreciação de 100%, equivalente a uma vida útil de um ano.

## CAPEX

O investimento de manutenção foi considerado igual à depreciação da base de ativos do ano anterior.

O investimento em expansão considera que a Empresa trabalha no limite de sua capacidade (atualmente e durante os anos projetados) e foi calculado com base no aumento de volume vendido a cada ano, considerando a relação, em 2011, entre imobilizado/tonelada produzida.

O investimento em matrizes não consumíveis considera o aumento de volume vendido a cada ano, de acordo com a relação, em 2011, entre ativo biológico LP/tonelada produzida.

A premissa é que o crescimento de receita tenha contrapartida no crescimento do ativo operacional total (AOT, composto de capital de giro líquido e ativo operacional fixo).

## Cálculo da Perpetuidade

Para calcular a perpetuidade, consideramos que, ao final do período explícito de projeção (ano 2021), o retorno marginal sobre os novos investimentos será igual ao WACC, de forma que o crescimento de quantidade não mais agregará valor. Portanto, ele pode ser ignorado.

Logo, considerou-se que (i) o fluxo de caixa cresce a inflação americana de longo prazo (2,0%) e que (ii.1) a empresa não precisa investir além do necessário para a manutenção da base de ativos fixos existentes, o que foi feito igualando-se o CAPEX à depreciação, e (ii.2) o capital de giro líquido cresce a própria inflação de forma que o investimento em capital de giro líquido é igual à inflação multiplicada pelo capital de giro líquido do último ano do período explícito. Ignorou-se o "atrito" causado pelo fato de a contabilidade não ajustar o imobilizado pela inflação, o que pode demandar ajustes no CAPEX de manutenção.

Note que a premissa de não agregação de valor está restrita ao crescimento, não sendo válida para a base de ativos existentes ao término do horizonte de projeção explícito. Essa afirmação pode ser confirmada ao confrontar o valor atribuído à perpetuidade em 2021 e a base de ativos naquela mesma data, verificando-se um ágio de 158%. No entanto, vale destacar que essa análise é distorcida pelo fato de ser feita em cima de uma base de ativos que não é atualizada pela inflação, enquanto diversas outras premissas do modelo o são.

## Cálculo do Valor

Após calcular o fluxo de caixa para o horizonte de projeção de 2012 a 2021 e a perpetuidade, calculam-se o *firm value*, a dívida líquida e os passivos e ativos não operacionais, para, por fim, calcular o *equity value*.

Os passivos não operacionais são todos os passivos não levados em consideração para o cálculo do *firm value* ou da dívida líquida, portanto, são todos os passivos excluídos dos passivos do capital de giro líquido e dos passivos ligados aos credores. Considerou-se também como passivos não operacionais o valor das opções lançadas pela empresa, como parte de seu programa de remuneração de executivos com base em ações (*stock option plan*), estimado em R$ 55,7 milhões (com base no modelo Black Scholes Merton). Os ativos não operacionais são todos os ativos não levados em consideração para o cálculo do *firm value* ou da dívida líquida, portanto, são todos os ativos excluídos dos ativos do capital de giro líquido, do excesso de caixa e dos ativos ligados ao imobilizado operacional líquido. Para os ativos ligados à parte fiscal foi atribuído um valor total de R$ 1.966 milhões (R$ 651 milhões relativos à amortização do ágio, R$ 735 milhões relativos ao Juros sobre Capital Próprio e R$ 580 milhões relativos ao crédito fiscal – cálculos estes feitos em separado e não detalhados no exercício).

Dividindo-se o *equity value* pelo número de ações (869,461 milhões líquidas das ações em tesouraria) obtém-se um valor por ação, em 30 de dezembro de 2011, de R$ 41,1, 13,4% acima do valor de mercado de R$ 36,3, na mesma data.

Observe que esse preço representa um múltiplo *Price/Book* de 2,5x (analisando o múltiplo na sua variante para o ativo, encontra-se um *Firm Value*/AOT de 2,5x).

| | |
|---|---|
| *Firm Value* (R$ milhões) | **41.561** |
| (−) Dívida Bruta | (8.053) |
| (+) Excesso de Caixa | 2.378 |
| (−) Passivos Não Operacionais | (3.061) |
| (+) Ativos Não Operacionais | 987 |
| (+) Benefício Fiscal | 1.966 |
| (=) *Equity Value* (R$ milhões) | **35.778** |
| Patrimônio Líquido (*Book* – R$ milhões) | 14.110 |
| | |
| *Price/Book* [2011] | 2,5 |
| *Price/Earnings* [2011] | 26,2 |
| *Firm Value*/EBITDA [2011] | 14,4 |
| *Firm Value*/EBITDA [2012] | 16,7 |
| *Firm Value*/EBITDA [2013] | 10,2 |
| *Firm Value*/AOT [2011] | 2,5 |
| | |
| Quantidade de Ações (milhões) | 869,461 |
| **Preço por Ação (R$)** | **41,1** |

| Cenário Macroeconômico | 2010 | 2011 | 2012P | 2013P | 2014P | 2015P | 2016P | 2017P | 2018P | 2019P | 2020P | 2021P |
|---|---|---|---|---|---|---|---|---|---|---|---|---|
| IPCA | 5,9% | 6,4% | 5,3% | 5,5% | 5,3% | 5,1% | 4,9% | 4,7% | 4,5% | 4,5% | 4,5% | 4,5% |
| CPI | 1,6% | 3,2% | 2,3% | 2,0% | 2,0% | 2,0% | 2,0% | 2,0% | 2,0% | 2,0% | 2,0% | 2,0% |
| TJLP | | | 5,75% | 5,50% | 5,50% | 5,50% | 5,50% | 5,50% | 5,50% | 5,50% | 5,50% | 5,50% |
| Câmbio EoP | 1,666 | 1,376 | 1,900 | 1,974 | 2,043 | 2,115 | 2,189 | 2,266 | 2,345 | 2,427 | 2,512 | 2,600 |
| Câmbio Médio | 1,704 | 1,771 | 1,888 | 1,937 | 2,009 | 2,079 | 2,152 | 2,228 | 2,306 | 2,386 | 2,470 | 2,556 |
| PIB Brasil | 7,5% | 2,8% | 2,8% | 4,8% | 3,5% | 3,5% | 3,4% | 3,4% | 3,4% | 3,4% | 3,3% | 3,1% |
| PIB Mundo | 4,1% | 2,7% | 2,5% | 3,1% | 3,1% | 3,1% | 3,1% | 3,1% | 3,1% | 3,1% | 3,1% | 3,1% |

| DRE (R$ milhões) | 2010 | 2011 | 2012P | 2013P | 2014P | 2015P | 2016P | 2017P | 2018P | 2019P | 2020P | 2021P |
|---|---|---|---|---|---|---|---|---|---|---|---|---|
| **Receita Bruta** | **26.033** | **29.361** | **31.324** | **36.682** | **40.451** | **44.406** | **48.553** | **52.933** | **57.549** | **62.417** | **67.619** | **73.132** |
| (-) Deduções | (3.352) | (3.554) | (3.899) | (4.566) | (5.035) | (5.527) | (6.043) | (6.588) | (7.163) | (7.769) | (8.416) | (9.103) |
| Deduções / Receita Bruta | 12,9% | 12,4% | 12,4% | 12,4% | 12,4% | 12,4% | 12,4% | 12,4% | 12,4% | 12,4% | 12,4% | 12,4% |
| **(=) Receita Líquida** | **22.681** | **25.706** | **27.425** | **32.116** | **35.416** | **38.879** | **42.510** | **46.345** | **50.386** | **54.648** | **59.203** | **64.029** |
| Mercado Interno | 10.175 | 11.630 | 12.213 | 14.758 | 16.386 | 18.084 | 19.826 | 21.632 | 23.502 | 25.440 | 27.477 | 29.604 |
| Mercado Externo | 8.987 | 10.292 | 11.054 | 12.372 | 13.519 | 14.733 | 16.053 | 17.489 | 19.043 | 20.725 | 22.564 | 24.555 |
| Lácteos | 2.312 | 2.539 | 2.633 | 3.129 | 3.441 | 3.770 | 4.112 | 4.472 | 4.848 | 5.243 | 5.661 | 6.099 |
| *Food Service* | 1.207 | 1.345 | 1.526 | 1.857 | 2.071 | 2.292 | 2.519 | 2.752 | 2.992 | 3.240 | 3.500 | 3.771 |
| (-) CPV | (16.171) | (18.161) | (20.240) | (22.516) | (24.788) | (27.177) | (29.681) | (32.323) | (35.105) | (38.035) | (41.163) | (44.473) |
| **(=) Lucro Bruto** | **6.510** | **7.546** | **7.185** | **9.600** | **10.628** | **11.702** | **12.829** | **14.022** | **15.281** | **16.613** | **18.040** | **19.556** |
| Margem Bruta | 28,7% | 29,4% | 26,2% | 29,9% | 30,0% | 30,1% | 30,2% | 30,3% | 30,3% | 30,4% | 30,5% | 30,5% |
| (-) Despesas Operacionais | (4.246) | (4.558) | (4.703) | (5.507) | (6.073) | (6.667) | (7.290) | (7.947) | (8.640) | (9.371) | (10.152) | (10.980) |
| Vendas | (3.523) | (3.438) | (3.874) | (4.537) | (5.003) | (5.493) | (6.006) | (6.547) | (7.118) | (7.720) | (8.364) | (9.046) |
| Gerais e Administrativas | (333) | (427) | (431) | (505) | (557) | (611) | (668) | (728) | (792) | (859) | (930) | (1.006) |
| Outras Receitas (Despesas) Oper. | (390) | (394) | (398) | (466) | (513) | (564) | (616) | (672) | (730) | (792) | (858) | (928) |
| **(=) EBITDA** | **2.265** | **2.887** | **2.482** | **4.093** | **4.555** | **5.035** | **5.539** | **6.075** | **6.641** | **7.242** | **7.888** | **8.576** |
| Margem EBITDA | 10,0% | 11,2% | 9,1% | 12,7% | 12,9% | 12,9% | 13,0% | 13,1% | 13,2% | 13,3% | 13,3% | 13,4% |
| (-) Depreciação | (780) | (836) | (914) | (999) | (1.100) | (1.200) | (1.304) | (1.413) | (1.528) | (1.650) | (1.778) | (1.914) |
| **(=) EBIT** | **1.485** | **2.001** | **1.569** | **3.093** | **3.455** | **3.835** | **4.235** | **4.661** | **5.113** | **5.592** | **6.109** | **6.662** |
| Margem Operacional | 6,5% | 7,3% | 5,7% | 9,6% | 9,8% | 9,9% | 10,0% | 10,1% | 10,1% | 10,2% | 10,3% | 10,4% |

**Fluxo de Caixa para os Investidores (R$ milhões)**

| | 2012P | 2013P | 2014P | 2015P | 2016P | 2017P | 2018P | 2019P | 2020P | 2021P |
|---|---|---|---|---|---|---|---|---|---|---|
| (+) Resultado Operacional | 1.569 | 3.093 | 3.455 | 3.835 | 4.235 | 4.661 | 5.113 | 5.592 | 6.109 | 6.662 |
| (-) Imposto Operacional | (314) | (619) | (691) | (767) | (847) | (932) | (1.023) | (1.118) | (1.222) | (1.332) |
| (+) Depreciação | 914 | 999 | 1.100 | 1.200 | 1.304 | 1.413 | 1.528 | 1.650 | 1.778 | 1.914 |
| (-) CAPEX | (1.485) | (1.925) | (1.875) | (2.007) | (2.129) | (2.273) | (2.427) | (2.596) | (2.762) | (2.924) |
| (-) Investimento em Capital de Giro Líq | (490) | (1.108) | (819) | (860) | (901) | (951) | (1.003) | (1.057) | (1.130) | (1.197) |
| (=) Fluxo de Caixa para os Investidores | 194 | 442 | 1.170 | 1.401 | 1.663 | 1.918 | 2.188 | 2.471 | 2.774 | 3.123 |
| (=) Flx de Cx p/ os Invest (US$ milhões) | 103 | 228 | 583 | 674 | 773 | 861 | 949 | 1.036 | 1.123 | 1.222 |
| Período de Desconto | 0,500 | 1,500 | 2,500 | 3,500 | 4,500 | 5,500 | 6,500 | 7,500 | 8,500 | 9,500 |
| WACC (US$) — 7,70% | | | | | | | | | | |
| Valor Presente (US$ milhões) | 99 | 204 | 484 | 520 | 553 | 572 | 586 | 594 | 598 | 604 |

**Perpetuidade (US$ milhões)**

| | Valor |
|---|---|
| Crescimento | 2,0% |
| Fluxo Ano 2021 Normalizado | 1.961 |
| Perpetuidade em 2021 | 35.084 |
| Perp 2021 / AOT 2021 | 2,58 |
| Perp 2021 / EBITDA 2021 | 10,46 |
| Valor Presente | 17.340 |
| Valor Presente Perp / Firm Value | 78,3% |

**Firm Value (R$ milhões)** 41.561

**ROIC**

| | 2010 | 2011 | 2012P | 2013P | 2014P | 2015P | 2016P | 2017P | 2018P | 2019P | 2020P | 2021P |
|---|---|---|---|---|---|---|---|---|---|---|---|---|
| Resultado Operacional (EBIT) | 1.485 | 2.001 | 1.569 | 3.093 | 3.455 | 3.835 | 4.235 | 4.661 | 5.113 | 5.592 | 6.109 | 6.662 |
| (-) IR Operacional | (297) | (400) | (314) | (619) | (691) | (767) | (847) | (932) | (1.023) | (1.118) | (1.222) | (1.332) |
| (=) Resultado Operacional Líquido (ROL) | 1.188 | 1.601 | 1.255 | 2.475 | 2.764 | 3.068 | 3.388 | 3.729 | 4.090 | 4.474 | 4.887 | 5.329 |
| Capital de Giro Líquido | 5.257 | 6.394 | 6.884 | 7.992 | 8.810 | 9.670 | 10.571 | 11.522 | 12.525 | 13.582 | 14.712 | 15.909 |
| % Ativo Operacional Total | 35,8% | 38,6% | 39,0% | 40,6% | 41,4% | 42,2% | 42,9% | 43,5% | 44,1% | 44,7% | 45,3% | 45,9% |
| Imob + Matriz Biológica Líquido | 9.445 | 10.186 | 10.757 | 11.682 | 12.457 | 13.264 | 14.089 | 14.949 | 15.848 | 16.794 | 17.777 | 18.787 |
| % Ativo Operacional Total | 64,2% | 61,4% | 61,0% | 59,4% | 58,6% | 57,8% | 57,1% | 56,5% | 55,9% | 55,3% | 54,7% | 54,1% |
| Ativo Operacional Total (AOT) | 14.702 | 16.580 | 17.641 | 19.674 | 21.267 | 22.934 | 24.660 | 26.471 | 28.373 | 30.376 | 32.489 | 34.696 |
| Margem (ROL / Receita Líquida) | 5,2% | 6,2% | 4,6% | 7,7% | 7,8% | 7,9% | 8,0% | 8,0% | 8,1% | 8,2% | 8,3% | 8,3% |
| Giro (Receita Líquida / AOT) | 1,5X | 1,6X | 1,6X | 1,6X | 1,7X | 1,7X | 1,7X | 1,8X | 1,8X | 1,8X | 1,8X | 1,8X |
| ROIC (ROL / AOT) | 8,1% | 9,7% | 7,1% | 12,6% | 13,0% | 13,4% | 13,7% | 14,1% | 14,4% | 14,7% | 15,0% | 15,4% |

### Mix de Venda

| Mix de Venda | 2010 | 2011 | 2012P | 2013P | 2014P | 2015P | 2016P | 2017P | 2018P | 2019P | 2020P | 2021P |
|---|---|---|---|---|---|---|---|---|---|---|---|---|
| Mercado Interno | 44,9% | 45,2% | 44,5% | 46,0% | 46,3% | 46,5% | 46,6% | 46,7% | 46,6% | 46,6% | 46,4% | 46,2% |
| Mercado Externo | 39,6% | 39,3% | 40,3% | 38,5% | 38,2% | 37,9% | 37,8% | 37,7% | 37,8% | 37,9% | 38,1% | 38,3% |
| Lácteos | 10,2% | 3,9% | 9,6% | 9,7% | 9,7% | 9,7% | 9,7% | 9,6% | 9,6% | 9,6% | 9,6% | 9,5% |
| *Food Service* | 5,3% | 5,6% | 5,6% | 5,8% | 5,8% | 5,9% | 5,9% | 5,9% | 5,9% | 5,9% | 5,9% | 5,9% |

### CPV (% da Receita Líquida)

| CPV (% da Receita Líquida) | 2010 | 2011 | 2012P | 2013P | 2014P | 2015P | 2016P | 2017P | 2018P | 2019P | 2020P | 2021P |
|---|---|---|---|---|---|---|---|---|---|---|---|---|
| Grãos | 18,8% | 18,6% | 19,9% | 18,9% | 18,9% | 19,0% | 19,0% | 19,1% | 19,2% | 19,3% | 19,4% | 19,6% |
| Leite | 6,0% | 5,9% | 6,1% | 5,8% | 5,8% | 5,8% | 5,7% | 5,7% | 5,7% | 5,7% | 5,7% | 5,6% |
| Outros Insumos | 20,6% | 20,5% | 21,2% | 20,1% | 20,1% | 20,0% | 20,0% | 19,9% | 19,9% | 19,8% | 19,7% | 19,6% |
| Outros Custos (MDO, Embalagens etc) | 25,9% | 25,7% | 26,6% | 25,2% | 25,2% | 25,1% | 25,1% | 25,0% | 24,9% | 24,8% | 24,7% | 24,6% |

### Despesas Operacionais (% da Rec Líq)

| Despesas Operacionais (% da Rec Líq) | 2010 | 2011 | 2012P | 2013P | 2014P | 2015P | 2016P | 2017P | 2018P | 2019P | 2020P | 2021P |
|---|---|---|---|---|---|---|---|---|---|---|---|---|
| Vendas | 15,5% | 4,9% | 14,1% | 14,1% | 14,1% | 14,1% | 14,1% | 14,1% | 14,1% | 14,1% | 14,1% | 14,1% |
| Gerais e Administrativas | 1,5% | 1,7% | 1,6% | 1,6% | 1,6% | 1,6% | 1,6% | 1,6% | 1,6% | 1,6% | 1,6% | 1,6% |
| Outras Receitas (Despesas) Oper. | 1,7% | 1,5% | 1,4% | 1,4% | 1,4% | 1,4% | 1,4% | 1,4% | 1,4% | 1,4% | 1,4% | 1,4% |

## Estudo de Caso: AmBev S.A.

A AmBev S.A. (AmBev ou Empresa) é o resultado da fusão de duas grandes empresas brasileiras centenárias do setor de bebidas: a Companhia Antarctica Paulista e a Companhia Cervejeira Brahma, que ocorreu em 2 de julho de 1999. A primeira havia sido fundada em 1885 e a segunda em 1888.

A AmBev nasceu com fábricas em 18 estados brasileiros e em três países (Uruguai, Argentina e Venezuela). Em 1998, as empresas produziram juntas 6,4 bilhões de litros de cerveja e 2,5 bilhões de litros de refrigerantes, águas, chás e isotônicos. A nova empresa detinha, no seu nascimento, aproximadamente 70% da produção nacional de cerveja e 40% do mercado nacional de bebidas. A intenção era, juntas, passarem a disputar o consumidor internacional.

Após a formação da AmBev, a Empresa seguiu com uma série de aquisições em mercados da América do Sul (por exemplo: Argentina, Bolívia, Equador, Paraguai, Peru e Uruguai), América Central (por exemplo: Guatemala, Panamá e República Dominicana) e América do Norte (Canadá), consolidando sua liderança em diversos países. Atualmente, a AmBev tem operações em dezesseis países: Brasil, Canadá, Argentina, Bolívia, Paraguai, Uruguai, República Dominicana, Panamá, Barbados, Cuba, Chile, Guatemala, Nicarágua, Saint Vincent, Dominica e Antigua, sendo líder de mercado nos nove primeiros.

Em 2004, quando já era a quinta maior cervejeira do mundo, foi adquirida pela terceira maior (a belga Interbrew), dando origem a InBev. Em 2008, a InBev comprou a maior cervejaria americana, a Anheuser-Busch, posteriormente alterando seu nome para Anheuser-Busch InBev (AB InBev). Com esta aquisição, tornou-se a maior cervejeira do mundo com operação em 140 países, com presença na América, Ásia e Europa, mais de 150 mil funcionários e detentora de 30% do mercado mundial de cerveja. Em 2016, foi aprovada a compra da SABMiller, segunda maior cervejaria do mundo. Não obstante o controle da AmBev pela AB InBev (detentora de aproximadamente 62% do capital), as empresas mantêm-se independentes.

O nosso objetivo é avaliar a operação brasileira, portanto, não avaliaremos nem a InBev nem a AmBev. Estão fora do nosso trabalho, embora façam parte da AmBev, o chamado LAS (América Latina Sul), o chamado CAC (América Central e Caribe) e o Canadá.

No Brasil são 31 cervejarias, plantas mistas e refrigeranteiras, 7 maltarias, 6 centros de excelência (escritórios), 32,5 mil funcionários e 30 marcas de bebidas, entre as quais, as marcas de cerveja Antarctica, Brahma, Bohemia, Budweiser, Quilmes e Skol; de refrigerantes Antarctica, Pepsi, H2OH e Antarctica Citrus; e de outras bebidas não alcoólicas como Gatorade e Suco do Bem (uma das suas últimas aquisições, em 2016).

O principal mercado da empresa é cervejaria, que em 2016 encolheu 3,4% (de 13,3 bilhões de litros para 12,8 bilhões de litros), dos quais a empresa detinha 62% de *market share* (Euromonitor). Pertence à empresa a marca Skol, eleita, pelo quinto ano consecutivo, a marca mais valiosa do Brasil (*ranking* DINHEIRO), além de outras três marcas entre as dez mais valiosas (Brahma, Antarctica e Bohemia). O segundo lugar no mercado, em termos de *market share*, pertence a Heineken, que diminuiu o *gap* após a aquisição da Kirin's Brasil (Schincariol) em fevereiro de 2017.

O segundo maior mercado da empresa é refrigerante e bebidas não alcoólicas. O mercado de refrigerantes encolheu 6,0% em 2015 e 2016. O consumo *per capita* passou de 88,9 litros em 2010 para 75,1 litros em 2015. Nesse mesmo período, o consumo *per capita* de água, que vem se apresentando como alternativa, saltou de 34,3 litros para 62,8 litros (Associação Brasileira de Refrigerantes e Bebidas não alcoólicas). Nesse mercado, a Empresa está atrás da Coca-Cola, detentora do maior *market share*.

## Informações Financeiras

As informações financeiras reunidas para a avaliação da operação brasileira da AmBev estão dispostas a seguir. A DRE apresentada refere-se apenas à operação brasileira, conforme informado pela Empresa. Como a Empresa não divulga o balanço da operação brasileira, consideramos simplificadamente que a operação brasileira equivale a 55% da AmBev (análogo à representatividade da receita da operação brasileira na receita total da empresa), em todas as contas do balanço (algumas contas, a título de simplificação, foram consolidadas ou "netadas"). As informações relativas a 2015, 2016 e 2017 foram obtidas no site da empresa para os períodos findos em 31 de dezembro.

Demonstrativos de Resultados:

| DRE (R$ milhões) | 2015 | 2016 | 2017 |
|---|---|---|---|
| (=) Receita Líquida | 26.326,1 | 24.954,6 | 26.353,0 |
| (–) CPV | (5.193,6) | (6.352,1) | (7.279,5) |
| (=) Lucro Bruto | 21.132,5 | 18.602,5 | 19.073,5 |
| (–) Despesas Operacionais | | | |
| Vendas | (5.709,9) | (6.097,3) | (6.151,0) |
| Gerais e Administrativas | (1.321,9) | (1.184,0) | (1.531,4) |
| (–) Depreciação | (3.800,4) | (3.522,8) | (3.400,9) |
| **(=) Resultado Operacional** | **10.300,3** | **7.798,4** | **7.990,2** |

Abertura da Receita Líquida por segmento de atuação (CSD é *Soft Drinks* (refrigerantes) e NANC é *Non-Alcoholic and Non-Carbonated* (bebidas não alcoólicas, por exemplo: sucos, isotônicos e águas)):

| Receita Líq. – Abertura (R$ milhões) | 2015 | 2016 | 2017 |
|---|---|---|---|
| Cerveja | 22.441,3 | 21.173,1 | 22.509,3 |
| CSD & NANC | 3.884,8 | 3.781,5 | 3.843,7 |
| **Receita Líquida** | **26.326,1** | **24.954,6** | **26.353,0** |

Abertura do CPV (custo do produto vendido) por segmento de atuação:

| CPV – Abertura (R$ milhões) | 2015 | 2016 | 2017 |
|---|---|---|---|
| Cerveja | 4.090,0 | 5.139,9 | 5.779,5 |
| CSD & NANC | 1.103,6 | 1.212,2 | 1.500,0 |
| **CPV** | **5.193,6** | **6.352,1** | **7.279,5** |

Balanço Patrimonial:

| Balanço – Ativo (R$ milhões) | 2015 | 2016 | 2017 |
|---|---|---|---|
| Caixa Operacional | 921,4 | 873,4 | 922,4 |
| Excesso de Caixa | 6.941,4 | 3.648,8 | 4.848,1 |
| Contas a Receber | 2.347,3 | 2.390,3 | 2.720,5 |
| Estoque | 2.444,5 | 2.378,8 | 2.376,2 |
| Impostos a Compensar | 2.303,4 | 3.157,9 | 3.250,6 |
| | | | |
| Imobilizado Bruto | 42.306,3 | 44.781,2 | 48.337,8 |
| Depreciação Acumulada | (11.210,1) | (14.732,9) | (18.133,8) |
| **Total do Ativo** | **46.054,2** | **42.497,5** | **44.321,8** |

| Balanço – Passivo (R$ milhões) | 2015 | 2016 | 2017 |
|---|---|---|---|
| Contas a Pagar | 6.730,2 | 6.077,7 | 6.618,1 |
| Empréstimos e Financiamentos CP | 724,1 | 1.986,7 | 727,8 |
| Salários e Encargos a Pagar | 1.767,9 | 1.545,5 | 1.847,4 |
| Impostos a Pagar | 2.959,5 | 2.716,3 | 4.777,4 |
| Dividendos Declarados | 337,3 | 938,2 | 978,5 |
| Provisões | 3.867,3 | 2.738,4 | 2.295,8 |
| | | | |
| Empréstimos e Financiamentos LP | 1.305,5 | 966,2 | 677,8 |
| | | | |
| Patrimônio Líquido | 28.362,4 | 25.528,5 | 26.399,0 |
| **Total do Passivo** | **46.054,2** | **42.497,5** | **44.321,8** |

Abertura do Endividamento em 31 de dezembro de 2017, com as respectivas taxas e o cálculo do custo médio ponderado (a coluna custo foi calculada pelos autores considerando os respectivos indexadores e o cenário macroecomômico adotado para a avaliação; a média ponderada não considera a conta garantida).

| Endividamento – Abertura (R$ milhões) | 2017 | Custo |
|---|---|---|
| Dívida denominada em USD taxa fixa | 12,6 | 7,0% |
| Dívida denominada em USD taxa flutuante | 305,5 | 5,9% |
| Dívida denominada em CAD taxa flutuante | 377,4 | 5,1% |
| Outras moedas latino-americanas taxa fixa | 109,5 | 9,3% |
| Outras moedas latino-americanas taxa flutuante | 2,7 | 2,3% |
| Dívida TJLP BNDES taxa flutuante (TJLP) | 221,4 | 9,2% |
| Dívida em Reais - ICMS taxa fixa | 71,5 | 5,6% |
| Dívida em Reais - taxa fixa | 304,0 | 6,6% |
| Conta Garantida | 1,0 | |
| **Empréstimos e Financiamentos** | **1.405,6** | **6,6%** |

## Informações para o Custo de Capital

O YTM (*yield to maturity*) dos títulos de dez anos do governo americano é, em 29 de março de 2018, 2,84% (média dos dez dias úteis, de 15 de março a 28 de março).

O EMBI+ Brasil é, em 30 de março de 2018, 248 pontos-base (média dos dez dias úteis, de 15 de março a 28 de março).

O prêmio de mercado inferido é 4,3% (Damodaran).

O beta desalavancado para a empresa é 0,481 (da própria empresa).

Serão considerados um custo de dívida igual à média ponderada da dívida atual da empresa e uma alavancagem de 20% (D/(D + E)). A suposição é a de que o custo de dívida da empresa não sofrerá alteração em relação ao custo atual.

Para converter um custo de capital em US$ para um custo de capital em R$, serão consideradas a inflação americana de longo prazo de 2,1% e a inflação brasileira de longo prazo de 4,0%.

## Cálculo do Custo de Capital

Abaixo é apresentado o cálculo do WACC em R$ (8,7%):

| Cálculo do WACC | Parâmetro |
|---|---|
| Taxa Livre de Risco | 2,84% |
| Prêmio-país | 2,48% |
| Beta Desalavancado | 0,481 |
| Beta Alavancado | 0,560 |
| Prêmio de Mercado | 4,30% |
| Custo do Capital Próprio (US$) | 7,73% |
| Custo do Capital Próprio (R$) | 9,73% |
| | |
| Custo da Dívida (R$) | 6,60% |
| Alíquota de IR | 34,0% |
| Custo da Dívida Líquido do Benefício Fiscal | 4,36% |
| | |
| D/(D + E) | 20,0% |
| | |
| **WACC (R$)** | **8,7%** |

## Projeção do EBITDA

A **receita líquida** foi projetada evoluindo a inflação (dos últimos 12 meses) e um crescimento real. O crescimento real foi calculado, por unidade de negócio, com base na elasticidade (manteremos a mesma elasticidade histórica para o futuro). Para o cálculo da elasticidade histórica, considerou-se o crescimento do PIB brasileiro (conforme Banco Central) e o crescimento real da receita de cada unidade de negócio pelos últimos dez anos (2008 a 2017).

| Ano | Δ PIB | Cresc. Real AmBev | Cresc. Real Cerveja | Cresc. Real CSD & NANC |
|---|---|---|---|---|
| 2008 | 5,1% | 0,86% | 0,16% | 4,27% |
| 2009 | –0,1% | 5,81% | 5,88% | 5,44% |
| 2010 | 7,5% | 12,34% | 13,47% | 7,07% |
| 2011 | 4,0% | 2,52% | 3,60% | –2,87% |
| 2012 | 1,9% | 5,80% | 5,47% | 7,59% |
| 2013 | 3,0% | –0,73% | –1,18% | 1,59% |
| 2014 | 0,5% | 4,45% | 4,99% | 1,71% |
| 2015 | –3,6% | 1,47% | 3,03% | –6,73% |
| 2016 | –3,5% | –14,35% | –14,75% | –12,04% |
| 2017 | 1,0% | –0,65% | 0,02% | –4,37% |

A elasticidade histórica é 1,20 para a operação brasileira como um todo, 1,19 para cerveja e 1,27 para CSD & NANC. A inflação (IPCA) considerada foi de: 3,68% (2018); 3,97% (2019) e 4,0% nos demais anos. O crescimento do PIB considerado foi de: 2,04%; 2,78%; 3,44%; 3,56%; 3,20%; 2,96%; 2,72%; 2,48%; 2,24% e 2,00% para 2018 a 2027, respectivamente.

Comparou-se (i) o crescimento real projetado, conforme calculado anteriormente, descontado do crescimento populacional projetado pelo IBGE com (ii) o crescimento do PIB igualmente descontado do crescimento populacional. Para a unidade de negócio cerveja obteve-se, com as projeções acima, um índice de 1,31 em 2018 caindo a 1,26 em 2027, abaixo do histórico de 2011 a 2017 de 1,36. Para a unidade de negócio CSD & NANC esses números são 1,45 (2018), 1,37 (2027) e 1,81 (histórico).

O **CPV** foi calculado a partir da margem bruta. Esta foi projetada saindo do patamar de 2017 para atingir, em 2022, o patamar da média histórica dos últimos dez anos (2008 a 2017). Para a unidade de negócio cerveja, a margem bruta saiu de 74,3% em 2017 para 78,3% em 2022. A maior margem bruta dos últimos dez anos foi 83,1%, em 2013. A projeção mais baixa, em relação ao pico histórico, deve-se ao aumento do dólar e do alumínio (este último representa aproximadamente 40% dos custos variáveis). Para a unidade de negócios CSD & NANC, a margem bruta saiu de 61,0% em 2017 para 67,2% em 2022. A maior margem dos últimos dez anos foi 71,6%, em 2015, porém, devido a recente alta do dólar e do açúcar (este último representa aproximadamente 30% dos custos variáveis), ela foi mantida em linha com a média histórica, sem atingir o pico histórico.

As **despesas operacionais** foram consideradas variáveis com a receita (tanto as despesas com vendas como as despesas gerais e administrativas). Projetou-se uma recuperação até 2022 para o patamar histórico dos últimos dez anos. As despesas com vendas saíram de 23,3% em 2017 para atingir 21,5% em 2022 e as despesas gerais e administrativas saíram de 5,8% em 2017 para atingir 5,0% em 2022.

A quase imperceptível queda na margem EBITDA após 2022 deve-se a pequena mudança no *mix* de vendas devido às diferentes elasticidades das duas unidades de negócios.

## Projeção dos Investimentos

O ativo operacional total (AOT, constituído da soma do capital de giro líquido e do ativo fixo líquido) da Empresa foi projetado de forma a manter o giro de ativo (receita líquida/

AOT) constante ao longo do período de projeção. Não foi considerado nenhum potencial ganho de giro após 2022.

Para a manutenção do giro de ativo, o capital de giro líquido de cada ano foi calculado como um percentual da receita líquida. Nota-se, na coluna Sensibilidade (Sensib.), que potenciais ganhos, em relação ao patamar de 2017, advindos da melhora nos dias de recebíveis e nos dias de fornecedores podem ser anulados pela piora na conta Impostos a Pagar. Portanto, embora a empresa tenha tido anos individuais muito bons, nesse aspecto, optou-se pela recuperação da média histórica dos últimos dez anos (–18,0% da receita líquida) em 2022. Observe que o capital de giro líquido negativo é uma importante característica da AmBev, que é reconhecida como uma referência na administração do capital de giro líquido.

| Capital de Giro Líquido (R$ milhões) | 2015 | 2016 | 2017 | Sensib. |
|---|---|---|---|---|
| (+) Caixa Operacional | 921,4 | 873,4 | 922,4 | 922,4 |
| % Receita Líquida | 3,50% | 3,50% | 3,50% | 3,50% |
| (+) Contas a Receber | 2.347,3 | 2.390,3 | 2.720,5 | 2.166,0 |
| Dias de Receita | 32,5 | 35,0 | 37,7 | 30,0 |
| (+) Estoque | 2.444,5 | 2.378,8 | 2.376,2 | 2.393,3 |
| Dias de CPV e CSP | 171,8 | 136,7 | 119,1 | 120,0 |
| (+) Impostos a Compensar | 2.303,4 | 3.157,9 | 3.250,6 | 3.294,1 |
| % Receita Líquida | 8,75% | 12,65% | 12,33% | 12,50% |
| | | | | |
| (–) Contas a Pagar | 6.730,2 | 6.077,7 | 6.618,1 | 7.179,8 |
| Dias de CPV e CSP | 473,0 | 349,2 | 331,8 | 360,0 |
| (–) Salários e Encargos a Pagar | 1.767,9 | 1.545,5 | 1.847,4 | 1.900,2 |
| % CPV e CSP + Despesas Operac. | 14,5% | 11,3% | 12,3% | 12,7% |
| (–) Impostos a Pagar | 2.959,5 | 2.716,3 | 4.777,4 | 3.557,7 |
| % Receita Líquida | 11,24% | 10,88% | 18,13% | 13,50% |
| **(=) Capital de Giro Líquido** | **(3.441,0)** | **(1.539,1)** | **(3.973,2)** | **(3.861,8)** |
| % Receita Líquida | –13,07% | –6,17% | –15,08% | –14,65% |

O imobilizado líquido foi projetado considerando o giro de ativo fixo (receita líquida/imobilizado líquido) constante no nível de 2017. Essa premissa assume a manutenção do nível atual de utilização do imobilizado líquido.

O imobilizado líquido foi, posteriormente, desmembrado em imobilizado bruto e depreciação acumulada. Esse desmembramento foi necessário para calcular a depreciação do período, necessária para encerrarmos o cálculo do resultado operacional (EBIT), tendo em vista que projetamos a DRE até o EBITDA.

O primeiro passo para o desmembramento foi o cálculo da alíquota de depreciação, obtida com base na despesa de depreciação de 2017 e no imobilizado bruto de 2016, conforme a lógica a seguir:

$$\text{aliq deprec} = \frac{\text{despesa de depreciação}_{2017}}{\text{imob bruto}_{2016}}$$

Posteriormente, utilizaram-se as lógicas abaixo:

$$\text{imob líquido}_t = \frac{\text{receita líquida}_t}{\text{giro de imob líquido}}$$

$$\text{deprec}_t = \text{aliq deprec} \times \text{imob bruto}_{t-1}$$

$$\text{deprec acum}_t = \text{deprec acumulada}_{t-1} + \text{deprec}_t$$

$$\text{imob bruto}_t = \text{imob líquido}_t + \text{deprec acumulada}_t$$

e

$$\text{CAPEX}_t = \text{Imob Bruto}_t - \text{Imob Bruto}_{t-1}$$

A opção por calcular a depreciação do período com base no imobilizado bruto do período anterior, sem considerar o CAPEX do próprio ano, deu-se para evitar uma circularidade no modelo. Essa decisão impactou também o cálculo da alíquota de depreciação, que não seguiu a lógica utilizada no Capítulo 12.

## Cálculo da Perpetuidade

Para calcular a perpetuidade, consideramos que, ao final do período explícito de projeção (ano 2027), o retorno marginal sobre os novos investimentos será igual ao WACC, de forma que o crescimento de quantidade não mais agregará valor. Portanto, ele pode ser ignorado.

Logo, considerou-se que (i) o fluxo de caixa cresce a inflação brasileira de longo prazo (4,0%) e que (ii.1) a empresa não precisa investir além do necessário para a manutenção da base de ativos fixos existentes, o que foi feito igualando-se o CAPEX à depreciação, e (ii.2) o capital de giro líquido cresce a própria inflação, de forma que o investimento em capital de giro líquido é igual à inflação multiplicada pelo capital de giro líquido do último ano do período explícito. Ignorou-se o "atrito" causado pelo fato de a contabilidade não ajustar o imobilizado pela inflação, o que pode demandar ajustes no CAPEX de manutenção.

Note que a premissa de não agregação de valor está restrita ao crescimento, não sendo válida para a base de ativos existentes ao término do horizonte de projeção explícito. Essa afirmação pode ser confirmada ao confrontar o valor atribuído à perpetuidade em 2027 e a base de ativos naquela mesma data, verificando-se um ágio de 396%. No entanto, vale destacar que essa análise é distorcida pelo fato de ser feita em cima de uma base de ativos que não é atualizada pela inflação, enquanto diversas outras premissas do modelo o são.

## Cálculo do Valor

Após calcular o fluxo de caixa para o horizonte de projeção de dez. 2018 a dez. 2027 e a perpetuidade, calculam-se o *firm value*, a dívida líquida e os passivos e ativos não operacionais, para, por fim, calcular o *equity value*.

Os passivos não operacionais são todos os passivos não levados em consideração para o cálculo do *firm value* ou da dívida líquida, portanto, são todos os passivos excluídos dos passivos do capital de giro líquido e dos passivos ligados aos credores. Não se considerou, como passivos não operacionais, o valor das opções lançadas pela empresa, como parte de seu programa de remuneração de executivos com base em ações (*stock option plan*). Os ativos não operacionais são todos os ativos não levados em consideração para o cálculo do *firm value* ou da dívida líquida, portanto, são todos os ativos excluídos dos ativos do capital de giro líquido, do excesso de caixa e dos ativos ligados ao imobilizado operacional líquido. Para os ativos ligados à parte fiscal foi atribuído um valor total de R$ 4,6 bilhões (exclusivamente relativo ao Juros sobre Capital Próprio, pois não se considerou o incentivo fiscal regional). Para este cálculo aproximado, considerou-se uma dívida equivalente aquela indicada no WACC, portanto, maior do que a dívida atual da empresa, o que pode ter subavaliado o valor do benefício fiscal.

Dividindo-se o *equity value* pelo número de ações (15.705,8 milhões) obtém-se um valor por ação, em 31 de dezembro de 2017, de R$ 10,2. Considerando que a operação brasileira representa 55% da AmBev (nossa simplificação inicial para a presente análise), o valor por ação da AmBev seria de R$ 18,5 (10,2/55%), 12,6% abaixo do preço de R$ 21,21 no final de 2017. O valor da ação da empresa, em 31 de outubro de 2018, era R$ 16,34.

Observe que esse preço representa um múltiplo *Price/Book* de 6,1x (analisando o múltiplo na sua variante para o ativo, encontra-se um *Firm Value*/AOT de 5,9x).

| | |
|---|---:|
| *Firm Value* **(R$ milhões)** | **155.342** |
| (–) Dívida Bruta | (1.406) |
| (+) Excesso de Caixa | 4.848 |
| (–) Passivos e Ativos Não Operacionais | (3.274) |
| (+) Benefício Fiscal | 4.582 |
| **(=)** *Equity Value* **(R$ milhões)** | **160.093** |
| Patrimônio Líquido (*Book* – R$ milhões) | 26.399 |
| | |
| *Price/Book* [2017] | 6,1 |
| *Firm Value*/EBITDA [2017] | 13,6 |
| *Firm Value*/EBITDA [2018] | 12,5 |
| *Firm Value*/AOT [2017] | 5,9 |
| | |
| Quantidade de Ações (milhões) | 15.705,8 |
| **Preço por Ação – Operação brasileira (R$)** | **10,2** |
| **Preço por Ação – AmBev (R$)** | **18,5** |

| DRE (R$ milhões) | 2015 | 2016 | 2017 | 2018P | 2019P | 2020P | 2021P | 2022P | 2023P | 2024P | 2025P | 2026P | 2027P |
|---|---|---|---|---|---|---|---|---|---|---|---|---|---|
| (=) Receita Líquida | 26.326,1 | 24.954,6 | 26.353,0 | 27.794,4 | 29.779,7 | 32.241,8 | 34.968,0 | 37.765,2 | 40.673,0 | 43.682,7 | 46.784,0 | 49.965,3 | 53.213,0 |
| Cerveja | 22.441,3 | 21.173,1 | 22.509,3 | 23.734,9 | 25.422,3 | 27.513,5 | 29.827,9 | 32.202,3 | 34.670,1 | 37.224,0 | 39.855,4 | 42.554,5 | 45.310,0 |
| CSD & NANC | 3.884,8 | 3.781,5 | 3.843,7 | 4.059,4 | 4.357,4 | 4.728,3 | 5.140,1 | 5.562,9 | 6.002,9 | 6.458,7 | 6.928,6 | 7.410,7 | 7.902,9 |
| (-) CPV | (5.193,6) | (6.352,1) | (7.279,5) | (7.440) | (7.717) | (8.080) | (8.464) | (8.818) | (9.499) | (10.203) | (10.929) | (11.673) | (12.433) |
| Cerveja | (4.090,0) | (5.139,9) | (5.779,5) | (5.906) | (6.125) | (6.411) | (6.715) | (6.994) | (7.530) | (8.085) | (8.656) | (9.243) | (9.841) |
| CSD & NANC | (1.103,6) | (1.212,2) | (1.500,0) | (1.534) | (1.592) | (1.668) | (1.750) | (1.824) | (1.968) | (2.118) | (2.272) | (2.430) | (2.592) |
| (=) Lucro Bruto | 21.133 | 18.603 | 19.074 | 20.354 | 22.063 | 24.162 | 26.504 | 28.947 | 31.174 | 33.480 | 35.856 | 38.292 | 40.780 |
| Margem Bruta | 80,3% | 74,5% | 72,4% | 73,2% | 74,1% | 74,9% | 75,8% | 76,6% | 76,6% | 76,6% | 76,6% | 76,6% | 76,6% |
| (-) Despesas Operacionais | (7.031,8) | (7.281,3) | (7.682,4) | (7.954,4) | (8.363,8) | (8.883,4) | (9.448,0) | (10.002,5) | (10.772,6) | (11.569,8) | (12.391,2) | (13.233,8) | (14.093,9) |
| Vendas | (5.709,9) | (6.097,3) | (6.151,0) | (6.383) | (6.727) | (7.162) | (7.636) | (8.105,0) | (8.729,0) | (9.374,9) | (10.040,5) | (10.723,3) | (11.420,3) |
| Gerais e Administrativas | (1.321,9) | (1.184,0) | (1.531,4) | (1.571) | (1.637) | (1.721) | (1.812) | (1.897,5) | (2.043,6) | (2.194,8) | (2.350,6) | (2.510,5) | (2.673,7) |
| (=) EBITDA | 14.100,7 | 11.321,2 | 11.391,1 | 12.400,0 | 13.698,9 | 15.278,8 | 17.055,8 | 18.944,3 | 20.401,7 | 21.910,0 | 23.464,3 | 25.058,7 | 26.686,3 |
| Margem EBITDA | 53,6% | 45,4% | 43,2% | 44,6% | 46,0% | 47,4% | 48,8% | 50,2% | 50,2% | 50,2% | 50,2% | 50,2% | 50,1% |
| (-) Depreciação | (3.800,4) | (3.522,8) | (3.400,9) | (3.671,0) | (4.075,3) | (4.557,6) | (5.118,0) | (5.744,0) | (6.423,7) | (7.164,6) | (7.970,7) | (8.846,0) | (9.794,7) |
| (=) EBIT | 10.300,3 | 7.798,4 | 7.990,2 | 8.729,0 | 9.623,7 | 10.721,3 | 11.937,8 | 13.200,4 | 13.978,0 | 14.745,4 | 15.493,6 | 16.212,7 | 16.891,6 |
| Margem Operacional | 39,1% | 31,3% | 30,3% | 31,4% | 32,3% | 33,3% | 34,1% | 35,0% | 34,4% | 33,8% | 33,1% | 32,4% | 31,7% |

| Mix de Venda | 2015 | 2016 | 2017 | 2018P | 2019P | 2020P | 2021P | 2022P | 2023P | 2024P | 2025P | 2026P | 2027P |
|---|---|---|---|---|---|---|---|---|---|---|---|---|---|
| Cerveja | 85,2% | 84,8% | 85,4% | 85,4% | 85,4% | 85,3% | 85,3% | 85,3% | 85,2% | 85,2% | 85,2% | 85,2% | 85,1% |
| CSD & NANC | 14,8% | 15,2% | 14,6% | 14,6% | 14,6% | 14,7% | 14,7% | 14,7% | 14,8% | 14,8% | 14,8% | 14,8% | 14,9% |

| Margem Bruta por Segmento | 2015 | 2016 | 2017 | 2018P | 2019P | 2020P | 2021P | 2022P | 2023P | 2024P | 2025P | 2026P | 2027P |
|---|---|---|---|---|---|---|---|---|---|---|---|---|---|
| Cerveja | 81,8% | 75,7% | 74,3% | 75,1% | 75,9% | 76,7% | 77,5% | 78,3% | 78,3% | 78,3% | 78,3% | 78,3% | 78,3% |
| CSD & NANC | 71,6% | 67,9% | 61,0% | 62,2% | 63,5% | 64,7% | 66,0% | 67,2% | 67,2% | 67,2% | 67,2% | 67,2% | 67,2% |
|  | 80,3% | 74,5% | 72,4% | 73,2% | 74,1% | 74,9% | 75,8% | 76,6% | 76,6% | 76,6% | 76,6% | 76,6% | 76,6% |

| Despesas Operacionais (% Receita Líquida) | 2015 | 2016 | 2017 | 2018P | 2019P | 2020P | 2021P | 2022P | 2023P | 2024P | 2025P | 2026P | 2027P |
|---|---|---|---|---|---|---|---|---|---|---|---|---|---|
| Vendas | 21,7% | 24,4% | 23,3% | 23,0% | 22,6% | 22,2% | 21,8% | 21,5% | 21,5% | 21,5% | 21,5% | 21,5% | 21,5% |
| Gerais e Administrativas | 5,0% | 4,7% | 5,8% | 5,7% | 5,5% | 5,3% | 5,2% | 5,0% | 5,0% | 5,0% | 5,0% | 5,0% | 5,0% |
| Total | 26,7% | 29,2% | 29,2% | 28,6% | 28,1% | 27,6% | 27,0% | 26,5% | 26,5% | 26,5% | 26,5% | 26,5% | 26,5% |

**Capital de Giro Líquido (R$ milhões)**

| | 2015 | 2016 | 2017 | 2018P | 2019P | 2020P | 2021P | 2022P | 2023P | 2024P | 2025P | 2026P | 2027P |
|---|---|---|---|---|---|---|---|---|---|---|---|---|---|
| % Receita Líquida | -13,1% | -6,2% | -15,1% | -15,7% | -16,2% | -16,8% | -17,4% | -18,0% | -18,0% | -18,0% | -18,0% | -18,0% | -18,0% |
| Capital de Giro Líquido | (3.441) | (1.539) | (3.973) | (4.351) | (4.834) | (5.420) | (6.080) | (6.785) | (7.307) | (7.848) | (8.405) | (8.977) | (9.560) |
| Investimento em Capital de Giro Líquido | | | | (378) | (483) | (586) | (660) | (705) | (522) | (541) | (557) | (572) | (583) |

**Imobilizado Líquido (R$ milhões)**

| | 2015 | 2016 | 2017 | 2018P | 2019P | 2020P | 2021P | 2022P | 2023P | 2024P | 2025P | 2026P | 2027P |
|---|---|---|---|---|---|---|---|---|---|---|---|---|---|
| Imobilizado Bruto | 42.306 | 44.781 | 48.338 | 53.661 | 60.011 | 67.391 | 75.634 | 84.584 | 94.340 | 104.954 | 116.479 | 128.971 | 142.488 |
| (-) Depreciação Acumulada | (11.211) | (14.733) | (18.134) | (21.805) | (25.880) | (30.438) | (35.556) | (41.300) | (47.723) | (54.888) | (62.859) | (71.705) | (81.499) |
| (=) Imobilizado Líquido | 31.096 | 30.048 | 30.204 | 31.856 | 34.131 | 36.953 | 40.078 | 43.284 | 46.617 | 50.066 | 53.621 | 57.267 | 60.989 |
| Receita / Imobilizado Líquido | 0,85x | 0,83x | 0,87x | 0,87x | 0,87x | 0,87x | 0,87x | 0,87x | 0,87x | 0,87x | 0,87x | 0,87x | 0,87x |

**ROIC**

| | 2015 | 2016 | 2017 | 2018P | 2019P | 2020P | 2021P | 2022P | 2023P | 2024P | 2025P | 2026P | 2027P |
|---|---|---|---|---|---|---|---|---|---|---|---|---|---|
| Capital de Giro Líquido (R$ milhões) | (3.441) | (1.539) | (3.973) | (4.351) | (4.834) | (5.420) | (6.080) | (6.785) | (7.307) | (7.848) | (8.405) | (8.977) | (9.560) |
| % AOT | -12,4% | -5,4% | -15,1% | -15,8% | -16,5% | -17,2% | -17,9% | -18,6% | -18,6% | -18,6% | -18,6% | -18,6% | -18,6% |
| (+) Imobilizado Líquido (R$ milhões) | 31.096 | 30.048 | 30.204 | 31.856 | 34.131 | 36.953 | 40.078 | 43.284 | 46.617 | 50.066 | 53.621 | 57.267 | 60.989 |
| % AOT | 112,4% | 105,4% | 115,1% | 115,8% | 116,5% | 117,2% | 117,9% | 118,6% | 118,6% | 118,6% | 118,6% | 118,6% | 118,6% |
| (=) Ativo Oper. Total: AOT (R$ milhões) | 27.655 | 28.509 | 26.231 | 27.505 | 29.297 | 31.533 | 33.998 | 36.499 | 39.309 | 42.218 | 45.215 | 48.290 | 51.429 |
| Resultado Operacional (R$ milhões) | 10.300 | 7.798 | 7.990 | 8.729 | 9.624 | 10.721 | 11.938 | 13.200 | 13.978 | 14.745 | 15.494 | 16.213 | 16.892 |
| (-) IR Operacional (R$ milhões) | (3.502) | (2.351) | (2.717) | (2.968) | (3.272) | (3.645) | (4.059) | (4.488) | (4.753) | (5.013) | (5.268) | (5.512) | (5.743) |
| (=) Resultado Oper. Líq.: ROL (R$ milhões) | 6.798 | 5.447 | 5.274 | 5.761 | 6.352 | 7.076 | 7.879 | 8.712 | 9.225 | 9.732 | 10.226 | 10.700 | 11.148 |
| Margem ROL | 25,8% | 20,6% | 20,0% | 20,7% | 21,3% | 21,9% | 22,5% | 23,1% | 22,7% | 22,3% | 21,9% | 21,4% | 21,0% |
| Giro (Receita Líquida / AOT) | 0,95x | 0,38x | 1,00x | 1,01x | 1,02x | 1,02x | 1,03x | 1,03x | 1,03x | 1,03x | 1,03x | 1,03x | 1,03x |
| **ROIC (ROL/AOT)** | 24,6% | 18,1% | 20,1% | 20,9% | 21,7% | 22,4% | 23,2% | 23,9% | 23,5% | 23,1% | 22,6% | 22,2% | 21,7% |

**Fluxo de Caixa (R$ milhões)**

| | 2018P | 2019P | 2020P | 2021P | 2022P | 2023P | 2024P | 2025P | 2026P | 2027P |
|---|---|---|---|---|---|---|---|---|---|---|
| Resultado Operacional | 8.729 | 9.624 | 10.721 | 11.938 | 13.200 | 13.978 | 14.745 | 15.494 | 16.213 | 16.892 |
| (-) Imposto Operacional | (2.968) | (3.272) | (3.645) | (4.059) | (4.488) | (4.753) | (5.013) | (5.268) | (5.512) | (5.743) |
| (+) Depreciação | 3.671 | 4.075 | 4.558 | 5.118 | 5.744 | 6.424 | 7.165 | 7.971 | 8.846 | 9.795 |
| (-) CAPEX | (5.323) | (6.351) | (7.380) | (8.243) | (8.950) | (9.756) | (10.614) | (11.525) | (12.492) | (13.517) |
| (-) Invest Capital de Giro Líquido | 378 | 483 | 586 | 660 | 705 | 522 | 541 | 557 | 572 | 583 |
| (=) Fluxo de Caixa para os Investidores | 4.487 | 4.559 | 4.840 | 5.415 | 6.211 | 6.415 | 6.823 | 7.228 | 7.626 | 8.010 |
| | | | | | | | | | | |
| Período de Desconto | 0,500 | 1,500 | 2,500 | 3,500 | 4,500 | 5,500 | 6,500 | 7,500 | 8,500 | 9,500 |
| WACC 8,70% | | | | | | | | | | |
| Valor Presente | 4.304 | 4.023 | 3.929 | 4.044 | 4.267 | 4.055 | 3.967 | 3.867 | 3.753 | 3.626 |

**Perpetuidade (R$ milhões)**

| | |
|---|---|
| Crescimento 4,0% | |
| Fluxo Ano 2027 Normalizado | 11.531 |
| Perpetuidade em 2027 | 255.151 |
| Perp 2027 / AOT 2027 | **4,96** |
| Perp 2027 / EBITDA 2027 | **9,56** |
| Valor Presente | 115.509 |
| Valor Presente Perp / *Firm Value* | 74,4% |

**Firm Value** (R$ milhões) — 155.342

## Estudo de Caso: Grupo Carrefour Brasil

O Grupo Carrefour Brasil (Carrefour ou Empresa) opera no Brasil há mais de 40 anos, atuando no comércio de produtos alimentares e não alimentares. Presente em todos os estados, em mais de 150 cidades e com mais de 660 pontos de vendas, é líder de mercado na distribuição de alimentos e varejo, com R$ 56,3 bilhões de receita bruta consolidada em 2018. No mundo, o Grupo Carrefour, do qual o Grupo Carrefour Brasil faz parte, opera em mais de 30 países.

Realizou sua oferta pública inicial de ações (IPO) em 19 de julho de 2017, por meio do veículo societário Atacadão S.A. e com o *ticker* CRFB3. Desde a abertura de capital até 10 de abril de 2019, suas ações valorizaram 33,2% (Ibovespa valorizou 46,9%). Segundo a empresa, ela é a maior varejista e uma das 20 maiores empresas listadas na B3 (bolsa de valores brasileira).

Suas atividades são: operações de varejo, atacado de autosserviço, soluções financeiras (por meio do Banco CSF S.A. – uma parceria com o Itaú Unibanco) e serviços complementares de postos de gasolina e farmácias. Por operar segundo um modelo de ativos imobiliários próprios, aluga para terceiros áreas comerciais em seus *shopping centers* e galerias, por meio da sua divisão imobiliária (Carrefour Property).

No varejo tradicional, opera com uma estratégia multiformato: Carrefour (hipermercados), Carrefour Bairro e Carrefour Market (supermercados), Carrefour Express (lojas de conveniência), Atacadão (atacado de autosserviço e atacado de entrega) e Supeco (atacado de autosserviço compacto). Suas marcas Atacadão e Carrefour estão entre as mais reconhecidas nos ramos de autosserviço e hipermercado no Brasil. Desde julho de 2016, oferece produtos por meio de sua plataforma de *e-commerce*.

## Informações Financeiras

As informações financeiras reunidas para a avaliação do Carrefour Brasil estão dispostas a seguir. Estamos excluindo da análise o Banco CSF S.A., uma parceria entre Carrefour (51%) e Itaú Unibanco. Expurgado o Banco CSF, consideramos simplificadamente (para efeitos didáticos) as seguintes informações relativas a 2016, 2017 e 2018, adaptadas do site da empresa para os períodos findos em 31 de dezembro.

Demonstrativos de Resultados:

| DRE (R$ milhões) | 2016 | 2017 | 2018 |
|---|---|---|---|
| (=) Receita Líquida | 45.367,0 | 48.240,0 | 51.810,9 |
| (–) CPV | (37.149,0) | (39.244,0) | (42.172,7) |
| (=) Lucro Bruto | 8.218,0 | 8.996,0 | 9.638,2 |
| (–) Despesas Operacionais | | | |
| Vendas | (1.122,0) | (1.232,0) | (1.065,0) |
| Gerais e Administrativas | (4.406,0) | (4.805,0) | (5.311,0) |
| (–) Depreciação | (577,0) | (665,0) | (750,8) |
| (±) Outras Receitas (Despesas) | (138,0) | 269,0 | (292,0) |
| (=) **Resultado Operacional** | **1.975,0** | **2.563,0** | **2.219,4** |

Balanço Patrimonial:

| Balanço – Ativo (R$ milhões) | 2016 | 2017 | 2018 |
|---|---|---|---|
| Caixa Operacional | 907,3 | 964,8 | 1.036,2 |
| Excesso de Caixa | 2.569,7 | 4.116,2 | 3.905,8 |
| Estoque | 4.751,0 | 4.999,0 | 5.132,0 |
| Contas a Receber | 901,0 | 1.033,0 | 907,0 |
| Impostos a Compensar | 280,0 | 377,0 | 399,0 |
| Instrumentos Derivativos | – | 5,0 | – |
| Outros Ativos | 152,0 | 269,0 | 267,0 |
| Depósitos Judiciais | 1.952,0 | 2.170,0 | 2.231,0 |
| Crédito Fiscal | 493,0 | 1.579,0 | 2.446,0 |
| Outros Ativos Não Circ. | 64,0 | 9,0 | 13,0 |
| Investimento | 66,0 | 75,0 | 75,0 |
| Ativo Fixo Bruto | 12.439,0 | 14.098,0 | 15.525,0 |
| Depreciação Acumulada | (5.142,0) | (5.752,0) | (6.423,0) |
| Marcas, Patentes e Terrenos | 3.899,0 | 3.909,0 | 4.072,0 |
| **Total de Ativo** | **23.332,0** | **27.852,0** | **29.586,0** |

| Balanço – Passivo (R$ milhões) | 2016 | 2017 | 2018 |
|---|---|---|---|
| Contas a Pagar | 8.007,0 | 9.410,0 | 10.423,0 |
| Empréstimos e Financiamentos CP | 645,0 | 1.461,0 | 17,0 |
| Salários e Encargos a Pagar | 589,0 | 588,0 | 651,0 |
| Impostos a Pagar | 369,0 | 410,0 | 525,0 |
| Dividendos Declarados | 161,0 | 34,0 | 58,0 |
| Instrumentos Derivativos | 276,0 | – | 2,0 |
| Outros Passivos Circulantes | 317,0 | 349,0 | 433,0 |
| Provisões | 2.608,0 | 2.790,0 | 3.047,0 |
| Empréstimos e Financiamentos LP | 3.394,0 | 1.016,0 | 1.896,0 |
| Patrimônio Líquido | 6.966,0 | 11.794,0 | 12.534,0 |
| **Total de Passivo** | **23.332,0** | **27.852,0** | **29.586,0** |

A empresa tem mais caixa do que dívida, portanto, seu endividamento líquido é negativo. Seu endividamento de longo prazo é composto de dívida a: 104,40% do CDI com vencimento em 2021 (R$ 1.000MM), 105,75% do CDI com vencimento em 2023 (R$ 500MM) e 104,75% do CDI com vencimento em 2021 (R$ 396MM); equivale a uma taxa média de 104,83% do CDI (7,82% a.a., considerando nossas projeções de CDI). O *rating* de crédito é brAAA (S&P).

| Endividamento – Abertura (R$ milhões) | 2016 | 2017 | 2018 |
|---|---|---|---|
| Caixa e Aplicação Financeira | 3.477,0 | 5.081,0 | 4.942,0 |
| Empréstimos e Financiamentos CP | 645,0 | 1.461,0 | 17,0 |
| Empréstimos e Financiamentos LP | 3.394,0 | 1.016,0 | 1.896,0 |
| Endividamento Líquido | 562,0 | (2.604,0) | (3.029,0) |

## Informações para o Custo de Capital

O YTM (*yield to maturity*) dos títulos de dez anos do governo americano é, em 10 de abril de 2019, 2,48% (média dos dez dias úteis, de 28 de março a 10 de abril).

O EMBI+ Brasil é, em 10 de abril de 2019, 252 pontos-base (média de dez dias úteis, de 28 de março a 10 de abril).

O prêmio de mercado inferido é 5,0% (Damodaran).

O beta desalavancado para a empresa é 0,653 (da própria empresa). A alternativa seria analisar o beta desalavancado de empresas comparáveis, como, no Brasil: Pão de Açúcar (0,720), no Chile: Cencosud (0,630), no México: WalMex (0,926) e nos Estados Unidos: WalMart (0,579) e Target (0,697); com média, incluindo o Carrefour, de 0,695.

O endividamento médio (D/(D+E)) das empresas comparáveis mencionadas é, desconsiderando as duas empresas com dívida líquida negativa, 26,1%. Consideraremos, para o Carrefour, 25,0% de dívida (supondo que a empresa perseguirá uma estrutura de capital melhor do que a atual – que tem dívida líquida negativa). Dados os níveis dos indicadores cobertura de juros e dívida líquida/EBITDA obtidos para a estrutura alvo, assumiremos um *spread* de 2,0% acima da taxa base, considerada como a taxa livre de risco mais o prêmio país, em R$, portanto, adotaremos um custo de dívida de 8,3% a.a. (em R$).

Para converter um custo de capital em US$ para R$, serão consideradas a inflação americana de longo prazo de 2,43% e a inflação brasileira de longo prazo de 3,71%.

## Cálculo do Custo de Capital

A seguir é apresentado o cálculo do WACC em R$ (9,1%):

| Cálculo do WACC | Parâmetro |
| --- | --- |
| Taxa Livre de Risco | 2,48% |
| Prêmio-país | 2,52% |
| Beta Desalavancado | 0,653 |
| Beta Alavancado | 0,797 |
| Prêmio de Mercado | 5,00% |
| Custo do Capital Próprio (US$) | 8,99% |
| Custo do Capital Próprio (R$) | 10,35% |
| | |
| Custo da Dívida (R$) | 8,30% |
| Alíquota de IR | 34,00% |
| Custo da Dívida Líquido do Benefício Fiscal | 5,48% |
| | |
| D/(D+E) | 25,00% |
| **WACC (R$)** | **9,1%** |

## Projeção do EBITDA

A <u>receita líquida</u> foi projetada evoluindo a inflação (dos últimos 12 meses) e um crescimento real. O crescimento real foi calculado baseado na elasticidade em relação ao PIB (manteremos a mesma elasticidade histórica para o futuro). Para o cálculo da elasticidade histórica, considerou-se o crescimento do PIB brasileiro (conforme Banco Central) e o crescimento real do setor Hipermercados e Supermercados (conforme IBGE). Considerou-se que o *market share* da empresa manter-se-á constante, portanto, a empresa apresentará o mesmo crescimento real do setor.

| Ano | Δ PIB | Cresc. Real Setor |
|------|--------|-------------------|
| 2009 | –0,13% | 8,14% |
| 2010 | 7,53% | 7,98% |
| 2011 | 3,97% | 4,98% |
| 2012 | 1,92% | 9,16% |
| 2013 | 3,00% | 5,88% |
| 2014 | 0,50% | 2,11% |
| 2015 | –3,55% | –1,77% |
| 2016 | –3,31% | 1,05% |
| 2017 | 1,06% | –3,25% |
| 2018 | 1,12% | 1,80% |

A elasticidade histórica é 0,75. A inflação (IPCA) considerada foi de: 3,89% (2019), 3,95% (2020), 3,83% (2021), 3,72% (2022) e 3,71% nos demais anos (até 2028). O crescimento do PIB considerado foi de: 2,01% (2019); 2,74% (2020); 2,62% (2021); 2,61% (2022); 2,51% nos demais anos (até 2028).

O CPV foi calculado a partir da margem bruta. Esta foi projetada como a média de 2016 a 2018 (18,5%).

As despesas operacionais foram consideradas variáveis com a receita (tanto as despesas com vendas como as despesas gerais e administrativas). As despesas com vendas foram projetadas para atingir a média histórica (2016 a 2018) em 2023 e as despesas gerais e administrativas foram projetadas para recuperar o patamar histórico de 2016 em 2023. Portanto, as despesas com vendas (como percentual da receita) saíram de 2,1% em 2018 para atingir 2,4% em 2023 e as despesas gerais e administrativas saíram de 10,3% em 2018, caindo para 9,7% em 2023. A opção por considerar as despesas gerais e administrativas fixas a partir do patamar de 2018 geraria um impacto positivo de aproximadamente R$ 4,0 por ação, em relação ao valor apresentado ao final do caso (R$ 20,7).

Como consequência, a margem EBITDA projetada foi de 6,2% em 2019 para atingir 6,4% em 2023 (mantendo-se neste patamar até o final da projeção), em torno dos 6,3% apresentados em 2018.

## Projeção dos Investimentos

O capital de giro líquido de cada ano foi calculado como um percentual da receita líquida. Verifica-se que a empresa tem capital de giro líquido negativo (passivos maiores do que ativos). Projetou-se o capital de giro líquido para atingir, em 2023, a média histórica (2016 a 2018) de -6,3% (a partir dos -8,0% em 2018). Caso a empresa consiga manter o patamar atual, seu preço por ação será R$ 0,8 maior do que o apresentado, ao final do caso (de R$ 20,7).

| Capital de Giro Líquido (R$ milhões) | 2016 | 2017 | 2018 |
|---|---|---|---|
| (+) Caixa Operacional | 907,3 | 964,8 | 1.036,2 |
| % Receita Líquida | 2,0% | 2,0% | 2,0% |
| (+) Estoque | 4.751,0 | 4.999,0 | 5.132,0 |
| Dias de CPV | 46,7 | 46,5 | 44,4 |
| (+) Contas a Receber | 901,0 | 1.033,0 | 907,0 |
| Dias de Receita | 7,2 | 7,8 | 6,4 |
| (+) Imposto a Compensar | 280,0 | 377,0 | 399,0 |
| % Receita Líquida | 0,6% | 0,8% | 0,8% |
| | | | |
| (–) Contas a Pagar | 8.007,0 | 9.410,0 | 10.423,0 |
| Dias de CPV | 78,7 | 87,5 | 90,2 |
| (–) Salários e Encargos a Pagar | 589,0 | 588,0 | 651,0 |
| Dias de CPV e Despesa G&A | 5,2 | 4,9 | 5,0 |
| (–) Impostos a Pagar | 369,0 | 410,0 | 525,0 |
| % Receita Líquida | 0,8% | 0,8% | 1,0% |
| **(=) Capital de Giro Líquido** | **(2.125,7)** | **(3.034,2)** | **(4.124,8)** |
| % Receita Líquida | -4,7% | -6,3% | -8,0% |

O imobilizado líquido foi projetado considerando o giro de ativo fixo (receita líquida/ imobilizado líquido). A projeção considerou a recuperação para a média histórica (2016 a 2018) de 5,90x em 2023.

O imobilizado líquido foi, posteriormente, desmembrado em imobilizado bruto e depreciação acumulada. Esse desmembramento foi necessário para calcular a depreciação do período, necessária para encerrarmos o cálculo do resultado operacional (EBIT), tendo em vista que projetamos a DRE até o EBITDA.

O primeiro passo para o desmembramento foi o cálculo da alíquota de depreciação, obtida com base na despesa de depreciação de 2018 e no imobilizado bruto de 2017, conforme a lógica a seguir:

$$\text{aliq deprec} = \frac{\text{despesa de depreciação}_{2018}}{\text{imob bruto}_{2017}}$$

Posteriormente, utilizaram-se as mesmas lógicas do caso AmBev (veja página 208).

A opção por calcular a depreciação do período com base no imobilizado bruto do período anterior, sem considerar o CAPEX do próprio ano, deu-se para evitar uma circularidade no modelo. Essa decisão impactou também o cálculo da alíquota de depreciação, que não seguiu a lógica utilizada no Capítulo 12. No entanto, se tivéssemos seguido a lógica de imobilizado médio para o cálculo da depreciação (e da alíquota) e a lógica do CAPEX conforme Equação 17.5 (evitando a circularidade), o impacto no preço seria positivo de R$ 0,1 por ação (em relação ao apresentado, ao final do caso, de R$ 20,7).

Considerando as alternativas adotadas para a projeção do capital de giro líquido (CGL) e do imobilizado líquido (IL), observa-se que o Giro do AOT (soma do CGL e IL), ou seja, receita líquida/AOT, cai do patamar atual de 10,4x (em 2018) para 9,4x (em 2028), em linha com a média histórica (2016 a 2018). O ROIC aumenta no primeiro ano de projeção para 30,8% (29,4% em 2018) basicamente por causa da melhora nas outras receitas operacionais (que foram projetadas como a média dos três anos históricos) e posteriormente cai ao longo do horizonte de projeção para 27,6% (abaixo da média histórica de 28,8%).

A alternativa para o cálculo do CAPEX seria analisar as vendas por $m^2$ de loja e o investimento (CAPEX) por $m^2$ de loja. Considerando que não exista ociosidade (isto é, não ter capacidade de aumentar volume de vendas nas lojas), pode-se calcular o CAPEX de expansão por meio do incremento real de vendas, necessidade de novas lojas ($m^2$) para suportar tal incremento e o CAPEX necessário para construção de tais lojas ($m^2$). Adicionalmente, pode-se calcular o CAPEX de manutenção com base na depreciação do período ou com base em informações disponibilizadas pela empresa. Nota-se, também, a existência de CAPEX em TI e intangível. A tabela a seguir apresenta as premissas necessárias para implementação dessa alternativa.

| Detalhes da Alternativa para o CAPEX | 2016 | 2017 | 2018 |
|---|---|---|---|
| Receita Líquida (R$ MM) | 45.367,0 | 48.240,0 | 51.810,9 |
| Depreciação (R$ MM) | 577,0 | 665,0 | 750,8 |
| CAPEX Manutenção (R$ MM) | 650,0 | 692,0 | 345,0 |
| CAPEX Manutenção/Depreciação | 1,13 | 1,04 | 0,46 |
| CAPEX Expansão (R$ MM) | 799,0 | 858,0 | 1.235,0 |
| CAPEX TI e Intangível (R$ MM) | 336,0 | 259,0 | 213,0 |
| | | | |
| Área[a] (mil $m^2$) | 1.658,8 | 1.738,2 | 1.851,4 |
| Receita[b] (R$/$m^2$) | | 7.309,7 | 7.216,7 |
| CAPEX Expansão[c] (R$/$m^2$) | | 9.849,7 | 8.815,3 |
| CAPEX Manutenção[d] (R$/$m^2$) | | 419,4 | 192,2 |

a. desconsidera farmácias e posto de gasolina
b. desconsidera farmácia e posto de gasolina; considera área média [(f-i)/2]
c. baseado no número de lojas abertas (por tipo) e na área média da loja
d. considera farmácia e posto de gasolina; considera área média [(f-i)/2]
b, c e d. em moeda de 2018

Verifica-se uma queda de 1,3% na receita por $m^2$ de loja entre 2017 e 2018 (já descontada a inflação), que indica que pode não haver ganho de eficiência no giro da loja ($m^2$) e uma queda de 20,1% no CAPEX em TI e Intangível, que pode ser incorporado na análise. A opção por este racional para a construção do CAPEX geraria um impacto negativo de aproximadamente R$ 4,0 por ação, em relação ao valor apresentado ao final do caso (R$ 20,7). O ROIC seria bem prejudicado, indo a 13,7% em 2028 – muito abaixo das médias históricas de 28,8% (últimos três anos) ou 30,6% (últimos dois anos), razão pela qual optamos pela primeira alternativa de projeção do imobilizado líquido (por meio do giro de ativo fixo).

## Cálculo da Perpetuidade

Para calcular a perpetuidade, consideramos que, ao final do período explícito de projeção (ano 2028), o retorno marginal sobre os novos investimentos será igual ao WACC, de forma que o crescimento de quantidade não mais agregará valor. Portanto, ele pode ser ignorado.

Logo, considerou-se que (i) o fluxo de caixa cresce **à** inflação brasileira de longo prazo (3,71%) e que (ii.1) a empresa não precisa investir além do necessário para a manutenção da base de ativos fixos existentes, o que foi feito igualando-se o CAPEX à depreciação, e (ii.2) o capital de giro líquido cresce **à** própria inflação, de forma que o investimento em capital de giro líquido é igual à inflação multiplicada pelo capital de giro líquido do último ano do período explícito. Ignorou-se o "atrito" causado pelo fato de a contabilidade não ajustar o imobilizado pela inflação, o que pode demandar ajustes no CAPEX de manutenção.

Note que a premissa de não agregação de valor está restrita ao crescimento, não sendo válida para a base de ativos existentes ao término do horizonte de projeção explícito. Essa afirmação pode ser confirmada ao confrontar o valor atribuído à perpetuidade em 2028 e a base de ativos naquela mesma data, verificando-se um ágio de 473%. No entanto, vale destacar que essa análise é distorcida pelo fato de ser feita em cima de uma base de ativos que não é atualizada pela inflação, enquanto diversas outras premissas do modelo o são.

## Cálculo do Valor

Após calcular o fluxo de caixa para o horizonte de projeção de dez. 2019 a dez. 2028 e a perpetuidade, calculam-se o *firm value*, a dívida líquida e os passivos e ativos não operacionais, para, por fim, calcular o *equity value*.

Os passivos não operacionais são todos os passivos não levados em consideração para o cálculo do *firm value* ou da dívida líquida, portanto, são todos os passivos excluídos dos passivos do capital de giro líquido e dos passivos ligados aos credores. Não se considerou, como passivos não operacionais, o valor das opções lançadas pela empresa, como parte de seu programa de remuneração de executivos com base em ações (*stock option plan*). Os ativos não operacionais são todos os ativos não levados em consideração para o cálculo do *firm value* ou da dívida líquida, portanto, são todos os ativos excluídos dos ativos do capital de giro líquido, do excesso de caixa e dos ativos ligados ao imobilizado operacional líquido. Para os ativos ligados à parte fiscal foi atribuído um valor total de R$ 1,1 bilhão relativo aos Juros sobre Capital Próprio (considerou-se que o intangível já está depreciado integralmente). O cálculo do benefício fiscal do JCP foi realizado em separado e não foi detalhado no exercício, porém, considera simplificadamente a base de ativos operacional contábil para os cálculos (do PL, endividamento e despesa financeira).

Dividindo-se o *equity value* pelo número de ações (1.983,4 milhões), obtém-se um valor por ação, em 31 de dezembro de 2018, de R$ 19,9. Considerando o valor por ação relativo aos 51% da participação da empresa no Banco CSF S.A. de R$ 0,8 (não detalhado no exercício, porém, baseado em um múltiplo P/B aplicado a um PL inferido didaticamente para o Banco CSF), o valor por ação do Carrefour seria de R$ 20,7, 14,3% acima do preço de R$ 18,09 no final de 2018, 3,2% acima do preço de 10 de abril de 2019 (R$ 20,03).

Observe que esse preço representa um múltiplo *Price/Book* de 3,1x (analisando o múltiplo na sua variante para o ativo, encontra-se um *Firm Value*/AOT de 7,0x).

| | |
|---|---|
| **Firm Value** (R$ milhões) | **34.849** |
| (–) Dívida Bruta | (1.913) |
| (+) Excesso de Caixa | 3.906 |
| (–) Ativos (Passivos) não Operacionais | 1.492 |
| (+) Benefício Fiscal | 1.096 |
| **(=) Equity Value (R$ milhões)** | **39.430** |
| Patrimônio Líquido (*Book* – R$ milhões) | 12.534 |
| | |
| *Price/Book* [2018] | 3,1 |
| *Firm Value*/EBITDA [2018] | 10,7 |
| *Firm Value*/Vendas [2018] | 0,67 |
| *Firm Value*/AOT [2018] | 7,0 |
| | |
| Quantidade de Ações (milhões) | 1.983,4 |
| **Preço por Ação – sem Banco CSF (R$)** | **19,9** |
| **Preço por Ação – com Banco CSF (R$)** | **20,7** |

| DRE (R$ milhões) | 2016 | 2017 | 2018 | 2019P | 2020P | 2021P | 2022P | 2023P | 2024P | 2025P | 2026P | 2027P | 2028P |
|---|---|---|---|---|---|---|---|---|---|---|---|---|---|
| (=) Receita Líquida | 45.367 | 48.240 | 51.811 | 54.564 | 57.852 | 61.318 | 64.913 | 68.595 | 72.480 | 76.584 | 80.920 | 85.502 | 90.343 |
| (-) CPV | (37.149) | (39.244) | (42.173) | (44.494) | (47.175) | (50.002) | (52.933) | (55.936) | (59.103) | (62.450) | (65.986) | (69.722) | (73.670) |
| (=) Lucro Bruto | 8.218 | 8.996 | 9.638 | 10.070 | 10.677 | 11.316 | 11.980 | 12.659 | 13.376 | 14.134 | 14.934 | 15.780 | 16.673 |
| Margem Bruta | 18,1% | 18,6% | 18,6% | 18,5% | 18,5% | 18,5% | 18,5% | 18,5% | 18,5% | 18,5% | 18,5% | 18,5% | 18,5% |
| (-) Despesas Operacionais | (5.528) | (5.037) | (6.376) | (6.689) | (7.065) | (7.460) | (7.867) | (8.281) | (8.750) | (9.246) | (9.769) | (10.322) | (10.907) |
| Vendas | (1.112) | 1.232) | (1.065) | (1.155) | (1.260) | (1.373) | (1.493) | (1.619) | (1.711) | (1.808) | (1.910) | (2.019) | (2.133) |
| Gerais e Administrativas | (4.406) | 4.805) | (5.311) | (5.534) | (5.806) | (6.087) | (6.374) | (6.662) | (7.039) | (7.438) | (7.859) | (8.304) | (8.774) |
| (=) EBITDA | 2.690 | 2.959 | 3.262 | 3.381 | 3.611 | 3.856 | 4.113 | 4.378 | 4.626 | 4.888 | 5.165 | 5.457 | 5.766 |
| Margem EBITDA | 5,9% | 6,1% | 6,3% | 6,2% | 6,2% | 6,3% | 6,3% | 6,4% | 6,4% | 6,4% | 6,4% | 6,4% | 6,4% |
| (-) Depreciação | (577) | (665) | (751) | (827) | (893) | (967) | (1.047) | (1.131) | (1.221) | (1.321) | (1.428) | (1.543) | (1.667) |
| (+/-) Outras Receitas (Despesas) | (138) | 269 | (292) | (56) | (58) | (60) | (62) | (65) | (67) | (70) | (72) | (75) | (78) |
| (=) EBIT | 1.975 | 2.563 | 2.219 | 2.498 | 2.660 | 2.829 | 3.004 | 3.182 | 3.338 | 3.497 | 3.664 | 3.839 | 4.021 |
| Margem Operacional | 4,4% | 5,3% | 4,3% | 4,6% | 4,6% | 4,6% | 4,6% | 4,6% | 4,6% | 4,6% | 4,5% | 4,5% | 4,5% |

| Despesas Operacionais (% Receita Líquida) | 2016 | 2017 | 2018 | 2019P | 2020P | 2021P | 2022P | 2023P | 2024P | 2025P | 2026P | 2027P | 2028P |
|---|---|---|---|---|---|---|---|---|---|---|---|---|---|
| Vendas | 2,5% | 2,6% | 2,1% | 2,1% | 2,2% | 2,2% | 2,3% | 2,4% | 2,4% | 2,4% | 2,4% | 2,4% | 2,4% |
| Gerais e Administrativas | 9,7% | 10,0% | 10,3% | 10,1% | 10,0% | 9,9% | 9,8% | 9,7% | 9,7% | 9,7% | 9,7% | 9,7% | 9,7% |
| Total | 12,2% | 13,5% | 12,3% | 12,3% | 12,2% | 12,2% | 12,1% | 12,1% | 12,1% | 12,1% | 12,1% | 12,1% | 12,1% |

| Capital de Giro Líquido (R$ milhões) | 2016 | 2017 | 2018 | 2019P | 2020P | 2021P | 2022P | 2023P | 2024P | 2025P | 2026P | 2027P | 2028P |
|---|---|---|---|---|---|---|---|---|---|---|---|---|---|
| % Receita Líquida | -4,7% | -6,3% | -8,0% | -7,6% | -7,3% | -7,0% | -6,6% | -6,3% | -6,3% | -6,3% | -6,3% | -6,3% | -6,3% |
| Capital de Giro Líquido | (2.125) | (3.034) | (4.125) | (4.164) | (4.224) | (4.275) | (4.312) | (4.330) | (4.575) | (4.834) | (5.108) | (5.397) | (5.703) |
| Investimento em Capital de Giro Líquido | | | | (39) | (60) | (51) | (37) | (18) | (245) | (259) | (274) | (289) | (306) |

| Imobilizado Líquido (R$ milhões) | 2016 | 2017 | 2018 | 2019P | 2020P | 2021P | 2022P | 2023P | 2024P | 2025P | 2026P | 2027P | 2028P |
|---|---|---|---|---|---|---|---|---|---|---|---|---|---|
| Imobilizado Bruto | 12.439 | 14.098 | 15.525 | 16.767 | 18.162 | 19.655 | 21.242 | 22.921 | 24.801 | 26.817 | 28.981 | 31.302 | 33.790 |
| (-) Depreciação Acumulada | (5.142) | (5.752) | (6.423) | (7.250) | (8.143) | (9.110) | (10.157) | (11.288) | (12.509) | (13.829) | (15.258) | (16.801) | (18.468) |
| (=) Imobilizado Líquido | 7.297 | 8.346 | 9.102 | 9.517 | 10.019 | 10.545 | 11.086 | 11.633 | 12.292 | 12.988 | 13.723 | 14.500 | 15.322 |
| Receita / Imobilizado Líquido | 6,22x | 5,78x | 5,69x | 5,73x | 5,77x | 5,81x | 5,86x | 5,90x | 5,90x | 5,90x | 5,90x | 5,90x | 5,90x |

## Fluxo de Caixa (R$ milhões)

| | 2019P | 2020P | 2021P | 2022P | 2023P | 2024P | 2025P | 2026P | 2027P | 2028P |
|---|---|---|---|---|---|---|---|---|---|---|
| Resultado Operacional | 2.498 | 2.660 | 2.829 | 3.004 | 3.182 | 3.338 | 3.497 | 3.664 | 3.839 | 4.021 |
| (-) Imposto Operacional | (849) | (905) | (962) | (1.021) | (1.082) | (1.135) | (1.189) | (1.246) | (1.305) | (1.367) |
| (+) Depreciação | 827 | 893 | 967 | 1.047 | 1.131 | 1.221 | 1.321 | 1.428 | 1.543 | 1.667 |
| (-) CAPEX | (1.242) | (1.395) | (1.493) | (1.587) | (1.679) | (1.879) | (2.017) | (2.164) | (2.320) | (2.488) |
| (-) Invest Capital de Giro Líquido | 39 | 60 | 51 | 37 | 18 | 245 | 259 | 274 | 289 | 306 |
| (=) Fluxo de Caixa para os Investidores | 1.273 | 1.314 | 1.392 | 1.479 | 1.571 | 1.790 | 1.871 | 1.957 | 2.046 | 2.139 |
| | | | | | | | | | | |
| Período de Desconto | 0,500 | 1,500 | 2,500 | 3,500 | 4,500 | 5,500 | 6,500 | 7,500 | 8,500 | 9,500 |
| WACC 9,10% | | | | | | | | | | |
| Valor Presente | 1.218 | 1.153 | 1.120 | 1.090 | 1.061 | 1.108 | 1.062 | 1.018 | 976 | 935 |

## Perpetuidade (R$ milhões)

| | |
|---|---|
| Crescimento | 3,7% |
| Fluxo Ano 2028 Normalizado | 2.866 |
| Perpetuidade em 2028 | 55.139 |
| Perp 2028 / AOT 2028 | **5,73** |
| Perp 2028 / EBITDA 2028 | **9,56** |
| Valor Presente | 24.106 |
| Valor Presente Perp / Firm Value | 69,2% |

**Firm Value** (R$ milhões) **34.849**

## ROIC

| | 2016 | 2017 | 2018 | 2019P | 2020P | 2021P | 2022P | 2023P | 2024P | 2025P | 2026P | 2027P | 2028P |
|---|---|---|---|---|---|---|---|---|---|---|---|---|---|
| Capital de Giro Líquido (R$ milhões) | (2.126) | (3.034) | (4.125) | (4.164) | (4.224) | (4.275) | (4.312) | (4.330) | (4.575) | (4.834) | (5.108) | (5.397) | (5.703) |
| % AOT | -41,1% | -57,1% | -82,9% | -77,8% | -72,9% | -68,2% | -63,6% | -59,3% | -59,3% | -59,3% | -59,3% | -59,3% | -59,3% |
| (+) Imobilizado Líquido (R$ milhões) | 7.297 | 8.346 | 9.102 | 9.517 | 10.019 | 10.545 | 11.086 | 11.633 | 12.292 | 12.988 | 13.723 | 14.500 | 15.322 |
| % AOT | 141,1% | 157,1% | 182,9% | 177,8% | 172,9% | 168,2% | 163,6% | 159,3% | 159,3% | 159,3% | 159,3% | 159,3% | 159,3% |
| (=) Ativo Operacional Total: AOT (R$ milhões) | 5.171 | 5.312 | 4.977 | 5.353 | 5.795 | 6.270 | 6.774 | 7.303 | 7.717 | 8.154 | 8.616 | 9.103 | 9.619 |
| | | | | | | | | | | | | | |
| Resultado Operacional (R$ milhões) | 1.975 | 2.563 | 2.219 | 2.498 | 2.660 | 2.829 | 3.004 | 3.182 | 3.338 | 3.497 | 3.664 | 3.839 | 4.021 |
| (-) IR Operacional (R$ milhões) | (672) | (871) | (755) | (849) | (905) | (962) | (1.021) | (1.082) | (1.135) | (1.189) | (1.246) | (1.305) | (1.367) |
| (=) Resultado Oper. Liq.: ROL (R$ milhões) | 1.304 | 1.692 | 1.465 | 1.649 | 1.756 | 1.867 | 1.982 | 2.100 | 2.203 | 2.308 | 2.418 | 2.534 | 2.654 |
| | | | | | | | | | | | | | |
| Margem ROL | 2,9% | 3,5% | 2,8% | 3,0% | 3,0% | 3,0% | 3,1% | 3,1% | 3,0% | 3,0% | 3,0% | 3,0% | 2,9% |
| Giro (Receita Líquida / AOT) | 8,77x | 9,08x | 10,41x | 10,19x | 9,98x | 9,78x | 9,58x | 9,39x | 9,39x | 9,39x | 9,39x | 9,39x | 9,39x |
| ROIC (ROL/AOT) | 25,2% | 31,8% | 29,4% | 30,8% | 30,3% | 29,8% | 29,3% | 28,8% | 28,5% | 28,3% | 28,1% | 27,8% | 27,6% |

# Lista de Exercícios

## Capítulo 1

**1.1** Quais são as técnicas existentes para se avaliar empresas?

**1.2** Qual é a diferença entre valor de mercado e capital investido das empresas?

**1.3** Como você resumiria a avaliação relativa?

**1.4** Como você resumiria a avaliação por fluxo de caixa descontado?

**1.5** Quais são as abordagens para a técnica de fluxo de caixa descontado?

**1.6** Quem são os investidores?

**1.7** Quais são as outras terminologias para o fluxo de caixa para os investidores?

## Capítulo 2

**2.1** Calcule o retorno médio mensal e o desvio-padrão de uma ação, considerando o histórico de retornos apresentado a seguir:

| Mês | Retorno (%) |
|-----|-------------|
| 1 | 1,2 |
| 2 | 3,1 |
| 3 | 0,7 |
| 4 | -2,3 |
| 5 | 1,7 |
| 6 | 2,6 |
| 7 | 0,3 |
| 8 | 0,9 |
| 9 | -3,1 |
| 10 | 2,3 |
| 11 | -0,7 |
| 12 | -0,3 |

**2.2** Calcule a média e o desvio-padrão do retorno da CSAN, do ITAU e de uma carteira formada por 50% de CSAN e 50% de ITAU. Indique também qual seria o "achismo" da média e do desvio-padrão da carteira, com base na média e no desvio-padrão dos ativos individualmente.

| Mês | CSAN | ITAU |
|-----|------|------|
| 1 | 19% | 6% |
| 2 | 8% | 9,5% |
| 3 | –24% | 4% |
| 4 | –26% | –15% |
| 5 | 35% | 1% |

**2.3** Para uma carteira, o retorno médio pode ser calculado como a média ponderada dos retornos médios dos ativos que a compõem? E o desvio-padrão?

**2.4** O que é o beta?

**2.5** Que parte do risco o beta mede: (a) total, (b) não diversificável ou (c) diversificável?

**2.6** Que parte do risco o desvio-padrão mede: (a) total, (b) não diversificável ou (c) diversificável?

**2.7** Calcule o retorno exigido da ação A, considerando rf = 7,0%, $\beta$ = 0,9 e prêmio de mercado = 5,0%.

**2.8** Comente os parâmetros utilizados para o cálculo do beta.

**2.9** Quais são os fatores determinantes do beta?

**2.10** Dentre os fatores determinantes do beta, qual deles considera-se diferente entre ações de um mesmo setor?

**2.11** Que fatores determinantes o beta alavancado mede?

**2.12** Que fatores determinantes o beta desalavancado mede?

**2.13** Quais são as outras terminologias para o beta desalavancado? Por que ele também é chamado assim?

**2.14** Calcule o beta desalavancado de uma ação, sendo o seu beta alavancado de 1,155 e a alavancagem da empresa de 30% (D/(D + E)). A alíquota de IR é 34%.

**2.15** Calcule o beta alavancado de uma ação para três cenários de endividamento (D/(D + E)): 0%, 20% e 40%, sendo o beta desalavancado 1,00 e a alíquota de IR de 34%.

**2.16** Quais são as aplicações de alavancagem e desalavancagem do beta?

## Capítulo 3

**Para** todos os exercícios deste capítulo, sempre que necessário, considere rf = 7,0% e pm = 5,0%.

**3.1** Qual é o valor presente de um fluxo de dividendos constantes de R$ 2,0, sabendo que o $\beta$ da ação é 1,2?

**3.2** Qual é o valor presente de um fluxo de dividendos que cresce a 3% a.a., sabendo que o dividendo do ano 1 é R$ 5,0 e o $\beta$ da ação é 1,6?

**3.3** Qual é o valor presente dos fluxos dos Exercícios 3.1 e 3.2, considerando que as distribuições começarão apenas no ano 5, ou seja, os fluxos de caixa dos anos 1 a 4 são zero?

**3.4** A empresa ProfitCo pagará R$ 5,0 de dividendo no ano 1 e é consenso do mercado que ele crescerá até o ano 3 (inclusive) em 5% a.a. e 2% a.a. a partir de então. Sabendo que o $\beta$ é 1,4, qual é o valor da ação da empresa?

**3.5** Calcule o valor das ações de uma empresa que pagará dividendos de R$ 2,00, R$ 2,50, R$ 3,00, R$ 3,45, R$ 3,80 e R$ 4,00 nos anos 1, 2, 3, 4, 5 e 6, respectivamente, que crescerá 4% a partir do ano 6 e que tem beta igual a 0,6.

**3.6** A GrenCo pagou seu dividendo anual em R$ 7,0 neste último ano. Considerando que esse dividendo crescerá 12%, 9% e 6%, respectivamente, nos anos 1, 2 e 3, e que ele crescerá 3% a.a. a partir do ano 4 (inclusive), qual é o valor da ação da empresa? Qual é o valor presente da perpetuidade, considerando que ela começa no ano 4? Qual é a representatividade da perpetuidade no preço das ações (calculado como valor presente da perpetuidade dividido pelo preço das ações)? O beta das ações é 0,8.

**3.7** A Gerta tem PL de R$ 1.200MM. A empresa não cresce e distribui todo o seu lucro. Considerando que a empresa tenha um beta de 1,4, calcule o valor das suas ações para três cenários de ROE: (a) 10%, (b) 14% e (c) 18%. Comente cada um dos cenários.

**3.8** A AGSX tem um resultado operacional de R$ 50MM, uma dívida de R$ 100MM a um custo de 10%, uma alíquota de IR de 34% e beta de 1,2. Qual é o valor das ações da empresa, considerando que ela distribui todo o seu lucro e não cresce?

## Capítulo 4

**4.1** Quais são as principais contas do capital de giro: ativo?

**4.2** Como podem ser identificadas as contas do capital de giro: ativo?

**4.3** Quais são as principais contas do capital de giro: passivo?

**4.4** Como podem ser identificadas as contas do capital de giro: passivo?

**4.5** O resultado operacional de uma empresa é caixa? Se não, por que não?

**4.6** Qual é o roteiro para a construção do fluxo de caixa para os investidores? Comente os ajustes necessários sobre o resultado operacional.

**4.7** Calcule o investimento em capital de giro líquido da empresa a seguir (em 2019):

| 2018 | | | |
|---|---|---|---|
| **Ativo Circulante** | | **Passivo Circulante** | |
| Caixa Operacional | 10 | Contas a Pagar | 25 |
| Contas a Receber | 25 | IR a Pagar | 15 |
| Estoque | 40 | Salário a Pagar | 20 |
| Excesso de Caixa | 50 | Empréstimos CP | 40 |

| 2019 | | | |
|---|---|---|---|
| **Ativo Circulante** | | **Passivo Circulante** | |
| Caixa Operacional | 15 | Contas a Pagar | 27 |
| Contas a Receber | 30 | IR a Pagar | 18 |
| Estoque | 45 | Salário a Pagar | 25 |
| Excesso de Caixa | 55 | Empréstimos CP | 45 |

**4.8** Calcule o fluxo de caixa de 2019 da empresa a seguir, considerando um CAPEX em 2019 de R$ 6 e uma alíquota de IR de 40%:

| 2018 | | | |
|---|---|---|---|
| **Ativo** | | **Passivo e Patrimônio Líquido** | |
| Capital de Giro: Ativo | 60,0 | Capital de Giro: Passivo | 45,0 |
| Outros Ativos Circulantes | 20,0 | Outros Passivos Circulantes | 20,0 |
| Realizável de LP | 5,0 | Exigível de LP | 50,0 |
| Imobilizado Líquido | 100,0 | Patrimônio Líquido | 70,0 |
| **Total** | **185,0** | **Total** | **185,0** |

| 2019 | | | |
|---|---|---|---|
| **Ativo** | | **Passivo e Patrimônio Líquido** | |
| Capital de Giro: Ativo | 70,0 | Capital de Giro: Passivo | 50,0 |
| Outros Ativos Circulantes | 25,0 | Outros Passivos Circulantes | 20,0 |
| Realizável de LP | 5,0 | Exigível de LP | 55,0 |
| Imobilizado Líquido | 101,0 | Patrimônio Líquido | 76,0 |
| **Total** | **201,0** | **Total** | **201,0** |

| 2019 | |
|---|---|
| **DRE** | |
| **Vendas Líquidas** | **150,0** |
| (–) CPV | (97,0) |
| (–) Despesas Operacionais | (18,0) |
| (–) Depreciação | (5,0) |
| **(=) Resultado Operacional** | **30,0** |
| (–) Despesa Financeira | (5,0) |
| (=) L.A.I.R. | 25,0 |
| (–) I.R. (@ 40%) | (10,0) |
| **(=) Lucro Líquido** | **15,0** |

**4.9** Foi projetado, para a Spulet S.A., o seguinte fluxo de caixa: ano 1: R$ 40, ano 2: R$ 50 e ano 3: R$ 58. Considerando uma taxa de crescimento de 2% a.a. a partir do ano 3 e um custo de capital de 12%, calcule: (a) o valor presente dos fluxos de caixa dos anos 1 a 3, (b) o fluxo de caixa inferido para o ano 4, (c) o valor da perpetuidade no ano 3, (d) o valor da perpetuidade no ano 0, (e) o valor total (soma do valor presente dos fluxos dos anos 1 a 3 e o valor presente da perpetuidade) e (f) quanto a perpetuidade representa do valor total (em percentual).

**4.10** Calcule o valor presente do fluxo de caixa dos investidores da Leco Corp., considerando as projeções a seguir:

| DRE (R$ mil) | Ano 1 | Ano 2 | Ano 3 |
|---|---|---|---|
| **Vendas Líquidas** | 370 | 389 | 407 |
| (–) CPV | 241 | 253 | 265 |
| (–) Despesa Operacional | 56 | 59 | 63 |
| (–) Depreciação | 19 | 20 | 22 |
| **(=) Resultado Operacional** | **54** | **57** | **57** |
| **Dados de Investimento** | **Ano 1** | **Ano 2** | **Ano 3** |
| Invest. em Ativo Fixo (CAPEX) | 22 | 21 | 22 |
| Invest. em Capital de Giro Líquido | 5 | 6 | 7 |

Considere alíquota de IR de 34%, crescimento de 2% na perpetuidade e custo de capital de 10%.

## Capítulo 5

**5.1** Qual fluxo de caixa tem mais risco: fluxo de caixa para os investidores ou fluxo de caixa para os acionistas? Por quê? Qual deveria custar mais caro?

**5.2** Como, usualmente, é calculado o custo de capital dos acionistas?

**5.3** Como se pode obter o custo de capital dos credores? Comente brevemente cada alternativa.

**5.4** Existe algum ajuste a ser aplicado ao custo de capital dos credores? Por quê? Quais são as situações em que esse ajuste não se aplicaria?

**5.5** Uma avaliação de empresa considerou $r_e$ de 10,0% e $r_d \times (1-t)$ de 9,0%. Sendo a alíquota de IR de 34,0%, qual é a sua opinião sobre esses parâmetros ($r_e$ e $r_d \times (1-t)$)? Pense em termos de quem, entre acionistas e credores, tem maior risco e, portanto, deveria ter maior retorno.

**5.6** Como se calcula o custo de capital dos investidores? O que ele representa?

**5.7** Os parâmetros do WACC (peso e custo dos componentes de capital) devem ser a valor contábil ou de mercado? Por quê?

**5.8** Calcule o WACC da MurSA considerando:

| | |
|---|---|
| Taxa livre de risco ($r_f$): | 7,0% |
| Prêmio de mercado (pm): | 5,0% |
| Beta alavancado ($\beta$): | 0,9 |
| Peso do capital de terceiros (D/(D + E)): | 30,0% |
| Custo da dívida ($r_d$): | 8,5% |
| Alíquota de IR (t): | 34,0% |

**5.9** Calcule a taxa requerida para cada um dos provedores de capital (credores e acionistas).
**(a)** Credores – considere que a empresa tenha as seguintes dívidas (todas representativas):

| Tipo | Valor | Custo | Observação |
|---|---|---|---|
| Empréstimo e financiamento | 100 | 10,5% | pré-fixado |
| Debênture A | 200 | IGPM + 6,0% | (1 + IGPM)*(1 + %) – 1 |
| Debênture B | 150 | CDI + 1,0% | CDI + % |

Considere IGPM de 4,0% e CDI de 9,0%. (Dica: calcule os juros pagos (R$) por cada dívida e depois divida pelo montante total da dívida (R$ 450), ou faça diretamente por média ponderada.)

**(b)** Acionista – considere as seguintes premissas:

| | |
|---|---|
| Taxa livre de risco | 6,0% |
| Beta | 1,1 |
| Prêmio de mercado | 5,0% |

**5.10** Considerando que a empresa do Exercício 5.9 tem 30% de dívida (D/(D + E)) e a alíquota de IR seja de 34%, qual é o seu custo de capital (WACC)?

## Capítulo 6

**6.1** Cite um parâmetro usual para a taxa livre de risco, considerando que o investidor é global.

**6.2** Em que situação devemos adicionar o prêmio-país ao CAPM para calcular o custo de capital dos acionistas (pense em termos dos parâmetros adotados para os componentes do CAPM)?

**6.3** Cite um parâmetro usual para o prêmio-país.

**6.4** Cite um parâmetro usual para o prêmio de mercado. Qual é a principal crítica a esse parâmetro? Qual seria uma alternativa para evitar essa crítica?

**6.5** Em quais situações podemos pensar em incluir no CAPM um prêmio adicional aos já usuais prêmio-país e prêmio de mercado? Cite um exemplo de prêmio adicional.

**6.6** Calcule o custo de capital dos acionistas de uma empresa, considerando: rf de 3,0%, prêmio-país de 2,0%, beta alavancado de 1,2, prêmio de mercado de 5,0% e prêmio pelo tamanho de 4,0%. Considere que ela seja pequena, não listada e que o seu beta foi obtido a partir de comparáveis grandes e listadas.

**6.7** Vá ao site www.cvm.gov.br, busque em OPA (oferta pública de aquisição de ações) dois laudos de avaliação recentes, identifique os parâmetros do CAPM e também de custo da dívida utilizados em cada um dos laudos.

**6.8** Qual seria o custo de capital em R$ de uma empresa cujo custo de capital em US$ é 13,0%, considerando que a inflação americana de longo prazo é 2,3% e a inflação brasileira de longo prazo é 4,5%?

**6.9** Qual é a explicação para usar o diferencial de inflação entre o Brasil e os Estados Unidos para converter um custo de capital em US$ para um custo de capital em R$?

**6.10** É esperado que o valor presente do fluxo de caixa de uma empresa tenha o mesmo valor caso utilize-se (i) o custo de capital em R$ para descontá-lo (nesse caso, aplicado sobre o fluxo de caixa da empresa em R$) ou (ii) o custo de capital em US$ para descontá-lo (neste caso aplicado sobre o fluxo de caixa da empresa em US$)? Por que sim ou por que não?

## Capítulo 7

**7.1** O que é o *firm value*? Que outras terminologias ele tem?

**7.2** O que é o *equity value*? Que outras terminologias ele tem?

**7.3** Ao trazer a valor presente o fluxo de caixa para os investidores, qual é o custo de capital que deve ser utilizado? O que se terá calculado: *firm value* ou *equity value*?

**7.4** Ao trazer a valor presente o fluxo de caixa para os acionistas, qual é o custo de capital que deve ser utilizado? O que se terá calculado: *firm value* ou *equity value*?

**7.5** Agrupe os itens abaixo, no que diz respeito a sua coerência:

| Taxa | Fluxo de Caixa | Valor |
|------|----------------|-------|
| WACC | Fluxo de Caixa para os Credores | *Equity Value* |
| Custo de Capital dos Credores | Fluxo de Caixa para os Acionistas | *Firm Value* |
| Custo de Capital dos Acionistas | Fluxo de Caixa para os Investidores | Valor do Credor |

**7.6** Para calcular a dívida líquida, deve-se considerar todo o caixa ou apenas parte do caixa? Caso seja apenas parte do caixa, qual parte? Por quê?

**7.7** Calcule o *firm value* e o *equity value* da Lipi S.A. considerando as projeções e as premissas de custo de capital a seguir. O CAPEX da empresa é R$ 48,0, R$ 28,0 e R$ 29,0, respectivamente, para os anos 1, 2 e 3, e o crescimento é 3% a.a.

| | Real | Projetado | | |
|---|---|---|---|---|
| **Balanço** | Ano 0 | Ano 1 | Ano 2 | Ano 3 |
| Caixa Operacional | 18,0 | 19,0 | 20,0 | 21,0 |
| Excesso de Caixa | 9,0 | 10,0 | 10,0 | 11,0 |
| Contas a Receber | 29,0 | 32,0 | 33,0 | 34,0 |
| Estoque | 29,0 | 32,0 | 33,0 | 34,0 |
| Imobilizado Líquido | 320,0 | 350,0 | 360,0 | 370,0 |
| Total do Ativo | 405,0 | 443,0 | 456,0 | 470,0 |
| | | | | |
| Contas a Pagar | 12,0 | 13,0 | 13,0 | 14,0 |
| Salários e Encargos a Pagar | 14,0 | 16,0 | 16,0 | 17,0 |
| IR a Pagar | 7,0 | 8,0 | 8,0 | 8,0 |
| Empréstimos e Financiamentos CP | 24,0 | 27,0 | 27,0 | 28,0 |
| Empréstimos e Financiamentos LP | 105,0 | 114,0 | 119,0 | 122,0 |
| Patrimônio Líquido | 243,0 | 265,0 | 273,0 | 281,0 |
| **Total do Passivo** | **405,0** | **443,0** | **456,0** | **470,0** |

| | Real | Projetado | | |
|---|---|---|---|---|
| **Demonstrativo de Resultados** | Ano 0 | Ano 1 | Ano 2 | Ano 3 |
| **Vendas Líquidas** | **350,0** | **380,0** | **400,0** | **410,0** |
| (–) CPV | 210,0 | 228,0 | 240,0 | 246,0 |
| (–) Despesa Operacional | 50,0 | 53,0 | 56,0 | 59,0 |
| (–) Depreciação | 16,0 | 18,0 | 18,0 | 19,0 |
| **(=) Resultado Operacional** | **74,0** | **81,0** | **86,0** | **86,0** |
| (–) Despesa Financeira | 13,0 | 14,0 | 15,0 | 15,0 |
| (=) LAIR | 61,0 | 67,0 | 71,0 | 71,0 |
| (–) IR | 21,0 | 23,0 | 24,0 | 24,0 |
| **(=) Lucro Líquido** | **40,0** | **44,0** | **47,0** | **47,0** |

Premissas de Custo de Capital

| | |
|---|---|
| Taxa livre de risco ($r_f$): | 4,0% |
| Prêmio-país (pp): | 3,0% |
| Prêmio de mercado (pm): | 5,0% |
| Beta alavancado ($\beta$): | 1,2 |
| Peso do capital de terceiros (D/(D + E)): | 25,0% |
| Custo da dívida ($r_d$): | 10,0% |
| Alíquota de IR (t): | 34,0% |

**7.8** Calcule o *firm value* e o *equity value* da Toti S.A. considerando as projeções e as premissas de custo de capital a seguir. O CAPEX da empresa é R$ 93, R$ 96 e R$ 78, respectivamente, para os anos 1, 2 e 3, e o crescimento é 4% a.a.

| | Real | Projetado | | |
|---|---|---|---|---|
| Balanço | Ano 0 | Ano 1 | Ano 2 | Ano 3 |
| Caixa Operacional | 33,0 | 36,0 | 39,0 | 42,0 |
| Excesso de Caixa | 17,0 | 18,0 | 20,0 | 21,0 |
| Contas a Receber | 54,0 | 60,0 | 65,0 | 69,0 |
| Estoque | 52,0 | 58,0 | 63,0 | 67,0 |
| Imobilizado Líquido | 590,0 | 650,0 | 710,0 | 750,0 |
| **Total do Ativo** | **746,0** | **822,0** | **897,0** | **949,0** |
| | | | | |
| Contas a Pagar | 21,0 | 23,0 | 25,0 | 27,0 |
| Salários e Encargos a Pagar | 28,0 | 31,0 | 33,0 | 35,0 |
| IR a Pagar | 13,0 | 14,0 | 16,0 | 17,0 |
| Empréstimos e Financiamentos CP | 32,0 | 35,0 | 38,0 | 40,0 |
| Empréstimos e Financiamentos LP | 334,0 | 369,0 | 403,0 | 426,0 |
| Patrimônio Líquido | 318,0 | 350,0 | 382,0 | 404,0 |
| **Total do Passivo** | **746,0** | **822,0** | **897,0** | **949,0** |

| | Real | Projetado | | |
|---|---|---|---|---|
| **Demonstrativo de Resultados** | Ano 0 | Ano 1 | Ano 2 | Ano 3 |
| **Vendas Líquidas** | **650,0** | **720,0** | **780,0** | **830,0** |
| (–) CPV | 377,0 | 418,0 | 452,0 | 481,0 |
| (–) Despesa Operacional | 130,0 | 137,0 | 144,0 | 151,0 |
| (–) Depreciação | 30,0 | 33,0 | 36,0 | 38,0 |
| **(=) Resultado Operacional** | **113,0** | **132,0** | **148,0** | **160,0** |
| (–) Despesa Financeira | 33,0 | 36,0 | 40,0 | 42,0 |
| (=) LAIR | 80,0 | 96,0 | 108,0 | 118,0 |
| (–) IR | 27,0 | 33,0 | 37,0 | 40,0 |
| **(=) Lucro Líquido** | **53,0** | **63,0** | **71,0** | **78,0** |

Premissas de Custo de Capital

| | |
|---|---|
| Taxa livre de risco ($r_f$): | 4,0% |
| Prêmio-país (pp): | 3,0% |
| Prêmio de mercado (pm): | 5,0% |
| Beta alavancado ($\beta$): | 0,8 |
| Peso do capital de terceiros ($D/(D + E)$): | 35,0% |
| Custo da dívida ($r_d$): | 9,0% |
| Alíquota de IR (t): | 34,0% |

## Capítulo 8

**8.1** Qual é a característica, em termos de WACC, da melhor estrutura de capital para uma empresa?

**8.2** Quando se altera o peso da dívida na estrutura de capital de uma empresa, pode-se recalcular o WACC mantendo-se fixo o custo de capital dos acionistas e o custo de capital dos credores? Por quê?

**8.3** O acionista percebe mais risco conforme o endividamento da empresa sobe? Caso sim, em qual parâmetro do CAPM esse efeito é capturado (rf, $\beta$ ou pm)?

**8.4** Calcule o custo de capital próprio de uma empresa, considerando os parâmetros abaixo. Considere dois cenários de estrutura de capital: (a) D/(D + E) = 0% e (b) D/(D + E) = 30%.

| | |
|---|---|
| Taxa livre de risco | 7,0% |
| $\beta_{desalavancado}$ | 0,8 |
| Prêmio de Mercado | 5,0% |
| Alíquota de IR | 34,0% |

**8.5** Calcule o custo de capital (WACC) da empresa LEV, nos dois cenários de alavancagem (A e B), e comente os resultados. Qual é o melhor cenário? Por quê?

| Item | Cenário A | Cenário B |
|---|---|---|
| Custo de Capital Próprio | 14% | 17% |
| Custo de Capital de Terceiros | 10% | 12% |
| Alíquota de IR | 34% | 34% |
| D/(D + E) | 30% | 50% |

**8.6** Explique com as suas palavras, se – em um mundo "sem atrito"– existe alguma estrutura de capital ótima. Se existir, seria com 100% de dívida? Faça um gráfico taxa (re, rd e WACC) × endividamento.

**8.7** Explique com as suas palavras, se – em um mundo "com atrito"– existe alguma estrutura de capital ótima. Se existir, seria com 100% de dívida? Faça um gráfico taxa (re, rd\*(1 – t) e WACC) × endividamento.

**8.8** Caso exista benefício fiscal relativo à despesa financeira, a metodologia de fluxo de caixa descontado (ponto de vista dos investidores) comumente utilizada considera esse benefício: (a) no custo de capital (WACC) ou (b) no fluxo de caixa (fluxo de caixa para os investidores)? Explique.

**8.9** "O endividamento de uma empresa não afeta o seu fluxo de caixa." Você concorda ou discorda dessa frase? Argumente.

**8.10** Um analista que trabalha para você está fazendo o *valuation* da GBMW S.A. A empresa tem um fluxo de caixa para os investidores de R$ 100,0 constante e para sempre (é uma perpetuidade sem crescimento). Inicialmente, você havia sugerido para ele usar uma alavancagem (D/(D + E)) de 15% e, com base nessa premissa, você forneceu a ele os dados a seguir relativos ao custo de capital.

| | |
|---|---|
| Custo do Capital de Terceiros | 8,00% |
| Alíquota de IR | 34,00% |
| **Custo do Cap. Terc. Líquido** | **5,28%** |
| **% do Capital de Terceiros** | **15,00%** |
| | |
| Taxa Livre de Risco | 7,00% |
| Beta Desalavancado | 1,000 |
| D/E | 17,65% |
| Beta Alavancado | 1,116 |
| Prêmio de Mercado | 5,00% |
| **Custo do Capital Próprio** | **12,58%** |
| **% do Capital Próprio** | **85,00%** |
| | |
| **WACC** | **11,49%** |

Com isso, o seu analista calculou o WACC em 11,49% e o *firm value* em R$ 870 ($\frac{100}{11,49\%}$).

O seu analista, proativo que é, investigou as empresas do setor e descobriu que, em média, elas trabalham com uma alavancagem (D/(D + E)) de 30%. Sem muita base em finanças corporativas, ele resolveu mexer na alavancagem e calculou o novo WACC conforme demonstrado a seguir:

| | |
|---|---|
| **Custo do Cap. Terc. Líquido** | **5,28%** |
| **% do Capital de Terceiros** | **30,00%** |
| | |
| **Custo do Capital Próprio** | **12,58%** |
| **% do Capital Próprio** | **70,00%** |
| | |
| **WACC** | **10,39%** |

Segundo ele, a empresa vale, nesse novo cenário, R$ 962, ou seja, 10,6% a mais do que os R$ 870 originais.

Você concordou com ele que o mais adequado seria usar uma alavancagem de 30,0%, mas concordou com o WACC calculado por ele? Por quê? Considerando um novo custo de dívida de 8,2% para esse nível de alavancagem, quais são o WACC e o *firm value* da empresa caso ela opte por 30,0% de dívida? Quanto a mais ela vale comparativamente aos R$ 870 originais?

**8.11** Calcule o WACC e o *firm value* de uma empresa considerando sete estruturas de capital diferentes (D/(D + E)): 0%, 10%, 20%, 30%, 40%, 50% e 60%. Considere rf = 7%, pm = 5%, beta desalavancado = 1,0; rd = 7,2%, 7,2%, 7,3%, 7,5%, 8,0%, 9,6% e 11,3% (respectivamente para os cenários analisados) e alíquota de IR de 30%. Qual é a melhor estrutura de capital? Por quê? Calcule o FV em todos os cenários considerando que ele seja uma perpetuidade sem crescimento de R$ 100.

## Capítulo 9

**9.1** Crescer sempre adiciona valor? Comente.

**9.2** Qual seria a sua aposta geral em termos de agregação de valor do crescimento da perpetuidade? Argumente.

**9.3** Se você considera que, para determinadas situações, crescer não agrega valor, como você modelaria a perpetuidade? Deixe claro a sua modelagem no caso de (a) o fluxo de caixa ser real (em moeda forte) ou (b) o fluxo de caixa ser nominal.

**9.4** Caso o seu fluxo de caixa esteja em R$ e você considere que crescer não agrega valor, ao usar CAPEX = depreciação no fluxo de caixa do primeiro ano da perpetuidade, que parâmetro de crescimento você adotaria? Por quê?

**9.5** Qual é a sua opinião sobre a perpetuidade do *valuation* abaixo (a data base é 31 de dezembro de 2018)?

| Fluxo de Caixa (R$ Milhões) | 2019P | 2020P | 2021P | 2022P | FC Aj. |
|---|---|---|---|---|---|
| Resultado Operacional | 24,0 | 24,5 | 24,8 | 25,0 | 25,0 |
| (−) IR Operacional | (8,2) | (8,3) | (8,4) | (8,5) | (8,5) |
| (+) Depreciação | 8,0 | 8,0 | 8,0 | 8,0 | 8,0 |
| (−) CAPEX | (18,0) | (13,0) | (8,0) | (3,0) | (3,0) |
| (−) Invest. Capital de Giro Líquido | (2,0) | (1,0) | (0,5) | (0,5) | (0,5) |
| **(=) Fluxo de Caixa p/ os Investidores (FC)** | **3,8** | **10,2** | **15,9** | **21,0** | **21,0** |

| Perpetuidade (R$ Milhões) | | |
|---|---|---|
| Fluxo de Caixa 2023P [FC Aj. × (1+g)] | | 22,3 |
| Crescimento | 6,0% | |
| WACC | 12,7% | |
| **Perp. 2022P** | | **332,2** |

| R$ Milhões | 2019P | 2020P | 2021P | 2022P |
|---|---|---|---|---|
| (=) Fluxo de Caixa (c/perp.) | 3,8 | 10,2 | 15,9 | 353,2 |
| **Valor Presente** | **3,4** | **8,0** | **11,1** | **219,0** |

| | |
|---|---|
| *Firm Value* | 241,5 |
| (−) Dívida Líquida | (47,1) |
| **(=) *Equity Value*** | **194,4** |

Considere, na sua resposta, que a inflação de longo prazo é 2,5% e que o crescimento do PIB de longo prazo é 3,5%. Você faria algo diferente?

**9.6** Recalcule o *firm value* e o *equity value* do Exercício 9.5 considerando que crescer não agrega valor financeiro. Qual a diferença (em %) do *firm value* e do *equity value* encontrados comparativamente com os apresentados no Exercício 9.5?

**9.7** Recalcule o *firm value* e o *equity value* do Exercício 7.7 considerando que crescer não agrega valor, a inflação de longo prazo é 4,0% e o crescimento do PIB de longo prazo é 3,0%.

**9.8** Recalcule o *firm value* e o *equity value* do Exercício 7.8 considerando que crescer não agrega valor, a inflação de longo prazo é 4,0% e o crescimento do PIB de longo prazo é 3,0%. Faça uma análise (i) da margem sobre o resultado operacional líquido, (ii) do giro de ativo e (iii) do ROIC. Compare o valor da perpetuidade com capital investido do ano 3.

**9.9** Recalcule o *firm value* e o *equity value* do Exercício 7.8 considerando que crescer não agrega valor, a inflação de longo prazo é 4,0%, o crescimento do PIB de longo prazo é 3,0% e o valor residual é igual ao capital investido no ano 3. Compare esse resultado com o obtido no Exercício 9.8.

**9.10** Recalcule o *firm value* e o *equity value* do Exercício 7.8 considerando que crescer não agrega valor, a inflação de longo prazo é 4,0% e o crescimento do PIB de longo prazo é 3,0%. Faça um *quick and dirty valuation* considerando as vendas líquidas projetadas no Exercício 7.8. Você deverá manter o ROIC constante, por meio da manutenção da margem operacional e do giro. Compare esse resultado com o obtido no Exercício 9.8.

**9.11** Recalcule o *firm value* e o *equity value* do Exercício 7.8 considerando que crescer não agrega valor, a inflação de longo prazo é 4,0% e o crescimento do PIB de longo prazo é 3,0%. Faça um *valuation* que tenha ROIC igual ao custo de capital no ano 3 (queda linear do ROIC ao longo do horizonte de projeção). Compare o valor da perpetuidade com o capital investido no ano 3. Caso não sejam iguais, explique.

**9.12** Vá ao site www.cvm.gov.br, busque em OPA (oferta pública de aquisição de ações) cinco laudos de avaliação recentes e identifique as informações a seguir para cada um dos laudos.

* O avaliador igualou o CAPEX à depreciação para calcular a base da perpetuidade?
* Qual é a inflação do último ano da projeção e qual é a taxa de crescimento sendo utilizada? Se o fluxo de caixa tiver sido convertido para US$, pegue a inflação americana do último ano de projeção; se o modelo estiver em moeda constante, a premissa é que a inflação é zero.
* Quanto a perpetuidade representa do *firm value*?
* Qual é a base de capital investido no último ano de projeção?
* Qual é o valor da perpetuidade no último ano de projeção? Compare com o valor acima.
* Calcule o índice *firm value*/capital investido; ambos na data base da avaliação.
* Comente, para cada laudo, o que considerar interessante a partir das análises dos itens anteriores.

## Capítulo 10

**10.1** Recalcule o Exercício 3.8 por fluxo de caixa para os investidores e verifique se bate com os resultados obtidos no Exercício 3.8.

**10.2** A Cincor S.A. tem um resultado operacional de R$ 75MM, uma dívida de R$ 100MM a um custo de 8%, uma alíquota de IR de 40% e beta de 1,0. Qual o valor das ações da empresa, considerando que ela distribui todo o seu lucro e não cresce? Calcule pelo fluxo de caixa para os acionistas. Posteriormente, calcule pelo fluxo de caixa para os investidores. Compare os resultados. Os parâmetros gerais do mercado são rf = 7,0% e pm = 5,0%.

**10.3** Recalcule o *firm value* e o *equity value* do Exercício 7.7 por fluxo de caixa para o acionista – lembre-se de adequar a premissa de crescimento conforme Exercício 9.7. Considere, simplificadamente, que o custo de capital é constante ao longo do tempo (ou seja, que a estrutura de capital é constante).

**10.4** Recalcule o *firm value* e o *equity value* do Exercício 7.8 por fluxo de caixa para o acionista – lembre-se de adequar a premissa de crescimento conforme Exercício 9.8. Considere, simplificadamente, que o custo de capital é constante ao longo do tempo (ou seja, que a estrutura de capital é constante).

**10.5** Por que, para os Exercícios 10.3 e 10.4, o *firm value* calculado pelo ponto de vista dos acionistas não bate com o *firm value* calculado pelo ponto de vista dos investidores (mesmo considerando as mesmas premissas para a perpetuidade)?

**10.6** Qual é o problema do *trapped cash*?

## Capítulo 11

**11.1** Quais são os principais múltiplos que são formados a partir do *equity value*?

**11.2** Quais são os principais múltiplos que são formados a partir do *firm value*?

**11.3** Quais são os prós e os contras da avaliação por múltiplos? E da avaliação por fluxo de caixa descontado?

**11.4** Podemos "importar" múltiplos de outros países para serem aplicados no Brasil? Existe algum cuidado a ser tomado caso "importemos" os múltiplos? Dê uma sugestão de ajuste. Comente deficiências nessa sugestão.

**11.5** Calcule o valor da empresa a seguir (e também o *equity value*), com base na metodologia de múltiplos, considerando o múltiplo de FV/EBITDA de empresas comparáveis de 4,7x.

| | **2018** | | **2018** |
|---|---|---|---|
| Caixa Operacional | 10,0 | Contas a Pagar | 25,0 |
| Excesso de Caixa | 20,0 | Impostos a Pagar | 5,0 |
| Contas a Receber | 17,0 | Salários a Pagar | 10,0 |
| Estoque | 8,0 | Empréstimos | 40,0 |
| Imobilizado Líquido | 85,0 | Patrimônio Líquido | 60,0 |
| **Total Ativos** | **140,0** | **Total Passivos** | **140,0** |

| Demonstrativo de Resultados | 2018 |
|---|---|
| **Vendas Líquidas** | **100,0** |
| (–) CPV | 63,0 |
| (–) Despesa Operacional | 18,0 |
| (–) Depreciação | 5,0 |
| **(=) Resultado Operacional** | **14,0** |
| (–) Despesa Financeira | 4,0 |
| (=) LAIR | 10,0 |
| (–) IR | 4,0 |
| **(=) Lucro Líquido** | **6,0** |

**11.6** Calcule os mesmos valores (*firm value* e *equity value*) considerando o múltiplo de P/E de empresas comparáveis de 11,0x (use as demonstrações financeiras do Exercício 11.5).

**11.7** Qual é o múltiplo P/VPA (preço/valor patrimonial ou P/B) da empresa do Exercício 11.5 (considere o preço obtido no Exercício 11.5)?

**11.8** Faça a avaliação da empresa Valrel S.A. por múltiplo FV/EBITDA considerando que as empresas listadas na tabela a seguir são do mesmo setor da Valrel S.A. (todas as empresas são brasileiras). Faça a análise por meio do múltiplo médio.

| Empresa | Qtde. de Ações (MM) | Preço por Ação (R$) | Dívida Líquida (R$ MM) | EBITDA (R$ MM) |
|---|---|---|---|---|
| Empresa BR1 | 130,0 | 6,2 | 410,0 | 143,0 |
| Empresa BR2 | 120,0 | 5,9 | 350,0 | 128,0 |
| Empresa BR3 | 80,0 | 7,6 | 320,0 | 113,0 |
| Empresa BR4 | 45,0 | 11,3 | 300,0 | 97,0 |

**Balanço: Valrel S.A. (R$ MM)**

| | | | |
|---|---|---|---|
| Caixa Operacional | 40 | Contas a Pagar | 17 |
| Excesso de Caixa | 60 | Impostos a Pagar | 23 |
| Contas a Receber | 65 | Salários a Pagar | 45 |
| Estoque | 35 | Empréstimos | 350 |
| Imobilizado Líquido | 750 | Patrimônio Líquido | 515 |
| **Total Ativos** | **950** | **Total Passivos** | **950** |

**DRE: Valrel S.A. (R$ MM)**

| | |
|---|---|
| **Vendas Líquidas** | **800** |
| (–) CPV | 550 |
| (–) Despesa Operacional | 120 |
| (–) Depreciação | 45 |
| **(=) Resultado Operacional** | **85** |
| (–) Despesa Financeira | 32 |
| (=) LAIR | 53 |
| (–) IR | 18 |
| **(=) Lucro Líquido** | **35** |

**11.9** Avalie (*firm value* e *equity value*) a Valrel S.A. (demonstrações financeiras no Exercício 11.8) por meio do FV/EBITDA de empresas americanas, listadas na tabela a seguir. Considere, para ajustar o múltiplo médio das empresas americanas, que o múltiplo do S&P500 (Índice da bolsa americana) é 10,4x e o múltiplo do Ibovespa (Índice da bolsa brasileira) é 8,9x.

| Empresa | Qtde. de Ações (MM) | Preço por Ação (US$) | Dívida Líquida (US$ MM) | EBITDA (US$ MM) |
|---|---|---|---|---|
| Empresa EUA1 | 150,0 | 9,2 | 697,0 | 200,0 |
| Empresa EUA2 | 156,0 | 7,9 | 605,0 | 173,0 |
| Empresa EUA3 | 88,0 | 11,4 | 528,0 | 163,0 |
| Empresa EUA4 | 63,0 | 14,5 | 540,0 | 148,0 |

**11.10** Calcule o P/E da EmLan. Sabe-se que o lucro líquido da empresa é R$ 380,0, suas ações são negociadas no mercado a R$ 10,0 e a empresa tem 500 ações. Considere na sua resposta que a empresa lançou 30 opções de compra a R$ 8,0 cada.

**11.11** Calcule o P/E da EmDeb cujas ações são negociadas no mercado a R$ 20,0 e existem 500 ações no mercado. A empresa lançou, há dois anos, uma dívida de R$ 150 que pode ser convertida por dez ações a R$ 15,0 cada. O custo da dívida conversível é 10% a.a. Considere as demonstrações financeiras da empresa a seguir apresentadas.

**Balanço: EmDeb**

| | | | |
|---|---|---|---|
| Capital de Giro: Ativo | 4.100 | Capital de Giro: Passivo | 2.000 |
| Excesso de Caixa | 500 | Empréstimos | 5.000 |
| Máq. e Equip. Líq. | 12.000 | Patrimônio Líquido | 9.600 |
| **Total** | **16.600** | **Total** | **16.600** |

**DRE: EmDeb**

| | |
|---|---|
| **Venda Líquida** | **15.300** |
| (–) CPV | 10.200 |
| (–) Despesas Operacionais | 2.500 |
| (–) Depreciação | 600 |
| **(=) Resultado Operacional** | **2.000** |
| (–) Despesa Financeira Líquida | 470 |
| (=) LAIR | 1.530 |
| (–) IR (40%) | 612 |
| **(=) Lucro Líquido** | **918** |

## Capítulo 12

**12.1** Calcule, por fluxo de caixa descontado, o *firm value* e o *equity value* da Chijo S.A., considerando:

YTM do *Treasury Bond* de dez anos: 2,8%
EMBI Brasil: 210 pontos
Prêmio de Mercado Americano (1928 até hoje): 4,8%
Custo da dívida: US$ + 8,0%
Beta desalavancado: 1,1
Estrutura de Capital Alvo (D/(D + E)): 20%
Alíquota de IR: 34%
Quantidade Vendida: 100 milhões de toneladas no ano 1, evoluindo com o crescimento do PIB (do próprio ano)
Preço de Venda (bruto): R$ 10,0 por tonelada no ano 1, evoluindo com o IPCA (do ano anterior)
Deduções: 25% da receita bruta
Margem bruta: constante em 36%
Despesas Operacionais: R$ 100 milhões no ano 1, evoluindo com o IPCA (do ano anterior)
A depreciação não está na margem bruta nem nas despesas operacionais acima
CAPEX: R$ 16,0 milhões no ano 1 e 1,1x a depreciação do ano anterior para os demais anos
Imobilizado bruto inicial (Ano 0) é R$ 300 milhões e a depreciação acumulada (Ano 0) é R$ 50 milhões

Alíquota de depreciação de 5% a.a. (calcule a depreciação conforme Equação 12.1)

Capital de Giro Líquido equivalente a: (i) caixa operacional = 5% da receita líquida; (ii) dias de recebível = 30; (iii) dias de estoque = 24; (iv) dias de fornecedores = 20; (v) salários a pagar = 1% do CPV; e (vi) impostos a pagar = 1% da receita líquida. O capital de giro líquido inicial (Ano 0) é R$ 85,0 milhões (adote os índices conforme Quadro 12.1)

A dívida líquida (Ano 0) é R$ 275 milhões

O câmbio na data da avaliação (Ano 0) é R$ 2,0/US$

As premissas macroeconômicas estão apresentadas na tabela a seguir:

|  | Ano 1 | Ano 2 | Ano 3 | Ano 4 | Ano 5 |
|---|---|---|---|---|---|
| IPCA | 4,5% | 4,5% | 4,0% | 4,0% | 4,0% |
| PIB | 3,5% | 4,0% | 4,5% | 5,0% | 5,0% |
| Selic | 9,5% | 10,0% | 10,5% | 10,0% | 9,0% |
| CPI | 1,5% | 1,8% | 2,3% | 2,1% | 2,0% |
| Câmbio | 2,10 | 2,25 | 2,33 | 2,41 | 2,49 |
| Câmbio Médio | 2,05 | 2,18 | 2,29 | 2,37 | 2,45 |

Projete cinco anos e perpetue a partir do 6º ano. Use o *mid-year convention*. Ajuste a perpetuidade considerando que crescer não agrega valor.

**12.2** Calcule, por fluxo de caixa descontado, o *firm value* e o *equity value* da FIFO S.A. considerando:

YTM do *Treasury Bond* de dez anos: 5,0%

EMBI Brasil: 310 pontos

Prêmio de Mercado Americano (1928 até hoje): 4,8%

Custo da dívida: US$ + 7,0%

Beta desalavancado: 0,9

Estrutura de Capital Alvo (D/(D + E)): 15%

Alíquota de IR: 34%

Quantidade Vendida: evoluindo com o PIB, considerando elasticidade de 1,20x no ano 1 e caindo 0,05 a cada ano (ao final do 5º ano de projeção, a elasticidade será 1,00x o PIB). Suponha uma quantidade "genérica" de 1.000MM no ano 0

Preço de Venda (bruto): evoluindo com o IPCA. Suponha um preço no ano 0 "genérico" a partir da quantidade "genérica" sugerida acima

Deduções: média dos três anos históricos (constante na projeção)

Margem bruta: média dos três anos históricos (constante na projeção)

Despesas com Vendas: variável com as vendas líquidas, média dos três anos históricos (constante na projeção)

Despesas Gerais e Administrativas: evoluindo com o IPCA (do ano anterior)

CAPEX: R$ 450 milhões no ano 1, R$ 500 milhões no ano 2 e 1,3x a depreciação do ano anterior para os demais anos

Alíquota de depreciação: calcular com base na depreciação do ano 0 (veja Capítulo 12)

Capital de Giro Líquido: média dos últimos dois anos. (i) caixa operacional = % da venda líquida; (ii) contas a receber = dias de recebível; (iii) estoque = dias de estoque; (iv) contas a pagar = dias de fornecedores; (v) salários a pagar = % do CPV; e (vi) impostos a pagar = % da venda líquida (adote os índices conforme Quadro 12.1)

Demonstrações Financeiras da FIFO (a data base é o Ano 0, os Ano −2 e Ano −1 são anteriores à data base):

| (R$ Milhões) | Ano −1 | Ano 0 | | Ano −1 | Ano 0 |
|---|---|---|---|---|---|
| Caixa Operacional | 470 | 480 | Contas a Pagar | 630 | 640 |
| Excesso de Caixa | 2.650 | 2.980 | Salários e Enc. a Pagar | 60 | 70 |
| Contas a Receber | 460 | 530 | Impostos a Pagar | 100 | 110 |
| Estoque | 1.380 | 1.420 | Empréstimos CP | 1.000 | 730 |
| Depósito Judicial | 940 | 800 | Provisões Ambientais | 800 | 740 |
| Imobilizado Bruto | 3.170 | 4.170 | Empréstimos LP | 2.530 | 3.300 |
| Depreciação Acum. | 1.630 | 1.900 | Patrimônio Líquido | 2.320 | 2.890 |
| **Total Ativos** | **7.440,0** | **8.480,0** | **Total Passivos** | **7.440,0** | **8.480,0** |

| (R$ Milhões) | Ano −2 | Ano −1 | Ano 0 |
|---|---|---|---|
| **Vendas Brutas** | **9.510** | **10.830** | **12.310** |
| (−) Deduções | (1.310) | (1.310) | (1.580) |
| % Receita Bruta | 13,8% | 12,1% | 12,8% |
| **(=) Vendas Líquidas** | **8.200** | **9.520** | **10.730** |
| (−) CPV | (5.750) | (6.840) | (7.580) |
| **(=) Resultado Bruto** | **2.450** | **2.680** | **3.150** |
| Margem Bruta | 29,9% | 28,2% | 29,4% |
| (−) Despesas com Vendas | (1.100) | (1.200) | (1.400) |
| % Receita | 13,4% | 12,6% | 13,0% |
| (−) Despesas Gerais e Adm. | (450) | (500) | (580) |
| (−) Depreciação | (210) | (250) | (300) |
| **(=) Resultado Operacional** | **690** | **730** | **870** |
| Margem Operacional | 8,4% | 7,7% | 8,1% |

As premissas macroeconômicas estão apresentadas na tabela a seguir.

| | Ano 0 | Ano 1 | Ano 2 | Ano 3 | Ano 4 | Ano 5 |
|---|---|---|---|---|---|---|
| IPCA | 4,9% | 4,4% | 4,5% | 4,3% | 4,3% | 4,0% |
| PIB | 3,8% | 4,0% | 4,1% | 4,1% | 4,2% | 4,4% |
| Selic | 10,3% | 9,5% | 10,0% | 10,5% | 10,0% | 9,0% |
| CPI | 2,3% | 1,5% | 1,8% | 2,3% | 2,1% | 2,0% |
| Câmbio | 2,10 | 2,20 | 2,28 | 2,35 | 2,44 | 2,52 |
| Câmbio Médio | 2,05 | 2,15 | 2,24 | 2,32 | 2,40 | 2,52 |

Projete cinco anos e perpetue a partir do 6º ano. Use o *mid-year convention*. Ajuste a perpetuidade considerando que crescer não agrega valor.

Analise o ROIC ao longo do horizonte de projeção e calcule o P/B (Ano 0).

**12.3** Refaça o Exercício 12.2 com fluxo de caixa real (use a inflação americana do ano 5 para converter o WACC nominal para WACC real). Aplique o WACC real diretamente ao fluxo de caixa em R$.

Mantenha a lógica de projeção da quantidade.

Calcule o imobilizado líquido como % da receita líquida (use como premissa o ano 0).

Calcule o capital de giro líquido como % da receita líquida (use como premissa o ano 0).

Não faça ajustes no imobilizado bruto ou líquido para considerar que a projeção seja real.

Reduza o ROIC até o final do período explícito da projeção, a partir do ROIC do ano 0, para um ROIC com 3% de *spread* sobre o custo de capital real.

Faça uma tabela de *spread* × *firm value*, usando um *spread* de 0% a 8% – inclua o P/B nessa tabela.

**12.4** Calcule, por fluxo de caixa descontado, o *firm value* e o *equity value* da Bridge S.A. considerando (observação: exercício bem parecido com o minicaso Centi do Capítulo 12): A data-base da avaliação é 31 de dezembro de 2011 e o trabalho será entregue em 23 de março de 2012.

O horizonte de projeção será de 2012 a 2016.

Para o prêmio de mercado, use o prêmio do mercado americano de 1928 a 2007 de 4,8%.

Para a taxa livre de risco, prêmio-país e custo da dívida, considere:

| Data | T-Bond (%) | EMBI (pontos base) | YTM *Eurobond* (%) |
|---|---|---|---|
| 22/03/2012 | 2,279 | 171 | 7,15 |
| 21/03/2012 | 2,297 | 165 | 7,13 |
| 20/03/2012 | 2,360 | 165 | 7,22 |
| 19/03/2012 | 2,378 | 163 | 7,07 |
| 16/03/2012 | 2,295 | 171 | 7,15 |
| 15/03/2012 | 2,280 | 167 | 7,15 |
| 14/03/2012 | 2,270 | 163 | 7,20 |
| 13/03/2012 | 2,127 | 168 | 7,10 |
| 12/03/2012 | 2,034 | 180 | 7,08 |
| 09/03/2012 | 2,029 | 180 | 7,11 |
| 08/03/2012 | 2,013 | 184 | 7,22 |
| 07/03/2012 | 1,976 | 193 | 7,19 |
| 06/03/2012 | 1,944 | 199 | 7,08 |
| 05/03/2012 | 2,011 | 189 | 7,18 |
| 02/03/2012 | 1,975 | 190 | 7,20 |

Tenha em mente que o Eurobônus da Bridge – denominado em US$ – tem boa liquidez e que a empresa retém 15% de imposto para remeter os juros para os credores (faça o *gross up* no próprio YTM, por simplificação). Os credores são insensíveis ao custo da dívida desde que o endividamento da empresa não ultrapasse 30% (D/(D + E)).

As ações da empresa também têm boa liquidez e o seu beta (histórico de dois anos e periodicidade diária) é 1,31. Durante o período de estimação a empresa tinha 15% de dívida (D/(D + E)).

As empresas do mesmo setor da Bridge têm 25% de dívida (D/(D + E)).

A alíquota de IR da empresa é 34%.

Considere o cenário macroeconômico abaixo, em março de 2012:

|  | Histórico | | Projeção | | | | |
|---|---|---|---|---|---|---|---|
|  | 2010 | 2011 | 2012P | 2013P | 2014P | 2015P | 2016P |
| IPCA | 5,9% | 6,5% | 5,3% | 5,4% | 5,2% | 4,9% | 4,9% |
| IGP-M | 11,3% | 5,1% | 4,6% | 5,0% | 4,8% | 4,7% | 4,7% |
| PIB | 7,5% | 2,7% | 3,3% | 4,2% | 4,3% | 4,3% | 4,1% |
| Selic | 9,8% | 11,6% | 8,91% | 10,11% | 9,75% | 9,54% | 9,10% |
| CPI |  |  | 0,8% | 2,0% | 2,1% | 2,1% | 2,1% |
| Câmbio | 1,67 | 1,88 | 1,76 | 1,78 | 1,82 | 1,85 | 1,90 |
| Câmbio Médio |  |  | 1,82 | 1,77 | 1,80 | 1,84 | 1,88 |

As demonstrações financeiras da Bridge estão apresentadas a seguir:

| Balanço | Histórico | | |
|---|---|---|---|
| (R$ Milhões) | 2009 | 2010 | 2011 |
| Caixa Operacional | 16,3 | 18,9 | 21,2 |
| Excesso de Caixa | 5,6 | 25,6 | 36,6 |
| Estoque | 19,5 | 20,3 | 21,0 |
| Contas a Receber | 33,6 | 35,6 | 37,1 |
| Depósitos Judiciais | 39,1 | 28,9 | 52,7 |
| Ativo Fixo Bruto | 666,1 | 691,2 | 718,1 |
| Depreciação Acumulada | (168,1) | (216,2) | (266,2) |
| **Total de Ativo** | **612,1** | **604,3** | **620,5** |
| | | | |
| Contas a Pagar | 15,1 | 16,7 | 17,2 |
| Empr. e Financ. CP | 21,6 | 23,1 | 24,0 |
| Sal., Enc. e IR a Pagar | 7,3 | 8,3 | 9,0 |
| Provisões Ambientais | 55,9 | 41,3 | 75,3 |
| Empr. e Financ. LP | 178,9 | 163,5 | 131,1 |
| Capital Social | 313,5 | 320,7 | 322,4 |
| Lucros Retidos | 19,8 | 30,7 | 41,5 |
| **Total de Passivo** | **612,1** | **604,3** | **620,5** |

| DRE | Histórico | | |
|---|---|---|---|
| (R$ Milhões) | 2009 | 2010 | 2011 |
| **Receita Bruta** | **481,1** | **542,6** | **592,3** |
| (–) Deduções (Imp. Ind., Devol.) | (101,0) | (116,7) | (121,4) |
| ...% Receita Bruta | 21,0% | 21,5% | 20,5% |
| **(=) Receita Líquida** | **380,1** | **425,9** | **470,9** |
| (–) CPV (ex depreciação) | (191,4) | (212,7) | (236,1) |

(*Continua*)

242 VALUATION • SERRA / WICKERT

(*Continuação*)

| | | | |
|---|---|---|---|
| **(=) Resultado Bruto** | **188,7** | **213,2** | **234,8** |
| ...Margem Bruta (ex depreciação) | 49,6% | 50,1% | 49,9% |
| (–) Despesas com Vendas | (22,0) | (26,4) | (26,8) |
| ...% Receita Líquida | 5,8% | 6,2% | 5,7% |
| (–) Despesas Gerais e Administrativas | (93,1) | (106,2) | (112,3) |
| **(=) EBITDA** | **73,6** | **80,6** | **95,7** |
| ...Margem EBITDA | 19,4% | 18,9% | 20,3% |
| (–) Depreciação | (46,7) | (47,6) | (49,4) |
| **(=) Resultado Operacional** | **26,9** | **33,0** | **46,3** |
| ...Margem Operacional | 7,1% | 7,7% | 9,8% |
| (–) Despesa Financeira | (16,9) | (15,7) | (13,0) |
| (+) Receita Financeira | 1,8 | 3,7 | 4,9 |
| (+) Result. Não Operac. e Equiv. Patrim. | 0,3 | (0,4) | 0,2 |
| **(=) LAIR** | **12,1** | **20,6** | **38,4** |
| (–) IR | (4,1) | (7,0) | (13,1) |
| **(=) Lucro Líquido** | **8,0** | **13,6** | **25,3** |

A receita bruta dos últimos três anos foi aberta em:

| | Histórico | | |
|---|---|---|---|
| | **2009** | **2010** | **2011** |
| Quantidade Vendida (milhões) | 207,4 | 224,2 | 231,4 |
| Preço de Venda (R$) | 2,32 | 2,42 | 2,56 |

A variação da receita (real, ou seja, sem a inflação) está apresentada abaixo, bem como o PIB real, pelos últimos dez anos.

| Ano | Δ PIB (%) | Δ Receita (%) |
|---|---|---|
| 2002 | 2,66 | 3,71 |
| 2003 | 1,15 | -1,44 |
| 2004 | 5,71 | 3,51 |
| 2005 | 3,16 | 4,72 |
| 2006 | 3,96 | 5,40 |
| 2007 | 6,09 | 6,94 |
| 2008 | 5,17 | 4,27 |
| 2009 | -0,33 | -2,37 |
| 2010 | 7,53 | 7,44 |
| 2011 | 2,73 | 4,39 |

CAP. 14 • LISTA DE EXERCÍCIOS **243**

O CAPEX informado pela companhia é de R$ 70 milhões em 2012, R$ 73 milhões em 2013 e 1,2 vez a depreciação do ano anterior para os demais anos de projeção. A empresa atualmente tem grande ociosidade.

Considere as seguintes orientações, caso ache-as razoáveis. Caso não siga estas orientações, explicite as suas premissas, justificando-as.

Deduções: média dos três anos históricos (constante na projeção);

Margem bruta: média dos três anos históricos (constante na projeção);

Despesas com Vendas: variável com a receita, média dos três anos históricos (constante na projeção);

Despesas Gerais e Administrativas: evoluindo com o IPCA (do ano anterior);

Alíquota de depreciação: calcular com base na despesa de depreciação de 2011; e

Capital de Giro Líquido: média dos últimos três anos ((i) caixa operacional = % da receita líquida; (ii) contas a receber = dias de recebível; (iii) estoque = dias de estoque; (iv) contas a pagar = dias de fornecedores; e (v) salários e impostos a pagar = % da receita líquida).

**12.5** Resolva o caso "Avaliando a FQA S.A.: Um Caso de Ensino" disponível em www.researchgate.net/publication/312546349_Avaliando_a_FQA_SA_Um_Caso_de_Ensino.

## Capítulo 13

**13.1** Calcule, por fluxo de caixa descontado, o *firm value* e o *equity value* da Lopes S.A. em 31 de dezembro de 2009, considerando:

YTM do Treasury Bond de dez anos: 3,0%
EMBI Brasil: 250 pontos
Prêmio de Mercado Americano (1928 a 2007): 4,8%
Prêmio pelo Tamanho: 3,7%
Beta desalavancado: 1,35
Estrutura de Capital Alvo (D/(D + E)): 0,0%
Alíquota de IR: 34%
Inflação Americana: 2,3%
Inflação Brasileira: 4,4%

Demonstrações Financeiras:

| Balanço | Histórico | | |
|---|---|---|---|
| (R$ Mil) | 2007 | 2008 | 2009 |
| Caixa e Aplicação Financeira | 299.401 | 125.259 | 153.551 |
| Contas a Receber | 44.113 | 39.898 | 51.372 |
| Impostos a Compensar | 745 | 2.643 | 4.614 |
| IR e CS Diferidos | 373 | 7.062 | 9.714 |
| Despesas Antecipadas | 711 | 198 | 414 |
| Outras | 6.968 | 6.141 | 3.763 |
| Investimentos | 240.892 | 783 | 783 |
| Imobilizado | 33.622 | 108.866 | 109.034 |
| **Total de Ativo** | **626.825** | **290.850** | **333.245** |

*(Continua)*

*(Continuação)*

| | | | |
|---|---|---|---|
| Contas a Pagar | 7.759 | 6.020 | 4.060 |
| Empr. e Financ. CP | 106.560 | 5.603 | 458 |
| Sal., Enc. e IR a Pagar | 24.390 | 19.318 | 31.935 |
| Dividendos a Pagar | 37.919 | 84 | 41.417 |
| Adiantamento de Clientes | 2.307 | 0 | 1.833 |
| Rendas a Apropriar | 290.000 | 227.286 | 215.449 |
| Empr. e Financ. LP | 127.422 | 2.945 | 2.628 |
| Outras | 2.007 | 26.038 | 15.712 |
| Participação dos Minoritários | 1.316 | 2.254 | 5.615 |
| Patrimônio Líquido | 27.145 | 1.302 | 14.138 |
| **Total de Passivo** | **626.825** | **290.850** | **333.245** |

| DRE | Histórico | | |
|---|---|---|---|
| (R$ Mil) | **2007** | **2008** | **2009** |
| **Receita Bruta** | **158.037** | **263.162** | **249.563** |
| (–) Deduções (Imp. Ind., Devol.) | (15.084) | (31.185) | (24.869) |
| ...% Receita Bruta | 9,5% | 11,9% | 10,0% |
| **(=) Receita Líquida** | **142.953** | **231.977** | **224.694** |
| (–) CSP | (25.539) | (46.810) | (35.701) |
| **(=) Resultado Bruto** | **117.414** | **185.167** | **188.993** |
| ...Margem Bruta | 82,1% | 79,8% | 84,1% |
| (–) Despesas com Vendas, Gerais & Adm. | (48.084) | (231.403) | (113.027) |
| **(=) Resultado Operacional** | **69.330** | **(46.236)** | **75.966** |
| ...Margem Operacional | 48,5% | -19,9% | 33,8% |

Considere, nas suas projeções:

Os valores indicados a seguir, para as projeções, são em moeda constante de 2009.

A receita bruta da empresa é a comissão da venda de imóveis de terceiros. A venda é de imóveis novos (mercado primário) e imóveis usados (mercado secundário). O total de vendas é chamado de volume geral de vendas (VGV) e está estimado para o período de 2010 a 2014 (consenso de mercado) em: R$ 12.250MM, R$ 13.600MM, R$ 14.400MM, R$ 15.000MM e R$ 15.600MM, sendo o percentual de mercado primário de 93,0%, 92,0%, 91,5%, 91,0% e 90,0%, respectivamente, e o restante, mercado secundário. O mercado primário tem comissão de 2,3% e o mercado secundário tem comissão de 6,0%.

Considere que a depreciação acumulada de 2009 seja igual a zero, a alíquota de depreciação seja 7,3% e o CAPEX para os anos projetados seja: R$ 8,5MM, R$ 8,9MM, R$ 9,5MM, R$ 10,3MM e R$ 11,1MM, respectivamente.

A alíquota de imposto de renda é 34%.

Evolução do VGV e CAPEX estão expressos em moeda forte (sem inflação). Sugerimos que faça o modelo real (sem inflação).

**13.2** Calcule, por fluxo de caixa descontado, o *firm value* e o *equity value* da Natura (NATU3), em 31 de dezembro de 2010, considerando:

| YTM do Treasury Bond de dez anos e EMBI+ Brasil | | |
| --- | --- | --- |
| Data | T-Bond (%) | EMBI (pontos base) |
| 31/12/2010 | 3,295 | 186 |
| 30/12/2010 | 3,367 | 181 |
| 29/12/2010 | 3,351 | 181 |
| 28/12/2010 | 3,481 | 178 |
| 27/12/2010 | 3,331 | 175 |
| 24/12/2010 | 3,395 | 178 |
| 23/12/2010 | 3,391 | 176 |
| 22/12/2010 | 3,348 | 176 |
| 21/12/2010 | 3,305 | 181 |
| 20/12/2010 | 3,338 | 175 |
| 17/12/2010 | 3,330 | 194 |
| 16/12/2010 | 3,424 | 186 |
| 15/12/2010 | 3,534 | 170 |
| 14/12/2010 | 3,475 | 157 |
| 13/12/2010 | 3,277 | 166 |
| 10/12/2010 | 3,321 | 164 |
| 09/12/2010 | 3,206 | 166 |
| 08/12/2010 | 3,274 | 164 |
| 07/12/2010 | 3,128 | 162 |
| 06/12/2010 | 2,922 | 172 |
| 03/12/2010 | 3,007 | 168 |
| 02/12/2010 | 2,990 | 177 |
| 01/12/2010 | 2,966 | 183 |

Prêmio de Mercado Americano (1928 a 2007): 4,8%

Beta alavancado: 0,16 (calculado para um período de três anos da Natura; período em que a Natura teve aproximadamente 3,5% de dívida – considerando o *equity value* a valor de mercado)

Estrutura de Capital Alvo (D/(D + E)): 30,0% (com base em empresas comparáveis)

Custo da dívida: será calculado com um *spread* de 0,68% a.a. sobre a dívida em US$ da República do Brasil, considerando um *rating* AAA para a dívida da Natura, uma dívida de dez anos e 30% de dívida

Alíquota de IR: 34%

Inflação americana: 2,1%

Inflação brasileira: 4,5%

Demonstrações Financeiras:

| Balanço – Ativo (R$ milhões) | 2008 | 2009 | 2010 |
|---|---|---|---|
| Caixa Operacional | 179 | 212 | 257 |
| Excesso de Caixa | 172 | 288 | 303 |
| Contas a Receber | 470 | 453 | 570 |
| Estoque | 334 | 510 | 572 |
| Impostos a Compensar | 110 | 191 | 101 |
| Outras | 109 | 62 | 66 |
| | | | |
| Impostos a Compensar | 33 | 64 | 109 |
| Impostos Diferidos | 112 | 146 | 180 |
| Depósitos Judiciais | 163 | 232 | 337 |
| Outras | 7 | 7 | 45 |
| | | | |
| Intangível | 75 | 83 | 120 |
| Imobilizado Bruto | 806 | 886 | 984 |
| Depreciação Acumulada | (328) | (393) | (424) |
| **Total do Ativo** | **2.242** | **2.741** | **3.222** |

| Balanço – Passivo (R$ milhões) | 2008 | 2009 | 2010 |
|---|---|---|---|
| Contas a Pagar | 186 | 255 | 366 |
| Empréstimos e Financiamentos | 191 | 569 | 227 |
| Salários e Encargos a Pagar | 131 | 131 | 163 |
| Impostos a Pagar | 245 | 240 | 372 |
| Outras | 71 | 40 | 69 |
| | | | |
| Empréstimos e Financiamentos | 289 | 135 | 465 |
| Impostos a Pagar | 0 | 150 | 209 |
| Provisões | 106 | 81 | 94 |
| Outras | 9 | 0 | 0 |
| | | | |
| Patrimônio Líquido | 1.014 | 1.140 | 1.258 |
| **Total do Passivo** | **2.242** | **2.741** | **3.222** |

| Imobilizado Bruto – Abertura (R$ milhões) | 2010 | Alíquota de Deprec. (%) |
|---|---|---|
| Máquinas e Equipamentos | 308 | 6 |
| Edifícios | 151 | 4 |
| Instalações | 120 | 9 |
| Terrenos | 27 | 0 |
| Moldes | 105 | 30 |
| Veículos | 56 | 21 |
| Equipamentos de Informática | 76 | 19 |
| Móveis e Utensílios | 27 | 11 |
| Benfeitorias | 44 | 15 |
| Projetos em Andamento | 35 | n.a |
| Adiantamento a Fornecedores | 29 | n.a |
| Outros | 4 | 3 |
| **Imobilizado Bruto** | **984** | **10,5** |

| DRE (R$ milhões) | 2008 | 2009 | 2010 |
|---|---|---|---|
| **(=) Receita Líquida** | **3.576** | **4.242** | **5.137** |
| (–) CPV | (1.023) | (1.202) | (1.468) |
| **(=) Lucro Bruto** | **2.553** | **3.040** | **3.669** |
| Margem Bruta | 71,4% | 71,7% | 71,4% |
| (–) Despesas Operacionais | (1.693) | (2.031) | (2.412) |
| Vendas | (1.259) | (1.496) | (1.704) |
| Gerais e Administrativas | (462) | (521) | (690) |
| Outras Receitas (Despesas) Oper. | 28 | (15) | (17) |
| **(=) EBITDA** | **860** | **1.008** | **1.257** |
| Margem EBITDA | 24,1% | 23,8% | 24,5% |
| (–) Depreciação | (90) | (92) | (89) |
| **(=) EBIT** | **770** | **916** | **1.169** |
| Margem Operacional | 21,5% | 21,6% | 22,8% |

Considere, nas suas projeções:

A receita nominal do setor HPPC (Higiene Pessoal, Perfumes e Cosméticos) evolui com o PIB do país de acordo com a equação: receita = –1,9868 + 0,008 × PIB; a receita do setor de 2010 foi de R$ 27,3 bilhões e o PIB (nominal) para 2011 a 2015 projetado é de R$ 4.050 bilhões, R$ 4.400 bilhões, R$ 4.750 bilhões, R$ 5.120 bilhões e R$ 5.500 bilhões, respectivamente. Suponha que a receita líquida nominal da Natura evolua com os mesmos percentuais do setor (o *market share* será constante).

Projeção de IPCA para 2011 a 2015: 5,3%, 5,0%, 4,8%, 4,6% e 4,5%, respectivamente (IPCA 2010 é 5,5%).

Número de ações da empresa: 431.169,614 mil.

Preço por ação de R$ 45,5 (31 de dezembro de 2010).

A empresa não tem capacidade ociosa. A Equação 17.3 pode ser útil.

**13.3** Calcule, por fluxo de caixa descontado, o *firm value* e o *equity value* da Les Lis Blanc (LLIS3) em 31 de dezembro de 2011, considerando:

| YTM do Treasury Bond de dez anos e EMBI+ Brasil | | |
|---|---|---|
| Data | T-Bond (%) | EMBI (pontos base) |
| 30/12/2011 | 1,877 | 208 |
| 29/12/2011 | 1,900 | 222 |
| 28/12/2011 | 1,918 | 218 |
| 27/12/2011 | 2,006 | 209 |
| 26/12/2011 | 2,025 | 210 |
| 23/12/2011 | 2,025 | 210 |
| 22/12/2011 | 1,948 | 216 |
| 21/12/2011 | 1,968 | 214 |
| 20/12/2011 | 1,924 | 222 |
| 19/12/2011 | 1,810 | 234 |
| 16/12/2011 | 1,848 | 229 |
| 15/12/2011 | 1,909 | 219 |
| 14/12/2011 | 1,904 | 219 |
| 13/12/2011 | 1,966 | 210 |
| 12/12/2011 | 2,014 | 207 |
| 09/12/2011 | 2,062 | 216 |
| 08/12/2011 | 1,971 | 218 |
| 07/12/2011 | 2,030 | 213 |
| 06/12/2011 | 2,090 | 212 |
| 05/12/2011 | 2,044 | 215 |
| 02/12/2011 | 2,034 | 223 |
| 01/12/2011 | 2,088 | 217 |

Prêmio de Mercado Americano (1928 a 2007): 4,8%

Prêmio pelo Tamanho: 3,7%

Beta desalavancado: 0,78

Estrutura de Capital (D/(D + E)): 11,15% (baseado em um *market capitalization* de R$ 1.562.925 mil)

Custo da dívida: a empresa tem dívidas em US$, cujo *spread* varia entre 2,85% e 4,35% (considere esse *spread* acima do rf)

Alíquota de IR: 34%

Inflação americana: 2,1%

Inflação brasileira: 4,5%

Demonstrações Financeiras:

| Balanço – Ativo (R$ mil) | 2010 | 2011 |
|---|---|---|
| Caixa Operacional | 17.555 | 23.681 |
| Excesso de Caixa | 17.673 | 49.215 |
| Contas a Receber | 71.823 | 94.471 |
| Estoque | 71.127 | 103.847 |
| Impostos a Compensar | 3.121 | 18.797 |
| Despesas Antecipadas | 1.587 | 3.320 |
| Outras | 157 | 383 |
| | | |
| Depósitos Judiciais | 737 | 919 |
| Créditos Tributários | 11.658 | 13.937 |
| Outras | 0 | 4.058 |
| | | |
| Intangível | 28.017 | 88.623 |
| Imobilizado Bruto | 61.321 | 148.682 |
| Depreciação Acumulada | (9.707) | (7.040) |
| **Total do Ativo** | **275.069** | **542.893** |

| Balanço – Passivo (R$ mil) | 2010 | 2011 |
|---|---|---|
| Contas a Pagar | 25.774 | 52.981 |
| Empréstimos e Financiamentos | 87 | 28.126 |
| Salários e Encargos a Pagar | 20.017 | 20.384 |
| Impostos a Pagar | 12.048 | 21.387 |
| Outras | 9.607 | 16.502 |
| | | |
| Empréstimos e Financiamentos | 49.962 | 168.060 |
| Provisões Trabalhistas | 1.424 | 2.350 |
| Outras | 3.158 | 36.083 |
| | | |
| Patrimônio Líquido | 152.992 | 197.020 |
| **Total do Passivo** | **275.069** | **542.893** |

| DRE (R$ mil) | 2010 | 2011 |
|---|---|---|
| (=) Receita Líquida | 351.091 | 473.612 |
| (–) CPV | (119.955) | (145.996) |
| (=) Lucro Bruto | 231.136 | 327.616 |
| Margem Bruta | 65,8% | 69,2% |
| (–) Despesas Operacionais | (157.114) | (226.481) |
| Vendas | (110.262) | (141.190) |
| Gerais e Administrativas | (46.737) | (72.459) |
| Outras Receitas (Despesas) Oper. | (115) | (12.832) |
| (=) EBITDA | 74.022 | 101.135 |
| Margem EBITDA | 21,1% | 21,4% |
| (–) Depreciação | (13.172) | (9.577) |
| (=) EBIT | 60.850 | 91.558 |
| Margem Operacional | 17,3% | 19,3% |

Considere, nas suas projeções:

Área de venda total: 17.993 m$^2$ em 2010 e 27.304 m$^2$ em 2011.

Área de venda média: 15.523 m$^2$ em 2010 e 22.542 m$^2$ em 2011.

Que o crescimento de área cairá do atual patamar (em 2011: 51,7%, ou seja, 27.304/17.993-1) para o crescimento do PIB em 2021 (seu último ano de projeção, sendo estimado um PIB de 4,1% naquele ano), caindo mais rapidamente nos primeiros anos. Considere também que a receita por m$^2$ (calculada a partir da área de venda média) de 2010 será retomada em 2013; sendo 2012 um ano intermediário.

Alíquota de depreciação calculada a partir da despesa de depreciação de 2011, comparativamente ao imobilizado bruto médio de 2010 e 2011.

Custo do m$^2$ de loja nova calculado considerando uma adição de imobilizado bruto (segundo notas explicativas) de R$ 101.771 mil em 2011.

Número de ações da empresa: 171.750 mil (equivalendo a um preço de R$ 9,10 por ação em 31 de dezembro de 2011).

Projeção de IPCA para 2012 a 2021: 5,3%, 5,4%, 5,2%, 5,0%, 4,9%, 4,8%, 4,7%, 4,6%, 4,5% e 4,5%, respectivamente (5,9% em 2010 e 6,5% em 2011).

A empresa não tem capacidade ociosa.

**13.4** Resolva o caso "Avaliação da Hering S.A." disponível em www.researchgate.net/publication/318300356_Avaliacao_da_Hering_SA.

**13.5** Resolva o caso "Determinação do Valor Residual da Natura" disponível em www.researchgate.net/publication/324599947_Determinacao_do_Valor_Residual_da_Natura. Apesar do enunciado direcionar para a discussão da taxa de crescimento, use o caso para fazer o *valuation* da Natura.

# Parte II

# Modelagem em Excel®

 Assista ao vídeo do autor sobre esta Parte.

# A Empresa

**15**

O objetivo deste capítulo é apresentar as demonstrações financeiras da empresa que modelaremos, a AlGaSe S.A., e algumas informações gerais relativas à empresa e ao trabalho.

## Informações Gerais

A data do trabalho é 29 de março de 2018, a data base da avaliação é 31 de dezembro de 2017 (última demonstração financeira publicada pela empresa, na data do trabalho), a metodologia é fluxo de caixa descontado – abordagem dos investidores ou empresa (*free cash flow to firm*) –, o horizonte de projeção é de dez anos e o valor terminal é calculado pelo Modelo de Gordon (perpetuidade). O preço atual das ações da AlGaSe é R$ 10,20 e a quantidade de ações é 71,451 milhões. A alíquota de imposto de renda da AlGaSe é 34,0% e o prêmio de mercado que a sua instituição usa é de 5,0%.

## Demonstrações Financeiras

A Tabela 15.1 apresenta o balanço histórico de 31 de dezembro dos últimos três anos da AlGaSe.

Tabela 15.1 – Balanço da AlGaSe S.A. em 31 de dezembro dos respectivos anos

| BALANÇO | Histórico | | |
| --- | --- | --- | --- |
| **R$ Milhões** | **2015** | **2016** | **2017** |
| Caixa Operacional | 26,0 | 28,2 | 30,1 |
| Excesso de Caixa | 2,5 | 19,7 | 25,1 |
| Contas a Receber | 41,7 | 46,3 | 48,2 |
| Estoque | 21,4 | 25,1 | 25,9 |
| Impostos a Compensar | 15,0 | 15,9 | 17,0 |
| Depósitos Judiciais | 0,8 | 12,6 | 38,5 |
| Crédito Fiscal | 20,0 | 25,0 | 30,0 |
| Ativo Fixo Bruto | 735,9 | 828,6 | 933,5 |
| (–) Depreciação Acumulada | (218,5) | (279,8) | (345,9) |
| **Total de Ativo** | **644,8** | **721,6** | **802,4** |

*(Continua)*

Tabela 15.1 – (*Continuação*)

| | | | |
|---|---|---|---|
| Contas a Pagar | 17,2 | 18,6 | 20,2 |
| Sal. e Encargos a Pagar | 9,5 | 10,8 | 11,2 |
| Imp. a Pagar | 9,7 | 9,3 | 11,3 |
| Empr. e Financ. CP | 45,3 | 46,9 | 45,6 |
| Provisões Ambientais | 72,7 | 53,7 | 97,9 |
| Empr. e Financ. LP | 100,7 | 128,3 | 111,7 |
| Capital Social | 381,4 | 416,5 | 432,4 |
| Lucros Retidos | 8,3 | 37,5 | 72,1 |
| **Total de Passivo** | **644,8** | **721,6** | **802,4** |

A Tabela 15.2 apresenta a abertura do endividamento da AlGaSe em 31 de dezembro de 2017.

Tabela 15.2 – Endividamento da AlGaSe S.A. em 31 de dezembro de 2017

| **R$ Milhões** | **Valor** | **Custo** | **Observação** |
|---|---|---|---|
| Dívida 1 | 80,0 | 10,8% | em R$ |
| Dívida 2 | 55,0 | 10,3% | em R$ |
| Dívida 3 | 22,3 | 10,2% | em R$ |
| | **Média Ponderada** | **10,5%** | |

A Tabela 15.3 apresenta as demonstrações de resultados dos exercícios (DRE) findos em 31 de dezembro dos últimos três anos da AlGaSe.

Tabela 15.3 – DRE da AlGaSe S.A. para os respectivos anos findos em 31 de dezembro

| **DRE** | **Histórico** | | |
|---|---|---|---|
| R$ Milhões | **2015** | **2016** | **2017** |
| **(=) Receita Líquida** | **518,5** | **561,0** | **602,1** |
| (–) CPV (ex depreciação) | (219,4) | (246,1) | (258,4) |
| **(=) Resultado Bruto** | **299,1** | **314,9** | **343,7** |
| (–) Despesas com Vendas | (26,6) | (32,3) | (30,8) |
| (–) Despesas Gerais e Adm. | (100,9) | (110,3) | (117,5) |
| **(=) EBITDA** | **171,6** | **172,3** | **195,4** |
| (–) Depreciação | (60,7) | (61,3) | (66,1) |
| **(=) Resultado Operacional** | **110,9** | **111,0** | **129,3** |
| (–) Despesa Financeira | (14,7) | (15,3) | (18,4) |
| (+) Receita Financeira | 3,5 | 3,7 | 3,2 |
| (+) Result. não Operac. | 0,5 | (1,0) | 0,8 |
| (=) LAIR | 100,2 | 98,4 | 114,9 |
| (–) IR | (34,1) | (33,5) | (39,1) |
| **(=) Lucro Líquido** | **66,1** | **64,9** | **75,8** |

A Tabela 15.4 apresenta a abertura, por unidade de negócio, da receita líquida, da quantidade vendida, do preço de venda, do custo do produto vendido e da margem bruta.

Tabela 15.4 – Dados selecionados da AlGaSe, por unidade de negócios

| Unidade de Negócio 1 | Histórico | | |
|---|---|---|---|
| R$ Milhões | 2015 | 2016 | 2017 |
| Receita Líquida | 409,0 | 443,6 | 475,7 |
| Qtde. Vendida (milhões de pacotes) | 187,873 | 184,143 | 185,820 |
| Preço de Venda (R$/pacote) | 2,177 | 2,409 | 2,560 |
| CPV | (179,9) | (199,6) | (209,8) |
| Margem Bruta | 56,0% | 55,0% | 55,9% |

| Unidade de Negócio 2 | Histórico | | |
|---|---|---|---|
| R$ Milhões | 2015 | 2016 | 2017 |
| Receita Líquida | 109,5 | 117,4 | 126,4 |
| Qtde. Vendida (milhões de pacotes) | 31,611 | 30,621 | 31,018 |
| Preço de Venda (R$/pacote) | 3,464 | 3,834 | 4,075 |
| CPV | (39,5) | (46,5) | (48,6) |
| Margem Bruta | 63,9% | 60,4% | 61,6% |

## Outras Informações

A Tabela 15.5 apresenta a evolução, ao longo dos últimos onze anos, da receita líquida da AlGaSe, da receita líquida de cada unidade de negócios da AlGaSe (Unidade de Negócio 1 – UN 1 e Unidade de Negócio 2 – UN 2), da inflação medida pelo IPCA e do crescimento do PIB brasileiro.

Tabela 15.5 – Receita líquida das unidades de negócios da AlGaSe (R$ milhões da data), IPCA e variação do PIB (real)

| Ano | UN 1 (R$ milhões) | UN 2 (R$ milhões) | IPCA | Δ PIB (real) |
|---|---|---|---|---|
| 2007 | 201,8 | 54,2 | 4,5% | 6,1% |
| 2008 | 227,2 | 61,1 | 5,9% | 5,1% |
| 2009 | 241,3 | 63,4 | 4,3% | -0,1% |
| 2010 | 276,1 | 72,8 | 5,9% | 7,5% |
| 2011 | 303,5 | 80,5 | 6,5% | 4,0% |
| 2012 | 330,7 | 88,2 | 5,8% | 1,9% |
| 2013 | 363,0 | 98,9 | 5,9% | 3,0% |
| 2014 | 387,9 | 104,8 | 6,4% | 0,5% |
| 2015 | 409,0 | 109,5 | 10,7% | -3,6% |
| 2016 | 443,6 | 117,4 | 6,3% | -3,5% |
| 2017 | 475,7 | 126,4 | 3,0% | 1,0% |

A Tabela 15.6 apresenta o beta alavancado de seis empresas brasileiras parecidas com a AlGaSe (empresas comparáveis).

Tabela 15.6 – Beta alavancado de seis empresas brasileiras parecidas com a AlGaSe

| [R$ MM] | Mkt Cap | Firm Value | Beta Alav |
|---|---|---|---|
| Empresa 1 | 537,1 | 688,7 | 1,209 |
| Empresa 2 | 231,3 | 325,8 | 1,221 |
| Empresa 3 | 391,8 | 536,7 | 1,239 |
| Empresa 4 | 735,5 | 875,6 | 1,019 |
| Empresa 5 | 137,4 | 202,1 | 1,400 |
| Empresa 6 | 458,9 | 604,1 | 1,181 |

A Tabela 15.7 apresenta o histórico do retorno do *treasury bond* (*yield to maturity*, YTM) de dez anos (para ser usado como referência para a taxa livre de risco) e do EMBI+ Brasil – calculado pelo JP Morgan (para ser usado como referência para o prêmio de risco-país) de 18/10/2017 a 28/03/2018.

Tabela 15.7 – Histórico do YTM do *treasury bond* de dez anos (T-Bond) e do EMBI+ Brasil (EMBI) – calculado pelo JP Morgan. T-Bond expresso em % e EMBI em pontos base

| Data | T-Bond | EMBI | Data | T-Bond | EMBI | Data | T-Bond | EMBI |
|---|---|---|---|---|---|---|---|---|
| 28/03/2018 | 2,77 | 250 | 02/02/2018 | 2,84 | 229 | 08/12/2017 | 2,38 | 240 |
| 27/03/2018 | 2,78 | 251 | 01/02/2018 | 2,78 | 227 | 07/12/2017 | 2,37 | 242 |
| 26/03/2018 | 2,85 | 248 | 31/01/2018 | 2,72 | 229 | 06/12/2017 | 2,33 | 238 |
| 23/03/2018 | 2,82 | 252 | 30/01/2018 | 2,73 | 224 | 05/12/2017 | 2,36 | 236 |
| 22/03/2018 | 2,83 | 250 | 29/01/2018 | 2,70 | 224 | 04/12/2017 | 2,37 | 242 |
| 21/03/2018 | 2,89 | 246 | 26/01/2018 | 2,66 | 222 | 01/12/2017 | 2,37 | 244 |
| 20/03/2018 | 2,89 | 246 | 25/01/2018 | 2,63 | 225 | 30/11/2017 | 2,42 | 241 |
| 19/03/2018 | 2,85 | 249 | 24/01/2018 | 2,65 | 226 | 29/11/2017 | 2,37 | 240 |
| 16/03/2018 | 2,85 | 244 | 23/01/2018 | 2,63 | 233 | 28/11/2017 | 2,34 | 239 |
| 15/03/2018 | 2,82 | 247 | 22/01/2018 | 2,66 | 231 | 27/11/2017 | 2,32 | 242 |
| 14/03/2018 | 2,81 | 245 | 19/01/2018 | 2,64 | 231 | 24/11/2017 | 2,34 | 243 |
| 13/03/2018 | 2,84 | 243 | 18/01/2018 | 2,62 | 231 | 23/11/2017 | 2,32 | 246 |
| 12/03/2018 | 2,87 | 235 | 17/01/2018 | 2,57 | 228 | 21/11/2017 | 2,36 | 247 |
| 09/03/2018 | 2,90 | 233 | 16/01/2018 | 2,54 | 226 | 20/11/2017 | 2,37 | 248 |
| 08/03/2018 | 2,86 | 242 | 12/01/2018 | 2,55 | 225 | 17/11/2017 | 2,35 | 246 |
| 07/03/2018 | 2,89 | 239 | 11/01/2018 | 2,54 | 223 | 16/11/2017 | 2,37 | 251 |
| 06/03/2018 | 2,88 | 235 | 10/01/2018 | 2,55 | 222 | 15/11/2017 | 2,33 | 259 |
| 05/03/2018 | 2,88 | 237 | 09/01/2018 | 2,55 | 218 | 14/11/2017 | 2,38 | 256 |
| 02/03/2018 | 2,86 | 240 | 08/01/2018 | 2,49 | 222 | 13/11/2017 | 2,40 | 251 |
| 01/03/2018 | 2,81 | 243 | 05/01/2018 | 2,47 | 221 | 10/11/2017 | 2,40 | 253 |
| 28/02/2018 | 2,87 | 238 | 04/01/2018 | 2,46 | 225 | 09/11/2017 | 2,33 | 255 |

(*Continua*)

Tabela 15.7 – (*Continuação*)

| Data | T-Bond | EMBI | Data | T-Bond | EMBI | Data | T-Bond | EMBI |
|---|---|---|---|---|---|---|---|---|
| 27/02/2018 | 2,90 | 229 | 03/01/2018 | 2,44 | 228 | 08/11/2017 | 2,32 | 253 |
| 26/02/2018 | 2,86 | 231 | 02/01/2018 | 2,46 | 234 | 07/11/2017 | 2,32 | 253 |
| 23/02/2018 | 2,88 | 236 | 29/12/2017 | 2,40 | 240 | 06/11/2017 | 2,32 | 247 |
| 22/02/2018 | 2,92 | 238 | 28/12/2017 | 2,43 | 239 | 03/11/2017 | 2,34 | 249 |
| 21/02/2018 | 2,94 | 233 | 27/12/2017 | 2,42 | 240 | 02/11/2017 | 2,35 | 245 |
| 20/02/2018 | 2,88 | 235 | 26/12/2017 | 2,47 | 237 | 01/11/2017 | 2,37 | 244 |
| 16/02/2018 | 2,87 | 228 | 22/12/2017 | 2,48 | 235 | 31/10/2017 | 2,38 | 243 |
| 15/02/2018 | 2,90 | 233 | 21/12/2017 | 2,48 | 233 | 30/10/2017 | 2,37 | 239 |
| 14/02/2018 | 2,91 | 249 | 20/12/2017 | 2,49 | 231 | 27/10/2017 | 2,42 | 238 |
| 13/02/2018 | 2,83 | 255 | 19/12/2017 | 2,46 | 234 | 26/10/2017 | 2,46 | 242 |
| 12/02/2018 | 2,86 | 245 | 18/12/2017 | 2,39 | 238 | 25/10/2017 | 2,44 | 234 |
| 09/02/2018 | 2,83 | 256 | 15/12/2017 | 2,35 | 244 | 24/10/2017 | 2,42 | 234 |
| 08/02/2018 | 2,85 | 241 | 14/12/2017 | 2,35 | 245 | 23/10/2017 | 2,38 | 233 |
| 07/02/2018 | 2,84 | 226 | 13/12/2017 | 2,36 | 243 | 20/10/2017 | 2,39 | 233 |
| 06/02/2018 | 2,79 | 235 | 12/12/2017 | 2,40 | 239 | 19/10/2017 | 2,33 | 236 |
| 05/02/2018 | 2,77 | 243 | 11/12/2017 | 2,39 | 239 | 18/10/2017 | 2,34 | 236 |

A Tabela 15.8 apresenta os dados macroeconômicos (2015 a 2017: realizados e 2018 a 2027: projetados).

Tabela 15.8 – Projeções Macroeconômicas

| | Histórico | | | Projeção | | | | | | | | | |
|---|---|---|---|---|---|---|---|---|---|---|---|---|---|
| | 2015 | 2016 | 2017 | 2018P | 2019P | 2020P | 2021P | 2022P | 2023P | 2024P | 2025P | 2026P | 2027P |
| IPCA | 10,67% | 6,29% | 2,95% | 3,70% | 4,00% | 4,00% | 4,00% | 4,00% | 4,00% | 4,00% | 4,00% | 4,00% | 4,00% |
| IGP-M | 10,54% | 7,19% | −0,53% | 4,77% | 4,63% | 4,57% | 4,51% | 4,25% | 4,00% | 4,00% | 4,00% | 4,00% | 4,00% |
| PIB | −3,55% | −3,46% | 0,99% | 2,00% | 2,80% | 3,40% | 3,60% | 3,20% | 3,20% | 3,20% | 3,20% | 3,20% | 3,20% |
| Selic | 14,30% | 13,80% | 7,00% | 6,30% | 8,00% | 8,30% | 9,00% | 9,50% | 9,50% | 9,50% | 9,50% | 9,50% | 9,50% |
| CPI | 0,70% | 2,10% | 2,10% | 2,50% | 2,40% | 2,30% | 2,20% | 2,10% | 2,10% | 2,10% | 2,10% | 2,10% | 2,10% |
| Desval. Real | | | | 9,00% | −0,19% | 2,35% | 0,82% | 0,66% | 0,00% | 0,00% | 0,00% | 0,00% | 0,00% |
| Câmbio | 3,96 | 3,26 | 3,31 | 3,65 | 3,70 | 3,85 | 3,95 | 4,05 | 4,13 | 4,20 | 4,28 | 4,36 | 4,44 |
| Câmbio Médio | | | | 3,48 | 3,68 | 3,78 | 3,90 | 4,00 | 4,09 | 4,16 | 4,24 | 4,32 | 4,40 |

**Fonte:** Adaptada pelos autores a partir de informações do Banco Central do Brasil e informações públicas.

# Modelagem: Etapa 1

**16**

O modelo será construído em quatro etapas (uma por capítulo). Ao término da primeira etapa já teremos o valor da empresa (*firm value*) e a parte dos acionistas nele (*equity value*). De uma etapa para a outra, muda-se a complexidade das premissas de projeção e/ou a extensão da projeção. Com relação às premissas de projeção, quer-se dizer racional para elas. Com relação à extensão da projeção, quer-se dizer projeção apenas da parte operacional da empresa ou projeção das demonstrações financeiras completas (inclusive da parte financeira).

## Etapa 1

Nesta primeira etapa projetaremos as demonstrações de resultado do exercício (DRE) apenas até o resultado operacional e projetaremos apenas as contas operacionais do balanço, ou seja, aquelas que compõem o capital de giro líquido e aquelas que compõem os ativos operacionais fixos.

O racional de projeção é:

1. Para a receita líquida: a quantidade evoluirá com a variação do PIB do próprio ano e o preço evoluirá com a inflação do ano anterior (reposição da inflação).

2. Para a margem bruta: será constante e igual à média dos últimos três anos, por unidade de negócio.

3. Para a despesa com vendas: será considerada variável e manterá o percentual em relação à receita líquida (despesa com vendas/receita líquida) constante e igual à média dos últimos três anos.

4. Para as despesas gerais e administrativas: serão consideradas variáveis e manterão o percentual em relação à receita líquida (despesas gerais e administrativas/receita líquida) constante e igual à média dos últimos três anos.

5. Para as contas do capital de giro líquido: serão calculadas com base nos seguintes índices (mantidos constantes e iguais às médias dos últimos três anos): (i) o percentual da receita líquida – para projetar o caixa operacional e os impostos a compensar; (ii) o índice dias de recebíveis (contas a receber/(receita líquida/365)) – para o contas a receber; (iii) o índice dias de estoque (estoque/(CPV/365)) – para o estoque; (iv) o índice dias de contas a pagar (contas a pagar/(CPV/365)) – para o contas a pagar; (v) o índice dias de salários e encargos a pagar (salários e encargos a pagar/((CPV + despesas gerais e administrativas)/365)) – para o salários e encargos a pagar; e (vi) o índice dias de impostos a pagar (impostos a pagar/(receita líquida/365)) – para o impostos a pagar.

6. Para o CAPEX: será igualado ao valor da depreciação do próprio ano.

7. Para a depreciação: será usada uma alíquota de depreciação aplicada ao imobilizado bruto do ano anterior (supondo que o imobilizado bruto do ano anterior "trabalha" o ano

inteiro e, portanto, deprecia uma alíquota anual cheia) e meia alíquota de depreciação aplicada ao CAPEX do próprio ano (supondo que o CAPEX do próprio ano começa a "trabalhar" no meio do ano em questão e, portanto, deprecia meia alíquota).

8. Para o WACC: será calculado em R$ e com a estrutura de capital atual da empresa (em 31 de dezembro de 2017).

9. Para o beta: será estimado a partir do beta desalavancado das empresas comparáveis.

10. Para a perpetuidade: será considerado que o crescimento real não agrega valor, ou seja, que o retorno sobre o crescimento (novos investimentos) é igual ao custo de capital (WACC).

## Preparação Inicial – Criação da Pasta Base

Abra um arquivo novo de Excel® – basta abrir o Excel que ele já abrirá em uma pasta nova. Salve o arquivo com o nome desejado em "salvar como", escolhendo o diretório em que salvará o arquivo e o seu nome, por exemplo, "Modelo 1".

A ideia é criar uma pasta (vamos chamar de pasta as abas dentro de um arquivo) que sirva de modelo para criação das demais pastas do modelo. Assim, nomeie a pasta atual como "base" (veja Nomeando uma Pasta no Anexo).

Formate a pasta toda usando a seguinte formatação: centralizado, número com 1 casa decimal e ponto em milhares (veja Formatando Número no Anexo). Como é desejado fazer isso para a pasta toda, selecione todas as células da pasta clicando no canto superior esquerdo do *grid*.

Formate a largura da coluna B em 40 e a largura das colunas C a P em 12 (veja Formatando Largura da Coluna no Anexo).

Tire as linhas de grade no menu Exibição desmarcando o "*check box*" referente a "Linhas de Grade".

Formate a coluna A à direita e a coluna B à esquerda. Lembre-se de que estão no formato geral centralizado.

Monte um cabeçalho com a formatação desejada. O cabeçalho será nas linhas 1 e 2 e colunas A a P. Escolhamos o fundo Azul (algum tom escuro) (veja Formatando Fundo das Células no Anexo), as letras brancas, negrito e fonte 14. Ainda no cabeçalho, formate a coluna A (apenas linhas 1 e 2) a esquerda e a coluna P (apenas linhas 1 e 2) a direita. Escreva, preliminarmente, na célula A1: "Projeto: [nome]", na célula A2: "Cenário: ", na célula P1: "DRAFT/CONFIDENCIAL" e na célula P2: "[Nome da Instituição]". As partes em colchetes, ou seja, o [nome] do projeto e o [Nome da Instituição] serão aqueles que lhe forem úteis, por exemplo, Projeto: "Lava Tudo Imparcialmente" e "Banco iX".

Monte a linha 4, colunas C a O. Formate a borda superior e inferior (veja Formatando Borda da Célula no Anexo), use 0 casa decimal e negrito. Coloque 2017 na coluna E. Calcule C e D como a célula posterior menos 1 ("=D4-1" e "=E4-1", respectivamente). Calcule F a O como a célula anterior mais 1 (por exemplo, "=E4+1" para a célula F4). Formate as colunas F a O com um "P" de "projetado" após o ano (veja Formatando Ano Projetado no Anexo), por exemplo, "2018P". Escreva a unidade dos valores das demonstrações financeiras, no nosso caso [R$ Milhões], em B4, deixando essa célula também em negrito.

Formate a impressão para paisagem, um "por página" e com o número da página no rodapé a direita (veja Formatando Página para Impressão no Anexo).

O seu objetivo é obter uma pasta conforme a Figura 16.1. Faça um teste em Visualização de Impressão, veja a página que você criou e confirme se aparece o número da página no rodapé.

Figura 16.1 – Formatação da Pasta "Base".

## Criação da Pasta DRE

Crie a pasta DRE copiando a partir da pasta Base. Clique no botão da esquerda do *mouse* em cima da pasta Base, ao mesmo tempo que pressiona a tecla Ctrl, e arraste a pasta Base para o lado direito para copiá-la. Altere o nome da nova pasta para DRE.

Formate as células B4 e E4 com fundo amarelo e fonte azul. Este será o nosso "*colour coding*" (código de cores) para nos referir a "entrada de informações" (você pode ter outro "*colour coding*"). Sempre que for mencionado *colour coding* ao longo do livro, formate com o padrão adotado (no nosso caso, com fundo amarelo e fonte azul).

Como a pasta DRE será a fonte de algumas informações gerais para as demais pastas, como estas duas que acabamos de formatar (células B4 e E4), precisamos ajustar a pasta Base. Portanto, na pasta Base, faça um *link* das seguintes células com a respectiva célula da pasta DRE: A1, A2, P1, P2, B4 e E4, por exemplo, coloque na célula A1 da pasta Base a seguinte fórmula: "=DRE!A1". Dessa forma, todas as pastas que forem criadas a partir da pasta Base estarão linkadas à pasta DRE, bastando alterar na pasta DRE para que as demais pastas do modelo alterem-se automaticamente.

Copie as informações da DRE da AlGaSe (Tabela 15.3) na pasta DRE. Coloque, na coluna B, os nomes das contas. Coloque nas colunas C a E as informações históricas. Comece a partir da linha 5.

Crie nomes (veja Nomeando uma Célula ou Faixa de Células no Anexo) nas faixas de células que vão da coluna C a coluna O das seguintes linhas: 5 (crie o nome "ReceitaLiquida"), 6 ("CPV"), 7 ("RBruto"), 8 ("DespV"), 9 ("DespGA"), 10 ("EBITDA"), 11 ("Deprec"), 12 ("EBIT"), 13 ("DespF"), 14 ("RecF"), 15 ("ResNOp"), 16 ("LAIR"), 17 ("IR") e 18 ("LL"). É bom usar nomes nas células, pois é mais fácil de montar e auditar o modelo. O trabalho é maior, pois é necessário nomear as células, mas vale a pena, principalmente se for usar o modelo várias vezes.

Formate as linhas 12 (resultado operacional) e 18 (lucro líquido), da coluna B a coluna O, com negrito, borda superior simples e borda inferior dupla.

Coloque fórmulas nas seguintes linhas (coluna C a coluna O): 7 (Resultado Bruto), 10 (EBITDA), 12 (Resultado Operacional), 16 (LAIR) e 18 (Lucro Líquido), usando as linhas correspondentes que formam aquela linha em questão e os nomes criados. Por exemplo, em Resultado Bruto coloque "=ReceitaLiquida+CPV". Note que, no caso de o nome ser relativo a uma faixa de células em uma linha, quando escrevemos a fórmula mencionada na coluna E (em outra linha), a fórmula pegará, no exemplo em questão, a Receita Líquida e o CPV da coluna E nas respectivas linhas; quando escrevemos a fórmula mencionada na coluna O, ela pegará os valores da coluna O. Note que na fórmula nós colocamos "+CPV", pois o CPV está negativo no modelo. As fórmulas são: "=ReceitaLiquida+CPV", "=RBruto+DespV+DespGA", "=EBITDA+Deprec", "=EBIT+DespF+RecF+ResNOp" e "=LAIR+IR", respectivamente para as linhas mencionadas no início do parágrafo.

Use o *colour coding* (fundo amarelo e fonte azul) para as linhas que não estão com fórmulas, entre as colunas C e E. Embora as linhas da Receita Líquida e CPV não estejam com fórmulas, não usaremos o *colour coding* nelas, pois ainda montaremos, em um próximo passo, as respectivas fórmulas dessas linhas.

Essa pasta do seu modelo deve estar parecida com a Figura 16.2.

| | [R$ Milhões] | 2.015 | 2.016 | 2.017 | 2.018 P | 2.019 P | 2.020 P | 2.021 P | 2.022 P | 2.023 P | 2.024 P | 2.025 P | 2.026 P | 2.027 P |
|---|---|---|---|---|---|---|---|---|---|---|---|---|---|---|
| 5 | (=) Receita Líquida | 518,5 | 561,0 | 602,1 | | | | | | | | | | |
| 6 | (-) CPV (ex depreciação) | (219,4) | (246,1) | (258,4) | | | | | | | | | | |
| 7 | (=) Resultado Bruto | 299,1 | 314,9 | 343,7 | 0,0 | 0,0 | 0,0 | 0,0 | 0,0 | 0,0 | 0,0 | 0,0 | 0,0 | 0,0 |
| 8 | (-) Despesas com Vendas | (26,6) | (32,3) | (30,8) | | | | | | | | | | |
| 9 | (-) Despesas Gerais e Adm. | (100,9) | (110,3) | (117,5) | | | | | | | | | | |
| 10 | (=) EBITDA | 171,6 | 172,3 | 195,4 | 0,0 | 0,0 | 0,0 | 0,0 | 0,0 | 0,0 | 0,0 | 0,0 | 0,0 | 0,0 |
| 11 | (-) Depreciação | (60,7) | (61,3) | (66,1) | | | | | | | | | | |
| 12 | (=) Resultado Operacional | 110,9 | 111,0 | 129,3 | 0,0 | 0,0 | 0,0 | 0,0 | 0,0 | 0,0 | 0,0 | 0,0 | 0,0 | 0,0 |
| 13 | (-) Despesa Financeira | (14,7) | (15,3) | (18,4) | | | | | | | | | | |
| 14 | (+) Receita Financeira | 3,5 | 3,7 | 3,2 | | | | | | | | | | |
| 15 | (+) Result. não Operac. | 0,5 | (1,0) | 0,8 | | | | | | | | | | |
| 16 | (=) LAIR | 100,2 | 98,4 | 114,9 | 0,0 | 0,0 | 0,0 | 0,0 | 0,0 | 0,0 | 0,0 | 0,0 | 0,0 | 0,0 |
| 17 | (-) IR | (34,1) | (33,5) | (39,1) | | | | | | | | | | |
| 18 | (=) Lucro Líquido | 66,1 | 64,9 | 75,8 | 0,0 | 0,0 | 0,0 | 0,0 | 0,0 | 0,0 | 0,0 | 0,0 | 0,0 | 0,0 |

Figura 16.2 – Formatação da pasta "DRE".

## Criação da Pasta BAL

Crie a pasta BAL copiando a partir da pasta Base. Altere o nome da nova pasta para BAL.

Copie as informações do balanço da AlGaSe (Tabela 15.1) na pasta BAL. Coloque, na coluna B, os nomes das contas. Coloque, nas colunas C a E, as informações históricas. Comece a partir da linha 5.

Insira uma linha entre a linha 19 ("Empr. e Financ. CP") e a linha 20 ("Provisões Ambientais") e coloque, na coluna B da recém-criada linha (20), "*Revolving*".

Crie nome nas faixas que vão da coluna C a coluna O das seguintes linhas: 5 ("CxOper"), 7 ("CtasRec"), 8 ("Estoque"), 9 ("ImpComp"), 12 ("AFBruto"), 13 ("DeprecAcum"), 14 ("AtivoTotal"), 16 ("CtasPg"), 17 ("SalEncPg"), 18 ("ImpPg") e 25 ("PassivoTotal").

Formate as linhas 14 (Total de Ativo) e 25 (Total de Passivo), da coluna B a coluna O, com negrito, borda superior simples e borda inferior dupla.

Coloque fórmulas nas seguintes linhas (coluna C a coluna O): 14 (Total de Ativo) e 25 (Total de Passivo). As fórmulas são para somar todas as linhas do ativo e para somar todas as linhas do passivo, respectivamente, por exemplo, na célula C14 coloque "=SOMA(C5:C13)".

Coloque, na célula C26, uma checagem do ativo e do passivo: "=SE(ABS(AtivoTotal-PassivoTotal)>=0,01;1;0)" que checará se o total de ativo está igual ao total de passivo, retornando 0 para "sim" e 1 para "não", com tolerância de 0,01 de diferença entre ambos. Formate essa célula com "[=0]"-";"Error"", que apresentará um hífen para o caso de não haver erro e "Error" para o caso de haver erro. Essa formatação deve ser inserida em Número/Personalizar (veja Formatando Número no Anexo). Finalize o formato dessa célula com negrito e fonte vermelha. Copie a célula C26 da coluna C a coluna E.

Coloque na coluna A, ao lado de cada conta do ativo e do passivo, as letras "(a)", "(b)", "(c)", "(d)" e "(e)" para os seguintes casos: capital de giro líquido (linhas 5, 7, 8, 9, 16, 17 e 18), financeiras (linhas 6, 19, 20 e 22), não operacionais e não financeiras (linhas 10, 11 e 21), ativo operacional fixo (linhas 12 e 13) e patrimônio líquido (linhas 23 e 24), respectivamente. Coloque essas legendas a partir da linha 27, colocando "observações" na célula B27 e cada legenda nas células abaixo.

Use o *colour coding* (fundo amarelo e fonte azul) para as linhas que não estão com fórmulas, entre as colunas C e E. Formate as células B27 a E27 com borda inferior.

Essa pasta do seu modelo deve estar parecida com a Figura 16.3.

CAP. 16 • MODELAGEM: ETAPA 1 **263**

| | [R$ Milhões] | 2.015 | 2.016 | 2.017 | 2.018 P | 2.019 P | 2.020 P | 2.021 P | 2.022 P | 2.023 P | 2.024 P | 2.025 P | 2.026 P | 2.027 P |
|---|---|---|---|---|---|---|---|---|---|---|---|---|---|---|
| | (a) Caixa Operacional | 26,0 | 28,2 | 30,1 | | | | | | | | | | |
| | (b) Excesso de Caixa | 2,5 | 19,7 | 25,1 | | | | | | | | | | |
| | (a) Contas a Receber | 41,7 | 46,3 | 48,2 | | | | | | | | | | |
| | (a) Estoque | 21,4 | 25,1 | 25,9 | | | | | | | | | | |
| | (a) Impostos a Compensar | 15,0 | 15,9 | 17,0 | | | | | | | | | | |
| | (c) Depósitos Judiciais | 0,8 | 12,6 | 38,5 | | | | | | | | | | |
| | (c) Crédito Fiscal | 20,0 | 25,0 | 30,0 | | | | | | | | | | |
| | (d) Ativo Fixo Bruto | 735,9 | 828,6 | 933,5 | | | | | | | | | | |
| | (d) Depreciação Acumulada | (218,5) | (279,8) | (345,9) | | | | | | | | | | |
| | **Total de Ativo** | **644,8** | **721,6** | **802,4** | **0,0** | **0,0** | **0,0** | **0,0** | **0,0** | **0,0** | **0,0** | **0,0** | **0,0** | **0,0** |
| | (a) Contas a Pagar | 17,2 | 18,6 | 20,2 | | | | | | | | | | |
| | (a) Sal. e Encargos a Pagar | 9,5 | 10,8 | 11,2 | | | | | | | | | | |
| | (a) Imp. a Pagar | 9,7 | 9,3 | 11,3 | | | | | | | | | | |
| | (b) Empr. e Financ. CP | 45,3 | 46,9 | 45,6 | | | | | | | | | | |
| | (b) Revolving | | | | | | | | | | | | | |
| | (c) Provisões Ambientais | 72,7 | 53,7 | 97,9 | | | | | | | | | | |
| | (b) Empr. e Financ. LP | 100,7 | 128,3 | 111,7 | | | | | | | | | | |
| | (e) Capital Social | 381,4 | 416,5 | 432,4 | | | | | | | | | | |
| | (e) Lucros Retidos | 8,3 | 37,5 | 72,1 | | | | | | | | | | |
| | **Total de Passivo** | **644,8** | **721,6** | **802,4** | **0,0** | **0,0** | **0,0** | **0,0** | **0,0** | **0,0** | **0,0** | **0,0** | **0,0** | **0,0** |
| | **Observações** | | | | | | | | | | | | | |
| | (a) Capital de giro líquido | | | | | | | | | | | | | |
| | (b) Financeiras | | | | | | | | | | | | | |
| | (c) Não operacionais e não financeiras | | | | | | | | | | | | | |
| | (d) Ativo operacional fixo | | | | | | | | | | | | | |
| | (e) Patrimônio líquido | | | | | | | | | | | | | |

Figura 16.3 – Formatação da pasta "BAL".

## Criação da Pasta MacroEco

Crie a pasta MacroEco copiando a partir da pasta Base. Altere o nome da nova pasta para MacroEco.

Deixaremos o modelo preparado para três alternativas de cenários macroeconômicos, embora tenhamos apenas um (Tabela 15.8). Portanto, criaremos as três alternativas iguais, mas, pode ser que, eventualmente, exista necessidade de colocar mais alternativas, por exemplo: (a.i) cenário base, (a.ii) pessimista e (a.iii) otimista ou (b.i) cenário do banco e (b.ii) do cliente etc.

Inicialmente, copie as informações do cenário macroeconômico nessa pasta (Tabela 15.8), a partir da célula B5. Como o formato geral é de número com uma casa decimal e a maior parte das informações do cenário macroeconômico é porcentual, formate cada linha de acordo com a melhor forma de apresentação. Formate a linha 12 ("Câmbio Médio") com borda inferior simples (coluna B a coluna O).

Na célula C14, coloque "2". Essa célula será usada para escolher entre as alternativas de cenários. Formate essa célula com o *colour coding* (fundo amarelo e fonte azul). Tire a casa decimal do formato numérico dessa célula. Na célula B14 escreva "Escolha Cenário".

Faça um *link* da linha 16, da coluna C a coluna O, com a linha 4, travando a linha (por exemplo, na célula C16 coloque "=C$4"). Copie o formato da linha 4 para essa linha (borda inferior, borda superior e formato personalizado do número, para que fique, por exemplo: "2018 P").

Copie o cenário das linhas 5 a 12 (colunas B a O) e cole a partir da célula B17. Coloque, na célula B16, o nome do cenário, por exemplo, "[1] Cenário Pessimista". Coloque o *colour coding* nessa célula. Se quiser, coloque o *colour coding* também nos dados do cenário.

Copie as linhas 16 a 24 (colunas B a O) e cole duas vezes, nas linhas 26 e 36. Como só temos um cenário, manteremos os mesmos números. Troque os nomes dos cenários nas células B26 e B36 para "[2] Cenário Base" e "[3] Cenário Otimista", respectivamente.

Coloque, na célula D14 a seguinte fórmula "=B16&" / "&B26&" / "&B36". Formate alinhamento à esquerda. Dessa forma, a célula D14 mostrará as alternativas de cenários, facilitando a escolha a ser feita na célula C14. É importante colocar o número ("[1]" etc.) na frente do nome do cenário para ajudar a identificação nessa escolha.

Coloque, na célula B4, a fórmula "=ESCOLHER($C$14;B16;B26;B36)", pois esse cenário será o utilizado no modelo, de acordo com a escolha feita na célula C14. Copie a fórmula dessa célula (apenas a fórmula e não o formato) para todas as células das linhas 5 a 12 entre as colunas C a O. Como não temos algumas informações (Desval. Real e Câmbio Médio dos anos 2015 a 2017), se preferir, pode apagar as fórmulas dessas células.

Caso tivéssemos mais cenários macroeconômicos, ao alterar a célula C14 de "1" a "3", veríamos mudanças no cenário nas linhas 5 a 12. Na realidade, estamos mudando mas, como os números são os mesmos nos três cenários alternativos, as mudanças são imperceptíveis. A única célula que percebemos a mudança, a partir das alterações da célula C14, é a célula B4 (o nome do cenário escolhido).

Essa pasta do seu modelo deve estar parecida com a Figura 16.4.

| | | 2.015 | 2.016 | 2.017 | 2.018 P | 2.019 P | 2.020 P | 2.021 P | 2.022 P | 2.023 P | 2.024 P | 2.025 P | 2.026 P | 2.027 P |
|---|---|---|---|---|---|---|---|---|---|---|---|---|---|---|
| **[2] Cenário Base** | | | | | | | | | | | | | | |
| IPCA | | 10,7% | 6,3% | 3,0% | 3,7% | 4,0% | 4,0% | 4,0% | 4,0% | 4,0% | 4,0% | 4,0% | 4,0% | 4,0% |
| IGP-M | | 10,5% | 7,2% | -0,5% | 4,8% | 4,6% | 4,6% | 4,5% | 4,3% | 4,0% | 4,0% | 4,0% | 4,0% | 4,0% |
| PIB | | -3,6% | -3,5% | 1,0% | 2,0% | 2,8% | 3,4% | 3,6% | 3,2% | 3,2% | 3,2% | 3,2% | 3,2% | 3,2% |
| Selic | | 14,3% | 13,8% | 7,0% | 6,3% | 8,0% | 8,3% | 9,0% | 9,5% | 9,5% | 9,5% | 9,5% | 9,5% | 9,5% |
| CPI | | 0,7% | 2,1% | 2,1% | 2,5% | 2,4% | 2,3% | 2,2% | 2,1% | 2,1% | 2,1% | 2,1% | 2,1% | 2,1% |
| Desval. Real | | | | | 9,0% | -0,2% | 2,4% | 0,8% | 0,7% | 0,0% | 0,0% | 0,0% | 0,0% | 0,0% |
| Câmbio | | 4,0 | 3,3 | 3,3 | 3,7 | 3,7 | 3,9 | 4,0 | 4,1 | 4,1 | 4,2 | 4,3 | 4,4 | 4,4 |
| Câmbio Médio | | | | | 3,5 | 3,7 | 3,8 | 3,9 | 4,0 | 4,1 | 4,2 | 4,2 | 4,3 | 4,4 |
| | | | | | | | | | | | | | | |
| Escolha Cenário | | 2 | | [1] Cenário Pessimista / [2] Cenário Base / [3] Cenário Otimista | | | | | | | | | |
| | | | | | | | | | | | | | | |
| **[1] Cenário Pessimista** | | 2.015 | 2.016 | 2.017 | 2.018 P | 2.019 P | 2.020 P | 2.021 P | 2.022 P | 2.023 P | 2.024 P | 2.025 P | 2.026 P | 2.027 P |
| IPCA | | 10,7% | 6,3% | 3,0% | 3,7% | 4,0% | 4,0% | 4,0% | 4,0% | 4,0% | 4,0% | 4,0% | 4,0% | 4,0% |
| IGP-M | | 10,5% | 7,2% | -0,5% | 4,8% | 4,6% | 4,6% | 4,5% | 4,3% | 4,0% | 4,0% | 4,0% | 4,0% | 4,0% |
| PIB | | -3,6% | -3,5% | 1,0% | 2,0% | 2,8% | 3,4% | 3,6% | 3,2% | 3,2% | 3,2% | 3,2% | 3,2% | 3,2% |
| Selic | | 14,3% | 13,8% | 7,0% | 6,3% | 8,0% | 8,3% | 9,0% | 9,5% | 9,5% | 9,5% | 9,5% | 9,5% | 9,5% |
| CPI | | 0,7% | 2,1% | 2,1% | 2,5% | 2,4% | 2,3% | 2,2% | 2,1% | 2,1% | 2,1% | 2,1% | 2,1% | 2,1% |
| Desval. Real | | | | | 9,0% | -0,2% | 2,4% | 0,8% | 0,7% | 0,0% | 0,0% | 0,0% | 0,0% | 0,0% |
| Câmbio | | 4,0 | 3,3 | 3,3 | 3,7 | 3,7 | 3,9 | 4,0 | 4,1 | 4,1 | 4,2 | 4,3 | 4,4 | 4,4 |
| Câmbio Médio | | | | | 3,5 | 3,7 | 3,8 | 3,9 | 4,0 | 4,1 | 4,2 | 4,2 | 4,3 | 4,4 |
| | | | | | | | | | | | | | | |
| **[2] Cenário Base** | | 2.015 | 2.016 | 2.017 | 2.018 P | 2.019 P | 2.020 P | 2.021 P | 2.022 P | 2.023 P | 2.024 P | 2.025 P | 2.026 P | 2.027 P |
| IPCA | | 10,7% | 6,3% | 3,0% | 3,7% | 4,0% | 4,0% | 4,0% | 4,0% | 4,0% | 4,0% | 4,0% | 4,0% | 4,0% |
| IGP-M | | 10,5% | 7,2% | -0,5% | 4,8% | 4,6% | 4,6% | 4,5% | 4,3% | 4,0% | 4,0% | 4,0% | 4,0% | 4,0% |
| PIB | | -3,6% | -3,5% | 1,0% | 2,0% | 2,8% | 3,4% | 3,6% | 3,2% | 3,2% | 3,2% | 3,2% | 3,2% | 3,2% |
| Selic | | 14,3% | 13,8% | 7,0% | 6,3% | 8,0% | 8,3% | 9,0% | 9,5% | 9,5% | 9,5% | 9,5% | 9,5% | 9,5% |
| CPI | | 0,7% | 2,1% | 2,1% | 2,5% | 2,4% | 2,3% | 2,2% | 2,1% | 2,1% | 2,1% | 2,1% | 2,1% | 2,1% |
| Desval. Real | | | | | 9,0% | -0,2% | 2,4% | 0,8% | 0,7% | 0,0% | 0,0% | 0,0% | 0,0% | 0,0% |
| Câmbio | | 4,0 | 3,3 | 3,3 | 3,7 | 3,7 | 3,9 | 4,0 | 4,1 | 4,1 | 4,2 | 4,3 | 4,4 | 4,4 |
| Câmbio Médio | | | | | 3,5 | 3,7 | 3,8 | 3,9 | 4,0 | 4,1 | 4,2 | 4,2 | 4,3 | 4,4 |

Figura 16.4 – Formatação da pasta "MacroEco" (visão parcial).

## Criação da Pasta Projeto

Crie a pasta Projeto copiando a partir da pasta Base. Altere o nome da nova pasta para Projeto.

Essa pasta é uma pasta central no seu modelo. Nela concentraremos as lógicas de projeções, além de informações gerais sobre o projeto e índices que ajudarão a analisar o modelo.

Dividiremos essa pasta em 3 partes, o cabeçalho, a parte superior e a parte inferior.

Comecemos pelo cabeçalho.

Insira quatro linhas a partir da linha 4, assim, a linha 4 será deslocada para a linha 8.

Na célula B4 escreva "Projeto:", na célula B5 escreva "Cenário:" e na célula B6 escreva "Cenário MacroEco:".

Na célula C4 escreva o nome do projeto, o qual chamaremos genericamente de "[Nome]". Use o *colour coding* nessa célula e formate à esquerda. Mude a célula A1 da pasta DRE para "="Projeto: "&Projeto!C4". Caso você não saiba, o "&" junta ("soma") dois textos e, por isso, o texto dentro da própria fórmula deve vir entre aspas duplas. Dessa forma, ao alterar o nome do projeto nessa pasta Projeto (célula C4), todos os cabeçalhos de todas as pastas alterar-se-ão automaticamente. Faça um teste escrevendo outro nome na célula C4 da pasta Projeto e veja a célula A1 da própria pasta Projeto alterar-se.

Faça um *link* da célula C6 da pasta Projeto com a célula B4 da pasta MacroEco ("=MacroEco!B4"). Formate à esquerda.

CAP. 16 • MODELAGEM: ETAPA 1 **265**

Coloque "="Versão 1 / Cenário MacroEco: "&C6" na célula C5. Formate a esquerda. Faça um *link* da célula A2 da pasta DRE com essa célula da pasta Projetos (coloque, na célula A2 da pasta DRE, a fórmula "=Projeto!C5").

Feito o cabeçalho, dediquemo-nos agora à parte superior da pasta Projeto.

Copie os *labels* (títulos ou conteúdo) da Tabela 16.1 (ou da Figura 16.5 mais à frente no texto) na coluna B do seu modelo. Depois montaremos as demais colunas. Você deve ter ido da linha 9 à linha 32. Os *labels* das linhas 4 a 8 (cabeçalho) já estão no modelo.

Tabela 16.1 – *Labels* do cabeçalho e da parte superior da pasta Projeto

| Linha | *Label* |
|---|---|
| 4 | Projeto: |
| 5 | Cenário: |
| 6 | Cenário MacroEco: |
| 7 | |
| 8 | **[R$ Milhões]** |
| 9 | Quantidade Vendida [milhões de pacotes] |
| 10 | U.N. 1: [nome UN1] |
| 11 | Elasticidade |
| 12 | U.N. 2: [nome UN2] |
| 13 | Elasticidade |
| 14 | Preço [pacote] |
| 15 | U.N. 1: [nome UN1] |
| 16 | U.N. 2: [nome UN2] |
| 17 | |
| 18 | Divisão da Receita |
| 19 | U.N. 1: [nome UN1] |
| 20 | U.N. 2: [nome UN2] |
| 21 | |
| 22 | Margem Bruta |
| 23 | U.N. 1: [nome UN1] |
| 24 | U.N. 2: [nome UN2] |
| 25 | |
| 26 | Despesa com Vendas / Receita Líquida |
| 27 | |
| 28 | Despesa G&A / Receita Líquida |
| 29 | |
| 30 | Margem EBITDA |
| 31 | |
| 32 | Margem Operacional |

Pegue as informações de quantidade e preço, para os anos históricos, por unidade de negócio (a AlGaSe tem duas unidades de negócios), na Tabela 15.4. Coloque tais informações nas linhas 10, 12, 15 e 16, colunas C a E. Formate esses números com o *colour coding*. Nomeie as linhas 10, 12, 15 e 16 (coluna C a coluna O) com "QtdeUN1", "QtdeUN2", "PrecoUN1" e "PrecoUN2", respectivamente.

Nessa etapa 1, conforme já comentado, a quantidade evoluirá com a variação do PIB do próprio ano (quantidade$_t$ = quantidade$_{t-1}$ × (1+$\Delta$PIB$_t$)). Dessa forma, coloque nas linhas 11 e 13, colunas F a O, "1", e formate personalizado "0,0x" (sem as aspas), além do *colour coding*. Por exemplo, coloque "1" na célula F11 e faça igual a anterior a partir da célula G11 ("=F11"). Coloque "=E10*(1+F11*MacroEco!F$7)" na célula F10, dessa forma, já preparamos o modelo para quando tivermos outra premissa para a elasticidade, que atualmente é "1". Copie essa célula para as linhas 10 e 12, colunas F a O. A quantidade vendida em 2027 P para a UN1 deve ser 252,141 milhões de pacotes e para a UN2 dever ser 42,089 milhões de pacotes (com 3 casas decimais apesar de o modelo estar formatado com 1 casa decimal).

Nessa etapa 1, o preço evoluirá com a inflação do ano anterior (preço$_t$ = preço$_{t-1}$ × (1+inflação$_{t-1}$)). Portanto, coloque, na célula F15, "=E15*(1+MacroEco!E$5)". Copie essa célula para as linhas 15 e 16, colunas F a O. O preço de venda em 2027 P para a UN1 deve ser 3,740 e para a UN2 deve ser 5,954 (com 3 casas decimais).

Agora devemos montar a receita líquida na pasta DRE. Para tanto, vá para a pasta DRE e insira duas linhas abaixo da linha 5 ("Receita Líquida") e coloque as Unidades de Negócio na coluna B das duas novas linhas ("=Projeto!B10" e "=Projeto!B12", respectivamente). Se preferir, formate estas duas células com o texto mais a direita na célula. Monte a fórmula para a linha 6, colunas C a O ("=QtdeUN1*PrecoUN1") e a fórmula para a linha 7, colunas C a O ("=QtdeUN2*PrecoUN2"). Nomeie as linhas 6 e 7, colunas C a O, com "RLUN1" e "RLUN2", respectivamente. Coloque, na linha 5, colunas C a O, a fórmula "=RLUN1+RLUN2". Assim já teremos projetado a receita líquida da AlGaSe na pasta DRE.

Ainda na pasta DRE, insira duas linhas abaixo da linha 8 ("CPV") e coloque as Unidades de Negócio na coluna B das duas novas linhas ("=Projeto!B10" e "=Projeto!B12", respectivamente). Se preferir, formate estas duas células com o texto mais a direita na célula. Pegue as informações de CPV, para os anos históricos, por unidade de negócio, na Tabela 15.4. Insira-os com sinal negativo. Formate esses números com o *colour coding*. Nomeie as linhas 9 e 10, coluna C a coluna O, com "CPVUN1" e "CPVUN2", respectivamente. Coloque, na linha 8, colunas C a O, a fórmula "=CPVUN1+CPVUN2".

Volte para a pasta Projeto. Na linha 19, colunas C a O, coloque a fórmula "=RLUN1/ReceitaLiquida" e formate com porcento (1 casa decimal). Repita para a linha 20, mas com a fórmula "=RLUN2/ReceitaLiquida". Essas linhas mostram, ano a ano, o *mix* da receita líquida por unidade de negócio. Como as duas unidades de negócios estão crescendo com a variação do PIB e a inflação, os anos projetados, nessa etapa 1, estão com os valores das linhas 19 e 20 constantes.

Na linha 23, colunas C a E, coloque a fórmula "=(RLUN1+CPVUN1)/RLUN1", correspondente a margem bruta da unidade de negócio 1, e formate com porcento. Repita para a linha 24, colunas C a E mas com a seguinte fórmula "=(RLUN2+CPVUN2)/RLUN2". Nessa etapa 1, projetaremos a margem bruta igual a média histórica (três anos), portanto, coloque na célula F23 a fórmula "=MÉDIA(C23:E23)", formate porcento e *colour coding*. Coloque, na célula G23, "=F23", para manter a média fixa ao longo do horizonte de projeção, formate porcento e *colour coding*. Copie essa célula G23 para a linha toda, colunas H a O. Copie as células F23 a O23 na linha 24, mesmas colunas.

CAP. 16 • MODELAGEM: ETAPA 1 **267**

Na célula F9 da pasta DRE, coloque a fórmula "=-RLUN1*(1-Projeto!F23)" e copie para a linha toda, colunas F a O. Repita para a linha 10 da pasta DRE, colocando, em F10, a fórmula "=-RLUN2*(1-Projeto!F24)" e copiando para a linha toda, colunas F a O.

Volte para a pasta Projeto, na linha 22, colunas C a O, e coloque a fórmula "=(Receita Liquida+CPV)/ReceitaLiquida", correspondente a margem bruta da AlGaSe. Formate porcento. Note que a margem bruta da AlGaSe mantém-se constante em 57,0% ao longo do horizonte de projeção, nessa etapa 1.

Na linha 26, colunas C a E, coloque a fórmula "=-DespV/ReceitaLiquida" e formate com porcento. Repita para a linha 28, colunas C a E, mas com a seguinte fórmula "=-DespGA/ReceitaLiquida". Nessa etapa 1, projetaremos as despesas com vendas e as despesas gerais e administrativas como despesas variáveis (ou como porcentual da receita líquida) e iguais às respectivas médias históricas, portanto, coloque, na célula F26, a fórmula "=MÉDIA(C26:E26)", formate porcento e *colour coding*. Coloque, na célula G26, "=F26" para manter a média fixa ao longo do horizonte de projeção, formate porcento e *colour coding*. Copie essa célula G26 para a linha toda, colunas H a O. Copie as células F26 a O26 na linha 28, mesmas colunas.

Na célula F12 da pasta DRE, coloque a fórmula "=-ReceitaLiquida*Projeto!F26" e copie para a linha toda, colunas F a O. Repita para a linha 13, colocando, em F13, a fórmula "=-ReceitaLiquida*Projeto!F28" e copiando para a linha toda, colunas F a O.

Volte para a pasta Projeto, na linha 30, colunas C a O, e coloque a fórmula "=EBITDA/ReceitaLiquida". Formate porcento. Note que a margem EBITDA da AlGaSe se mantém constante em 32,1% ao longo do horizonte de projeção, nessa etapa 1. Repita para a linha 32 (colunas C a O) com a fórmula "=EBIT/ReceitaLiquida". Como ainda não colocamos a depreciação no horizonte de projeção, a margem EBIT está, por enquanto e nos anos projetados, igual à margem EBITDA.

Formate a linha 32, colunas B a O, com borda inferior.

Nesse ponto, a pasta Projeto do seu modelo deve estar parecida com a Figura 16.5.

| | | 2.015 | 2.016 | 2.017 | 2.018 P | 2.019 P | 2.020 P | 2.021 P | 2.022 P | 2.023 P | 2.024 P | 2.025 P | 2.026 P | 2.027 P |
|---|---|---|---|---|---|---|---|---|---|---|---|---|---|---|
| Projeto: | [Nome] | | | | | | | | | | | | | |
| Cenário: | Versão 1 / Cenário MacroEco: [2] Cenário Base | | | | | | | | | | | | | |
| Cenário MacroEco: | [2] Cenário Base | | | | | | | | | | | | | |
| **[R$ Milhões]** | | 2.015 | 2.016 | 2.017 | 2.018 P | 2.019 P | 2.020 P | 2.021 P | 2.022 P | 2.023 P | 2.024 P | 2.025 P | 2.026 P | 2.027 P |
| Quantidade Vendida [milhões de pacotes] | | | | | | | | | | | | | | |
| U.N. 1: [nome UN1] | | 187,9 | 184,1 | 185,8 | 189,5 | 194,8 | 201,5 | 208,7 | 215,4 | 222,3 | 229,4 | 236,7 | 244,3 | 252,1 |
| Elasticidade | | | | | 1,0x | 1,0x | 1,0x | 1,0x | 1,0x | 1,0x | 1,0x | 1,0x | 1,0x | 1,0x |
| U.N. 2: [nome UN2] | | 31,6 | 30,6 | 31,0 | 31,6 | 32,5 | 33,6 | 34,8 | 36,0 | 37,1 | 38,3 | 39,5 | 40,8 | 42,1 |
| Elasticidade | | | | | 1,0x | 1,0x | 1,0x | 1,0x | 1,0x | 1,0x | 1,0x | 1,0x | 1,0x | 1,0x |
| Preço [pacote] | | | | | | | | | | | | | | |
| U.N. 1: [nome UN1] | | 1,1 | 1,4 | 1,0 | 1,0 | 1,1 | 1,0 | 1,0 | 1,1 | 1,2 | 1,1 | 1,1 | 1,0 | 1,7 |
| U.N. 2: [nome UN2] | | 3,5 | 3,8 | 4,1 | 4,2 | 4,4 | 4,5 | 4,7 | 4,9 | 5,1 | 5,3 | 5,5 | 5,7 | 6,0 |
| Divisão da Receita | | | | | | | | | | | | | | |
| U.N. 1: [nome UN1] | | 78,9% | 79,1% | 79,0% | 79,0% | 79,0% | 79,0% | 79,0% | 79,0% | 79,0% | 79,0% | 79,0% | 79,0% | 79,0% |
| U.N. 2: [nome UN2] | | 21,1% | 20,9% | 21,0% | 21,0% | 21,0% | 21,0% | 21,0% | 21,0% | 21,0% | 21,0% | 21,0% | 21,0% | 21,0% |
| Margem Bruta | | 57,7% | 56,1% | 57,1% | 57,0% | 57,0% | 57,0% | 57,0% | 57,0% | 57,0% | 57,0% | 57,0% | 57,0% | 57,0% |
| U.N. 1: [nome UN1] | | 56,0% | 55,0% | 55,9% | 55,6% | 55,6% | 55,6% | 55,6% | 55,6% | 55,6% | 55,6% | 55,6% | 55,6% | 55,6% |
| U.N. 2: [nome UN2] | | 63,9% | 60,4% | 61,6% | 62,0% | 62,0% | 62,0% | 62,0% | 62,0% | 62,0% | 62,0% | 62,0% | 62,0% | 62,0% |
| Despesa com Vendas / Receita Líquida | | 5,1% | 5,8% | 5,1% | 5,3% | 5,3% | 5,3% | 5,3% | 5,3% | 5,3% | 5,3% | 5,3% | 5,3% | 5,3% |
| Despesa G&A / Receita Líquida | | 19,5% | 19,7% | 19,5% | 19,5% | 19,5% | 19,5% | 19,5% | 19,5% | 19,5% | 19,5% | 19,5% | 19,5% | 19,5% |
| Margem EBITDA | | 33,1% | 30,7% | 32,5% | 32,1% | 32,1% | 32,1% | 32,1% | 32,1% | 32,1% | 32,1% | 32,1% | 32,1% | 32,1% |
| Margem Operacional | | 21,4% | 19,8% | 21,5% | 32,1% | 32,1% | 32,1% | 32,1% | 32,1% | 32,1% | 32,1% | 32,1% | 32,1% | 32,1% |

Figura 16.5 – Formatação da pasta "Projeto" (visão parcial).

Feita a parte superior da pasta Projeto, dediquemo-nos agora à parte inferior.

Faça um *link* da linha 34, da coluna C a coluna O, com a linha 8, travando a linha (por exemplo, na célula C34, coloque "=C$8"). Copie o formato da linha 8 para essa linha (bordas inferior e superior e formato personalizado do número, para que fique, por exemplo: "2018 P").

Copie os *labels* (títulos ou conteúdo) da Tabela 16.2 (ou da Figura 16.6 mais à frente no texto) na coluna B do seu modelo. Depois montaremos as demais colunas. Você deve ter ido da linha 35 a linha 65.

Projetaremos as contas do capital de giro líquido por meio dos índices de eficiência de ativos. Os principais índices são (i) dias de recebíveis (contas a receber/(receita líquida/365)); (ii) dias de estoque (estoque/(CPV/365)); (iii) dias de contas a pagar (contas a pagar/(CPV/365)); (iv) dias de salários e encargos a pagar (salários e encargos a pagar/((CPV + despesas gerais e administrativas)/365)); e (v) dias de impostos a pagar (impostos a pagar/(receita líquida/365)).

Tabela 16.2 – *Labels* da parte inferior da pasta Projeto

| Linha | Labels |
|-------|--------|
| 35 | Caixa Operacional/Receita Líquida |
| 36 | Contas a Receber/(Receita Líquida/365)) |
| 37 | Estoque/(CPV/365) |
| 38 | Impostos a Compensar/Receita Líquida |
| 39 | |
| 40 | Contas a Pagar/(CPV/365) |
| 41 | Sal. e Encargos a Pagar/((CPV+DespG&A)/365) |
| 42 | Imp. a Pagar/(Receita Líquida/365) |
| 43 | |
| 44 | Depreciação |
| 45 | Alíquota de Depreciação |
| 46 | |
| 47 | CAPEX |
| 48 | |
| 49 | Capital de Giro Líquido (CGL) |
| 50 | Receita Líquida/CGL |
| 51 | |
| 52 | Ativo Fixo Líquido (AFL) |
| 53 | Receita Líquida/AFL |
| 54 | |
| 55 | Ativo Operacional Total (AOT) |
| 56 | CGL/AOT |
| 57 | AFL/AOT |
| 58 | |
| 59 | Resultado Operacional Líquido (ROL) |
| 60 | RoIC (=ROL/AOT) |
| 61 | |
| 62 | Margem |
| 63 | (×) Giro |
| 64 | (=) RoIC |
| 65 | Checagem |

CAP. 16 • MODELAGEM: ETAPA 1 **269**

Na linha 36, colunas C a E, coloque a fórmula "=CtasRec/(ReceitaLiquida/365)". Manteremos os índices fixos ao longo do horizonte de projeção e iguais às respectivas médias históricas, portanto, coloque na célula F36 a fórmula "=MÉDIA(C36:E36)", formate com o *colour coding*. Coloque, na célula G36, "=F36", para manter a média fixa ao longo do horizonte de projeção, formate com o *colour coding*. Copie a célula G36 para linha toda, colunas H a O.

Repita para as linhas 37, 40, 41 e 42, com as respectivas fórmulas, nas colunas C a E de cada uma dessas linhas: "=-Estoque/(CPV/365)", "=-CtasPg/(CPV/365)", "=-SalEncPg/ ((CPV+DespGA)/365)" e "=ImpPg/(ReceitaLiquida/365)". Em seguida, calcule as médias na coluna F e mantenha essa mesma média ao longo dos anos de projeção nas colunas G a O. Atente para o *colour coding* nas colunas F a O.

Para a linha 35, colunas C a E, calcule o porcentual de caixa operacional em relação à receita líquida por meio da fórmula "=CxOper/ReceitaLiquida" e formate as células com porcento. Em seguida, calcule a média na coluna F e mantenha essa mesma média ao longo dos anos de projeção nas colunas G a O. Atente para o formato porcentual e o *colour coding* nas colunas F a O.

Repita para a linha 38 com a fórmula "=ImpComp/ReceitaLiquida" nas colunas C a E, a média na coluna F e a manutenção da média nas colunas G a O. Atente para o formato porcentual (colunas C a O) e o *colour coding* (colunas F a O).

Passemos para as contas do capital de giro líquido na pasta BAL. Usaremos os índices que calculamos, porém rearrumados. Por exemplo, o índice dias de recebíveis (contas a receber/(receita líquida/365)) será rearrumado para calcular o contas a receber (dias de recebíveis × (receita líquida/365)). Para tanto, na célula F7 da pasta BAL, coloque a fórmula "=Projeto!F36*(ReceitaLiquida/365)" e copie para a linha toda, colunas G a O. Repita para as linhas: (i) 5 (coloque em F5 a fórmula "=Projeto!F35*ReceitaLiquida"); (ii) 8 ("=-Projeto!F37* (CPV/365)"); (iii) 9 ("=Projeto!F38*ReceitaLiquida"); (iv) 16 ("=-Projeto!F40*(CPV/365)"); (v) 17 ("=-Projeto!F41*((CPV+DespGA)/365)"); e (vi) 18 ("=Projeto!F42*(Receita Liquida/365)"). Copie essas células para as suas respectivas linhas, colunas G a O.

De volta à pasta Projeto, concentremo-nos agora no racional para a projeção do ativo fixo, portanto, no CAPEX e na depreciação. Para a projeção da depreciação, precisamos de uma alíquota de depreciação. Tal alíquota de depreciação será calculada dividindo a despesa de depreciação pela base de ativo imobilizado que a gerou. Como a depreciação é de um período e a base de ativo imobilizado é de uma data, utilizaremos a base média do período a que a depreciação se refere. Portanto, coloque na célula D45 a fórmula "=-Deprec/ ((BAL!D12+BAL!C12)/2)" e copie a fórmula para a célula E45. Formate ambas as células para porcento. A projeção dessa alíquota de depreciação será igual à do último ano (2017). Portanto, na célula F45, coloque a fórmula "=E45", replique a fórmula para as colunas G a O, formate porcento e *colour coding* (colunas F a O).

A depreciação, por sua vez, será calculada em dois pedaços: (i) o ativo fixo bruto do ano anterior depreciará a alíquota anual inteira e (ii) o CAPEX do próprio ano depreciará meia alíquota anual, considerando (simplificadamente) que (i) o ativo fixo bruto do ano anterior "trabalha" o ano todo e, portanto, deprecia uma alíquota anual e (ii) o CAPEX começa a "trabalhar" no meio do ano e, portanto, deprecia meia alíquota anual. Assim, na célula F44, coloque a fórmula "=BAL!E12*F45+F47*F45/2" e copie para as colunas G a O. Nesse momento, os valores ainda não fazem sentido, pois não projetamos o CAPEX nem o ativo fixo bruto. Coloque na célula E44 a depreciação histórica com a fórmula "=-Deprec". Quando projetamos a DRE, nós pulamos a depreciação, portanto, coloque na célula F15 da pasta DRE, a fórmula "=-Projeto!F44" e copie essa fórmula para o resto da linha, colunas G a O.

O CAPEX, nessa etapa 1, será projetado para ser igual à depreciação do próprio período, de maneira a manter o ativo fixo líquido constante ao longo do horizonte de projeção. Portanto, coloque na célula F47, da pasta Projeto, a fórmula "=Bal!E12*F45/(1-F45/2)", mesma fórmula utilizada no Capítulo 12. Copie essa fórmula para a linha toda, colunas G a O. Nomeie a linha 47, colunas C a O, como "Capex". Nesse momento, os valores ainda não fazem sentido, pois não projetamos o ativo fixo bruto.

Sendo assim, na célula F12 da pasta BAL, coloque a fórmula "=E12+Capex" e copie essa fórmula para o resto da linha, colunas G a O. Ainda na pasta BAL, coloque, na célula F13, a fórmula "=E13+Deprec" e copie essa fórmula para o resto da linha, colunas G a O.

Nesse momento, já temos todos os itens para calcular o fluxo de caixa. No entanto, dediquemo-nos, por enquanto, a calcular alguns índices que ajudam na análise das projeções.

De volta para a pasta Projeto, olhemos como evoluímos o capital de giro líquido (CGL). Portanto, calcule o capital de giro líquido e depois compare-o à receita líquida com o objetivo de verificar a velocidade de crescimento do capital de giro líquido em relação à velocidade de crescimento da receita líquida. Coloque, na linha 49, colunas C a O, a fórmula "=(CxOper+CtasRec+Estoque+ImpComp)-(CtasPg+SalEncPg+ImpPg)". Nomeie a linha 49, colunas C a O, de "CGL". Coloque, na linha 50, colunas C a O, a fórmula "=ReceitaLiquida/CGL" e formate personalizado "0,0x". Verifique, na linha 50, que a relação entre CGL e receita líquida está fixa ao longo do horizonte de projeção, indicando que o CGL aumenta na mesma velocidade que a receita líquida.

Olhemos como evoluímos o ativo fixo líquido. Portanto, coloque, na linha 52, colunas C a O, a fórmula "=AFBruto+DeprecAcum". Nomeie a linha 52, colunas C a O, de "AFL". Coloque, na linha 53, colunas C a O, a fórmula "=ReceitaLiquida/AFL" e formate personalizado "0,0x". Verifique que o ativo fixo líquido fica constante ao longo da projeção (projetamos o CAPEX com este objetivo) e que o índice de giro de ativo fixo líquido (na linha 53) aumenta ao longo do horizonte de projeção, indicando que a receita líquida cresce mais rápido do que o ativo fixo líquido (como seria esperado e, portanto, parecendo pouco adequado – na etapa 2, melhoraremos essa projeção).

Calcule a base de ativos operacionais da empresa, chamada de ativo operacional total (AOT), que é a soma do capital de giro líquido e o ativo fixo líquido. Portanto, coloque, na linha 55, colunas C a O, a fórmula "=CGL+AFL". Nomeie a linha 55, colunas C a O, de "AOT". Na linha 56, colunas C a O, coloque a fórmula "=CGL/AOT"; na linha 57, colunas C a O, coloque a fórmula "=AFL/AOT" e formate ambas as linhas com porcento. Verifique que o ativo fixo líquido perde representatividade no ativo operacional total, corroborando a análise do parágrafo acima, de que provavelmente a projeção do CAPEX não esteja adequada.

Olhemos o retorno da empresa, medido pelo RoIC (*return on invested capital*). Retorno é, genericamente, renda dividida pelo capital investido. Do ponto de vista do acionista tem-se o RoE (*return on equity*), calculado pela renda (lucro líquido) dividida pelo capital investido (patrimônio líquido). Do ponto de vista da empresa tem-se o RoIC, calculado pela renda (resultado operacional líquido) dividida pelo capital investido (ativo operacional total). Inicialmente, coloque, na célula C59, a fórmula "=EBIT*(1-34%)" (a alíquota de imposto de renda da empresa é 34%) e copie para o resto da linha, colunas D a O. Nomeie a linha 59, colunas C a O, de "ROL". Calcule, na linha 60, colunas C a O, o RoIC, por meio da fórmula "=ROL/AOT" e formate porcento. Verifique que o retorno (RoIC) da empresa saiu de 12,5% em 2015 e atingiu 21,2% no último ano do horizonte de projeção.

Sabe-se que o retorno é a multiplicação da margem pelo giro (seus dois componentes). Analisemos cada componente isoladamente: a margem e o giro. Coloque, na linha 62, colunas

C a O, a fórmula "=ROL/ReceitaLiquida" (margem) e formate porcento. Coloque, na linha 63, colunas C a O, a fórmula "=ReceitaLiquida/AOT" (giro) e formate personalizado "0,0x". Multiplique, na linha 64, a margem pelo giro (por exemplo, em C64 coloque "=C62*C63"), para obter o RoIC e formate porcento. Coloque, na célula C65, uma checagem por meio da fórmula "=SE(ABS(C64-C60)>=0,01%;1;0)", formate personalizado "[=0]"-";"Error"", fonte vermelho e negrito e copie para toda a linha, colunas D a O. Verifique que a margem está razoavelmente estável (ao longo dos anos projetados), apresentando ligeira queda exclusivamente pela depreciação, uma vez que projetamos os demais custos e despesas operacionais variáveis (ou seja, crescendo na mesma velocidade que a receita líquida). Por outro lado, o giro aumenta porque mantivemos o ativo fixo líquido constante (ao igualar o CAPEX à depreciação) e aumentamos a receita líquida. O resultado é um aumento do RoIC.

Formate a linha 65, colunas B a O, com borda inferior.

Nesse ponto, a parte inferior da pasta Projeto do seu modelo deve estar parecida com a Figura 16.6.

| | 2.015 | 2.016 | 2.017 | 2.018 P | 2.019 P | 2.020 P | 2.021 P | 2.022 P | 2.023 P | 2.024 P | 2.025 P | 2.026 P | 2.027 P |
|---|---|---|---|---|---|---|---|---|---|---|---|---|---|
| Caixa Operacional / Receita Líquida | 5,0% | 5,0% | 5,0% | 5,0% | 5,0% | 5,0% | 5,0% | 5,0% | 5,0% | 5,0% | 5,0% | 5,0% | 5,0% |
| Contas a Receber / (Receita Líquida/365) | 29,4 | 30,1 | 29,2 | 29,6 | 29,6 | 29,6 | 29,6 | 29,6 | 29,6 | 29,6 | 29,6 | 29,6 | 29,6 |
| Estoque / (CPV/365) | 35,6 | 37,2 | 36,6 | 36,5 | 36,5 | 36,5 | 36,5 | 36,5 | 36,5 | 36,5 | 36,5 | 36,5 | 36,5 |
| Impostos a Compensar / Receita Líquida | 2,9% | 2,8% | 2,8% | 2,9% | 2,9% | 2,9% | 2,9% | 2,9% | 2,9% | 2,9% | 2,9% | 2,9% | 2,9% |
| Contas a Pagar / (CPV/365) | 28,6 | 27,6 | 28,5 | 28,2 | 28,2 | 28,2 | 28,2 | 28,2 | 28,2 | 28,2 | 28,2 | 28,2 | 28,2 |
| Sal. e Encargos a Pagar / ((CPV+DespG&A)/365) | 10,8 | 11,1 | 10,9 | 10,9 | 10,9 | 10,9 | 10,9 | 10,9 | 10,9 | 10,9 | 10,9 | 10,9 | 10,9 |
| Imp. a Pagar / (Receita Líquida/365) | 6,8 | 6,1 | 6,9 | 6,6 | 6,6 | 6,6 | 6,6 | 6,6 | 6,6 | 6,6 | 6,6 | 6,6 | 6,6 |
| Depreciação | | | 66,1 | 72,8 | 78,4 | 84,6 | 91,1 | 98,2 | 105,9 | 114,2 | 123,1 | 132,6 | 143,0 |
| Alíquota de Depreciação | | 7,8% | 7,5% | 7,5% | 7,5% | 7,5% | 7,5% | 7,5% | 7,5% | 7,5% | 7,5% | 7,5% | 7,5% |
| CAPEX | | | | 72,8 | 78,4 | 84,6 | 91,1 | 98,2 | 105,9 | 114,2 | 123,1 | 132,6 | 143,0 |
| Capital de Giro Líquido (CGL) | 67,7 | 76,8 | 78,5 | 83,8 | 89,4 | 96,1 | 103,5 | 111,1 | 119,3 | 128,0 | 137,4 | 147,5 | 158,3 |
| Receita Líquida / CGL | 7,7x | 7,3x | 7,7x | 7,5x | 7,5x | 7,5x | 7,5x | 7,5x | 7,5x | 7,5x | 7,5x | 7,5x | 7,5x |
| Ativo Fixo Líquido (AFL) | 517,4 | 548,8 | 587,6 | 587,6 | 587,6 | 587,6 | 587,6 | 587,6 | 587,6 | 587,6 | 587,6 | 587,6 | 587,6 |
| Receita Líquida / AFL | 1,0x | 1,0x | 1,0x | 1,1x | 1,1x | 1,2x | 1,3x | 1,4x | 1,5x | 1,6x | 1,8x | 1,9x | 2,0x |
| Ativo Operacional Total (AOT) | 585,1 | 625,6 | 666,1 | 671,4 | 677,0 | 683,7 | 691,1 | 698,7 | 706,9 | 715,6 | 725,0 | 735,1 | 745,9 |
| CGL / AOT | 11,6% | 12,3% | 11,8% | 12,5% | 13,2% | 14,1% | 15,0% | 15,9% | 16,9% | 17,9% | 19,0% | 20,1% | 21,2% |
| AFL / AOT | 88,4% | 87,7% | 88,2% | 87,5% | 86,8% | 85,9% | 85,0% | 84,1% | 83,1% | 82,1% | 81,0% | 79,9% | 78,8% |
| Resultado Operacional Líquido (ROL) | 73,2 | 73,3 | 85,3 | 85,9 | 91,0 | 97,7 | 105,2 | 112,6 | 120,6 | 129,1 | 138,2 | 148,0 | 158,4 |
| RoIC (=ROL/AOT) | 12,5% | 11,7% | 12,8% | 12,8% | 13,4% | 14,3% | 15,2% | 16,1% | 17,1% | 18,0% | 19,1% | 20,1% | 21,2% |
| Margem | 14,1% | 13,1% | 14,2% | 13,6% | 13,5% | 13,5% | 13,4% | 13,4% | 13,4% | 13,4% | 13,3% | 13,3% | 13,3% |
| (x) Giro | 0,9x | 0,9x | 0,9x | 0,9x | 1,0x | 1,1x | 1,1x | 1,2x | 1,3x | 1,3x | 1,4x | 1,5x | 1,6x |
| (=) RoIC | 12,5% | 11,7% | 12,8% | 12,8% | 13,4% | 14,3% | 15,2% | 16,1% | 17,1% | 18,0% | 19,1% | 20,1% | 21,2% |
| Checagem | - | - | - | - | - | - | - | - | - | - | - | - | - |

Figura 16.6 – Parte inferior da pasta "Projeto".

Nesse ponto, a pasta DRE do seu modelo deve estar parecida com a Figura 16.7.

Projeto: [Nome] — DRAFT/CONFIDENCIAL
Versão 1 / Cenário MacroEco: [2] Cenário Base — [Nome da Instituição]

| [R$ Milhões] | 2.015 | 2.016 | 2.017 | 2.018 P | 2.019 P | 2.020 P | 2.021 P | 2.022 P | 2.023 P | 2.024 P | 2.025 P | 2.026 P | 2.027 P |
|---|---|---|---|---|---|---|---|---|---|---|---|---|---|
| (+) Receita Líquida | 718,5 | 561,0 | 601,1 | 611,2 | 674,0 | 774,9 | 790,0 | 829,1 | 900,6 | 965,5 | 1.036,3 | 1.112,7 | 1.193,7 |
| U.N. 1: [nome UN1] | 409,0 | 443,6 | 475,7 | 499,5 | 532,5 | 572,6 | 617,0 | 662,2 | 710,7 | 762,8 | 818,7 | 878,7 | 943,1 |
| U.N. 2: [nome UN2] | 109,5 | 117,4 | 126,4 | 132,7 | 141,5 | 152,2 | 163,9 | 176,0 | 188,8 | 202,7 | 217,5 | 233,5 | 250,6 |
| (-) CPV (ex depreciação) | (219,4) | (246,1) | (258,4) | (272,1) | (290,1) | (311,9) | (336,1) | (360,7) | (387,1) | (415,5) | (446,0) | (478,6) | (513,7) |
| U.N. 1: [nome UN1] | (179,9) | (199,6) | (209,8) | (221,6) | (236,2) | (254,0) | (273,7) | (293,8) | (315,3) | (338,4) | (363,2) | (389,8) | (418,4) |
| U.N. 2: [nome UN2] | (39,5) | (46,5) | (48,6) | (50,5) | (53,8) | (57,9) | (62,4) | (66,9) | (71,8) | (77,1) | (82,8) | (88,8) | (95,3) |
| (=) Resultado Bruto | 299,1 | 314,9 | 343,7 | 360,2 | 383,9 | 412,9 | 444,9 | 477,5 | 512,4 | 550,0 | 590,3 | 633,6 | 680,0 |
| (-) Despesas com Vendas | (26,6) | (32,3) | (30,8) | (33,7) | (36,0) | (38,7) | (41,7) | (44,7) | (48,0) | (51,5) | (55,3) | (59,3) | (63,7) |
| (-) Despesas Gerais e Adm. | (100,9) | (110,3) | (117,5) | (123,6) | (131,7) | (141,7) | (152,6) | (163,8) | (175,8) | (188,7) | (202,5) | (217,4) | (233,3) |
| (=) EBITDA | 171,6 | 172,3 | 195,4 | 202,9 | 216,3 | 232,6 | 250,6 | 268,9 | 288,6 | 309,8 | 332,5 | 356,8 | 383,0 |
| (-) Depreciação | (60,7) | (61,3) | (66,1) | (72,8) | (78,4) | (84,6) | (91,1) | (98,2) | (105,9) | (114,2) | (123,1) | (132,6) | (143,0) |
| (=) Resultado Operacional | 110,9 | 111,0 | 129,3 | 130,1 | 137,8 | 148,0 | 159,4 | 170,7 | 182,7 | 195,6 | 209,4 | 224,2 | 240,0 |
| (-) Despesa Financeira | (14,7) | (15,2) | (18,4) | | | | | | | | | | |
| (+) Receita Financeira | 3,5 | 3,7 | 3,2 | | | | | | | | | | |
| (+) Result. não Operac. | 0,5 | (1,0) | 0,8 | | | | | | | | | | |
| (=) LAIR | 100,2 | 98,4 | 114,9 | 130,1 | 137,8 | 148,0 | 159,4 | 170,7 | 182,7 | 195,6 | 209,4 | 224,2 | 240,0 |
| (-) IR | (34,1) | (33,5) | (39,1) | | | | | | | | | | |
| (=) Lucro Líquido | 66,1 | 64,9 | 75,8 | 130,1 | 137,8 | 148,0 | 159,4 | 170,7 | 182,7 | 195,6 | 209,4 | 224,2 | 240,0 |

Figura 16.7 – Pasta "DRE" (totalmente projetada para essa etapa 1).

Nesse ponto, a pasta BAL do seu modelo deve estar parecida com a Figura 16.8.

| | 2.015 | 2.016 | 2.017 | 2.018 P | 2.019 P | 2.020 P | 2.021 P | 2.022 P | 2.023 P | 2.024 P | 2.025 P | 2.026 P | 2.027 P |
|---|---|---|---|---|---|---|---|---|---|---|---|---|---|
| **Projeto: [Nome]** | | | | | | | | | | | | DRAFT/CONFIDENCIAL | |
| Versão 1 / Cenário MacroEco: [2] Cenário Base | | | | | | | | | | | | [Nome da Instituição] | |
| **[R$ Milhões]** | 2.015 | 2.016 | 2.017 | 2.018 P | 2.019 P | 2.020 P | 2.021 P | 2.022 P | 2.023 P | 2.024 P | 2.025 P | 2.026 P | 2.027 P |
| (a) Caixa Operacional | 26,0 | 28,2 | 30,1 | 31,7 | 33,8 | 36,3 | 39,2 | 42,0 | 45,1 | 48,4 | 52,0 | 55,8 | 59,8 |
| (b) Excesso de Caixa | 2,5 | 19,7 | 25,1 | | | | | | | | | | |
| (a) Contas a Receber | 41,7 | 46,3 | 48,2 | 51,2 | 54,6 | 58,7 | 63,3 | 67,9 | 72,9 | 78,2 | 83,9 | 90,1 | 96,7 |
| (a) Estoque | 21,4 | 25,1 | 25,9 | 27,2 | 29,0 | 31,2 | 33,6 | 36,0 | 38,7 | 41,5 | 44,6 | 47,8 | 51,3 |
| (a) Impostos a Compensar | 15,0 | 15,9 | 17,0 | 18,0 | 19,2 | 20,7 | 22,3 | 23,9 | 25,6 | 27,5 | 29,5 | 31,7 | 34,0 |
| (c) Depósitos Judiciais | 0,8 | 12,6 | 38,5 | | | | | | | | | | |
| (c) Crédito Fiscal | 20,0 | 25,0 | 30,0 | | | | | | | | | | |
| (d) Ativo Fixo Bruto | 735,9 | 828,6 | 933,5 | 1.006,3 | 1.084,7 | 1.169,3 | 1.260,4 | 1.358,6 | 1.464,5 | 1.578,7 | 1.701,8 | 1.834,4 | 1.977,4 |
| (d) Depreciação Acumulada | (218,5) | (279,8) | (345,9) | (418,7) | (497,1) | (581,7) | (672,8) | (771,0) | (876,9) | (991,1) | (1.114,2) | (1.246,8) | (1.389,8) |
| **Total de Ativo** | **644,8** | **721,6** | **802,4** | **715,7** | **724,2** | **794,5** | **745,8** | **757,4** | **769,9** | **783,2** | **797,6** | **813,0** | **829,5** |
| (a) Contas a Pagar | 17,2 | 18,6 | 20,2 | 21,1 | 22,4 | 24,1 | 26,0 | 27,9 | 30,0 | 32,2 | 34,5 | 37,0 | 39,8 |
| (a) Sal. e Encargos a Pagar | 9,5 | 10,8 | 11,2 | 11,8 | 12,6 | 13,6 | 14,6 | 15,7 | 16,8 | 18,1 | 19,4 | 20,8 | 22,4 |
| (a) Imp. a Pagar | 9,7 | 9,3 | 11,3 | 11,4 | 12,1 | 13,1 | 14,1 | 15,1 | 16,2 | 17,4 | 18,7 | 20,0 | 21,5 |
| (b) Empr. e Financ. CP | 45,3 | 46,9 | 45,6 | | | | | | | | | | |
| (b) Revolving | | | | | | | | | | | | | |
| (c) Provisões Ambientais | 72,7 | 53,7 | 97,9 | | | | | | | | | | |
| (e) Empr. e Financ. LP | 100,7 | 128,3 | 111,7 | | | | | | | | | | |
| (e) Capital Social | 381,4 | 416,5 | 432,4 | | | | | | | | | | |
| (e) Lucros Retidos | 8,3 | 37,5 | 72,1 | | | | | | | | | | |
| **Total de Passivo** | **644,8** | **721,6** | **802,4** | **44,3** | **47,2** | **50,8** | **54,7** | **58,7** | **63,0** | **67,6** | **72,6** | **77,9** | **83,6** |
| | - | - | - | | | | | | | | | | |
| **Observações** | | | | | | | | | | | | | |
| (a) Capital de giro líquido | | | | | | | | | | | | | |
| (b) Financeiras | | | | | | | | | | | | | |
| (c) Não operacionais e não financeiras | | | | | | | | | | | | | |
| (d) Ativo operacional fixo | | | | | | | | | | | | | |
| (e) Patrimônio líquido | | | | | | | | | | | | | |

Figura 16.8 – Pasta "BAL" (totalmente projetada para essa etapa 1).

## Criação da Pasta Beta

Crie a pasta Beta copiando a partir da pasta Base. Altere o nome da nova pasta para Beta.

Copie as informações da Tabela 15.6 nessa pasta. Essa pasta não precisará do cabeçalho da linha 4, portanto, pode copiar as informações a partir da própria linha 4 (célula B4). Sua última linha com informação deverá ser a linha 10, formate-a com uma borda inferior. Formate a coluna E, linhas 5 a 10, com três casas decimais.

Apague as bordas e o conteúdo da célula F4. Na célula G4 coloque "D/(D+E)", na célula H4 coloque "D/E" e na célula I4 coloque "Beta Desalav.". Apague a formatação e o conteúdo das demais colunas (J a O) da linha 4. Na célula G5, coloque "=(D5-C5)/D5" e formate porcento. Na célula H5, coloque "=G5/(1-G5)" e formate porcento. Na célula I5, coloque "=E5/(1+H5*(1-34%))" (conforme a Equação 2.4). Replique as fórmulas da linha 5 das colunas G a I para as linhas 5 a 10, colunas G a I. Formate a linha 10 dessas colunas, com uma borda inferior. Formate a coluna I, linhas 5 a 10, com três casas decimais.

Em F11, coloque "Média" e, em F12, coloque "Mediana". Formate ambas as células a direita e negrito. Na célula G11, coloque "=MÉDIA(G5:G10)" e, na célula G12, coloque "=MED(G5:G10)". Repita para as células I11 e I12. Formate as células G11 e G12 com porcento. Formate as células I11 e I12 com três casas decimais.

Coloque "1", na célula G13. Formate com o *colour coding* e sem casas decimais. Coloque "[1] = Média, [2] = Mediana", na célula H13. Formate a esquerda. Coloque borda inferior na linha 13, colunas G a I. Coloque "Para WACC", na célula F14. Formate a direita e negrito. Coloque "=ESCOLHER($G$13;G11;G12)", na célula G14. Formate porcento e negrito. Coloque "=ESCOLHER($G$13;I11;I12)", na célula I14. Formate com três casas decimais e negrito. Coloque borda inferior na linha 14, colunas G a I.

Nesse ponto, a pasta Beta do seu modelo deve estar parecida com a Figura 16.9.

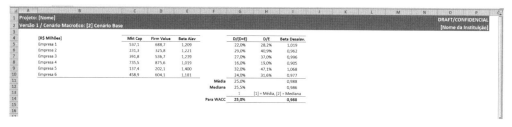

Figura 16.9 – Formatação da pasta "Beta".

## Criação da Pasta WACC

Crie a pasta WACC copiando a partir da pasta Base, e altere o nome da nova pasta para WACC.

Exclua a linha 4. Monte a estrutura das colunas A e B da pasta WACC com base na Tabela 16.3 (ou da Figura 16.10 mais à frente no texto) para posteriormente montarmos as fórmulas. Comece pelo título "Custo de Capital" na linha 4. Você deve ter colocado "WACC (nominal em R$)" na linha 21, os comentários nas linhas 23 a 30 e o quadro com a estrutura de capital nas linhas 32 a 36. Exceto pelas linhas dos betas (desalavancado e alavancado), as demais células da coluna C, linhas 5 a 21 e 36, devem ser formatadas com porcento.

Tabela 16.3 – Estrutura da pasta WACC

| Linha | | Estrutura |
|---|---|---|
| 4 | | **Custo de Capital** |
| 5 | (a) | Custo de dívida (rd) |
| 6 | | Alíquota de IR (t) |
| 7 | | Custo de dívida líquido do benef. fiscal |
| 8 | (b) | D/(D+E) |
| 9 | | |
| 10 | (c) | Taxa livre de risco (rf) |
| 11 | (d) | Prêmio-país (pp) |
| 12 | (e) | Beta desalavancado |
| 13 | | Beta alavancado |
| 14 | (f) | Prêmio de mercado (pm) |
| 15 | | Custo do *equity* (US$) |
| 16 | (g) | Inflação brasileira |
| 17 | (g) | Inflação americana |
| 18 | | Custo do *equity* (R$) |
| 19 | | E/(D+E) |
| 20 | | |
| 21 | | WACC (nominal em R$) |
| 22 | | |

(*Continua*)

## Tabela 16.3 – (*Continuação*)

| 23 | | comentários |
|----|-----|-------------|
| 24 | (a) | média ponderada do endividamento da empresa |
| 25 | (b) | endividamento atual da empresa |
| 26 | (c) | média 10 du T-bond 10 anos |
| 27 | (d) | média 10 du EMBI+ Brasil (JP Morgan) |
| 28 | (e) | média do beta desalavancado de empresas comparáveis |
| 29 | (f) | área econômica [Nome da Instituição] |
| 30 | (g) | inflação do último ano de projeção conforme cenário Macroeco |
| 31 | | |
| 32 | | Quantidade de ações (milhões) |
| 33 | | Preço por ação |
| 34 | | *Market capitalization* (R$ MM) |
| 35 | | Dívida (R$ MM) |
| 36 | | D/(D+E) |

O custo da dívida será a média ponderada do custo das dívidas da empresa, conforme a Tabela 15.2, ou seja, 10,5%. Note que esse custo de dívida está em R$. Nomeie a célula C5 como "rd". O montante da dívida, na célula C35, pode ser obtido no balanço ("=BAL!E19+BAL!E22"). A alíquota de imposto de renda corporativo (célula C6) é 34% (conforme Informações Gerais no Capítulo 15). Nomeie a célula C6 como "AliqImp". Na pasta Projeto, a célula C59 deve ser alterada de "=EBIT*(1-34%)" para "=EBIT*(1-AliqImp)", assim como toda a linha, colunas C a O. Na pasta Beta, a célula I5 deve ser alterada de "=E5/(1+H5*(1-34%))" para "=E5/(1+H5*(1-AliqImp))", assim como toda a coluna I, linhas 5 a 10. De volta à pasta WACC, coloque na célula C7, a fórmula "=rd*(1-AliqImp)".

A taxa livre de risco e o EMBI serão a média de 10 dias úteis (média curta) do T-Bond e do EMBI, portanto, copie as informações da Tabela 15.7 para as colunas E a G da pasta WACC, a partir da linha 4 (veja Figura 16.10). Calcule as médias na linha 15 (coluna F: "=MÉDIA(F5:F14)" e coluna G: "=MÉDIA(G5:G14)"). Ajuste o formato dessas colunas conforme desejado. Lembre-se de que o EMBI está expresso em pontos base (*basis points*) e deve ser dividido por 100 para ser expresso em porcento. Escreva, na célula E15, "Média" e formate negrito. Formate a borda inferior e borda superior nas linhas 4 e 15, colunas E a G.

Na célula C10, coloque "=F15%" e, na célula C11, coloque "=G15%%". O beta desalavancado (célula C12) virá da pasta Beta ("=Beta!I14"). O beta alavancado (célula C13) é calculado como "=C12*(1+(C8/C19)*(1-AliqImp))" (conforme a Equação 2.4). Como ainda não colocamos as informações de D/(D+E) nem E/(D+E), o valor do beta alavancado está estranho (#DIV/0!). Portanto, coloque 71,451 em C32 e 10,20 em C33 (conforme Informações Gerais no Capítulo 15). Calcule o *market capitalization* (célula C34) como "=C32*C33" e calcule o peso da dívida na estrutura de capital (D/(D+E) na célula C36) como "=C35/(C34+C35)". Faça um *link* da célula C8 com esse valor ("=C36"). Em seguida, calcule C19 como "=1-C8". Formate as células C12 e C13 com 3 casas decimais.

O prêmio de mercado adotado pela sua instituição é 5,0% (conforme Informações Gerais no Capítulo 15), portanto, coloque essa informação na célula C14. O custo do *equity* em US$ na célula C15 é "=C10+C11+C13*C14". As inflações serão obtidas na pasta MacroEco, portanto, na célula C16, coloque "=MacroEco!O5" e, na célula C17, coloque "=MacroEco!O9". O custo do *equity* em R$ (célula C18) é calculado como "=(1+C15)*(1+C16)/(1+C17)-1"

CAP. 16 • MODELAGEM: ETAPA 1 **275**

(conforme a Equação 6.5). Por fim, calcule, na célula C21, o WACC como a média ponderada dos custos de dívida e de *equity* ("=C8\*C7+C19\*C18").

Formate as células B4 e C4 com bordas superior e inferior, negrito e mesclado (veja Mesclando Células no Anexo). Formate as células B21 e C21 com bordas superior e inferior e negrito. Formate as células B23 e C23 com borda inferior e negrito. Formate as células B32 e C32 com borda superior. Formate as células B36 e C36 com bordas superior e inferior e negrito.

Nesse ponto, a pasta WACC do seu modelo deve estar parecida com a Figura 16.10.

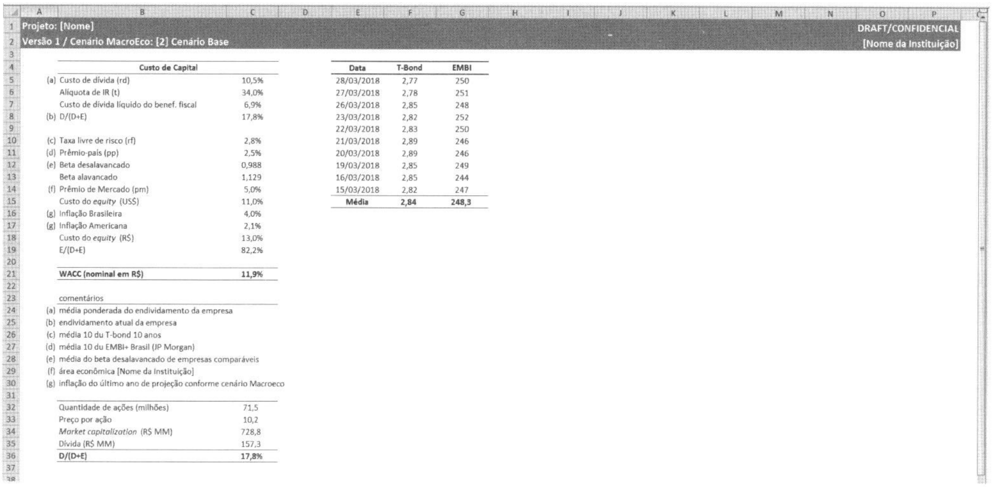

Figura 16.10 – Formatação da pasta "WACC".

## Criação da Pasta FC

Crie a pasta FC copiando a partir da pasta Base. Altere o nome da nova pasta para FC.

Monte a estrutura da coluna B da pasta FC com base na Tabela 16.4 (ou na Figura 16.11 mais à frente no texto) para posteriormente montarmos as fórmulas. Você deve ter colocado "(=) Valor Presente do FC (com perpetuidade)" na linha 20. Você deve colocar, nas linhas 12 e 18, o cabeçalho das datas. Para isto, faça um *link* em cada uma dessas linhas, da coluna C a coluna O, com a linha 4, travando a linha (por exemplo, na célula C12, coloque "=C\$4"). Copie o formato da linha 4 para essa linha (bordas inferior e superior e formato personalizado do número, para que fique, por exemplo: "2018 P"). Formate as linhas 10, 16 e 20, colunas B a O, com borda superior, borda inferior dupla e negrito.

Tabela 16.4 – *Labels* da pasta FC

| Linha | *Labels* |
|:---:|:---|
| 4 | **[R$ Milhões]** |
| 5 | Resultado Operacional |
| 6 | (–) Imposto de Renda |
| 7 | (+) Depreciação |
| 8 | (–) CAPEX |
| 9 | (–) Investimento em CGL |
| 10 | **(=) Fluxo de Caixa (sem perpetuidade)** |

*(Continua)*

Tabela 16.4 – (*Continuação*)

| 11 | |
| 12 | |
| 13 | Crescimento |
| 14 | WACC |
| 15 | Perpetuidade |
| 16 | **(=) Fluxo de Caixa (com perpetuidade)** |
| 17 | |
| 18 | |
| 19 | Número de períodos |
| 20 | **(=) Valor Presente do FC (com perpetuidade)** |

Apenas os anos projetados nos interessam, portanto, colunas F a O. Na coluna F, monte as seguintes fórmulas em cada uma das linhas: 5 ("=EBIT"), 6 ("=-EBIT\*AliqImp"), 7 ("=-deprec"), 8 ("=-capex"), 9 ("=-(Projeto!F49-Projeto!E49)") e 10 ("=soma(F5:F9)"). Replique essas fórmulas nas demais colunas (G a O).

A perpetuidade, começando no ano "n+1" ($FC_{n+1}$), normalmente é calculada por meio da Equação 16.1 e seu valor é calculado no ano "n" ($Perp_n$).

$$Perp_n = \frac{FC_{n+1}}{(i-g)} = \frac{FC_n \times (1+g)}{(i-g)}$$

Equação 16.1

É importante, nessa fórmula, que o $FC_{n+1}$ considere os investimentos necessários para o crescimento g adotado, ou seja, é fundamental que o $FC_{n+1}$ seja coerente com o g. Uma das formas de manter a coerência entre o investimento e o crescimento é usar o crescimento real igual a zero e o investimento líquido igualmente zero. A premissa de crescimento real igual a zero é razoável quando se supõe a chamada *competitive equilibrium assumption*, em que se assume que os investimentos feitos para o crescimento terão retorno igual ao custo de capital e, portanto, valor presente líquido (VPL) igual a zero. Sendo o VPL dos novos investimentos igual a zero, eles podem ser ignorados para o cálculo do preço. Logo, assumir g real igual a zero pode significar que o crescimento real não agrega valor e, portanto, foi ignorado na precificação (Capítulo 9).

Uma empresa que não cresce não precisa investir. Nesse sentido, o $FC_{n+1}$ deve considerar investimento líquido igual a zero, ou seja, CAPEX = depreciação. Esse investimento (igual a depreciação) é considerado CAPEX de manutenção, sendo o CAPEX que excede a depreciação (investimento líquido) considerado como o CAPEX de expansão. Assim, assumir investimento líquido igual a zero significa que (i) a empresa repõe a depreciação (CAPEX de manutenção igual a depreciação) mantendo o ativo fixo líquido constante e capaz de produzir sempre a mesma quantidade; e (ii) a empresa não investe em novos projetos (CAPEX de expansão igual a zero) não lhe permitindo expandir (crescimento real igual a zero). Portanto, uma das possibilidades para manter a coerência entre investimento e crescimento, em geral, é assumir investimento líquido igual a zero e crescimento real também igual a zero, o que é bem razoável se o VPL dos novos projetos for zero. Nós adotaremos essa premissa. Estamos ignorando o "atrito" causado pelo fato de a contabilidade não ajustar o imobilizado pela inflação, o que pode demandar ajustes no CAPEX de manutenção.

CAP. 16 • MODELAGEM: ETAPA 1 **277**

Assim, a perpetuidade não será construída com base no $FC_n$, conforme Equação 16.1, mas com base no $FC_n^{Ajust}$, que considera CAPEX = depreciação (Equação 16.2).

$$\text{Perp}_n = \frac{FC_{n+1}}{(i-g)} = \frac{FC_n^{Ajust} \times (1+g)}{(i-g)}$$

Equação 16.2

Para modelos nominais, que é o nosso caso (a inflação está presente nas projeções), mesmo vendendo sempre a mesma quantidade, uma vez que o preço é, no modelo nominal, corrigido pela inflação, haverá crescimento da receita líquida. Esse crescimento de receita líquida implicará crescimento de contas a receber, estoque etc. Portanto, consideraremos, o investimento em capital de giro líquido calculado como na Equação 16.3.

$$\text{Inv CGL}_{n+1} = CGL_{n+1} - CGL_n = CGL_n \times (1+\text{infl}) - CGL_n = CGL_n \times \text{infl}$$

Equação 16.3

Note que a Equação 16.3 calcula o Inv $CGL_{n+1}$ e que a base da perpetuidade é o $FC_n^{Ajust}$. Portanto, o Inv $CGL_{n+1}$ tem que ser dividido por (1+infl) para compor o $FC_n^{Ajust}$. Isso porque, para modelos nominais, crescimento real igual a zero significa crescimento do fluxo de caixa igual a inflação.

De volta ao modelo, coloque, na célula C13, a inflação do período de regime ("=Macro Eco!O5") e coloque, na célula C14, o WACC ("=WACC!C21"). Formate ambas as células porcento. Nomeie-as "Cresc" e "WACC", respectivamente.

Precisamos criar uma coluna 2027 P Ajust, na coluna P do modelo, nas linhas 4 a 10, para calcularmos o fluxo de caixa ajustado ($FC_n^{Ajust}$). A célula P4 será "=O4&" P Ajust."". Formate com bordas superior e inferior e negrito. As linhas 5, 6 e 7, da coluna P, serão iguais as da coluna O (por exemplo, em P5, coloque "=O5"). A célula P8 será "=-P7" (CAPEX = depreciação), a célula P9 será "=-Projeto!O49*Cresc/(1+Cresc)" (conforme Equação 16.3, ajustada para compor o $FC_n^{Ajust}$ no ano "n") e a célula P10 será "=SOMA(P5:P9)" (copie, para P10, a célula O10 com o formato). O investimento em capital de giro líquido da célula P9 poderia ser, alternativamente, aproximado por "=-Projeto!N49*Cresc".

Assim, a perpetuidade, na célula O15, será "=P10*(1+Cresc)/(WACC-Cresc)" (conforme Equação 16.2).

Repita, na linha 16, colunas F a N, os valores da linha 10 (por exemplo, em F16 coloque "=F10"). Na coluna O, o último ano do horizonte de projeção, some ao valor da linha 10 o valor da perpetuidade calculado na célula O15 (sendo O16 calculada como "=O10+O15").

Como a nossa data base é 31 de dezembro, o número de períodos usado na linha 19 (colunas F a O) será inteiro de 1 a 10, respectivamente, e será usado para trazer cada fluxo de caixa a valor presente na linha 20 (uma alternativa é assumir que o fluxo de caixa acontece ao longo do ano e adotar a chamada *mid-year convention*). Portanto, coloque "1", na célula F19, coloque "=F19+1", na célula G19, e copie a célula G19 para a linha toda, colunas H a O. Para calcular o valor presente, coloque, na célula F20, a fórmula "=F16/(1+WACC)^F19" e copie essa célula para a linha toda, colunas G a O.

Na célula B23, coloque "="Firm Value "&B4" e, na célula E23, coloque "=SOMA(F20:O20)". Formate essas quatro células (B23 a E23) em negrito, com borda superior e borda inferior. Nomeie, a célula E23, de "FirmValue". Chegamos ao *firm value* dessa etapa 1 (em R$ 1.234,0 milhões).

Calculemos alguns índices para entendermos melhor o *firm value* e para podermos fazer algumas comparações.

Sendo assim, na coluna B, coloque, nas linhas: 24 ("="Firm Value / EBITDA "&E4"), 25 ("="Firm Value / AOT "&E4"), 26 ("VP Perp. / Firm Value"), 27 ("="Perp. / EBITDA "&O4") e 28 ("="Perp. / AOT "&O4"). Formate as células B28 a E28 com borda inferior. Calcule cada uma dessas linhas, na coluna E: 24 ("=FirmValue/EBITDA"), 25 ("=FirmValue/AOT"), 26 ("=(O15/(1+WACC)^O19)/FirmValue"); 27 ("=O15/DRE!O14") e 28 ("=O15/Projeto!O55"). Formate a célula E26 porcento e as demais personalizado "0,0x". Note que, na data base, a empresa vale 6,3x o EBITDA e, no último ano do horizonte de projeção, ela está precificada em 5,2x o EBITDA. Note também que pouco mais da metade do valor da empresa vem da perpetuidade (52,3% do *firm value*). Consideramos que a empresa vale, na data base, 1,9x o AOT (estamos precificando o conjunto composto por CGL e AFL, ou seja, o AOT ou a parte operacional da empresa, em 1,9x o valor contábil desses dois componentes) e, no último ano do horizonte de projeção, o preço da empresa (perpetuidade) está avaliado em 2,7x o AOT daquela data, ou seja, consideramos que, no futuro e para sempre, a empresa terá maior capacidade de agregar valor do que de hoje até o infinito (veja o RoIC crescente na linha 60 da pasta Projeto). Note que, embora tenhamos considerado que o crescimento não agrega valor, estamos longe de considerar que a operação existente no último ano de projeção não agrega valor (pois, estamos precificando a perpetuidade em 2,7x o AOT).

Para finalizarmos essa pasta, precisamos montar a matriz com sensibilidade do WACC e do crescimento na perpetuidade (g). Sensibilizaremos o WACC e o g em -0,50%, -0,25%, 0,00%, 0,25% e 0,50%. Portanto, monte essa sensibilidade para o WACC na coluna H, linhas 24 a 28 (formate porcento, borda esquerda e borda direita) e monte a sensibilidade do g na linha 23, colunas I a M (formate porcento, borda superior e borda inferior). Se quiser deixar mais "automático", por exemplo, coloque 0,00% na célula H26, coloque 0,25% na célula H27, coloque "=2*H27" na célula H28, coloque "=-H27" na célula H25 e coloque "=-H28" na célula H24. Caso queira mudar o *step* da sensibilidade, basta mudar o valor em H27, portanto, coloque o *colour coding* na célula H27 (troque H27 para 0,50% e veja o resultado). Repita para a sensibilidade do g, na linha 23. Coloque, em I22, "Crescimento nominal em R$", formate negrito e mesclando as células das colunas I a M (veja Mesclando Células no Anexo). Coloque, em G24, "WACC", formate negrito e mesclando as células das linhas 24 a 28. Em seguida, ajuste o alinhamento (veja em Alinhamento de Texto no Anexo), centralize e alinhe à direita.

Para calcularmos os valores na matriz de sensibilidade, precisamos do comando Tabela do Excel (veja Comando Tabela no Anexo). No caso da tabela de sensibilidade de crescimento e WACC, os valores de "incremento" do crescimento estão dispostos em uma linha e os valores de "incremento" do WACC estão dispostos em uma coluna. O incremento médio é 0,00%. Portanto, devemos editar nossos valores de crescimento e WACC para considerar um "incremento" de "valor base" igual a zero. Para isso, some, tanto na célula do g (C13) como na célula do WACC (C14), as células imediatamente ao lado direito, que tem valor zero (pois, estão vazias). Assim, em C13, tem-se agora "=MacroEco!O5+D13" e, em C14, tem-se agora "=WACC!C21+D14". Sabemos que queremos "trocar" os valores da linha (incrementos do crescimento) na célula D13 e queremos "trocar"os valores da coluna (incremento do WACC) na célula D14. Portanto, para montar a tabela, coloque, na célula H23, a fórmula "=FirmValue", selecione as células H23 a M28, entre no comando Tabela (Dados/Teste de Hipóteses/Tabela de Dados...) e coloque "$D$13" em Células de entrada da linha e "$D$14" em Células de entrada da coluna, conforme Figura A.4 do Anexo.

CAP. 16 • MODELAGEM: ETAPA 1 **279**

Note que o valor do meio da matriz de sensibilidade é igual ao *firm value* na célula E23, que é o *firm value* sem incrementos (ou seja, incremento 0,00% no crescimento e 0,00% no WACC). Os demais valores da tabela consideram os respectivos incrementos.

Formate toda a borda (bordas externas) da célula K26 e das células J25 a L27. Formate a célula H23 com fonte branca (esse valor precisa estar nessa célula por exigência do comando tabela, porém, não queremos que ele fique visível).

Nesse ponto, a pasta FC do seu modelo deve estar parecida com a Figura 16.11.

Figura 16.11 – Formatação da pasta "FC".

## Criação da Pasta Ajustes

Crie a pasta Ajustes copiando a partir da pasta Base. Altere o nome da nova pasta para Ajustes.

É importante garantir que tudo que a empresa tem de valor esteja considerado no cálculo do *equity value*. O *firm value* considera toda a operação da empresa. Do *firm value* para o *equity value*, devemos subtrair a dívida líquida, que considera toda a parte financeira. Sobra, como ponto de preocupação, a parte não operacional e não financeira. Vamos usar o balanço como uma espécie de *check list* para identificar esses itens adicionais, verificando se cada conta do balanço está refletida no *equity value*.

Sendo assim, copie a mesma estrutura da pasta Balanço na pasta Ajustes. Portanto, copie da célula A5 a célula E32 da pasta BAL, na pasta Ajuste. Tire o *colour coding* e faça um *link* das células com o nome das contas (colunas A e B) e os valores históricos (colunas C a E) da pasta Balanço para a Pasta Ajustes. Por exemplo, coloque, na célula A5 da pasta Ajustes, a fórmula "=BAL!A5", e assim por diante (linhas 5 a 13 e 16 a 24). Mantenha as fórmulas originais de soma nas linhas 14 e 25 (total de ativos e total de passivos, respectivamente).

Limpe o formato e o conteúdo das células F4 e I4 a O4 (ou seja, deixe o formato apenas nas células G4 e H4). Coloque, em G4, "Dív. Líq." e, em H4, "Não Operac.". Copie a fórmula da célula E14 para G14 e H14. Repita com a fórmula da célula E25 para G25 e H25. Os itens identificados como (b) na coluna A compõem a dívida líquida, portanto, faça um *link* da coluna G, nas linhas correspondentes a esses itens (b), com a coluna E (o balanço base da avaliação). Por exemplo, coloque, em G6, "=E6". Repita com relação aos itens não operacionais e não financeiros, identificados com a letra (c) na coluna A, transportando seus valores da coluna E para a coluna H, por exemplo, colocando, na célula H10, "=E10".

Coloque, na célula F27, "Ajustes", formate negrito e a direita. Coloque "=G14-G25", na célula G27, para calcular o ajuste líquido, considerando o ajuste positivo (ativos) e o ajuste negativo (passivos) das linhas 14 e 25, respectivamente. Repita para a célula H27. Formate as células G27 e H27 com borda superior, borda inferior dupla e negrito. Nomeie G27 de "DivLiq" e H27 de "OutrosAjustes". Note, pela célula G27, que a empresa tem uma dívida líquida de R$ 132,2 a ser abatida do *firm value* para cálculo do *equity value*. Adicionalmente, a empresa (i) tem ativos não operacionais e não financeiros de R$ 68,5 (célula H14), o que aumenta seu valor (como se você estivesse vendendo uma empresa de fabricar parafusos que tenha uma fazenda - o *firm value* considera apenas a operação de fabricação de parafusos e não contém o valor da fazenda, que deve ser somado ao *firm value*) e (ii) tem passivos não operacionais e não financeiros de R$ 97,9 (célula H25), o que reduz seu valor (como se você estivesse comprando um apartamento com dívidas de condomínio que devem ser descontadas do valor a ser pago para o vendedor, pois essas dívidas de condomínio serão de responsabilidade do proprietário do imóvel - o novo proprietário, no caso de a compra ser efetivada). Note, na célula H27, que a empresa tem mais passivos não operacionais e não financeiros do que ativos não operacionais e não financeiros, demandando um ajuste líquido negativo de R$ 29,4.

Portanto, ambos os ajustes acima descritos devem ser considerados para o cálculo do *equity value*.

Nesse ponto, a pasta Ajustes do seu modelo deve estar parecida com a Figura 16.12.

Projeto: [Nome] — DRAFT/CONFIDENCIAL
Versão 1 / Cenário MacroEco: [2] Cenário Base — [Nome da Instituição]

| | [R$ Milhões] | 2.015 | 2.016 | 2.017 | | Div. Líq. | Não Operac. |
|---|---|---|---|---|---|---|---|
| (a) | Caixa Operacional | 26,0 | 28,2 | 30,1 | | | |
| (b) | Excesso de Caixa | 2,5 | 19,7 | 25,1 | | 25,1 | |
| (a) | Contas a Receber | 41,7 | 46,3 | 48,2 | | | |
| (a) | Estoque | 21,4 | 25,1 | 25,9 | | | |
| (a) | Impostos a Compensar | 15,0 | 15,9 | 17,0 | | | |
| (c) | Depósitos Judiciais | 0,8 | 12,6 | 38,5 | | | 38,5 |
| (c) | Crédito Fiscal | 20,0 | 25,0 | 30,0 | | | 30,0 |
| (d) | Ativo Fixo Bruto | 735,9 | 828,6 | 933,5 | | | |
| (d) | Depreciação Acumulada | (218,5) | (279,8) | (345,9) | | | |
| | **Total de Ativo** | **644,8** | **721,6** | **802,4** | | **25,1** | **68,5** |
| | | | | | | | |
| (a) | Contas a Pagar | 17,2 | 18,6 | 20,2 | | | |
| (a) | Sal. e Encargos a Pagar | 9,5 | 10,8 | 11,2 | | | |
| (a) | Imp. a Pagar | 9,7 | 9,3 | 11,3 | | | |
| (b) | Empr. e Financ. CP | 45,3 | 46,9 | 45,6 | | 45,6 | |
| (b) | Revolving | 0,0 | 0,0 | 0,0 | | 0,0 | |
| (c) | Provisões Ambientais | 72,7 | 53,7 | 97,9 | | | 97,9 |
| (b) | Empr. e Financ. LP | 100,7 | 128,3 | 111,7 | | 111,7 | |
| (e) | Capital Social | 381,4 | 416,5 | 432,4 | | | |
| (e) | Lucros Retidos | 8,3 | 37,5 | 72,1 | | | |
| | **Total de Passivo** | **644,8** | **721,6** | **802,4** | | **157,3** | **97,9** |
| | | - | - | - | | | |
| | **Observações** | | | | **Ajustes** | **(132,2)** | **(29,4)** |
| (a) | Capital de giro líquido | | | | | | |
| (b) | Financeiras | | | | | | |
| (c) | Não operacionais e não financeiras | | | | | | |
| (d) | Ativo operacional fixo | | | | | | |
| (e) | Patrimônio líquido | | | | | | |

Figura 16.12 – Formatação da pasta "Ajustes".

## Criação da Pasta MA

Crie a pasta MA (Matriz de Avaliação) copiando a partir da pasta Base. Altere o nome da nova pasta para MA.

Você pode excluir a linha 4, pois não será necessária.

Copie, da pasta FC, as células G22 a M28, pois assim já temos o formato da matriz. Cole essas células copiadas duas vezes: na célula E9 e na célula E20 da pasta MA. Apague o conteúdo das células F10 e F21. Coloque "=FC!I24" na célula G11 e copie essa fórmula para todas as células entre essa célula G11 e a célula K15 (use colar especial fórmulas para não perder as bordas internas). Coloque "=G11+DivLiq+OutrosAjustes" em G22 e copie essa fórmula para todas as células entre essa célula G22 e a célula K26 (use colar especial fórmulas). Nomeie I24 de "EquityValue".

Coloque, em E7, "="FIRM VALUE "&FC!$B$4", formate negrito, fonte 14, mesclando as células das colunas E a K e fundo cinza. Copie (de E7 a K7) para E18 e troque a palavra FIRM por EQUITY ("="EQUITY VALUE "&FC!$B$4").

Coloque "=Cresc+FC!K23" na célula I10 e copie essa fórmula para as colunas G a K da linha 10. Coloque "=WACC+FC!H26" na célula F13 e copie essa fórmula para as linhas 11 a 15 da coluna F. Coloque "=G10" na célula G21 e copie essa fórmula para as colunas G a K da linha 21. Coloque "=F11" na célula F22 e copie essa fórmula para as linhas 22 a 26 da coluna F.

Escreva "Observações" em E28 e formate negrito. Formate as colunas E a K, da linha 28, com borda inferior.

Escreva, em:

E29 "="1. Fluxo de Caixa Projetado até "&FC!O4&" e perpetuidade calculada pelo modelo de Gordon."",

E30 "="2. Fluxo de caixa de "&FC!O4&" normalizado (Capex = Depreciação) e crescimento igual a inflação."",

E31 "3. Dívida Líquida considera dívida - excesso de caixa na data base.",

E32 "4. *Equity Value* considera ajustes por itens não operacionais e não financeiros.",

E33 "="5. Data base: 31/12/"&ESQUERDA(FC!E4;4)&"."" e

E34 "="6. Data da análise: "&DIA(HOJE())&"/"&MÊS(HOJE())&"/"&ANO(HOJE())&".""".

Formate estas últimas 6 células à esquerda.

Nesse ponto, a pasta MA do seu modelo deve estar parecida com a Figura 16.13.

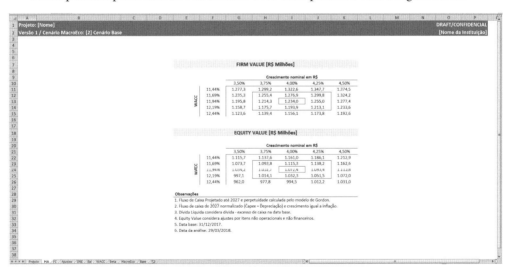

Figura 16.13 – Formatação da pasta "MA".

Chegamos ao final da etapa 1. Agora, poderíamos até descartar a pasta Base. Só não o faremos, pois precisaremos dela nas próximas etapas. Organize as pastas na ordem que achar mais conveniente, por exemplo: Projeto, MA, FC, Ajustes, DRE, BAL, WACC, Beta, MacroEco e Base (como na Figura 16.13). Para mover uma pasta de lugar, clique com o botão da esquerda em cima da pasta e, mantendo o botão clicado, arreste a pasta até a posição desejada.

Selecione todas as pastas (exceto a pasta Base) clicando na pasta Projeto, apertando a tecla *shift* e clicando na pasta MacroEco. Peça para Visualizar Impressão e note que as pastas aparecerão na sequência, com o mesmo cabeçalho e com a numeração da página de 1 a 9 – como um mini *book* de avaliação. Caso queira, imprima em pdf.

Avaliamos a AlGaSe, nesta etapa 1, em R$ 1.234,0 milhões (*firm value*) e o valor do acionista em R$ 1.072,4 milhões (*equity value*). Ao analisarmos as margens, giro e retorno (RoIC), ficamos com a impressão que as premissas podem ser mais bem trabalhadas, mas a construção do modelo já está bastante avançada ao término desta etapa 1.

# 17

# Modelagem: Etapa 2

Na etapa 1, construímos o modelo, porém, algumas lógicas de projeção podem ser melhoradas. Esse é o nosso objetivo neste capítulo, com a etapa 2 da modelagem.

## Etapa 2

Nesta segunda etapa melhoraremos a projeção de:

1. Despesas Gerais e Administrativas, para a qual colocaremos três opções: (i) variável, que é o que temos no modelo atual; (ii) fixa, ou seja, evoluindo com a inflação; e (iii) fixa mais um aumento real.

2. CAPEX, para o qual colocaremos quatro opções: (i) igual a depreciação do período, que é o que temos no modelo atual; (ii) mantendo o giro do ativo fixo constante no nível atual; (iii) com base em um giro do ativo fixo alvo; e (iv) igual a um valor dado (por exemplo, pelo cliente ou RI da empresa).

3. WACC, para o qual adotaremos uma estrutura de capital alvo em vez da estrutura atual.

Após as mudanças serem implementadas, verificaremos a diferença no preço (*firm value*) que essas alternativas promovem.

Renomeie seu arquivo para "Modelo 2" (mude o nome do próprio arquivo ou salve outro com o novo nome). Altere a célula C5 da pasta Projetos para "=\"Versão 2 / Cenário MacroEco:" &C6". Note que todas as pastas são automaticamente atualizadas para a nova versão.

## Despesas Gerais e Administrativas

Comecemos pela pasta Projeto. Insira 13 linhas acima da linha 28 ("Despesa G&A/Receita Líquida"). Para tanto, selecione as linhas 28 a 40, clique no botão da direita e escolha inserir. A atual linha 28 deve ter ido para a linha 41

Copie os *labels* (títulos ou conteúdo) da Tabela 17.1 (ou da Figura 17.1 mais à frente no texto, porém, cuidado com as linhas) na coluna B, linhas 28 a 41, do seu modelo. Atenção com a indentação dos *labels*. Depois montaremos as demais colunas.

Tabela 17.1 – *Labels* para o racional das despesas gerais e administrativas

| Linha | *Labels* |
|---|---|
| 28 | Despesas G&A |
| 29 | [1= Fixa, 2= Variável] |
| 30 | [1] Fixa |
| 31 | [1= Inflação, 2= Inflação + Cresc. Real] |
| 32 | [1.1] Fixa: Inflação |
| 33 | [1.2] Fixa: Inflação + Cresc. Real |
| 34 | Cresc. Nominal Receita |
| 35 | Cresc. Real Receita |
| 36 | Cresc. Nominal Despesa G&A |
| 37 | Cresc. Real Despesa G&A |
| 38 | Cresc. Real G&A/Cresc. Real Receita |
| 39 | |
| 40 | [2] Variável |
| 41 | Despesas G&A/Receita Líquida |

Coloque, na célula F40, a fórmula "=F41*ReceitaLiquida" e copie para toda a linha, colunas G a O. Essa é a lógica atual do modelo e será uma das alternativas na etapa 2. Coloque as "chaves" de escolha entre as opções. Para tanto, coloque "2" na célula C29, formate sem casa decimal e *colour coding*. Repita para C31, outra célula com uma segunda chave de escolha.

Coloque "=ESCOLHER($C$29;F30;F40)" na célula F28. Copie para toda a linha, colunas G a O. Essa é a chave de escolha (célula C29) entre os cenários de despesas gerais e administrativas: fixas (linha 30) ou variáveis (linha 40). Com "2", escolhemos variáveis, que é o que temos no modelo atual, porém, sem as alternativas que estamos construindo. Portanto, na célula F13 da pasta DRE, coloque "=-Projeto!F28". Copie para toda a linha 13 da pasta DRE, colunas G a O. Verifique, na pasta MA, que nem o *firm value* nem o *equity value* alteraram-se em relação ao calculado na etapa 1 (permanecem em R$ 1.234,0 milhões e R$ 1.072,4 milhões, respectivamente).

De volta à pasta Projeto, coloque "=-DespGA" na célula E32. Coloque "=E32*(1+ MacroEco!E5)" na célula F32 e copie para toda a linha, colunas G a O. Essa é a alternativa para crescer as despesas gerais e administrativas com a inflação do ano anterior (reposição de inflação). Coloque "=ESCOLHER($C$31;F32;F33)" na célula F30 e copie para toda a linha, colunas G a O.

Coloque, temporariamente, "=FirmValue" na célula D31, dessa forma poderá acompanhar a sua mudança, ao alterar a lógica de projeção das despesas gerais e administrativas. Coloque "1" na célula C31 e coloque "1" na célula C29 para que o modelo seja calculado com a lógica de despesas gerais e administrativas fixas. Veja o impacto no *firm value* na célula D31 (de R$ 1.234,0 milhões para R$ 1.488,9 milhões, 20,7% a mais). Veja que a margem na célula O75 pulou para 16,7% (era 13,3%) e o RoIC na célula O77 pulou para 26,6% (era 21,2%).

Pode-se imaginar que o custo fixo não seja totalmente fixo. Portanto, pode ser necessário considerar também um aumento real, além da reposição da inflação. Analisemos se, no histórico da AlGaSe, houve aumento real nas despesas gerais e administrativas. Portanto, calcule as linhas 34 a 38. Comece colocando "=DRE!D5/DRE!C5-1" na célula D34, formate porcento. Copie para a linha toda, colunas E a O. Coloque "=(1+D34)/(1+MacroEco!C5)-1" na célula D35, formate porcento. Copie para a linha toda, colunas E a O. Veja (na linha 35) que no horizonte de projeção a AlGaSe tem crescimento real da receita igual à variação do PIB (foi como construímos – compare esses números com os números da linha 7 da pasta MacroEco).

Coloque "=DRE!D13/DRE!C13-1" na célula D36, formate porcento e copie para toda a linha, colunas E a O. Coloque "=(1+D36)/(1+MacroEco!C5)-1" na célula D37, formato porcento e copie para toda a linha, colunas E a O. Verifique, para o cenário com "2" na célula C29 (despesa variável) que o crescimento real das despesas gerais e administrativas, no horizonte de projeção, é igual à variação do PIB e, portanto, igual ao apresentado na linha 35 (esperado, pois foi construído para este efeito). O primeiro ano (2018P) não é exatamente a variação do PIB de 2018P, pois estamos usando "=MÉDIA(C41:E41)" na célula F41 (mude esta célula, temporariamente, para "=E41" e verifique que o primeiro ano também fica exatamente igual à variação do PIB; volte para a fórmula original em F41). Mude a célula C29 para "1" e verifique que, no cenário de despesa fixa, o crescimento real das despesas gerais e administrativas no horizonte de projeção é 0%. Repare que, nos dois anos históricos (células D37 e E37), o crescimento real da receita não é zero (como houve recessão, houve diminuição real da despesa em 2016, o que, na realidade, pode ser difícil acontecer). Coloque "=D37/D35" em D38, formate porcento e verifique quanto o crescimento(diminuição) real das despesas gerais e administrativas representou do crescimento(diminuição) real da receita: 54,7%, ou seja, as despesas tiveram um crescimento(diminuição) real equivalente a 54,7% do crescimento(diminuição) real da receita. No ano seguinte (copie a fórmula para E38), esse número foi de 23,0%. A média dos dois anos históricos (coloque "=MÉDIA(D38:E38)" em F38, formate porcento e *colour coding*) foi de 38,8%. Monte o terceiro cenário de despesas gerais e administrativas: crescendo com a inflação mais um porcentual do crescimento real da receita. No caso, considerando esse porcentual igual à média histórica. Portanto, coloque "=F38" na célula G38, formate porcento, *colour coding* e copie para toda a linha, colunas H a O. Coloque "-DespGA" na célula E33. Coloque "=E33*(1+MacroEco!E5)*(1+F38*F35)" na célula F33 e copie para toda a linha, colunas G a O. Coloque "1" em C29 e "2" em C31. Veja o *firm value* (temporariamente) em D31 (R$ 1.397,8 Milhões), agora com um valor intermediário entre os dois extremos: despesa fixa (R$ 1.488,9 Milhões) e despesa variável (R$ 1.234,0 Milhões). Mantenhamos esse cenário de despesas gerais e administrativas crescendo com a inflação e com um aumento real proporcional ao aumento real da receita líquida. Veja a margem na célula O75 (15,5%) e o RoIC na célula O77 (24,7%); também valores intermediários entre os dois extremos.

Apague a fórmula da célula D31 ("=FirmValue"), que havíamos inserido temporariamente.

Insira uma linha antes da linha 6 (agora, seus *labels* da Tabela 17.1 'andaram' uma linha para baixo). Coloque "Cenário Despesa G&A:" na célula B6. Coloque "=ESCOLHER(C30; ESCOLHER(C32;B33;B34);B41)" na célula C6. Altere a fórmula da célula C5 para "="Versão 2 / Cenário MacroEco: "&C7&" / Cenário Despesas G&A: "&C6".

Podemos verificar que o *firm value* é bastante sensível ao cenário de despesas gerais e administrativas. Essa variabilidade resulta do ganho de escala. Não se pode argumentar contra a existência do ganho de escala, mas se pode questionar quem se beneficia dele! Em um mundo competitivo, o beneficiário é o cliente. Logo, apesar de existir, não seria adequado modelá-lo. Os modelos chamados *quick and dirty valuation* consideram a margem operacional fixa ao longo dos anos de projeção, dentro da lógica que o ganho de escala será repassado para os clientes. O nosso cenário "2" na (agora) célula C30 seria o que mais se aproximaria dos modelos *quick and dirty valuation* (nossa despesa de depreciação foi "destacada" do CPV e das despesas operacionais e projetada com uma lógica própria, por isso, a margem operacional não se mantém constante nesse cenário; no entanto, a margem EBITDA mantém-se).

Nesse ponto, a pasta Projeto do seu modelo deve estar parecida com a Figura 17.1.

Projeto: [Nome] — DRAFT/CONFIDENCIAL
Versão 2 / Cenário MacroEco: [2] Cenário Base / Cenário Despesas G&A: [1.2] Fixa: Inflação + Cresc. Real — [Nome da Instituição]

| | |
|---|---|
| Projeto: | [Nome] |
| Cenário: | Versão 2 / Cenário MacroEco: [2] Cenário Base / Cenário Despesas G&A: [1.2] Fixa: Inflação + Cresc. Real |
| Cenário Despesa G&A: | [1.2] Fixa: Inflação + Cresc. Real |
| Cenário MacroEco: | [2] Cenário Base |

| [R$ Milhões] | 2.015 | 2.016 | 2.017 | 2.018 P | 2.019 P | 2.020 P | 2.021 P | 2.022 P | 2.023 P | 2.024 P | 2.025 P | 2.026 P | 2.027 P |
|---|---|---|---|---|---|---|---|---|---|---|---|---|---|
| Despesas G&A | | | | 121,9 | 127,8 | 134,7 | 142,0 | 149,5 | 157,4 | 165,8 | 174,5 | 183,8 | 193,5 |
| [1= Fixa, 2= Variável] | 1 | | | | | | | | | | | | |
| [1] Fixa | | | | 121,9 | 127,8 | 134,7 | 142,0 | 149,5 | 157,4 | 165,8 | 174,5 | 183,8 | 193,5 |
| [1= Inflação, 2= Inflação + Cresc. Real] | 2 | | | | | | | | | | | | |
| [1.1] Fixa: Inflação | | | 117,5 | 121,0 | 125,4 | 130,5 | 135,7 | 141,1 | 146,7 | 152,6 | 158,7 | 165,1 | 171,7 |
| [1.2] Fixa: Inflação + Cresc. Real | | | 117,5 | 121,9 | 127,8 | 134,7 | 142,0 | 149,5 | 157,4 | 165,8 | 174,5 | 183,8 | 193,5 |
| Cresc. Nominal Receita | | 8,2% | 7,3% | 5,0% | 6,6% | 7,5% | 7,7% | 7,3% | 7,3% | 7,3% | 7,3% | 7,3% | 7,3% |
| Cresc. Real Receita | | -2,2% | 1,0% | 2,0% | 2,8% | 3,4% | 3,6% | 3,2% | 3,2% | 3,2% | 3,2% | 3,2% | 3,2% |
| Cresc. Nominal Despesa G&A | | 9,3% | 6,5% | 3,7% | 4,8% | 5,4% | 5,5% | 5,3% | 5,3% | 5,3% | 5,3% | 5,3% | 5,3% |
| Cresc. Real Despesa G&A | | -1,2% | 0,2% | 0,8% | 1,1% | 1,3% | 1,4% | 1,2% | 1,2% | 1,2% | 1,2% | 1,2% | 1,2% |
| Cresc. Real G&A / Cresc. Real Receita | | 54,7% | 23,0% | 38,8% | 38,8% | 38,8% | 38,8% | 38,8% | 38,8% | 38,8% | 38,8% | 38,8% | 38,8% |
| [2] Variável | | | | 123,6 | 131,7 | 141,7 | 152,6 | 163,8 | 175,8 | 188,7 | 202,5 | 217,4 | 233,3 |
| Despesas G&A / Receita Líquida | 19,5% | 19,7% | 19,5% | 19,5% | 19,5% | 19,5% | 19,5% | 19,5% | 19,5% | 19,5% | 19,5% | 19,5% | 19,5% |
| Margem EBITDA | 33,1% | 30,7% | 32,5% | 32,3% | 32,7% | 33,1% | 33,4% | 33,8% | 34,1% | 34,5% | 34,8% | 35,1% | 35,4% |
| Margem Operacional | 21,4% | 19,8% | 21,5% | 20,8% | 21,0% | 21,4% | 21,8% | 22,1% | 22,4% | 22,6% | 22,9% | 23,2% | 23,4% |

Figura 17.1 – Racional das Despesas Gerais e Administrativas na pasta "Projeto".

Nesse ponto, a pasta DRE do seu modelo deve estar parecida com a Figura 17.2.

Projeto: [Nome] — DRAFT/CONFIDENCIAL
Versão 2 / Cenário MacroEco: [2] Cenário Base / Cenário Despesas G&A: [1.2] Fixa: Inflação + Cresc. Real — [Nome da Instituição]

| [R$ Milhões] | 2.015 | 2.016 | 2.017 | 2.018 P | 2.019 P | 2.020 P | 2.021 P | 2.022 P | 2.023 P | 2.024 P | 2.025 P | 2.026 P | 2.027 P |
|---|---|---|---|---|---|---|---|---|---|---|---|---|---|
| (=) Receita Líquida | 518,5 | 561,0 | 602,1 | 632,3 | 674,0 | 724,8 | 780,9 | 838,2 | 899,6 | 965,5 | 1.036,2 | 1.112,2 | 1.193,7 |
| U.N. 1: [nome UN1] | 409,0 | 443,6 | 475,7 | 499,5 | 532,5 | 572,6 | 617,0 | 662,2 | 710,7 | 762,8 | 818,7 | 878,7 | 943,1 |
| U.N. 2: [nome UN2] | 109,5 | 117,4 | 126,4 | 132,7 | 141,5 | 152,2 | 163,9 | 176,0 | 188,8 | 202,7 | 217,5 | 233,5 | 250,6 |
| (-) CPV (ex depreciação) | (219,4) | (246,1) | (258,4) | (272,1) | (290,1) | (311,9) | (336,1) | (360,7) | (387,1) | (415,5) | (446,0) | (478,6) | (513,7) |
| U.N. 1: [nome UN1] | (179,9) | (199,6) | (209,8) | (221,6) | (236,2) | (254,0) | (273,7) | (293,8) | (315,3) | (338,4) | (363,2) | (389,8) | (418,4) |
| U.N. 2: [nome UN2] | (39,5) | (46,5) | (48,6) | (50,5) | (53,8) | (57,9) | (62,4) | (66,9) | (71,8) | (77,1) | (82,8) | (88,8) | (95,3) |
| (=) Resultado Bruto | 299,1 | 314,9 | 343,7 | 360,2 | 383,9 | 412,9 | 444,9 | 477,5 | 512,4 | 550,0 | 590,3 | 633,6 | 680,0 |
| (-) Despesas com Vendas | (26,6) | (32,3) | (30,8) | (33,7) | (36,0) | (38,7) | (41,7) | (44,7) | (48,0) | (51,5) | (55,3) | (59,3) | (63,7) |
| (-) Despesas Gerais e Adm. | (100,9) | (110,3) | (117,5) | (121,9) | (127,8) | (134,7) | (142,0) | (149,5) | (157,4) | (165,8) | (174,5) | (183,8) | (193,5) |
| (=) EBITDA | 171,6 | 172,3 | 195,4 | 204,5 | 220,2 | 239,6 | 261,2 | 283,2 | 307,0 | 332,7 | 360,5 | 390,4 | 422,8 |
| (-) Depreciação | (60,7) | (61,3) | (66,1) | (72,8) | (78,4) | (84,6) | (91,1) | (98,2) | (105,9) | (114,2) | (123,1) | (132,6) | (143,0) |
| **(=) Resultado Operacional** | **110,9** | **111,0** | **129,3** | **131,8** | **141,8** | **155,0** | **170,1** | **185,0** | **201,1** | **218,6** | **237,4** | **257,8** | **279,8** |
| (-) Despesa Financeira | (14,7) | (15,3) | (18,4) | | | | | | | | | | |
| (+) Receita Financeira | 3,5 | 3,7 | 3,2 | | | | | | | | | | |
| (+) Result. não Operac. | 0,5 | (1,0) | 0,8 | | | | | | | | | | |
| (=) LAIR | 100,2 | 98,4 | 114,9 | 131,8 | 141,8 | 155,0 | 170,1 | 185,0 | 201,1 | 218,6 | 237,4 | 257,8 | 279,8 |
| (-) IR | (34,1) | (33,5) | (39,1) | | | | | | | | | | |
| **(=) Lucro Líquido** | **66,1** | **64,9** | **75,8** | **131,8** | **141,8** | **155,0** | **170,1** | **185,0** | **201,1** | **218,6** | **237,4** | **257,8** | **279,8** |

Figura 17.2 – Pasta "DRE".

## CAPEX

Insira uma linha acima da linha 61 ("CAPEX") e insira cinco linhas abaixo da linha 62. Copie os *labels* (títulos ou conteúdo) da Tabela 17.2 (ou da Figura 17.3 mais à frente no texto, porém, cuidado com as linhas) na coluna B, linhas 61 a 67, do seu modelo. Atenção com a indentação dos *labels*. Depois montaremos as demais colunas.

Tabela 17.2 – *Labels* para o racional do CAPEX(elaborada pelos autores)

| Linhas | *Labels* |
|---|---|
| 61 | [1=AF Cte., 2= Giro Atual, 3= Giro Alvo, 4=Dado] |
| 62 | CAPEX |
| 63 | [1] Ativo Fixo Líquido Constante |
| 64 | [2] Giro Atual Constante |
| 65 | [3] Giro Alvo |
| 66 | Giro Alvo |
| 67 | [4] Dado |

Coloque, na célula F63, a fórmula que atualmente está na célula F62 (deve aparecer: "=Bal!E12*F59/(1-F59/2)" – não pode copiar de uma célula para a outra, isso mudará as referências relativas da fórmula) e copie para toda a linha 63, colunas G a O. Coloque "1" na célula C61, formate *colour coding* e sem casa decimal. Coloque "=ESCOLHER($C$61;F63; F64;F65;F67)" na célula F62 e copie para a linha toda, colunas G a O. Esse é o cenário que trabalhamos na etapa 1, mantendo o ativo fixo líquido constante.

Para montarmos o cenário de manutenção do giro atual constante, primeiro verifique que o investimento líquido (InvLiq), por um lado é:

$$InvLiq = ImobL - ImobL_{t-1} = ImobL_{t-1} \times (1 + \Delta) - ImobL_{t-1}$$

ou seja

$$InvLiq = ImobL_{t-1} \times \Delta \qquad \text{Equação 17.1}$$

Por outro lado, o investimento líquido também é:

$$InvLiq = CAPEX - Deprec = CAPEX - \left( ImobB_{t-1} \times Aliq + CAPEX \times \frac{Aliq}{2} \right)$$

ou seja

$$InvLiq - CAPEX \times \left( 1 - \frac{Aliq}{2} \right) - ImobB_{t-1} \times Aliq \qquad \text{Equação 17.2}$$

Igualando o lado direito da Equação 17.1 ao lado direito da Equação 17.2 e promovendo alguma álgebra, tem-se:

$$CAPEX = \frac{ImobL_{t-1} \times \Delta + ImobB_{t-1} \times Aliq}{\left( 1 - \frac{Aliq}{2} \right)} \qquad \text{Equação 17.3}$$

Em que $\Delta$ é o crescimento da receita líquida, $ImobL_{t-1}$ é o imobilizado líquido em t-1, $ImobB_{t-1}$ é o imobilizado bruto de t-1 e Aliq é a alíquota de depreciação. Os subscritos t foram omitidos.

Coloque a Equação 17.3 na célula F64 por meio da fórmula "=(E72*F35+BAL!E12*F59)/ (1-F59/2)". Copie para toda a linha, colunas G a O. Essa é a alternativa que mantém o giro do ativo fixo líquido constante nos níveis do giro do ativo fixo atual (último ano histórico, 2017).

Coloque, temporariamente, "=FirmValue" na célula D61. Mude C61 para "2" e veja que o *firm value* vai de R$ 1.397,8 milhões para R$ 871,4 milhões (37,7% a menos)!!! Veja, na linha 73, que essa opção produz o efeito desejado de manter o giro de ativo fixo constante ao longo do horizonte de projeção (se preferir, aumente uma casa decimal na linha 73). Olhe a evolução do RoIC na linha 84 (terminando o horizonte de projeção em 11,2%). Como o ativo fixo não é corrigido pela inflação, entre outras críticas, talvez você queira melhorar ainda mais esse racional (nós não o faremos no livro). Outro ponto de discussão é se o crescimento da receita utilizado na Equação 17.3 deve ser o nominal ou o real.

A terceira opção de cenário de CAPEX é usar um giro de ativo fixo alvo. Pode ser que o giro de ativo fixo atual não seja adequado para ser mantido para o resto da projeção (suponha que, atualmente, haja alguma capacidade ociosa). Coloque o giro de ativo fixo histórico nas colunas C a E da linha 66, com a fórmula "=C73" na célula C66, por exemplo. Formate personalizado "0,00x". Formate as colunas F a O dessa linha 66 com *colour coding* e personalizado "0,00x". Imagine que desejemos atingir o giro de 1,10x em 2027. Coloque, para isso, 1,10 na célula O66. Teremos que sair de 1,02x em 2017 para atingir 1,10x em dez anos. Portanto, temos que evoluir "1/10" da diferença a cada ano. Coloque "=E66+($O$66-$E66)/10" na célula F66 e copie para toda a linha, colunas G a N (não copie na coluna O, pois criará uma circularidade no modelo).

A única parte que muda da derivação exposta nas Equações 17.1 a 17.3, da opção 2 para a opção 3, é a Equação 17.1 que passa a ser:

$$InvLiq = ImobL_t - ImobL_{t-1} = \frac{RecLiq}{Giro} - ImobL_{t-1} \qquad \text{Equação 17.4}$$

Igualando o lado direito da Equação 17.4 ao lado direito da Equação 17.2 e promovendo alguma álgebra, tem-se:

$$CAPEX = \frac{\dfrac{RecLiq}{Giro} - ImobL_{t-1} + ImobB_{t-1} \times Aliq}{\left(1 - \dfrac{Aliq}{2}\right)} \qquad \text{Equação 17.5}$$

Em que RecLiq é a receita líquida, Giro é o giro do ativo fixo, $ImobL_{t-1}$ é o imobilizado líquido em t-1, $ImobB_{t-1}$ é o imobilizado bruto de t-1 e Aliq é a alíquota de depreciação.

Coloque a Equação 17.5 na célula F65 por meio da fórmula "=(ReceitaLiquida/F66-E72+BAL!E12*F59)/(1-F59/2)". Copie para toda a linha, colunas G a O.

Mude C61 para "3" e veja que o *firm value* vai de R$ 1.397,8 milhões (cenário 1) e R$ 871,4 milhões (cenário 2) para R$ 942,4 milhões (cenário 3). Veja, na linha 73, que essa opção produz o efeito desejado no giro de ativo fixo ao longo do horizonte de projeção. Olhe a evolução do RoIC na linha 84 (terminando o horizonte de projeção em 12,3%). Manteremos essa opção (vamos supor que temos informações adicionais àquelas do Capítulo 15, que indicam que, antes da crise (anos de recessão), o giro de ativo fixo da AlGaSe era de 1,10x).

A quarta opção é para o caso de alguém fornecer o CAPEX para o modelo. Apenas formate a linha 67, colunas F a O, com o *colour coding*.

Apague a fórmula da célula D61 ("=FirmValue"), que havíamos inserido temporariamente.

Insira uma linha antes da linha 7. Coloque "Cenário CAPEX:" na célula B7. Coloque "=ESCOLHER(C62;B64;B65;B66;B68)" na célula C7. Altere a fórmula da célula C5 para

"=“Versão 2 / Cenário MacroEco: ”&C8&“ / Cenário Despesa G&A: ”&C6&“ / Cenário CAPEX: ”&C7”.

Nesse ponto, a pasta Projeto do seu modelo deve estar parecida com a Figura 17.3.

| | 2.015 | 2.016 | 2.017 | 2.018 P | 2.019 P | 2.020 P | 2.021 P | 2.022 P | 2.023 P | 2.024 P | 2.025 P | 2.026 P | 2.027 P |
|---|---|---|---|---|---|---|---|---|---|---|---|---|---|
| Projeto: [Nome] | | | | | | | | | | | | | |
| Versão 2 / Cenário MacroEco: [2] Cenário Base / Cenário Despesa G&A: [1.2] Fixa: Inflação + Cresc. Real / Cenário CAPEX: [3] Giro Alvo | | | | | | | | | | | | | |
| Projeto: | [Nome] | | | | | | | | | | | | |
| Cenário: | Versão 2 / Cenário MacroEco: [2] Cenário Base / Cenário Despesa G&A: [1.2] Fixa: Inflação + Cresc. Real / Cenário CAPEX: [3] Giro Alvo | | | | | | | | | | | | |
| Cenário Despesa G&A: | [1.2] Fixa: Inflação + Cresc. Real | | | | | | | | | | | | |
| Cenário CAPEX: | [3] Giro Alvo | | | | | | | | | | | | |
| Cenário MacroEco: | [2] Cenário Base | | | | | | | | | | | | |
| [R$ Milhões] | | | | | | | | | | | | | |

| | | 2.015 | 2.016 | 2.017 | 2.018 P | 2.019 P | 2.020 P | 2.021 P | 2.022 P | 2.023 P | 2.024 P | 2.025 P | 2.026 P | 2.027 P |
|---|---|---|---|---|---|---|---|---|---|---|---|---|---|---|
| [=AF Cte., 2= Giro Atual, 3= Giro Alvo, 4=Dado] | 3 | | | | | | | | | | | | | |
| CAPEX | | | | | 98,7 | 117,6 | 135,2 | 150,3 | 162,4 | 178,4 | 195,9 | 215,0 | 235,8 | 258,6 |
| [1] Ativo Fixo Líquido Constante | | | | | 72,8 | 80,5 | 89,6 | 100,2 | 111,9 | 124,5 | 138,4 | 153,7 | 170,5 | 188,8 |
| [2] Giro Atual Constante | | | | | 103,3 | 122,5 | 140,4 | 155,8 | 168,2 | 184,6 | 202,5 | 221,9 | 243,2 | 266,4 |
| [3] Giro Alvo | | | | | 98,7 | 117,6 | 135,2 | 150,3 | 162,4 | 178,4 | 195,9 | 215,0 | 235,8 | 258,6 |
| Giro Alvo | | 1,00x | 1,02x | 1,02x | 1,03x | 1,04x | 1,05x | 1,05x | 1,06x | 1,07x | 1,08x | 1,08x | 1,09x | 1,10x |
| [4] Dado | | | | | | | | | | | | | | |

Figura 17.3 – Racional do CAPEX na pasta “Projeto”.

Nesse ponto, a pasta BAL do seu modelo deve estar parecida com a Figura 17.4.

| | 2.015 | 2.016 | 2.017 | 2.018 P | 2.019 P | 2.020 P | 2.021 P | 2.022 P | 2.023 P | 2.024 P | 2.025 P | 2.026 P | 2.027 P |
|---|---|---|---|---|---|---|---|---|---|---|---|---|---|
| Projeto: [Nome] | | | | | | | | | | | | | |
| Versão 2 / Cenário MacroEco: [2] Cenário Base / Cenário Despesa G&A: [1.2] Fixa: Inflação + Cresc. Real / Cenário CAPEX: [3] Giro Alvo | | | | | | | | | | | | | |
| [R$ Milhões] | 2.015 | 2.016 | 2.017 | 2.018 P | 2.019 P | 2.020 P | 2.021 P | 2.022 P | 2.023 P | 2.024 P | 2.025 P | 2.026 P | 2.027 P |
| (a) Caixa Operacional | 26,0 | 28,2 | 30,1 | 31,7 | 33,8 | 36,3 | 39,2 | 42,0 | 45,1 | 48,4 | 52,0 | 55,8 | 59,8 |
| (b) Excesso de Caixa | 2,5 | 19,7 | 25,1 | | | | | | | | | | |
| (a) Contas a Receber | 41,7 | 46,3 | 48,2 | 51,2 | 54,6 | 58,7 | 63,3 | 67,9 | 72,9 | 78,2 | 83,9 | 90,1 | 96,7 |
| (a) Estoque | 21,4 | 25,1 | 25,9 | 27,2 | 29,0 | 31,2 | 33,6 | 36,0 | 38,7 | 41,5 | 44,6 | 47,8 | 51,3 |
| (a) Impostos a Compensar | 15,0 | 15,9 | 17,0 | 18,0 | 19,2 | 20,7 | 22,3 | 23,9 | 25,6 | 27,5 | 29,5 | 31,7 | 34,0 |
| (c) Depósitos Judiciais | 0,8 | 12,6 | 38,5 | | | | | | | | | | |
| (c) Crédito Fiscal | 20,0 | 25,0 | 30,0 | | | | | | | | | | |
| (d) Ativo Fixo Bruto | 735,9 | 828,6 | 933,5 | 1.032,2 | 1.149,7 | 1.284,9 | 1.435,2 | 1.597,6 | 1.776,0 | 1.971,9 | 2.186,9 | 2.422,7 | 2.681,3 |
| (d) Depreciação Acumulada | (218,5) | (279,8) | (345,9) | (419,6) | (501,5) | (592,8) | (694,8) | (808,6) | (935,2) | (1.075,8) | (1.231,8) | (1.404,7) | (1.596,1) |
| **Total de Ativo** | 644,8 | 721,6 | 802,4 | 740,7 | 784,8 | 839,0 | 898,6 | 958,8 | 1.023,1 | 1.091,8 | 1.165,1 | 1.243,4 | 1.927,1 |
| (a) Contas a Pagar | 17,2 | 18,6 | 20,2 | 21,1 | 22,4 | 24,1 | 26,0 | 27,9 | 30,0 | 32,2 | 34,5 | 37,0 | 39,8 |
| (a) Sal. e Encargos a Pagar | 9,5 | 10,8 | 11,2 | 11,8 | 12,5 | 13,4 | 14,3 | 15,3 | 16,3 | 17,4 | 18,6 | 19,8 | 21,2 |
| (a) Imp. a Pagar | 9,7 | 9,3 | 11,3 | 11,4 | 12,1 | 13,1 | 14,1 | 15,1 | 16,2 | 17,4 | 18,7 | 20,0 | 21,5 |
| (b) Empr. e Financ. CP | 45,3 | 46,9 | 45,6 | | | | | | | | | | |
| (b) Revolving | | | | | | | | | | | | | |
| (c) Provisões Ambientais | 72,7 | 53,7 | 97,9 | | | | | | | | | | |
| (b) Empr. e Financ. LP | 100,7 | 128,3 | 111,7 | | | | | | | | | | |
| (e) Capital Social | 381,4 | 416,5 | 432,4 | | | | | | | | | | |
| (e) Lucros Retidos | 8,3 | 37,5 | 72,1 | | | | | | | | | | |
| **Total de Passivo** | 644,8 | 721,6 | 802,4 | 44,2 | 47,1 | 50,6 | 54,4 | 58,3 | 62,5 | 66,9 | 71,7 | 76,9 | 82,4 |
| Observações | - | - | - | | | | | | | | | | |
| (a) Capital de giro líquido | | | | | | | | | | | | | |
| (b) Financeiras | | | | | | | | | | | | | |
| (c) Não operacionais e não financeiras | | | | | | | | | | | | | |
| (d) Ativo operacional fixo | | | | | | | | | | | | | |
| (e) Patrimônio líquido | | | | | | | | | | | | | |

Figura 17.4 – Pasta “BAL”.

Formate a pasta Projeto para imprimir com duas páginas de altura (nosso padrão é uma página de altura). Se quiser alterar a quebra das páginas, vá em Exibir/Visualização da Quebra da Página e arraste a quebra para onde preferir. Em seguida mude para, ainda no menu Exibir, Normal.

## WACC

Alteremos, no WACC, a estrutura de capital de atual para alvo (ou desejável).

Ao mudar a estrutura de capital de uma empresa, tanto credores como acionistas mudam sua percepção de risco e, consequentemente, alteram seu custo de capital (Capítulo 8). O custo de capital do acionista é alterado automaticamente ao recalcular o beta alavancado. Por esse motivo, o beta alavancado, em modelos de avaliação, deve ser calculado por meio de uma fórmula, a partir de um parâmetro de beta desalavancado.

O problema é que o custo da dívida não se altera automaticamente em praticamente nenhum modelo de avaliação de empresas (seria necessário embutir um modelo de crédito no modelo de avaliação de empresas). Faremos uma ***GAMBIARRA***, em maiúsculo, sublinhado, negrito e itálico! Nós entendemos gambiarra como algo improvisado ou temporário. Portanto, a sugestão dada aqui será para algo improvisado e temporário. Caso você mude a estrutura de capital do seu modelo, dê um jeito de descobrir o novo custo de dívida ou tenha argumentos para defender a sua manutenção!

Usaremos como estrutura alvo a média do setor. Essa opção baseia-se nos seguintes pressupostos: (i) existe uma estrutura ótima de capital que minimiza o WACC e maximiza o valor da empresa (Capítulo 8); (ii) os gestores perseguem essa estrutura ótima (alvo ou desejável); (iii) ela é um parâmetro setorial; e (iv) as empresas estão em torno dela (algumas acima da estrutura ótima e outras abaixo, aleatoriamente distribuídas).

Verifique que o beta alavancado, com a estrutura de capital atual da empresa, é 1,1285460512154 (célula C13 da pasta WACC). A ***GAMBIARRA*** será promover uma regra de 3 no prêmio da dívida (rd − rf) com base na alteração do beta alavancado. Portanto, coloque em C5 da pasta WACC a seguinte fórmula: "=C10+C11+(10,5%-C10-C11)*(C13/1,1285460512154)". Verifique que nada muda até esse ponto. Altere a célula C8 para "=Beta!G14" (média da alavancagem do setor, de 25%) e veja que o beta alavancado, o custo do *equity* e o custo da dívida (a ***GAMBIARRA***) também mudam. O WACC, no nosso exemplo, permaneceu praticamente igual (mudou de 11,94% para 11,85% e o *firm value* foi para R$ 956,0 milhões).

Com a estrutura atual o WACC é 11,94% e o *firm value* é R$ 942,4 milhões. Com a estrutura alvo igual a média do setor (D/(D+E)) de 25%: (1) caso tivéssemos mantido o custo do *equity* (sem realavancar o beta) e o custo da dívida (sem a gambiarra) fixos, o que é conceitualmente errado, o WACC cairia para 11,50% e o *firm value* subiria para R$ 1.011,9 milhões; (2) caso tivéssemos alterado apenas o custo do *equity* (realavancando o beta, porém, sem a gambiarra), o que é parcialmente errado (podendo ser correto apenas se considerar que os credores não seriam sensíveis à mudança de endividamento do nível atual para o nível alvo), o WACC cairia para 11,79% e o *firm value* subiria para R$ 964,9 milhões ; (3) caso tivéssemos alterado tanto o custo do *equity* quanto o custo da dívida, o que é conceitualmente correto, ressalvada a ***GAMBIARRA***, o WACC cairia (como visto no parágrafo anterior) apenas para 11,85% e o *firm value* subiria 1,4% para R$ 956,0 milhões (a partir de R$ 942,4 milhões).

Atente, portanto, para a necessidade de alterar o custo do *equity* e o custo da dívida sempre que alterar a estrutura de capital do modelo. Desde que tenha colocado uma fórmula para o beta alavancado no seu modelo, a primeira alteração é automática (custo do *equity*), mas a segunda não o é (custo da dívida).

Troque o texto da célula B25 da pasta WACC para "estrutura alvo da empresa".

Nesse ponto, a pasta WACC do seu modelo deve estar parecida com a Figura 17.5.

Neste ponto, a pasta FC do seu modelo deve estar parecida com a Figura 17.6.

Nesta etapa 2, avaliamos a AlGaSe (*firm value*) em R$ 956,0 milhões e o valor dos acionistas (*equity value*) em R$ 794,4 milhões. Ao término desta etapa, nosso modelo está mais flexível e com mais alternativas de racionais para as despesas gerais e administrativas, para o CAPEX e para a definição da estrutura de capital.

Projeto: [Nome]
Versão 2 / Cenário MacroEco: [2] Cenário Base / Cenário Despesa G&A: [1.2] Fixa: Inflação + Cresc. Real / Cenário CAPEX: [3] Giro Alvo
DRAFT/CONFIDENCIAL
[Nome da Instituição]

| | Custo de Capital | |
|---|---|---|
| (a) | Custo de dívida (rd) | 10,9% |
| | Alíquota de IR (t) | 34,0% |
| | Custo de dívida líquido do benef. fiscal | 7,2% |
| (b) | D/(D+E) | 25,0% |
| | | |
| (c) | Taxa livre de risco (rf) | 2,8% |
| (d) | Prêmio-país (pp) | 2,5% |
| (e) | Beta desalavancado | 0,988 |
| | Beta alavancado | 1,205 |
| (f) | Prêmio de Mercado (pm) | 5,0% |
| | Custo do *equity* (US$) | 11,3% |
| (g) | Inflação Brasileira | 4,0% |
| (g) | Inflação Americana | 2,1% |
| | Custo do *equity* (R$) | 13,4% |
| | E/(D+E) | 75,0% |
| | | |
| | **WACC (nominal em R$)** | **11,85%** |

| Data | T-Bond | EMBI |
|---|---|---|
| 28/03/2018 | 2,77 | 250 |
| 27/03/2018 | 2,78 | 251 |
| 26/03/2018 | 2,85 | 248 |
| 23/03/2018 | 2,82 | 252 |
| 22/03/2018 | 2,83 | 250 |
| 21/03/2018 | 2,89 | 246 |
| 20/03/2018 | 2,89 | 246 |
| 19/03/2018 | 2,85 | 249 |
| 16/03/2018 | 2,85 | 244 |
| 15/03/2018 | 2,82 | 247 |
| **Média** | **2,84** | **248,3** |

comentários
(a) média ponderada do endividamento da empresa
(b) endividamento atual da empresa
(c) média 10 du T-bond 10 anos
(d) média 10 du EMBI+ Brasil (JP Morgan)
(e) média do beta desalavancado de empresas comparáveis
(f) área econômica [Nome da instituição]
(g) inflação do último ano de projeção conforme cenário Macroeco

| | |
|---|---|
| Quantidade de ações (milhões) | 71,5 |
| Preço por ação | 10,2 |
| *Market capitalization* (R$ MM) | 728,8 |
| Dívida (R$ MM) | 157,3 |
| **D/(D+E)** | **17,8%** |

Figura 17.5 – Pasta "WACC".

Projeto: [Nome]
Versão 2 / Cenário MacroEco: [2] Cenário Base / Cenário Despesa G&A: [1.2] Fixa: Inflação + Cresc. Real / Cenário CAPEX: [3] Giro Alvo
DRAFT/CONFIDENCIAL
[Nome da Instituição]

| **[R$ Milhões]** | **2.015** | **2.016** | **2.017** | **2.018 P** | **2.019 P** | **2.020 P** | **2.021 P** | **2.022 P** | **2.023 P** | **2.024 P** | **2.025 P** | **2.026 P** | **2.027 P** | **2027 P Ajust.** |
|---|---|---|---|---|---|---|---|---|---|---|---|---|---|---|
| Resultado Operacional | | | | 130,8 | 138,4 | 148,2 | 159,2 | 169,5 | 180,5 | 192,1 | 204,5 | 217,5 | 231,3 | 231,3 |
| (-) Imposto de Renda | | | | (44,5) | (47,0) | (50,4) | (54,1) | (57,6) | (61,4) | (65,3) | (69,5) | (74,0) | (78,7) | (78,7) |
| (+) Depreciação | | | | 73,7 | 81,8 | 91,3 | 102,0 | 113,8 | 126,6 | 140,6 | 156,0 | 172,9 | 191,5 | 191,5 |
| (-) CAPEX | | | | (98,7) | (117,6) | (135,2) | (150,3) | (162,4) | (178,4) | (195,9) | (215,0) | (235,8) | (258,6) | (191,5) |
| (-) Investimento em CGL | | | | (5,4) | (5,6) | (6,8) | (7,6) | (7,7) | (8,3) | (8,9) | (9,5) | (10,2) | (11,0) | (6,1) |
| **(=) Fluxo de Caixa (sem perpetuidade)** | | | | **56,0** | **50,0** | **47,2** | **49,2** | **55,5** | **59,0** | **62,6** | **66,4** | **70,4** | **74,6** | **146,5** |

| | **2.015** | **2.016** | **2.017** | **2.018 P** | **2.019 P** | **2.020 P** | **2.021 P** | **2.022 P** | **2.023 P** | **2.024 P** | **2.025 P** | **2.026 P** | **2.027 P** |
|---|---|---|---|---|---|---|---|---|---|---|---|---|---|
| Crescimento | 4,0% | | | | | | | | | | | | |
| WACC | 11,9% | | | | | | | | | | | | |
| Perpetuidade | | | | | | | | | | | | | 1.941,0 |
| **(=) Fluxo de Caixa (com perpetuidade)** | | | | **56,0** | **50,0** | **47,2** | **49,2** | **55,5** | **59,0** | **62,6** | **66,4** | **70,4** | **2.015,6** |

| | **2.015** | **2.016** | **2.017** | **2.018 P** | **2.019 P** | **2.020 P** | **2.021 P** | **2.022 P** | **2.023 P** | **2.024 P** | **2.025 P** | **2.026 P** | **2.027 P** |
|---|---|---|---|---|---|---|---|---|---|---|---|---|---|
| Número de períodos | | | | 1,0 | 2,0 | 3,0 | 4,0 | 5,0 | 6,0 | 7,0 | 8,0 | 9,0 | 10,0 |
| **(=) Valor Presente do FC (com perpetuidade)** | | | | **50,1** | **40,0** | **33,7** | **31,4** | **31,7** | **30,1** | **28,6** | **27,1** | **25,7** | **657,6** |

| **Firm Value [R$ Milhões]** | **956,0** |
|---|---|
| Firm Value / EBITDA 2017 | 4,9x |
| Firm Value / AOT 2017 | 1,4x |
| VP Perp. / Firm Value | 66,2% |
| Perp. / EBITDA 2027 | 4,6x |
| Perp. / AOT 2027 | 1,6x |

| | | **Crescimento nominal em R$** | | | | |
|---|---|---|---|---|---|---|
| | | -0,50% | -0,25% | 0,00% | 0,25% | 0,50% |
| WACC | -0,50% | 992,4 | 1.014,1 | 1.037,3 | 1.062,1 | 1.088,7 |
| | -0,25% | 954,1 | 974,0 | 995,2 | 1.017,9 | 1.042,1 |
| | 0,00% | 918,2 | 936,5 | 956,0 | 976,8 | 998,9 |
| | 0,25% | 884,6 | 901,5 | 919,4 | 938,4 | 958,7 |
| | 0,50% | 853,1 | 868,7 | 885,1 | 902,7 | 921,3 |

Figura 17.6 – Pasta "FC".

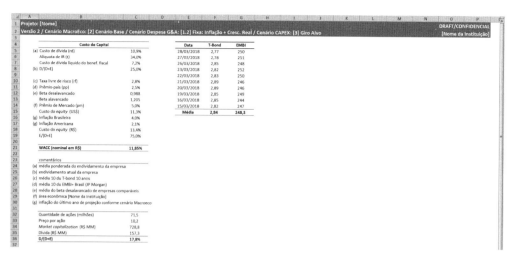

# 18

# Modelagem: Etapa 3

Na etapa 2, evoluímos o modelo para flexibilizá-lo para projetar as despesas gerais e administrativas e o CAPEX por mais de uma alternativa de racional, além de podermos alterar a estrutura de capital. O objetivo deste capítulo é continuar evoluindo o modelo (etapa 3).

Renomeie seu arquivo para "Modelo 3". Altere a célula C5 da pasta Projetos para "="Versão 3 / Cenário MacroEco: "&C8&" / Cenário Despesa G&A: "&C6&" / Cenário CAPEX: "&C7".

## Etapa 3

Nesta terceira etapa:

1. Melhoraremos a projeção da receita líquida calculando a elasticidade de cada unidade de negócio (até a etapa 2, as duas unidades de negócio têm elasticidade igual a um, ou seja, evoluem a própria variação do PIB).

2. Projetaremos as linhas do balanço e da DRE que não são operacionais e, portanto, ainda não foram projetadas. Até o momento, projetamos, do balanço, as contas que compõem o capital de giro líquido e o ativo fixo operacional e, da DRE, as contas operacionais (até o resultado operacional).

## Projeção da Receita Líquida

A variação do PIB mede o "crescimento do país". Algumas empresas podem ter crescimento maior e outras podem ter crescimento menor. Sendo assim, precisamos verificar, por unidade de negócio, se elas tiveram crescimento maior ou menor do que a "média" (variação do PIB).

Até agora, fizemos o seguinte:

$$cresc_{AlGaSe} = elast \times cresc_{PIB}$$

ou

$$Variável_y = a + b \times Variável_x \qquad \text{Equação 18.1}$$

Pela Equação 18.1 verifica-se que a "elasticidade" corresponde ao "b" da equação de uma reta. Até o momento, atribuímos a ela o valor "1".

Agora, queremos calcular a elasticidade histórica de cada unidade de negócios (UN1 e UN2). Faremos esse estudo por meio das informações da Tabela 15.5.

Crie a pasta Elast copiando a partir da pasta Base. Altere o nome da nova pasta para Elast. Exclua a linha 4, pois não será necessária.

Copie nessa pasta, a partir da célula C4, as informações da Tabela 15.5. Formate bordas, negrito, porcento (quando adequado), casas decimais etc.

Crie, a partir da linha 17, uma segunda tabela, para colocar as variações das UN1 e UN2 (e copiar a variação do PIB). Para tanto, coloque os títulos das colunas (Ano, Δ PIB (real), Δ UN1 (real) e Δ UN2 (real), respectivamente nas colunas C, D, E e F. Formate borda inferior e negrito. Coloque, na célula C18, a fórmula "=C5", formate casa decimal. Copie essa fórmula nas linhas 18 a 28 da coluna C. Coloque, na célula D18, a fórmula "=G5", formate porcentual. Copie esta fórmula nas linhas 18 a 28 da coluna D. Repare que, na Tabela 15.5, a variação do PIB é real (sem inflação). Por outro lado, a abertura da receita por unidade de negócio é nominal (com inflação). Precisamos calcular, assim como temos para o PIB, a variação real da receita por unidade de negócio. Para tanto, coloque "=(D6/D5)/(1+$F5)-1"na célula E19, formate porcento e copie nas linhas 19 a 28 das colunas E e F. Formate a linha 28, colunas C a F, com borda inferior.

O "b" da reta de regressão é a sua inclinação, portanto, calcule "=INCLINAÇÃO(E19:E28; $D19:$D28)" na célula E29, formate negrito, 4 casas decimais e nomeie "ElastUN1". Calcule "=INCLINAÇÃO(F19:F28;$D19:$D28)" na célula F29, formate negrito, 4 casas decimais e nomeie "ElastUN2". Formate a borda inferior de ambas as células (E29 e F29). Escreva "Inclinação" na célula D29, formate negrito e a direita.

Para verificar se não existem *outliers* ou para promover outra análise visual, recomenda-se fazer o gráfico de dispersão (veja Gráfico de Dispersão em Anexo).

Nesse ponto, a pasta Elast do seu modelo deve estar parecida com a Figura 18.1.

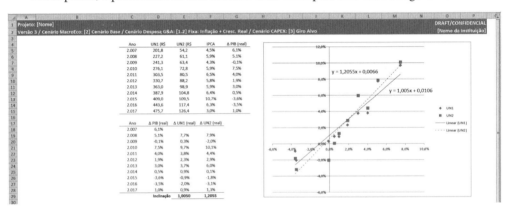

Figura 18.1 – Pasta "Elast".

Na pasta Projeto, na célula F13, coloque "=ElastUN1" e, na célula F15, coloque "=ElastUN2". Note que a Divisão da Receita, nas linhas 21 e 22, passa a sofrer alterações ao longo do horizonte de projeção, com ligeiro aumento da participação da unidade de negócio 2, que tem maior elasticidade e, portanto, maior crescimento. A margem bruta da AlGaSe também não fica mais estável ao longo do horizonte de projeção (linha 24, porém a mudança é na segunda casa decimal), embora a margem bruta por unidade de negócio fique (linhas 25 e 26).

O *firm value* atualizado da AlGaSe é R$ 976,2 milhões, com pequeno aumento a partir dos R$ 956,0 milhões calculados no final da etapa 2. Estamos, com essa modelagem, inferindo que a elasticidade futura será igual à elasticidade histórica e constante por todo o horizonte de projeção. A experiência e o *know-how* do analista fará com que ele opte por outro tipo de inferência (alterações com relação ao histórico ou ao longo do horizonte de projeções), que deve ser refletida no modelo.

É importante destacar que cada setor tem a sua lógica de projeção. Nem todos são projetados com base na variação do PIB. Por exemplo, o setor de telecomunicação móvel pode ter sua "quantidade" (número de assinantes) variando com a população, a densidade (número de aparelhos por 100 habitantes) e o *market share*, por exemplo. Nesses casos, bastaria embutir a lógica apropriada na pasta Projeto e plugá-la à pasta DRE.

## Completando as Demonstrações Financeiras

A ideia é projetar as contas não operacionais. Como nossa abordagem é dos investidores (ou operação ou empresa), qualquer coisa que façamos nas demonstrações financeiras além da parte operacional será meramente "perfumaria", pois não alterará o valor da empresa (*firm value*) nem o valor dos acionistas (*equity value*). Porém, muitos analistas preferem um modelo com o balanço e a DRE completos. O rigor destinado a essa parte da modelagem pode ser baixo, novamente, por não afetar o *firm value* nem o *equity value*.

Na pasta Projeto, copie a linha 49 para a linha 88 (coluna C a O). Escreva, nas linhas 89 a 91 da coluna B, os seguintes textos: "Perc. Distrib. do Lucro Líquido", "Remuneração do Caixa (% Selic)" e "Custo do *Revolving*". Pule a linha 92. Coloque nas linhas 93 a 96 da coluna B os seguintes textos: "Total de Ativo - Excesso de Caixa", "Total de Passivo - *Revolving*", "para Balanço: Excesso de Caixa" e "para Balanço: *Revolving*". Coloque borda inferior na linha 96, colunas B a O. A ideia é que (i) ou faltará caixa e este será tomado por uma linha *Revolving* que custará (com o endividamento existente) "Custo do *Revolving*" ou (ii) sobrará caixa e este será mantido como Excesso de Caixa e será rentabilizado (com o caixa operacional) a um certo percentual da Selic (Remuneração do Caixa (% Selic)).

Coloque "25%" na célula F89, formate porcento e *colour coding*. Coloque "=F89" na célula G89, copie para a linha toda, colunas H a O. Coloque "95%" na célula F90, formate porcento e *colour coding*. Coloque "=F90" na célula G90, copie para toda a linha, colunas H a O. Coloque "=rd" na célula F91, formate porcento e *colour coding*, copie para a linha toda, colunas G a O.

Coloque "=SOMA(BAL!F5;BAL!F7:F13)" na célula F93 e copie para toda a linha, colunas G a O. Coloque "=SOMA(BAL!F16:F19;BAL!F21:F24)" na célula F94 e copie para toda a linha, colunas G a O. No nosso caso específico, até o momento, temos mais ativos do que passivos, portanto, para fechar o balanço, precisaríamos captar a diferença em *Revolving*. Portanto, na célula F96 coloque "=MÁXIMO(0;F93-F94)" e copie para toda a linha, colunas G a O. Nomeie a linha 96, colunas C a O, "*Revolving*". Analogamente, coloque "=MÁXIMO(0;F94-F93)" na célula F95 e copie para toda a linha, colunas G a O. Nomeie a linha 95, colunas C a O, "ExCx".

Mudemos para a pasta BAL. Coloque "=ExCx" na célula F6, copie para toda a linha, colunas G a O. Coloque "=Revolving" na célula F20, copie para toda a linha, colunas G a O. Copie a célula E26 para a linha toda, colunas F a O. Repare que o balanço está fechado (Total de Ativos igual a Total de Passivos). Projete as linhas com "(c)" na coluna A constantes ao longo do horizonte de projeção, por exemplo, coloque "=E10" na célula F10, copie para toda a linha, colunas G a O (idem para as linhas 11 e 21). Repita para o Capital Social (linha 23). Na linha dos Lucros Retidos, usaremos a lógica de que ele evolui com a parcela do lucro líquido não distribuída e, por isso, colocamos uma premissa de distribuição do lucro líquido na pasta Projeto (linha 89). Coloque "=E24+LL*(1-Projeto!F89)" na célula F24, copie para toda a linha, colunas G a O. Não nos preocuparemos em destinar o lucro retido ao capital social. Não projetaremos os Empréstimos e Financiamentos, que, com isso, acabam compondo o *Revolving* (concentramos todo o endividamento, por enquanto, nessa linha *Revolving*).

Mudemos para a pasta DRE. Para evitar circularidade e como essa parte das projeções não impacta o valor, calculemos as despesas e as receitas financeiras a partir do saldo do ano anterior. Assim, coloque "=-(BAL!E19+BAL!E20+BAL!E22)*Projeto!F91" na célula F17, copie para a linha toda, colunas G a O. Coloque "=(BAL!E5+BAL!E6)*Projeto!F90*MacroEco!F8" na célula F18, copie para a linha toda, colunas G a O. Coloque "=-AliqImp*LAIR" na célula F21, copie para a linha toda, colunas G a O. Não projetaremos resultados não operacionais (linha 19).

Agora temos o balanço e a DRE projetados. Repare que o *firm value* continua em R$ 976,2 milhões, exatamente o mesmo após termos ajustado a receita líquida no item anterior.

Nesse ponto, a parte nova da pasta Projeto do seu modelo deve estar parecida com a Figura 18.2.

| | 2.015 | 2.016 | 2.017 | 2.018 P | 2.019 P | 2.020 P | 2.021 P | 2.022 P | 2.023 P | 2.024 P | 2.025 P | 2.026 P | 2.027 P |
|---|---|---|---|---|---|---|---|---|---|---|---|---|---|
| Perc. Distrib. do Lucro Líquido | | | | 25,0% | 25,0% | 25,0% | 25,0% | 25,0% | 25,0% | 25,0% | 25,0% | 25,0% | 25,0% |
| Remuneração do Caixa (% Selic) | | | | 95,0% | 95,0% | 95,0% | 95,0% | 95,0% | 95,0% | 95,0% | 95,0% | 95,0% | 95,0% |
| Custo do Revolving | | | | 10,9% | 10,9% | 10,9% | 10,9% | 10,9% | 10,9% | 10,9% | 10,9% | 10,9% | 10,9% |
| Total de Ativo - Excesso de Caixa | | | | 809,8 | 855,1 | 910,6 | 972,0 | 1.033,9 | 1.100,2 | 1.171,1 | 1.246,9 | 1.328,0 | 1.414,7 |
| Total de Passivo - Revolving | | | | 704,7 | 772,0 | 846,3 | 928,0 | 1.016,5 | 1.112,6 | 1.216,9 | 1.329,7 | 1.451,7 | 1.583,5 |
| para Balanço: Excesso de Caixa | | | | 0,0 | 0,0 | 0,0 | 0,0 | 0,0 | 12,4 | 45,8 | 82,8 | 123,7 | 168,8 |
| para Balanço: Revolving | | | | 105,1 | 83,1 | 64,3 | 43,9 | 17,4 | 0,0 | 0,0 | 0,0 | 0,0 | 0,0 |

Figura 18.2 – Pasta "Projeto".

Nesse ponto, a pasta DRE do seu modelo deve estar parecida com a Figura 18.3.

Projeto: [Nome] — DRAFT/CONFIDENTIAL [Nome da Instituição]
Versão 3 / Cenário MacroEco: [2] Cenário Base / Cenário Despesa G&A: [1.2] Fixa: Inflação + Cresc. Real / Cenário CAPEX: [3] Giro Alvo

| [R$ Milhões] | 2.015 | 2.016 | 2.017 | 2.018 P | 2.019 P | 2.020 P | 2.021 P | 2.022 P | 2.023 P | 2.024 P | 2.025 P | 2.026 P | 2.027 P |
|---|---|---|---|---|---|---|---|---|---|---|---|---|---|
| (=) Receita Líquida | 518,5 | 561,0 | 602,1 | 632,8 | 675,5 | 727,5 | 785,2 | 844,0 | 907,2 | 975,1 | 1.048,1 | 1.126,6 | 1.211,0 |
| U.N. 1: [nome UN1] | 409,0 | 443,6 | 475,7 | 499,6 | 532,6 | 572,9 | 617,3 | 662,7 | 711,3 | 763,6 | 819,7 | 879,9 | 944,5 |
| U.N. 2: [nome UN2] | 109,5 | 117,4 | 126,4 | 133,3 | 142,9 | 154,7 | 167,8 | 181,3 | 195,8 | 211,5 | 228,4 | 246,7 | 266,5 |
| (-) CPV (ex depreciação) | (219,4) | (246,1) | (258,4) | (272,3) | (290,6) | (313,0) | (337,7) | (362,9) | (390,1) | (419,2) | (450,5) | (484,2) | (520,4) |
| U.N. 1: [nome UN1] | (179,9) | (199,6) | (209,8) | (221,6) | (236,3) | (254,1) | (273,9) | (294,0) | (315,6) | (338,7) | (363,6) | (390,3) | (419,0) |
| U.N. 2: [nome UN2] | (39,5) | (46,5) | (48,6) | (50,7) | (54,3) | (58,8) | (63,8) | (69,0) | (74,5) | (80,5) | (86,9) | (93,9) | (101,4) |
| (=) Resultado Bruto | 299,1 | 314,9 | 343,7 | 360,5 | 384,9 | 414,6 | 447,5 | 481,0 | 517,1 | 555,9 | 597,6 | 642,4 | 690,6 |
| (-) Despesas com Vendas | (26,6) | (32,3) | (30,8) | (33,8) | (36,0) | (38,8) | (41,9) | (45,0) | (48,4) | (52,0) | (55,9) | (60,1) | (64,6) |
| (-) Despesas Gerais e Adm. | (100,9) | (110,3) | (117,5) | (122,0) | (127,9) | (134,9) | (142,3) | (149,9) | (158,0) | (166,4) | (175,3) | (184,7) | (194,6) |
| (=) EBITDA | 171,6 | 172,3 | 195,4 | 204,8 | 220,9 | 240,9 | 263,3 | 286,1 | 310,7 | 337,5 | 366,3 | 397,6 | 431,4 |
| (-) Depreciação | (60,7) | (61,3) | (66,1) | (73,8) | (81,9) | (91,5) | (102,3) | (114,2) | (127,1) | (141,3) | (157,0) | (174,1) | (192,9) |
| (=) Resultado Operacional | 110,9 | 111,0 | 129,3 | 131,1 | 139,0 | 149,4 | 161,0 | 171,9 | 183,6 | 196,1 | 209,4 | 223,5 | 238,5 |
| (-) Despesa Financeira | (14,7) | (15,3) | (18,4) | (17,1) | (11,4) | (9,0) | (7,0) | (4,8) | (1,9) | 0,0 | 0,0 | 0,0 | 0,0 |
| (+) Receita Financeira | 3,5 | 3,7 | 3,2 | 3,3 | 2,4 | 2,7 | 3,1 | 3,6 | 3,8 | 5,2 | 8,5 | 12,2 | 16,3 |
| (+) Result. não Operac. | 0,5 | (1,0) | 0,8 | | | | | | | | | | |
| (-) LAIR | 100,2 | 98,4 | 114,9 | 117,3 | 130,0 | 143,1 | 157,1 | 170,7 | 185,6 | 201,3 | 217,9 | 235,7 | 254,7 |
| (-) IR | (34,1) | (33,5) | (39,1) | (39,9) | (44,2) | (48,6) | (53,4) | (58,0) | (63,1) | (68,5) | (74,1) | (80,1) | (86,6) |
| (=) Lucro Líquido | 66,1 | 64,9 | 75,8 | 77,4 | 85,8 | 94,4 | 103,7 | 112,6 | 122,5 | 132,9 | 143,8 | 155,6 | 168,1 |

Figura 18.3 – Pasta "DRE".

Nesse ponto, a pasta BAL do seu modelo deve estar parecida com a Figura 18.4.

Projeto: [Nome] — DRAFT/CONFIDENTIAL [Nome da Instituição]
Versão 3 / Cenário MacroEco: [2] Cenário Base / Cenário Despesa G&A: [1.2] Fixa: Inflação + Cresc. Real / Cenário CAPEX: [3] Giro Alvo

| [R$ Milhões] | 2.015 | 2.016 | 2.017 | 2.018 P | 2.019 P | 2.020 P | 2.021 P | 2.022 P | 2.023 P | 2.024 P | 2.025 P | 2.026 P | 2.027 P |
|---|---|---|---|---|---|---|---|---|---|---|---|---|---|
| (a) Caixa Operacional | 26,0 | 28,2 | 30,1 | 31,7 | 33,9 | 36,5 | 39,4 | 42,3 | 45,5 | 48,9 | 52,5 | 56,5 | 60,7 |
| (b) Excesso de Caixa | 2,5 | 19,7 | 25,1 | 0,0 | 0,0 | 0,0 | 0,0 | 0,0 | 12,4 | 45,8 | 82,8 | 123,7 | 168,8 |
| (a) Contas a Receber | 41,7 | 46,3 | 48,2 | 51,3 | 54,7 | 58,9 | 63,6 | 68,4 | 73,5 | 79,0 | 84,9 | 91,3 | 98,1 |
| (a) Estoque | 21,4 | 25,1 | 25,9 | 27,2 | 29,0 | 31,3 | 33,7 | 36,3 | 39,0 | 41,9 | 45,0 | 48,4 | 52,0 |
| (a) Impostos a Compensar | 15,0 | 15,9 | 17,0 | 18,0 | 19,3 | 20,7 | 22,4 | 24,1 | 25,9 | 27,8 | 29,9 | 32,1 | 34,5 |
| (c) Depósitos Judiciais | 0,8 | 12,6 | 38,5 | 38,5 | 38,5 | 38,5 | 38,5 | 38,5 | 38,5 | 38,5 | 38,5 | 38,5 | 38,5 |
| (c) Crédito Fiscal | 20,0 | 25,0 | 30,0 | 30,0 | 30,0 | 30,0 | 30,0 | 30,0 | 30,0 | 30,0 | 30,0 | 30,0 | 30,0 |
| (d) Ativo Fixo Bruto | 735,9 | 828,6 | 933,5 | 1.032,8 | 1.151,3 | 1.287,8 | 1.439,8 | 1.604,0 | 1.784,6 | 1.983,1 | 2.201,0 | 2.440,3 | 2.702,9 |
| (d) Depreciação Acumulada | (218,5) | (279,8) | (345,9) | (419,7) | (501,6) | (593,1) | (695,4) | (809,6) | (936,7) | (1.078,0) | (1.235,0) | (1.409,1) | (1.602,0) |
| Total de Ativo | 644,8 | 721,6 | 802,4 | 809,8 | 855,1 | 910,6 | 972,0 | 1.033,9 | 1.112,6 | 1.216,9 | 1.329,7 | 1.451,7 | 1.583,5 |
| (a) Contas a Pagar | 17,2 | 18,6 | 20,2 | 21,1 | 22,5 | 24,2 | 26,1 | 28,1 | 30,2 | 32,4 | 34,9 | 37,5 | 40,3 |
| (a) Sal. e Encargos a Pagar | 9,5 | 10,8 | 11,2 | 11,8 | 12,5 | 13,4 | 14,4 | 15,3 | 16,4 | 17,5 | 18,7 | 20,0 | 21,4 |
| (a) Imp. a Pagar | 9,7 | 9,3 | 11,3 | 11,4 | 12,2 | 13,1 | 14,1 | 15,2 | 16,3 | 17,6 | 18,9 | 20,3 | 21,8 |
| (b) Empr. e Financ. CP | 45,3 | 46,9 | 45,6 | | | | | | | | | | |
| (b) Revolving | | | | 105,1 | 83,1 | 64,3 | 43,9 | 17,4 | 0,0 | 0,0 | 0,0 | 0,0 | 0,0 |
| (c) Provisões Ambientais | 72,7 | 53,7 | 97,9 | 97,9 | 97,9 | 97,9 | 97,9 | 97,9 | 97,9 | 97,9 | 97,9 | 97,9 | 97,9 |
| (b) Empr. e Financ. LP | 100,7 | 128,3 | 111,7 | | | | | | | | | | |
| (e) Capital Social | 381,4 | 416,5 | 432,4 | 432,4 | 432,4 | 432,4 | 432,4 | 432,4 | 432,4 | 432,4 | 432,4 | 432,4 | 432,4 |
| (e) Lucros Retidos | 8,3 | 37,5 | 72,1 | 130,2 | 194,5 | 265,3 | 343,1 | 427,6 | 519,4 | 619,1 | 727,0 | 843,7 | 969,8 |
| Total de Passivo | 644,8 | 721,6 | 802,4 | 809,8 | 855,1 | 910,6 | 972,0 | 1.033,9 | 1.112,6 | 1.216,9 | 1.329,7 | 1.451,7 | 1.583,5 |
| Observações | | | | - | - | - | - | - | - | - | - | - | - |
| (a) Capital de giro líquido | | | | | | | | | | | | | |
| (b) Financeiras | | | | | | | | | | | | | |
| (c) Não operacionais e não financeiros | | | | | | | | | | | | | |
| (d) Ativo operacional fixo | | | | | | | | | | | | | |
| (e) Patrimônio líquido | | | | | | | | | | | | | |

Figura 18.4 – Pasta "BAL".

Na etapa 3, avaliamos a AlGaSe em R$ 976,2 milhões e o *equity value* em R$ 814,6 milhões. Ao término dessa etapa, o modelo projeta as demonstrações financeiras completas.

# 19

# Modelagem: Etapa 4

Na etapa 3, melhoramos a lógica de projeção da receita líquida e completamos as demonstrações financeiras (balanço e DRE). O objetivo deste capítulo é implementar as últimas melhorias no modelo.

## Etapa 4

Nesta quarta etapa:

1. Projetaremos as dívidas da empresa.

2. Calcularemos o valor do crédito fiscal considerando a velocidade com que ele será utilizado.

Nenhum dos dois ajustes impactará o *firm value*. Ambos os ajustes impactarão o *equity value*, pois alterarão o valor atribuído ao crédito fiscal na pasta Ajustes. O segundo causará um impacto maior do que o primeiro, porém, ambos os impactos serão mínimos. Por causar impacto quase negligenciável (no nosso modelo, o impacto seria de aproximadamente 0,01% no *equity value*), na maioria dos casos, o ajuste 1 pode não ser feito.

Renomeie seu arquivo para "Modelo 4". Altere a célula C5 da pasta Projetos para "="Versão 4 / Cenário MacroEco: "&C8&" / Cenário Despesa G&A: "&C6&" / Cenário CAPEX: "&C7".

## Modelagem da Dívida

Crie a pasta Endividamento copiando a partir da pasta Base. Altere o nome da nova pasta para Endividamento.

A criação dessa pasta terá quatro partes. A primeira parte será montar o cabeçalho, a segunda será modelar uma dívida genérica, a terceira será replicar a dívida genérica com informações de dívidas específicas e a quarta será consolidar as informações no cabeçalho e transportá-las para as demonstrações financeiras (Balanço e DRE).

Antes, porém, você deve colocar, nas linhas 10 e 17, o cabeçalho das datas. Para isso, faça um *link* em cada uma dessas linhas, da coluna C a coluna O, com a linha 4, travando a linha (por exemplo, na célula C10 coloque "=C$4"). Copie o formato da linha 4 para as novas linhas (bordas inferior e superior e formato personalizado do número, para que fique, por exemplo: "2018 P").

Montemos o cabeçalho.

Escreva, nas linhas 5 a 8 da coluna B, "Selic", "IPCA", "Cambial" e "rd: WACC", respectivamente. Escreva, nas linhas 11 a 13 da coluna B, "Dívida CP", "Dívida LP" e "Despesa Financeira", respectivamente. Coloque, nas linhas 11 a 13 da coluna A, "(a)", "(b)" e "(c)", respectivamente.

Coloque "=MacroEco!D8" na célula D5, formate porcento e copie para toda a linha, colunas E a O. Idem para a célula D6 ("=MacroEco!D5"), para a célula D7 ("=MacroEco!D11/MacroEco!C11-1") e para a célula D8 ("=rd") – copie pelas respectivas linhas e formate.

Formate as linhas 8 e 13 com borda inferior, colunas B a O.

Escreva "DÍVIDAS" na célula B15, formate com fonte 14, negrito, fundo cinza e mesclando as células das colunas B a P.

Após a montagem do cabeçalho, criemos uma "dívida genérica".

Copie os *labels* (títulos ou conteúdo) da Tabela 19.1 (ou da Figura 19.1 mais à frente no texto) nas colunas A e B do seu modelo, a partir da célula A18. Depois montaremos as demais colunas. Você deve ter ido da linha 18 a linha 35.

Tabela 19.1 – *Labels* para endividamento

| Linha | | *Labels* |
|---|---|---|
| 18 | | Nome |
| 19 | (d) | Valor |
| 20 | | Indexador |
| 21 | | Cupom |
| 22 | | |
| 23 | | Anos até o Vencimento (a partir do ano base) |
| 24 | | Cronograma de Amortização |
| 25 | | Percentual de Amortização no Período |
| 26 | | |
| 27 | | Principal Atualizado |
| 28 | | Amortização no Período |
| 29 | | Principal após Amortização |
| 30 | | |
| 31 | (a) | Curto Prazo |
| 32 | (b) | Longo Prazo |
| 33 | | |
| 34 | | Juros |
| 35 | (c) | Despesa Financeira |

Montemos uma dívida de R$ 80 Milhões, IPCA+4,5% a.a. e cinco anos para o vencimento. Esse prazo de cinco anos é da data base do *valuation* até o vencimento da dívida e não da data da captação da dívida (efetivo empréstimo) até o vencimento da dívida. Por exemplo, imagine que a dívida vença em 2022, foi captada em 2012 e a data base do *valuation* seja 2017; sendo assim, a partir da captação, eram dez anos até o vencimento, mas são apenas cinco anos a partir da data base do *valuation*. Vamos chamá-la de "Sobra". Essas informações são novas, não estão no Capítulo 15.

Escreva "Sobra" na célula C18, formate *colour coding* e a esquerda. Coloque "=C18" na célula B17. Coloque "80" na célula E19, formate *colour coding*. Escolha, na célula C20, o indexador a partir de uma lista que remeta à coluna B, linhas 5 a 8 (veja Criando Lista no Anexo; considere para fonte dos dados "=$B$5:$B$8"). Formate *colour coding* e a esquerda. Escolha "IPCA" a partir da lista criada. Na célula D20, coloque "=CORRESP(C20;$B$5:$B$8;0)" e formate sem casa decimal (é a posição de "IPCA" entre os indexadores).

Coloque "=ESCOLHER($D20;F$5;F$6;F$7;F$8)" na célula F20, formate porcento e copie para toda a linha, colunas G a O. Coloque "4,5%" na célula F21, formate porcento e *colour coding*. Coloque "=F21" na célula G21, formate porcento e *colour coding*, copie para toda a linha, colunas H a O.

Coloque "5" na célula C23, formate com zero casas decimais e *colour coding*. Coloque "=1/C23" na célula F24, formate porcento. Coloque "=MÍNIMO(1/$C23;1-SOMA($F24:F24))" na célula G24, formate porcento, copie para toda a linha, colunas H a O. Coloque "=1-SOMA(F24:O24)" na célula P24, formate porcento.

Coloque "=SE(F24=0;0;F24/SOMA(F24:$P24))" na célula F25, formate porcento, copie para toda a linha, colunas G a O.

Coloque "=E19" na célula E29. Coloque "=E29*(1+F20)" na célula F27. Coloque "=F27*F25" na célula F28. Coloque "=F27-F28" na célula F29. Copie as três fórmulas nas suas respectivas linhas, colunas G a O.

Coloque "=F29*G25" na célula F31. É a parcela da dívida que será paga no próximo ano e, portanto, deve compor o curto prazo. Coloque "=F29-F31" na célula F32. É a parcela da dívida que vencerá após o próximo ano e, portanto, deve compor o longo prazo. Copie as duas fórmulas nas suas respectivas linhas, colunas G a O.

Coloque "=F27*F21" na célula F34. Coloque "=F34+(F27-E29)" na célula F35. Copie as duas fórmulas nas respectivas linhas, colunas G a O. Formate a linha 35, colunas B a O, com borda inferior.

A lógica dessa dívida que modelamos é bem específica e considera que ela (i) capitaliza o indexador; (ii) paga anualmente o cupom, além da amortização de parte do principal atualizado pelo indexador; e (iii) é amortizada em parcelas anuais iguais ao longo da sua vida. Dívidas diferentes precisarão ser ajustadas, por exemplo, quando o cupom é capitalizado (mesmo que por alguns anos iniciais), quando a variação do indexador ("correção monetária") também é paga (portanto, não capitaliza), quando as amortizações não são constantes etc.

Nesse ponto, a pasta Endividamento do seu modelo deve estar parecida com a Figura 19.1.

| | | 2.015 | 2.016 | 2.017 | 2.018 P | 2.019 P | 2.020 P | 2.021 P | 2.022 P | 2.023 P | 2.024 P | 2.025 P | 2.026 P | 2.027 P | |
|---|---|---|---|---|---|---|---|---|---|---|---|---|---|---|---|
| **Projeto: [Nome]** | | | | | | | | | | | | | | DRAFT/CONFIDENCIAL | |
| Versão 4 / Cenário MacroEco: [2] Cenário Base / Cenário Despesa G&A: [1.2] Fixa: Inflação + Cresc. Real / Cenário CAPEX: [3] Giro Alvo | | | | | | | | | | | | | | [Nome da Instituição] | |
| | | | | | | | | | | | | | | | |
| [R$ Milhões] | | 2.015 | 2.016 | 2.017 | 2.018 P | 2.019 P | 2.020 P | 2.021 P | 2.022 P | 2.023 P | 2.024 P | 2.025 P | 2.026 P | 2.027 P | |
| Selic | | | 13,8% | 7,0% | 6,3% | 8,0% | 8,3% | 9,0% | 9,5% | 9,5% | 9,5% | 9,5% | 9,5% | 9,5% | |
| IPCA | | | 6,3% | 3,0% | 3,7% | 4,0% | 4,0% | 4,0% | 4,0% | 4,0% | 4,0% | 4,0% | 4,0% | 4,0% | |
| Cambial | | | -17,7% | 1,5% | 10,3% | 1,4% | 4,1% | 2,6% | 2,5% | 2,0% | 1,7% | 1,9% | 1,9% | 1,8% | |
| rd: WACC | | | 10,9% | 10,9% | 10,9% | 10,9% | 10,9% | 10,9% | 10,9% | 10,9% | 10,9% | 10,9% | 10,9% | 10,9% | |
| | | | | | | | | | | | | | | | |
| | | 2.015 | 2.016 | 2.017 | 2.018 P | 2.019 P | 2.020 P | 2.021 P | 2.022 P | 2.023 P | 2.024 P | 2.025 P | 2.026 P | 2.027 P | |
| (a) Dívida CP | | | | | | | | | | | | | | | |
| (b) Dívida LP | | | | | | | | | | | | | | | |
| (c) Despesa Financeira | | | | | | | | | | | | | | | |
| | | | | | | | | | | | | | | | |
| | | | | | | DÍVIDAS | | | | | | | | | |
| | | | | | | | | | | | | | | | |
| Sobra | | 2.015 | 2.016 | 2.017 | 2.018 P | 2.019 P | 2.020 P | 2.021 P | 2.022 P | 2.023 P | 2.024 P | 2.025 P | 2.026 P | 2.027 P | |
| Nome | Sobra | | | | | | | | | | | | | | |
| (d) Valor | | | | 80,0 | | | | | | | | | | | |
| Indexador | IPCA | | 2 | | 3,7% | 4,0% | 4,0% | 4,0% | 4,0% | 4,0% | 4,0% | 4,0% | 4,0% | 4,0% | |
| Cupom | | | | | 4,5% | 4,5% | 4,5% | 4,5% | 4,5% | 4,5% | 4,5% | 4,5% | 4,5% | 4,5% | |
| | | | | | | | | | | | | | | | |
| Anos até o Vencimento (a partir do ano base) | | 5 | | | | | | | | | | | | | |
| Cronograma de Amortização | | | | | 20,0% | 20,0% | 20,0% | 20,0% | 20,0% | 0,0% | 0,0% | 0,0% | 0,0% | 0,0% | 0,0% |
| Percentual de Amortização no Período | | | | | 20,0% | 25,0% | 33,3% | 50,0% | 100,0% | 0,0% | 0,0% | 0,0% | 0,0% | 0,0% | |
| | | | | | | | | | | | | | | | |
| Principal Atualizado | | | | | 83,0 | 69,0 | 53,8 | 37,3 | 19,4 | 0,0 | 0,0 | 0,0 | 0,0 | 0,0 | |
| Amortização no Período | | | | | 16,6 | 17,3 | 17,9 | 18,7 | 19,4 | 0,0 | 0,0 | 0,0 | 0,0 | 0,0 | |
| Principal após Amortização | | | | 80,0 | 66,4 | 51,8 | 35,9 | 18,7 | 0,0 | 0,0 | 0,0 | 0,0 | 0,0 | 0,0 | |
| | | | | | | | | | | | | | | | |
| (a) Curto Prazo | | | | | 16,6 | 17,3 | 17,9 | 18,7 | 0,0 | 0,0 | 0,0 | 0,0 | 0,0 | 0,0 | |
| (b) Longo Prazo | | | | | 49,8 | 34,5 | 17,9 | 0,0 | 0,0 | 0,0 | 0,0 | 0,0 | 0,0 | 0,0 | |
| | | | | | | | | | | | | | | | |
| Juros | | | | | 3,7 | 3,1 | 2,4 | 1,7 | 0,9 | 0,0 | 0,0 | 0,0 | 0,0 | 0,0 | |
| (c) Despesa Financeira | | | | | 6,7 | 5,8 | 4,5 | 3,1 | 1,6 | 0,0 | 0,0 | 0,0 | 0,0 | 0,0 | |

Figura 19.1 – Pasta "Endividamento". (Elaborada pelos autores.)

Terminada essa segunda parte da construção da pasta Endividamento, iniciemos a terceira parte, a de replicação (e ajustes nessa primeira dívida, que servirá para modelar a "sobra" das dívidas não modeladas). Copie as células A17 a P35 e cole a partir da célula A37. Altere o nome da dívida para "Banco Spulet: IPCA" na célula C38 (formate a célula D38 com *colour coding*).

Coloque "=BAL!E19+BAL!E22-SOMASE(A20:A1000;A19;E20:E1000)" na célula E19 e tire o *colour coding*. Agora, nessa célula, estará a sobra da dívida no balanço (a dívida no balanço é obtida por "BAL!E19+BAL!E22", na fórmula da célula E19) que não foi(ram) modelada(s) na parte de baixo do modelo (a(s) replicação(ões), por enquanto apenas uma). As dívidas existentes da empresa que forem modeladas, a partir da linha 37, serão consolidadas (obtidas por "SOMASE(A20:A1000;A19;E20:E1000)", na fórmula da célula E19), desde que as dívidas modeladas não excedam a linha 1000 do modelo. A dívida do balanço é R$ 157,3 milhões e modelamos uma dívida de R$ 80,0 milhões. Logo, a parte não modelada, até o momento, é R$ 77,3 milhões (157,3 – 80), justamente o valor atual em E19.

Ajustemos a dívida Sobra (células A17 a P35) com indexador "rd: WACC" e com um ano até o vencimento, assim, ela "vencerá" e comporá o *Revolving*, que também tem custo rd: WACC. Lembre-se de que essa parte não impacta o *firm value*. Portanto, escolha, na célula C20, "rd: WACC" a partir da lista, coloque "0%" na célula F21 e coloque "1" na célula C23. Você pode tirar o *colour coding* das células C20 e C23, caso queira. Lembre-se de que a linha "juros" (linha 34) refere-se ao cupom.

Resumindo, a ideia é deixar a parte superior (células A17 a P35) com a sobra das dívidas não modeladas e, na sequência, as dívidas modeladas, cada uma em um bloco. Modelamos apenas uma dívida (células A37 a P55, a dívida com o Banco Suplet, atrelada ao IPCA, que chamamos de "Banco Suplet: IPCA"). Você pode modelar quantas dívidas julgar necessário, copiando o bloco composto da célula A37 à célula P55, colando abaixo da última dívida modelada e trocando os parâmetros para os da dívida em questão (nas células com *colour coding*). O valor da nova dívida modelada será consolidado e abatido da primeira dívida (Sobra), que capturará a diferença não modelada, a "sobra" (célula E19). Não modelaremos nenhuma outra dívida.

Façamos a quarta parte da construção dessa pasta, a da consolidação e transporte dos principais números.

Coloque "=SOMASE($A$16:$A$1000;$A11;F$16:F$1000)" na célula F11. Coloque "=SOMASE($A$16:$A$1000;$A12;F$16:F$1000)" na célula F12. Coloque "=SOMASE ($A$16:$A$1000;$A13;F$16:F$1000)" na célula F13. Copie as três fórmulas nas suas respectivas linhas, colunas G a O.

Nomeie a linha 11, colunas C a O, de "DividaCP", a linha 12, colunas C a O, de "DividaLP" e a linha 13, colunas C a O, de "DespFExist".

Finalizamos a parte da consolidação. Falta transportar (integrar) esses resultados para o modelo.

Vá para a pasta BAL e coloque "=DividaCP" na célula F19 e "=DividaLP" na célula F22. Copie as duas fórmulas nas suas respectivas linhas, colunas G a O.

Vá para a pasta DRE e coloque "=-DespFExist-BAL!E20*Projeto!F91" na célula F17, copie para toda a linha, colunas G a O.

Nesse ponto, a pasta Endividamento do seu modelo deve estar parecida com a Figura 19.2.

A parte mais abaixo da pasta Endividamento, que não aparece na Figura 19.2, refere-se a dívida de R$ 80 milhões a IPCA+4,5%, com vencimento em cinco anos, que pode ser conferida pelos números da Figura 19.1 (foi a primeira dívida que montamos, porém, agora apresentada na parte de baixo do modelo).

| | | 2.015 | 2.016 | 2.017 | 2.018 P | 2.019 P | 2.020 P | 2.021 P | 2.022 P | 2.023 P | 2.024 P | 2.025 P | 2.026 P | 2.027 P | |
|---|---|---|---|---|---|---|---|---|---|---|---|---|---|---|---|
| (a) Dívida CP | | | | | 16,6 | 17,3 | 17,9 | 18,7 | 0,0 | 0,0 | 0,0 | 0,0 | 0,0 | 0,0 | |
| (b) Dívida LP | | | | | 49,8 | 34,5 | 17,9 | 0,0 | 0,0 | 0,0 | 0,0 | 0,0 | 0,0 | 0,0 | |
| (c) Despesa Financeira | | | | | 15,1 | 5,8 | 4,5 | 3,1 | 1,6 | 0,0 | 0,0 | 0,0 | 0,0 | 0,0 | |

**DÍVIDAS**

| | | 2.015 | 2.016 | 2.017 | 2.018 P | 2.019 P | 2.020 P | 2.021 P | 2.022 P | 2.023 P | 2.024 P | 2.025 P | 2.026 P | 2.027 P | |
|---|---|---|---|---|---|---|---|---|---|---|---|---|---|---|---|
| Sobra | | | | | | | | | | | | | | | |
| Nome | Sobra | | | | | | | | | | | | | | |
| (d) Valor | | | | 77,3 | | | | | | | | | | | |
| Indexador | Id. WACC | 4 | | | 10,9% | 10,9% | 10,9% | 10,9% | 10,9% | 10,9% | 10,9% | 10,9% | 10,9% | 10,9% | |
| Cupom | | | | | 0,0% | 0,0% | 0,0% | 0,0% | 0,0% | 0,0% | 0,0% | 0,0% | 0,0% | 0,0% | |
| Anos até o Vencimento (a partir do ano base) | | 1 | | | | | | | | | | | | | |
| Cronograma de Amortização | | | | | 100,0% | 0,0% | 0,0% | 0,0% | 0,0% | 0,0% | 0,0% | 0,0% | 0,0% | 0,0% | 0,0% |
| Percentual de Amortização no Período | | | | | 100,0% | 0,0% | 0,0% | 0,0% | 0,0% | 0,0% | 0,0% | 0,0% | 0,0% | 0,0% | |
| Principal Atualizado | | | | | 85,7 | 0,0 | 0,0 | 0,0 | 0,0 | 0,0 | 0,0 | 0,0 | 0,0 | 0,0 | |
| Amortização no Período | | | | | 85,7 | 0,0 | 0,0 | 0,0 | 0,0 | 0,0 | 0,0 | 0,0 | 0,0 | 0,0 | |
| Principal após Amortização | | | | 77,3 | 0,0 | 0,0 | 0,0 | 0,0 | 0,0 | 0,0 | 0,0 | 0,0 | 0,0 | 0,0 | |
| (a) Curto Prazo | | | | | 0,0 | 0,0 | 0,0 | 0,0 | 0,0 | 0,0 | 0,0 | 0,0 | 0,0 | 0,0 | |
| (b) Longo Prazo | | | | | 0,0 | 0,0 | 0,0 | 0,0 | 0,0 | 0,0 | 0,0 | 0,0 | 0,0 | 0,0 | |
| Juros | | | | | 0,0 | 0,0 | 0,0 | 0,0 | 0,0 | 0,0 | 0,0 | 0,0 | 0,0 | 0,0 | |
| (c) Despesa Financeira | | | | | 8,4 | 0,0 | 0,0 | 0,0 | 0,0 | 0,0 | 0,0 | 0,0 | 0,0 | 0,0 | |

| | | 2.015 | 2.016 | 2.017 | 2.018 P | 2.019 P | 2.020 P | 2.021 P | 2.022 P | 2.023 P | 2.024 P | 2.025 P | 2.026 P | 2.027 P | |
|---|---|---|---|---|---|---|---|---|---|---|---|---|---|---|---|
| Banco Spulet: IPCA | | | | | | | | | | | | | | | |
| Nome | Banco Spulet: IPCA | | | | | | | | | | | | | | |
| (d) Valor | | | | 80,0 | | | | | | | | | | | |
| Indexador | IPCA | 2 | | | 3,7% | 4,0% | 4,0% | 4,0% | 4,0% | 4,0% | 4,0% | 4,0% | 4,0% | 4,0% | |
| Cupom | | | | | 4,5% | 4,5% | 4,5% | 4,5% | 4,5% | 4,5% | 4,5% | 4,5% | 4,5% | 4,5% | |
| Anos até o Vencimento (a partir do ano base) | | 1 | | | | | | | | | | | | | |
| Cronograma de Amortização | | | | | 20,0% | 20,0% | 20,0% | 20,0% | 20,0% | 0,0% | 0,0% | 0,0% | 0,0% | 0,0% |
| Percentual de Amortização no Período | | | | | 20,0% | 25,0% | 33,3% | 50,0% | 100,0% | 0,0% | 0,0% | 0,0% | 0,0% | 0,0% | |

Figura 19.2 – Pasta "Endividamento" (visão parcial).

Nesse ponto, a pasta DRE do seu modelo deve estar parecida com a Figura 19.3.

Projeto: [Nome] — DRAFT/CONFIDENCIAL
Versão 4 / Cenário MacroEco: [2] Cenário Base / Cenário Despesa G&A: [1.2] Fixa: Inflação + Cresc. Real / Cenário CAPEX: [3] Giro Alvo — [Nome da Instituição]

| [R$ Milhões] | 2.015 | 2.016 | 2.017 | 2.018 P | 2.019 P | 2.020 P | 2.021 P | 2.022 P | 2.023 P | 2.024 P | 2.025 P | 2.026 P | 2.027 P |
|---|---|---|---|---|---|---|---|---|---|---|---|---|---|
| (=) Receita Líquida | 518,5 | 561,0 | 602,1 | 632,8 | 675,5 | 727,5 | 785,2 | 844,0 | 907,2 | 975,1 | 1.048,1 | 1.126,6 | 1.211,0 |
| U.N. 1: [nome UN1] | 409,0 | 443,6 | 475,7 | 499,6 | 532,6 | 572,9 | 617,3 | 662,7 | 711,3 | 763,6 | 819,7 | 879,9 | 944,5 |
| U.N. 2: [nome UN2] | 109,5 | 117,4 | 126,4 | 133,3 | 142,9 | 154,7 | 167,8 | 181,3 | 195,8 | 211,5 | 228,4 | 246,7 | 266,5 |
| (-) CPV (ex depreciação) | (219,4) | (246,1) | (258,4) | (272,3) | (290,6) | (313,0) | (337,7) | (362,9) | (390,1) | (419,2) | (450,5) | (484,2) | (520,4) |
| U.N. 1: [nome UN1] | (179,9) | (199,6) | (209,8) | (221,6) | (236,3) | (254,1) | (273,9) | (294,0) | (315,6) | (338,7) | (363,6) | (390,3) | (419,0) |
| U.N. 2: [nome UN2] | (39,5) | (46,5) | (48,6) | (50,7) | (54,3) | (58,8) | (63,8) | (69,0) | (74,5) | (80,5) | (86,9) | (93,9) | (101,4) |
| (=) Resultado Bruto | 299,1 | 314,9 | 343,7 | 360,5 | 384,9 | 414,6 | 447,5 | 481,0 | 517,1 | 555,9 | 597,6 | 642,4 | 690,6 |
| (-) Despesas com Vendas | (26,6) | (32,3) | (30,8) | (33,8) | (36,0) | (38,8) | (41,9) | (45,0) | (48,4) | (52,0) | (55,9) | (60,1) | (64,6) |
| (-) Despesas Gerais e Adm. | (100,9) | (110,3) | (117,5) | (122,0) | (127,9) | (134,9) | (142,3) | (149,9) | (158,0) | (166,4) | (175,3) | (184,7) | (194,6) |
| (=) EBITDA | 171,6 | 172,3 | 195,4 | 204,8 | 220,9 | 240,9 | 263,3 | 286,1 | 310,7 | 337,5 | 366,3 | 397,6 | 431,4 |
| (-) Depreciação | (60,7) | (61,3) | (66,1) | (73,8) | (81,9) | (91,5) | (102,3) | (114,2) | (127,1) | (141,3) | (157,0) | (174,1) | (192,9) |
| (=) Resultado Operacional | 110,9 | 111,0 | 129,3 | 131,1 | 139,0 | 149,4 | 161,0 | 171,9 | 183,6 | 196,1 | 209,4 | 223,5 | 238,5 |
| (-) Despesa Financeira | (14,7) | (15,3) | (18,4) | (15,1) | (9,9) | (7,7) | (5,9) | (4,0) | (1,5) | 0,0 | 0,0 | 0,0 | 0,0 |
| (+) Receita Financeira | 3,5 | 3,7 | 3,2 | 3,3 | 2,4 | 2,7 | 3,1 | 3,6 | 3,8 | 5,5 | 8,9 | 12,6 | 16,6 |
| (±) Result. não Operac. | 0,5 | (1,0) | 0,8 | | | | | | | | | | |
| (=) LAIR | 100,2 | 98,4 | 114,9 | 119,3 | 131,6 | 144,4 | 158,1 | 171,4 | 185,9 | 201,7 | 218,3 | 236,1 | 255,1 |
| (-) IR | (34,1) | (33,5) | (39,1) | (40,6) | (44,7) | (49,1) | (53,8) | (58,3) | (63,2) | (68,6) | (74,2) | (80,3) | (86,7) |
| (=) Lucro Líquido | 66,1 | 64,9 | 75,8 | 78,7 | 86,8 | 95,3 | 104,4 | 113,1 | 122,7 | 133,1 | 144,1 | 155,8 | 168,4 |

Figura 19.3 – Pasta "DRE".

Nesse ponto, a pasta BAL do seu modelo deve estar parecida com a Figura 19.4.

Projeto: [Nome] — DRAFT/CONFIDENCIAL
Versão 4 / Cenário MacroEco: [2] Cenário Base / Cenário Despesa G&A: [1.2] Fixa: Inflação + Cresc. Real / Cenário CAPEX: [3] Giro Alvo — [Nome da Instituição]

| [R$ Milhões] | 2.015 | 2.016 | 2.017 | 2.018 P | 2.019 P | 2.020 P | 2.021 P | 2.022 P | 2.023 P | 2.024 P | 2.025 P | 2.026 P | 2.027 P |
|---|---|---|---|---|---|---|---|---|---|---|---|---|---|
| (a) Caixa Operacional | 26,0 | 28,2 | 30,1 | 31,7 | 33,9 | 36,5 | 39,4 | 42,3 | 45,5 | 48,9 | 52,5 | 56,5 | 60,7 |
| (b) Excesso de Caixa | 2,5 | 19,7 | 25,1 | 0,0 | 0,0 | 0,0 | 0,0 | 0,0 | 15,9 | 49,4 | 86,6 | 127,7 | 172,9 |
| (c) Contas a Receber | 51,7 | 46,7 | 48,7 | 51,3 | 54,7 | 58,9 | 63,6 | 68,4 | 73,5 | 79,0 | 84,9 | 91,3 | 98,1 |
| (a) Estoque | 21,4 | 25,1 | 25,9 | 27,2 | 29,0 | 31,3 | 33,7 | 36,3 | 39,0 | 41,9 | 45,0 | 48,4 | 52,0 |
| (a) Impostos a Compensar | 15,0 | 15,9 | 17,0 | 18,0 | 19,3 | 20,7 | 22,4 | 24,1 | 25,9 | 27,8 | 29,9 | 32,1 | 34,5 |
| (c) Depósitos Judiciais | 0,8 | 12,6 | 38,5 | 38,5 | 38,5 | 38,5 | 38,5 | 38,5 | 38,5 | 38,5 | 38,5 | 38,5 | 38,5 |
| (c) Crédito Fiscal | 20,0 | 25,0 | 30,0 | 30,0 | 30,0 | 30,0 | 30,0 | 30,0 | 30,0 | 30,0 | 30,0 | 30,0 | 30,0 |
| (d) Ativo Fixo Bruto | 715,9 | 828,6 | 933,5 | 1.032,8 | 1.151,3 | 1.287,8 | 1.439,8 | 1.604,0 | 1.784,6 | 1.983,1 | 2.201,0 | 2.440,3 | 2.702,9 |
| (d) Depreciação Acumulada | (218,5) | (279,8) | (345,9) | (419,7) | (501,6) | (593,1) | (695,4) | (809,6) | (936,7) | (1.078,0) | (1.235,0) | (1.409,1) | (1.602,0) |
| **Total de Ativo** | **644,8** | **721,6** | **802,4** | **809,8** | **855,1** | **910,6** | **972,0** | **1.033,9** | **1.116,1** | **1.220,5** | **1.333,5** | **1.455,7** | **1.587,6** |
| (a) Contas a Pagar | 17,2 | 18,7 | 20,2 | 21,1 | 22,5 | 24,2 | 26,1 | 28,1 | 30,2 | 32,4 | 34,9 | 37,5 | 40,3 |
| (a) Sal. e Encargos a Pagar | 9,5 | 10,8 | 11,2 | 11,8 | 12,5 | 13,4 | 14,4 | 15,3 | 16,4 | 17,5 | 18,7 | 20,0 | 21,4 |
| (a) Imp. a Pagar | 9,7 | 9,3 | 11,3 | 11,4 | 12,2 | 13,1 | 14,1 | 15,2 | 16,3 | 17,6 | 18,9 | 20,3 | 21,8 |
| (b) Empr. e Financ. CP | 45,3 | 46,9 | 45,6 | 16,6 | 17,3 | 17,9 | 18,7 | 0,0 | 0,0 | 0,0 | 0,0 | 0,0 | 0,0 |
| (b) Revolving | | | | 37,8 | 29,5 | 26,0 | 22,4 | 14,2 | 0,0 | 0,0 | 0,0 | 0,0 | 0,0 |
| (c) Provisões Ambientais | 72,7 | 53,7 | 97,9 | 97,9 | 97,9 | 97,9 | 97,9 | 97,9 | 97,9 | 97,9 | 97,9 | 97,9 | 97,9 |
| (b) Empr. e Financ. LP | 100,7 | 128,3 | 111,7 | 49,8 | 34,5 | 17,9 | 0,0 | 0,0 | 0,0 | 0,0 | 0,0 | 0,0 | 0,0 |
| (e) Capital Social | 381,4 | 416,5 | 432,4 | 432,4 | 432,4 | 432,4 | 432,4 | 432,4 | 432,4 | 432,4 | 432,4 | 432,4 | 432,4 |
| (e) Lucros Retidos | 8,3 | 37,5 | 72,1 | 131,1 | 196,3 | 267,7 | 346,0 | 430,8 | 522,9 | 622,7 | 730,7 | 847,6 | 973,9 |
| **Total de Passivo** | **644,8** | **721,6** | **802,4** | **809,8** | **855,1** | **910,6** | **972,0** | **1.033,9** | **1.116,1** | **1.220,5** | **1.333,5** | **1.455,7** | **1.587,6** |
| Observações | - | - | - | - | - | - | - | - | - | - | - | - | - |
| (a) Capital de giro líquido | | | | | | | | | | | | | |
| (b) Financeiras | | | | | | | | | | | | | |
| (c) Não operacionais e não financeiras | | | | | | | | | | | | | |
| (d) Ativo operacional fixo | | | | | | | | | | | | | |
| (e) Patrimônio líquido | | | | | | | | | | | | | |

Figura 19.4 – Pasta "BAL".

Note que o *firm value* (R$ 976,2) e o *equity value* (R$ 814,6) não se alteraram com essas modificações introduzidas no modelo. No entanto, modelar a dívida pode ser útil para alguma análise que envolva o endividamento e a capacidade de pagamento da empresa. Como já salientado, esta parte pode impactar o valor atribuído ao Crédito Fiscal, que será modelado na seção a seguir, este sim com impacto no *Equity Value*.

## Modelagem do Crédito Fiscal

Até agora, no modelo, estamos precificando o crédito fiscal pelo valor que ele está no balanço (veja célula H11 da pasta Ajustes). No entanto, o valor presente do crédito fiscal depende da velocidade com que ele pode ser aproveitado. Projetaremos, na pasta FC, o aproveitamento do crédito fiscal ao longo dos anos e calcularemos o seu valor presente. Caso você não tenha modelado o endividamento, seus números poderão diferir um pouco do apresentado nesta seção, pois as despesas financeiras dos modelos (com ou sem a modelagem do endividamento) não serão exatamente iguais.

Vá para a pasta FC. Copie as células B12 até O16 e cole a partir da célula B30. Apague o conteúdo todo dessa parte recém-colada, exceto o conteúdo relativo ao cabeçalho (linha 30). Coloque "=B4" na célula B30. Escreva "Crédito Fiscal" na célula B31, "Utilização" na célula B32, "Crédito Fiscal após Utilização" na célula B33 e "(=) Valor Presente da Utilização do Crédito Fiscal" na célula B34.

Coloque "=BAL!E11" na célula E33. Coloque "=E33" na célula F31. Coloque "=MÍNIMO (F31;-0,3*IR)" na célula F32 (considerando a regra do limite de aproveitamento de 30% do imposto de renda de cada ano, sujeito a alteração da legislação). Coloque "=F31-F32" na célula F33. Coloque "=F32/(1+WACC)^F19" na célula F34. Copie as quatro fórmulas nas suas respectivas linhas, colunas G a O. Coloque "=SOMA(F34:O34)" na célula E34. Nomeie a linha 33, colunas C a O, de "CredFiscal".

Na pasta BAL, coloque "=CredFiscal" na célula F11, copiei para toda a linha, colunas G a O. Na pasta Ajustes, coloque "=FC!E34" na célula H11.

Note que a utilização do crédito fiscal ficou fora da sensibilidade do WACC e que caso o crédito fiscal demore mais do que dez anos (horizonte de projeção do nosso modelo) para ser completamente utilizado, a parte não utilizada durante o horizonte de projeção não comporá seu valor. A parcela não utilizável em dez anos, a rigor, deveria estar *off-balance*. Nosso modelo não considerou nenhum ajuste por itens *off-balance*, que poderiam ser objeto de um *due-diligence* e também incorporariam a pasta Ajustes e, consequentemente, o *equity value*.

Nesse ponto, a pasta FC do seu modelo deve estar parecida com a Figura 19.5.

| | B | C | D | E | F | G | H | I | J | K | L | M | N | O | P |
|---|---|---|---|---|---|---|---|---|---|---|---|---|---|---|---|
| 30 | [R$ Milhões] | 2.015 | 2.016 | 2.017 | 2.018 P | 2.019 P | 2.020 P | 2.021 P | 2.022 P | 2.023 P | 2.024 P | 2.025 P | 2.026 P | 2.027 P | |
| 31 | Crédito Fiscal | | | | 30,0 | 17,8 | 4,3 | 0,0 | 0,0 | 0,0 | 0,0 | 0,0 | 0,0 | 0,0 | |
| 32 | Utilização | | | | 12,2 | 13,6 | 4,3 | 0,0 | 0,0 | 0,0 | 0,0 | 0,0 | 0,0 | 0,0 | |
| 33 | Crédito Fiscal após Utilização | | | 30,0 | 17,8 | 4,3 | 0,0 | 0,0 | 0,0 | 0,0 | 0,0 | 0,0 | 0,0 | 0,0 | |
| 34 | (=) Valor Presente da Utilização do Crédito Fiscal | | | 24,8 | 10,9 | 10,8 | 3,1 | 0,0 | 0,0 | 0,0 | 0,0 | 0,0 | 0,0 | 0,0 | |

Figura 19.5 – Parte relativa ao crédito fiscal na pasta "FC".

Nesse ponto, a pasta DRE do seu modelo deve estar parecida com a Figura 19.6.

Nesse ponto, a pasta BAL do seu modelo deve estar parecida com a Figura 19.7.

**PRONTO**. O modelo está finalizado! O *firm value* final é R$ 976,2 milhões e o *equity value* é R$ 809,3 milhões. Atente para o fato que o *firm value* não se alterou nessa etapa 4. O *equity value* alterou-se aproximadamente −0,6% devido à diferença entre o valor nominal do crédito fiscal (R$ 30,0 milhões) e o valor presente atribuído a ele (R$ 24,8 milhões).

CAP. 19 • MODELAGEM: ETAPA 4 **303**

**Projeto: [Nome]** — DRAFT/CONFIDENCIAL
Versão 4 / Cenário MacroEco: [2] Cenário Base / Cenário Despesa G&A: [1.2] Fixa: Inflação + Cresc. Real / Cenário CAPEX: [3] Giro Alvo — [Nome da Instituição]

| [R$ Milhões] | 2.015 | 2.016 | 2.017 | 2.018 P | 2.019 P | 2.020 P | 2.021 P | 2.022 P | 2.023 P | 2.024 P | 2.025 P | 2.026 P | 2.027 P |
|---|---|---|---|---|---|---|---|---|---|---|---|---|---|
| (+) Receita Líquida | 518,5 | 561,0 | 602,1 | 632,8 | 675,5 | 727,5 | 785,2 | 844,0 | 907,2 | 975,1 | 1.048,1 | 1.126,6 | 1.211,0 |
| U.N. 1: [nome UN1] | 409,0 | 443,6 | 475,7 | 499,6 | 532,6 | 572,9 | 617,3 | 662,7 | 711,3 | 763,6 | 819,7 | 879,9 | 944,5 |
| U.N. 2: [nome UN2] | 109,5 | 117,4 | 126,4 | 133,3 | 142,9 | 154,7 | 167,8 | 181,3 | 195,8 | 211,5 | 228,4 | 246,7 | 266,5 |
| (-) CPV (ex depreciação) | (219,4) | (246,1) | (258,4) | (272,3) | (290,6) | (313,0) | (337,7) | (362,9) | (390,1) | (419,2) | (450,5) | (484,2) | (520,4) |
| U.N. 1: [nome UN1] | (179,9) | (199,6) | (209,8) | (221,6) | (236,3) | (254,1) | (273,9) | (294,0) | (315,6) | (338,7) | (363,6) | (390,3) | (419,0) |
| U.N. 2: [nome UN2] | (39,5) | (46,5) | (48,6) | (50,7) | (54,3) | (58,8) | (63,8) | (69,0) | (74,5) | (80,5) | (86,9) | (93,9) | (101,4) |
| (=) Resultado Bruto | 299,1 | 314,9 | 343,7 | 360,5 | 384,9 | 414,6 | 447,5 | 481,0 | 517,1 | 555,9 | 597,6 | 642,4 | 690,6 |
| (-) Despesas com Vendas | (26,6) | (32,3) | (30,8) | (33,8) | (36,0) | (38,8) | (41,9) | (45,0) | (48,4) | (52,0) | (55,9) | (60,1) | (64,6) |
| (-) Despesas Gerais e Adm. | (100,9) | (110,3) | (117,5) | (122,0) | (127,9) | (134,9) | (142,3) | (149,9) | (158,0) | (166,4) | (175,3) | (184,7) | (194,6) |
| (=) EBITDA | 171,6 | 172,3 | 195,4 | 204,8 | 220,9 | 240,9 | 263,3 | 286,1 | 310,7 | 337,5 | 366,3 | 397,6 | 431,4 |
| (-) Depreciação | (60,7) | (61,3) | (66,1) | (73,8) | (81,9) | (91,5) | (102,3) | (114,2) | (127,1) | (141,3) | (157,0) | (174,1) | (192,9) |
| (=) Resultado Operacional | 110,9 | 111,0 | 129,3 | 131,1 | 139,0 | 149,4 | 161,0 | 171,9 | 183,6 | 196,1 | 209,4 | 223,5 | 238,5 |
| (-) Despesa Financeira | (14,7) | (15,3) | (18,4) | (15,1) | (8,5) | (4,8) | (3,1) | (1,6) | 0,0 | 0,0 | 0,0 | 0,0 | 0,0 |
| (+) Receita Financeira | 3,5 | 3,7 | 3,2 | 3,3 | 2,4 | 2,7 | 3,6 | 4,6 | 5,7 | 8,9 | 12,4 | 16,2 | 20,4 |
| (+) Result. não Operac. | 0,5 | (1,0) | 0,8 | | | | | | | | | | |
| (=) LAIR | 100,2 | 98,4 | 114,9 | 119,3 | 132,9 | 147,2 | 161,5 | 174,9 | 189,4 | 205,0 | 221,8 | 239,7 | 258,9 |
| (-) IR | (34,1) | (33,5) | (39,1) | (40,6) | (45,2) | (50,1) | (54,9) | (59,4) | (64,4) | (69,7) | (75,4) | (81,5) | (88,0) |
| (=) Lucro Líquido | 66,1 | 64,9 | 75,8 | 78,7 | 87,7 | 97,2 | 106,6 | 115,4 | 125,0 | 135,3 | 146,4 | 158,2 | 170,9 |

Figura 19.6 – Pasta "DRE". (Elaborada pelos autores.)

**Projeto: [Nome]** — DRAFT/CONFIDENCIAL
Versão 4 / Cenário MacroEco: [2] Cenário Base / Cenário Despesa G&A: [1.2] Fixa: Inflação + Cresc. Real / Cenário CAPEX: [3] Giro Alvo — [Nome da Instituição]

| [R$ Milhões] | 2.015 | 2.016 | 2.017 | 2.018 P | 2.019 P | 2.020 P | 2.021 P | 2.022 P | 2.023 P | 2.024 P | 2.025 P | 2.026 P | 2.027 P |
|---|---|---|---|---|---|---|---|---|---|---|---|---|---|
| (a) Caixa Operacional | 26,0 | 28,2 | 30,1 | 31,7 | 33,9 | 36,5 | 39,4 | 42,3 | 45,5 | 48,9 | 52,5 | 56,5 | 60,7 |
| (b) Excesso de Caixa | 2,5 | 19,7 | 25,1 | 0,0 | 0,0 | 6,1 | 11,4 | 21,3 | 53,0 | 88,2 | 127,1 | 170,0 | 217,1 |
| (c) Contas a Receber | 41,7 | 46,3 | 48,2 | 51,3 | 54,7 | 58,9 | 63,6 | 68,4 | 73,5 | 79,0 | 84,9 | 91,3 | 98,1 |
| (a) Estoque | 21,4 | 25,1 | 25,9 | 27,2 | 29,0 | 31,3 | 33,7 | 36,3 | 39,0 | 41,9 | 45,0 | 48,4 | 52,0 |
| (a) Impostos a Compensar | 15,0 | 15,9 | 17,0 | 18,0 | 19,3 | 20,7 | 22,4 | 24,1 | 25,9 | 27,8 | 29,9 | 32,1 | 34,5 |
| (c) Depósitos Judiciais | 0,8 | 12,6 | 38,5 | 38,5 | 38,5 | 38,5 | 38,5 | 38,5 | 38,5 | 38,5 | 38,5 | 38,5 | 38,5 |
| (c) Crédito Fiscal | 20,0 | 25,0 | 30,0 | 17,8 | 4,3 | 0,0 | 0,0 | 0,0 | 0,0 | 0,0 | 0,0 | 0,0 | 0,0 |
| (d) Ativo Fixo Bruto | 735,9 | 828,6 | 933,5 | 1.032,8 | 1.151,3 | 1.287,8 | 1.439,8 | 1.604,0 | 1.784,6 | 1.983,1 | 2.201,0 | 2.440,3 | 2.702,9 |
| (d) Depreciação Acumulada | (218,5) | (279,8) | (345,9) | (419,7) | (501,6) | (593,1) | (695,4) | (809,6) | (936,7) | (1.078,0) | (1.235,0) | (1.409,1) | (1.602,0) |
| **Total do Ativo** | 644,8 | 721,6 | 802,4 | 797,7 | 829,3 | 886,7 | 953,3 | 1.025,2 | 1.123,2 | 1.229,3 | 1.344,0 | 1.468,0 | 1.601,9 |
| (a) Contas a Pagar | 17,2 | 18,6 | 20,2 | 21,1 | 22,5 | 24,2 | 26,1 | 28,1 | 30,2 | 32,4 | 34,9 | 37,5 | 40,3 |
| (a) Sal. e Encargos a Pagar | 9,5 | 10,8 | 11,2 | 11,8 | 12,5 | 13,4 | 14,4 | 15,3 | 16,4 | 17,5 | 18,7 | 20,0 | 21,4 |
| (a) Imp. a Pagar | 9,7 | 9,3 | 11,3 | 11,4 | 12,2 | 13,1 | 14,1 | 15,2 | 16,3 | 17,6 | 18,9 | 20,3 | 21,8 |
| (b) Empr. e Financ. CP | 45,3 | 46,9 | 45,6 | 16,6 | 17,3 | 17,9 | 18,7 | 0,0 | 0,0 | 0,0 | 0,0 | 0,0 | 0,0 |
| (b) Revolving | | | | 25,6 | 3,2 | 0,0 | 0,0 | 0,0 | 0,0 | 0,0 | 0,0 | 0,0 | 0,0 |
| (c) Provisões Ambientais | 72,7 | 53,7 | 97,9 | 97,9 | 97,9 | 97,9 | 97,9 | 97,9 | 97,9 | 97,9 | 97,9 | 97,9 | 97,9 |
| (b) Empr. e Financ. LP | 100,7 | 128,3 | 111,7 | 49,8 | 34,5 | 17,9 | 0,0 | 0,0 | 0,0 | 0,0 | 0,0 | 0,0 | 0,0 |
| (e) Capital Social | 381,4 | 416,5 | 432,4 | 432,4 | 432,4 | 432,4 | 432,4 | 432,4 | 432,4 | 432,4 | 432,4 | 432,4 | 432,4 |
| (e) Lucros Retidos | 8,3 | 37,5 | 72,1 | 131,1 | 196,9 | 269,8 | 349,7 | 436,3 | 530,0 | 631,5 | 741,3 | 859,9 | 988,1 |
| **Total do Passivo** | 644,8 | 721,6 | 802,4 | 797,7 | 829,3 | 886,7 | 953,3 | 1.025,2 | 1.123,2 | 1.229,3 | 1.344,0 | 1.468,0 | 1.601,9 |

**Observações**
(a) Capital de giro líquido
(b) Financeiras
(c) Não operacionais e não financeiras
(d) Ativo operacional fixo
(e) Patrimônio líquido

Figura 19.7 – Pasta "BAL". (Elaborada pelos autores.)

Nosso modelo produz um preço por ação de R$ 11,33. Lembre-se de que a empresa negocia a R$ 10,20 (no início do Capítulo 15 também é informada a quantidade de ações: 71,451 milhões), ou seja, nosso modelo indica um potencial de valorização (*upside*) de 11,1%.

Você pode, agora, fazer outras sensibilidades. Por exemplo, considere que (1) a empresa recupere o giro de ativo fixo líquido de 1,10x em 2022, em vez de recuperá-lo apenas em 2027, como modelamos na pasta Projeto, linha 67 (não se esqueça de mexer, entre outras, na célula F67 ("=E67+($J$67-$E$67)/5") e nas colunas K a O); e (2) o crescimento real das despesas gerais e administrativas seja igual ao nível de 2017, em vez da média dos últimos 2 anos (considerando 2016 como ano atípico nos negócios da AlGaSe), como modelamos na célula F40 da pasta Projeto. Essas duas alterações produziriam um novo *firm value* de R$ 1.034,3 milhões (6,0% maior do que o nosso atual *firm value*) e um preço por ação de R$ 12,14 (19,0% de *upside* a partir do preço de R$ 10,20).

**Quanto mais você explorar os recursos do seu modelo, mais preparado você estará para novos desafios de modelagem! Boa sorte!**

# Anexo

# Comandos do Excel®

Este anexo é dedicado a apresentação de alguns comandos utilizados na modelagem ao longo dos Capítulos 16 a 19 do livro. Por comandos, entenda-se não apenas fórmulas como também "procedimentos", por exemplo, nomear células.

## Alinhamento de Texto

Selecione a(s) célula(s) que contenha(m) o texto que se deseja alinhar. No menu Início, acesse o botão relativo ao alinhamento do texto e escolha o desejado, conforme a Figura A.1.

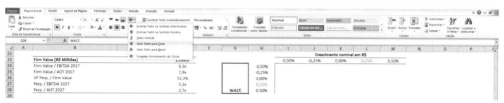

Figura A.1 – Alinhamento de Texto.

## Comando Tabela

Imagine que estejamos calculando c = a × b e queiramos que "a" assuma os valores de 1 a 3 e que "b" assuma aos valores de 3 a 5. A nossa matriz de respostas seria:

|   |   | a |   |   |
|---|---|---|---|---|
|   |   | 1 | 2 | 3 |
|   | 3 | 1×3 = 3 | 2×3 = 6 | 3×3 = 9 |
| b | 4 | 1×4 = 4 | 2×4 = 8 | 3×4 = 12 |
|   | 5 | 1×5 = 5 | 2×5 = 10 | 3×5 = 15 |

Podemos fazer isso, no Excel, com o comando Tabela. Para isso, precisamos colocar um valor de "a" (usemos o valor central de "a", ou seja, "2") em alguma célula, por exemplo, B1 e um valor de "b" (usemos o valor central de "b", ou seja, "4") em alguma célula, por exemplo, B2. Em seguida, calculamos o c (=a × b) em alguma célula, por exemplo, B3. Coloquemos os valores possíveis de "a" nas células D5, E5 e F5 e os valores possíveis de "b" nas células C6, C7 e C8. Assim, os possíveis valores de "a" estão em uma linha e os possíveis valores de "b" estão em uma coluna. Na célula superior esquerda destes possíveis valores (célula C5), coloquemos "=B3", ou seja, o resultado de "c". Selecionemos todas as células de C5 a F8. Usemos o comando Tabela. Para tanto, precisamos ir em Dados/Teste de Hipóteses/Tabela de Dados... conforme a Figura A.2.

Figura A.2 – Acessando o Comando Tabela.

Em seguida, temos que informar que os valores da linha devem ser usados substituindo o valor de "a", portanto, a célula B1 e os valores da coluna devem ser usados substituindo o valor de "b", portanto, a célula B2, conforme a Figura A.3.

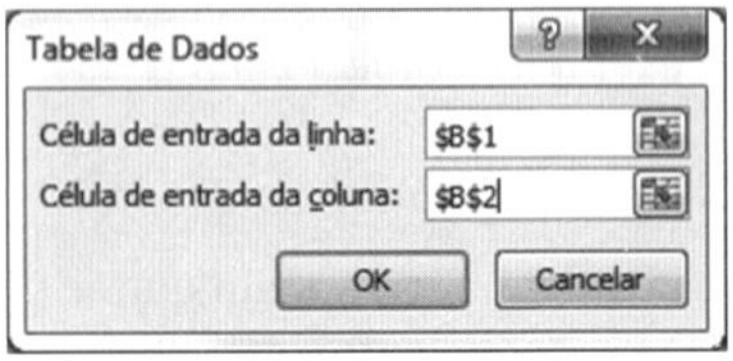

Figura A.3 – Parametrizando o Comando Tabela.

Finalize o comando clicando em OK.

No caso da tabela de sensibilidade de crescimento e WACC do nosso modelo, os valores de "incremento" do crescimento estão na linha e os valores de "incremento" do WACC estão na coluna. O incremento médio é 0,00%. Portanto, devemos editar nossos valores de crescimento e WACC para considerar um "incremento" de "valor base" igual a zero. Para isto, some, tanto na célula do g (C13) como na célula do WACC (C14), as células imediatamente ao lado, que tem valor zero (pois estão vazias). Assim, em C13 tem-se agora "=MacroEco!O5+D13" e em C14 tem-se agora "=WACC!C21+D14". Agora sabemos que queremos colocar os valores da linha (incrementos do crescimento) na célula D13 e queremos colocar os valores da coluna (incremento do WACC) na célula D14. Portanto, para montar a tabela, coloque, na célula H23 a fórmula "=FirmValue", selecione as células H23 a M28, entre no comando Tabela (Dados/Teste de Hipóteses/Tabela de Dados...) e coloque "$D$13" em Células de entrada da linha e "$D$14" em Células de entrada da coluna, conforme a Figura A.4.

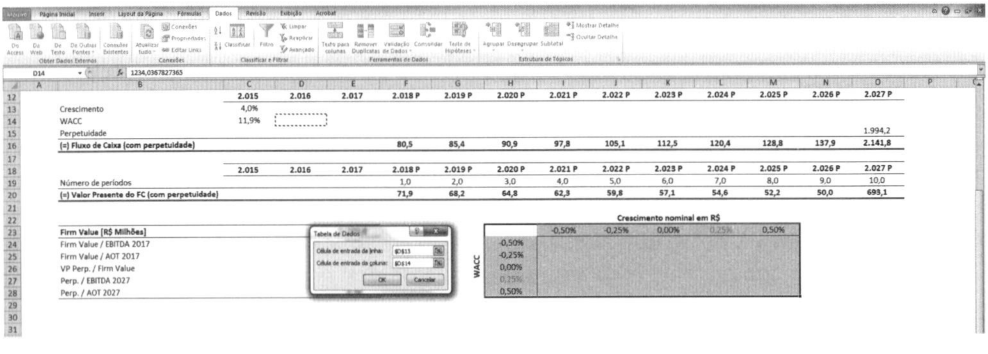

Figura A.4 – Comando Tabela para Matriz de Sensibilidade do Firm Value.

## Criando Lista

Em Dados/Validação de Dados, escolha "Lista" em "Permitir" e preencha a fonte da lista em "Fonte", conforme a Figura A.5. Clique em OK.

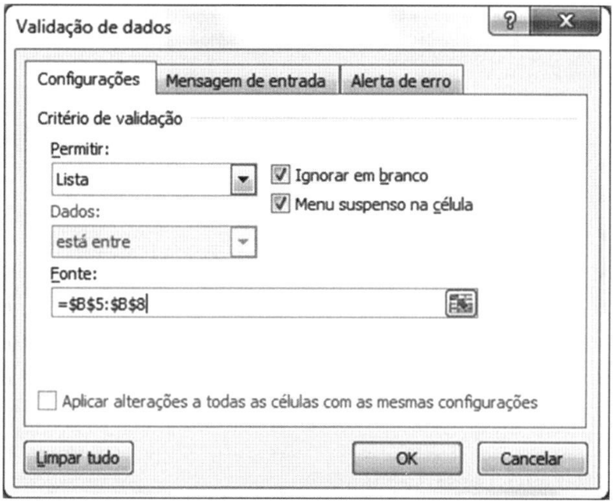

Figura A.5 – Criando Lista.

## Formatando Ano Projetado

Clique em Número do menu Início. Escolha a categoria Personalizado, em Tipo escolha "#.##0" e escreva "P" logo após o Tipo escolhido, conforme a Figura A.6.

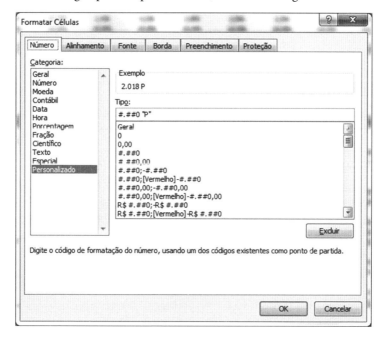

Figura A.6 – Formatando Ano Projetado.

## Formatando Borda da Célula

Selecione a(s) célula(s) que deseja formatar a borda. No menu Início, clique no botão correspondente às bordas e escolha a formatação desejada, conforme a Figura A.7. O processo pode ser repetido várias vezes.

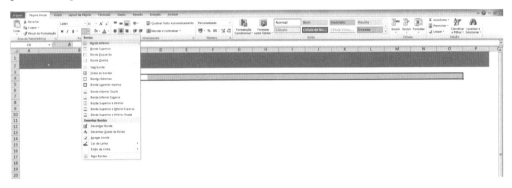

Figura A.7 – Formatando Borda da Célula.

## Formatando Fundo das Células

Selecione a(s) célula(s) que deseja formatar o fundo. No menu Início, clique no botão correspondente à formatação do fundo e escolha a cor desejada, conforme a Figura A.8.

Figura A.8 – Formatando Fundo das Células.

## Formatando Largura da Coluna

Selecione a(s) coluna(s) que deseja formatar a largura. Clique com o botão da direita do *mouse* e escolha Largura da Coluna e em seguida escreva a largura desejada.

## Formatando Página para Impressão

Clique em Configurar Página do menu Layout da Página. Em Orientação escolha Paisagem e em Dimensionar escolha Ajustar para "1" página(s) de largura por "1" de altura, conforme o Painel (a) da Figura A.9. Em seguida e antes de clicar no botão OK, entre em Cabeçalho/rodapé, Personalizar rodapé... e na Seção da direita insira Número da Página (segundo ícone da lista), conforme Painel (b) da Figura A.9.

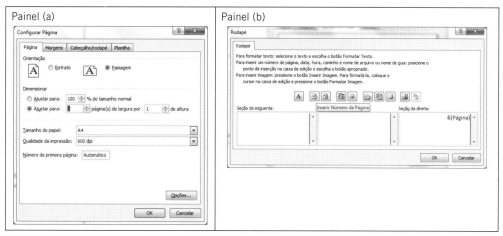

Figura A.9 – Formatando Página para Impressão.

## Formatando Número

Clique em Número no menu Início. Escolha a categoria Número, escolha 1 casa decimal em "Casas decimais", clique em "Usar separador de 1000 (.)" e escolha o terceiro item da lista para "Números negativos". Veja a Figura A.10.

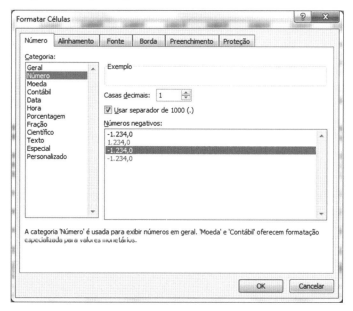

Figura A.10 – Formatando Número.

Caso o seu terceiro item da lista esteja como o da Figura A.10, com o sinal de menos na frente do número em vez de parênteses, é possível deixá-lo com parênteses. Para tanto, não feche a janela de formatação, clique em Personalizado na lista "Categoria" e edite o formato (i) trocando o sinal de menos na frente por parênteses e (ii) fechando esse mesmo parênteses ao final, conforme Figura A.11.

Figura A.11 – Formatando Número.

Para personalizar outro tipo de formatação, escreva em Tipo a formatação desejada, por exemplo, [=0]"-";"Error", que mostrará "-" para caso a célula em questão tenha valor 0 e "Error" para os demais casos.

## Gráfico de Dispersão

Selecione a faixa de células que contenha a informação da variável X (no nosso caso, a coluna D) e selecione a(s) faixa(s) de células que contenha(m) a(s) informação(ões) da(s) variável(is) Y (no nosso caso, as colunas E e F). Para isso, selecione cada coluna, nessa sequência, mantendo a tecla CTRL apertada (atenção para usar apenas as linhas 19 a 28). Em seguida vá em Inserir/Dispersão e escolha a primeira alternativa de gráfico, conforme a Figura A.12.

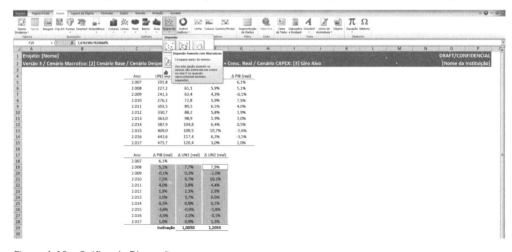

Figura A.12 – Gráfico de Dispersão.

COMANDOS DO EXCEL® **311**

Após o gráfico aparecer, arraste-o para posicioná-lo aonde entender ser mais conveniente. Clique com o botão da direita em cima do gráfico e escolha Selecionar Dados. Clique em cima da Série 1 e clique no botão Editar. Em nome da série, escreva UN1, conforme Figura A.13, e pressione OK. Repita para UN2. Alternativamente, em vez de escrever o nome, você pode fazer um *link* com a célula que tenha o nome. Pressione OK novamente.

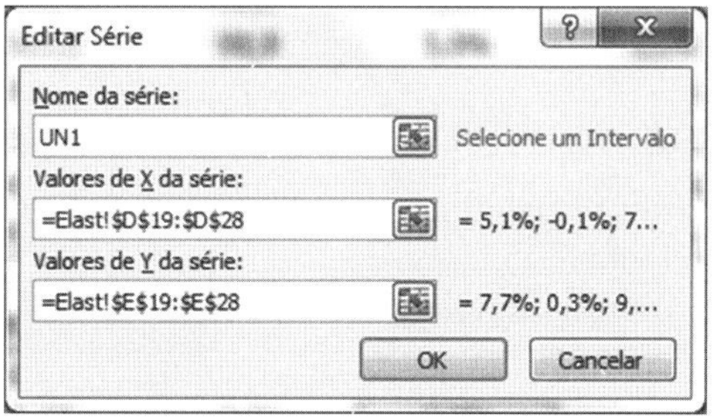

Figura A.13 – Renomeando a Série de Dados.

Clique com o botão da direita em cima de algum dos pontos de uma das duas séries (faça uma série de cada vez) e escolha Adicionar Linha de Tendência. Mantenha a opção Linear, clique no *check box* Exibir Equação no gráfico (se quiser, clique também no *check box* Exibir valor de R-quadrado no gráfico), conforme a Figura A.14. Repita para a outra série de dados.

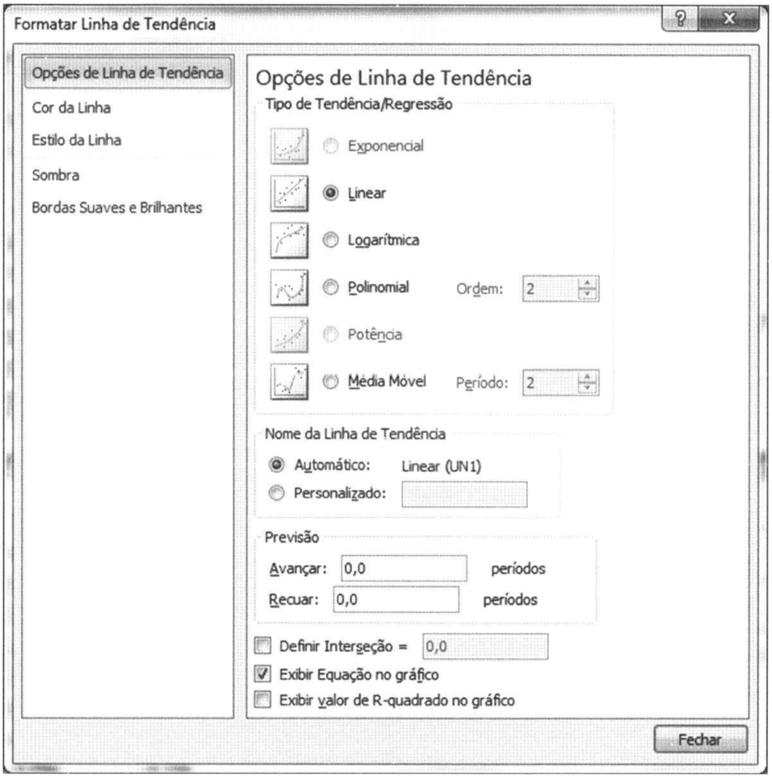

Figura A.14 – Adicionar Linha de Tendência.

Você pode arrastar a equação para uma posição melhor dentro do gráfico e também pode aumentar a sua fonte. Você pode entrar em Estilo da Linha para formatar a linha. Sugerimos que faça isso para uma das duas séries ser pontilhada (escolhemos a série UN2). Note que os "b's" das equações batem com as inclinações calculadas previamente. O gráfico permite a identificação visual de *outliers* (vamos considerar que não temos nenhum; precisaria fazer um teste estatístico para conclusão formal). Note que os "a's" parecem ser estatisticamente zero (precisaria fazer um teste estatístico para conclusão formal).

## Mesclando Células

Selecione a faixa de células que deseja mesclar. Clique, no menu Início, em Mesclar e Centralizar, conforme a Figura A.15.

Figura A.15 – Mesclando Células.

## Nomeando uma Célula ou Faixa de Células

Selecione a(s) célula(s) que deseja nomear. Clique, para editar, à esquerda da barra de funções, onde está indicado o nome da célula (ou da primeira célula, no caso de ser uma faixa de células) que você selecionou e escreva o nome desejado para aquela(s) célula(s), conforme a Figura A.16. Em seguida, finalize com *Enter*.

Figura A.16 – Nomeando uma Célula ou Faixa de Células.

## Nomeando uma Pasta

Clique duas vezes com o botão da esquerda em cima da "PlanX" (genericamente X) que deseja nomear e escreva o nome desejado para a pasta e finalize com *Enter*.

# Bibliografia

AMIHUD, Y.; MENDELSON, H.; WOOD, R. A. Liquidity and the 1987 stock market crash. *Journal of Portfolio Management*, 16(3): 65-69, 1990.

BALL, R. Anomalies in relationships between securities' yield and yield-surrogates. *Journal of Financial Economics*, 6(2-3): 103-126, 1978.

BANZ, R. W. The relationship between return and market value of common stocks. *Journal of Financial Economics*, 9(1): 3-18, 1981.

BASU, S. The relationship between earning yield, market value, and return for NYSE common stocks: Further evidence. *Journal of Financial Economics*, 12(1): 129-156, 1983.

BLACK, F. Beta and return. *Journal of Portfolio Management*, 20(1): 8-18, 1993.

BRADLEY, M. H.; JARREL, G.A. Expected inflation and the constant-growth valuation model. *Journal of Applied Corporate Finance*, 20(2): 66-78, 2008.

BREALEY, R.; MYERS, S. *Principle of corporate finance*. Estados Unidos: McGraw Hill, 1984.

CAPUL, C.; ROWLEY, I.; SHARPE, W. F. International value and growth stock returns. *Financial Analyst Journal*, 49(1): 27-36, 1993.

CAMPOS, A. L.; JUCÁ, M. N.; NAKAMURA, W. Como gestores brasileiros tomam suas decisões de custo de capital? *Revista de Administração e Contabilidade da Unisinos (BASE)*, 13(4): 309-330, 2016.

CARRETE, L. S.; SERRA, R. G. O dilema financeiro do microempreendedor frente às adversidades. *Revista de Micro e Pequena Empresa*, 13(1): 104-123, 2019.

COPELAND, T. E.; ANTIKAROV, V. *Opções reais*: um novo paradigma para reinventar a avaliação de investimentos. Rio de Janeiro: Campus, 2001.

COPELAND, T. E.; KOLLER, T.; MURRIN, J. *Avaliação de empresas – valuation*: calculando e gerenciando valor das empresas. São Paulo: Pearson Makron Books, 2002.

COPELAND, T. E.; WESTON, J. F.; SHASTRI, K. *Financial theory and corporate policy*. Estados Unidos: Pearson Addison Wesley, 2005.

DAMODARAN, A. *Avaliação de empresas*. São Paulo: Pearson Prentice Hall, 2007.

DIMSON, E. Risk measurement when shares are subject to infrequent trading. *Journal of Financial Economics*, 7(2): 197-226, 1979.

FAMA, E. F.; FRENCH, K. R. The cross-section of expected stock returns. *Journal of Finance*, 47(2): 427-465, 1992.

FAMA, E. F.; FRENCH, K. R. Common risk factors in the returns on stocks and bonds. *Journal of Financial Economics*, 33(1): 3-56, 1993.

FAMA, E. F.; FRENCH, K. R. A five-factor asset pricing model. *Journal of Financial Economics*, 116(1): 1-22, 2015.

FELTHAM, G. D. et al. Perhaps EVA does beat earnings: revisiting previous evidence. *Journal of Applied Corporate Finance*, 16(1): 83-88, 2004.

FERNANDEZ, P. The value of tax shield is not equal to the present value of tax shields. *Journal of Financial Economics*, 73(1): 145-165, 2004.

FERNANDEZ, P. *Company valuation methods*. The most common errors in valuation (working paper), 2007. Disponível em: SSRN: http://ssrn.com/abstract=274973.

FERNANDEZ, P. *WACC*: definition, misconceptions and errors (working paper), 2015. Disponível em: http://dx.doi.org/10.2139/ssrn.1620871.

FISHER, I. *The theory of interest*. New York: The Macmillan Company, 1930.

FUKUZAWA, R. J.; SERRA, R. G. Avaliando a Hering S.A. *Revista de Administração: Ensino & Pesquisa (RAEP)*, 18(2): 375-414, 2017.

HAMADA, R.S. The effect of the firm's capital structure on the systematic risk of common stocks. *Journal of Finance*, 27(2): 435-452, 1972.

HULL, J. *Options, futures, and other derivative securities*. New Jersey: Prentice Hall, 1993.

KOTHARI, S. P.; SHANKEN, J.; SLOAN, R. G. Another look at the cross-section of expected stock returns. *Journal of Finance*, 50(1): 185-224, 1995.

LAKONISHOK, J.; SHLEIFER, A.; VISHNY, R. W. Contrarian investment, extrapolation, and risk. *Journal of Finance*, 49(5): 1541-1578, 1994.

LALLY, M. The Gordon-Shapiro dividend growth formula and inflation. *Accounting and Finance*, 28(2): 45-51, 1988.

LINTNER, J. The valuation of risk assets and the selection of risky investments in stock portfolios and capital budget. *Review of Economics and Statistics*, 47(1): 13-37, 1965.

MACHADO, G. H. F. *Avaliação da companhia Les Lis Blanc*: análise de fluxos de caixa descontados e múltiplos [trabalho de conclusão de curso]. São Paulo: Insper, 2012.

MINOWA, C. *Valuation da Natura Cosmético S.A.* [trabalho de conclusão de curso]. São Paulo: Insper, 2011.

ODED, J.; MICHEL, A. Reconciling DCF valuation methodologies. *Journal of Applied Corporate Finance*, 17(2): 21-32, 2007.

ORLOVAS, A. D.; SERRA, R. G.; CARRETE, L. S. A utilização do múltiplo EV/EBITDA na precificação de IPO's no mercado brasileiro. *Revista Contemporânea de Contabilidade*, 15(37): 34-51, 2018.

PALEPU, K. G.; BERNARD, V. L.; HEALY, P. M. *Introduction to business analysis & valuation*. Ohio: South-Western Publishing, 1997.

PORTER, M. E. *Vantagem competitiva*: criando e sustentando um desempenho superior. Rio de Janeiro: Campus, 1996.

ROSENBAUM, J.; PEARL, J. *Investment banking*: valuation, leveraged buyouts, and mergers & aquisitions. New Jersey: Wiley 2009.

SCHOLES, M.; WILLIAMS, J. Estimating betas from nonsynchronous data. *Journal of Financial Economics*, 5(3): 309-327, 1977.

SERRA, R. G. Determinação da taxa de crescimento na perpetuidade em avaliação de empresas. *Revista de Finanças Aplicadas*, 1: 1-20, 2013.

SERRA, R. G. Caso Albam. *ReAd – Revista de Administração da EA/UFRGS*, 82(3): 782-795, 2015.

SERRA, R. G. Mecanismos de ajustes de preços no fechamento das transações. In: Pasin, R.M.; Martelanc, R. (Eds.). *Fusões e aquisições*: casos de fracasso e sucesso na destruição e geração de valor. São Paulo: AllPrint, 2016, p. 47-65.

SERRA, R. G. Caso de avaliação de uma empresa do setor imobiliário. In: Martelanc, R.; Pasin, R. M. (Eds.). *Fusões e aquisições*: estratégias empresariais e tópicos de valuation. São Paulo: AllPrint, 2016, p. 221-240.

SERRA, R. G. Avaliando a FQA S.A.: um caso de ensino. *Revista de Gestão, Finanças e Contabilidade*, 7(1): 271-285, 2017.

SERRA, R. G. Determinação do valor residual da Natura S.A.. *Revista Ciências Administrativas*, 24(1): 1-15, 2018.

SERRA, R. G. *Reconciling FCFF and FCFE in nominal and real models* (working paper), 2018. Disponível em: http://ssrn.com/abstract=3244133.

SERRA, R. G. *Fundamentos de valuation* (working paper), 2018. Disponível em: https://www.researchgate.net/publication/328199050_Fundamentos_de_Valuation.

SERRA, R. G. An Application of Hierarchical Linear Models to Analyze Brazilian Financial Betas. *International Journal of Multivariate Data Analysis*, 1(3): 218-229, 2018.

SERRA, R. G. *Fundamentos de análise de projetos de investimento (working paper)*, 2019. Disponível em: https://www.researchgate.net/publication/330089230_Fundamentos_de_Analise_de_Projetos_de_Investimento.

SERRA, R. G.; FÁVERO, L. P. Multiples' Valuation: the selection of cross-border comparable firms. *Emerging Markets Finance & Trade*, 54(9): 1973-1992, 2018. Disponível em: http://dx.doi.org/10.1080/1540496X.2017.1336084.

SERRA, R. G.; FÁVERO, L. P. *FCFE with inflation*: how to avoid terminal value pitfall (working paper), 2018. Disponível em: http://ssrn.com/abstract=3025171.

SERRA, R.G.; MARTELANC, R. Estimação de beta de ações com baixa liquidez. *Brazilian Business Review*, 10(1): 49-80, 2013.

SERRA, R. G.; MARTELANC, R.; SOUSA, A. F. Empreendimentos imobiliários com permuta: avaliação pela abordagem da teoria das opções reais (TOR). *Revista de Gestão e Projetos*, 3(2): 146-177, 2012.

SHARPE, W. F. Capital asset prices: a theory of market equilibrium under conditions of risk. *Journal of Finance*, 19(3): 425-442, 1964.

SOUZA, A. M. *Valuation Droga Raia* [trabalho de conclusão de curso]. Insper: São Paulo, 2012.

STATTMAN, D. Book values and stock returns. *The Chicago MBA: A Journal of Selected Papers*, 4: 25-45, 1980.

STEWART III, G. B. EVA: Fact or Fantasy? *Journal of Applied Corporate Finance*, 7(2): 71-84, 1994.

TRIGEORGIS, L. Opções reais e interações com a flexibilidade financeira. *Revista de Administração de Empresas*, 47(3): 95-120, 2007.

VÉLEZ-PAREJA, I. Back to basics: cost of capital depends on free cash flow. *The IUP Journal of Applied Finance*, 16(1): 27-39, 2010.